KB161800

J. P. ECKERMANN, Goethes Sekretär

Goethes Freunde. II.

A 1790

gezeichnet ca. 1825
von J. Schmeller.

요한 페터 에커만(1792~1854)

괴테(1749~1832) 에커만은 1823년 괴테에게 보낸 논문을 인연으로 그가 죽을 때까지 그의 비서로서 9년 동안 함께 지냈다. 일기 형식으로 쓴 《괴테와의 대화》는 괴테 연구에 중요한 문헌이다.

괴테 동상 라이프치히, 옛 증권거래소 앞의 괴테기념관

바이마르 궁전 전경 클라우스. 1805.
"……나는 50년 동안 이곳에 살고 있지만, 어느 곳이든 가고 있지. 그러나 나는 언제나 바이마르로 다시 돌아오는 것이 즐겁다네."《괴테와의 대화》제1부 1923년 9월 15일)

에커만 학교 바이마르

괴테와 실러 기념상 바이마르(1857)
"실러는 자기가 생각하는 대로 행동했지. 그의 어떤 작품도 현대 작가가 쓴 최고의 작품을 훨씬 능가하고 있다는 것이 확실하네.……"《괴테와의 대화》제1부 1827년 1월 17일)

〈자신의 연구실에서 비서 요한(에커만)에게 구술하고 있는 괴테〉 요제프 슈멜러. 1829~31.

요한 페터 에커만의 무덤 바이마르, 역사적 묘지

Gespräche mit Goethe

in den

letzten Jahren seines Lebens.

1823 — 1832.

Von

Johann Peter Eckermann.

Zweyter Theil.

Leipzig:

F. A. Brockhaus.

1836.

《괴테와의 대화》(초판 1836) 속표지

세계사상전집67
Johann Peter Eckermann
GESPRÄCHE MIT GOETHE

괴테와의 대화 I

요한 페터 에커만/곽복록 옮김

동서문화사

Johann Peter
Eckermann

Gespräche
mit Goethe

JOHANN PETER ECKERMANN

GESPRÄCHE
MIT GOETHE

IN DEN LETZTEN JAHREN
SEINES LEBENS
1823–1832

괴테와의 대화 I II
차례

마리아 파블로브나 대공비

작센·바이마르 및 아이제나흐의
대공비이시고 러시아 대공녀이신
마리아 파블로브나*
전하께 감사하는 마음으로
정중하게 증정합니다.

---

* 마리아 파블로브나(1786~1859). 러시아 황제의 딸로 나중에 바이마르의 세습대공이 된 카를 프리드리히 공자와 결혼했고, 1828년에는 대공비가 됐다. 그녀는 괴테의 추천을 받은 에커만을 자기 아들의 교육자로 임명했다. 평소에 바이마르 극장의 번영에 힘을 쏟았고, 유능한 작가들을 돕기도 했다.

요한 페터 에커만, 요제프 슈멜러의 그림

제1부
(1823~1827)

머리글

여기 한데 모은 괴테와 나눈 담론과 대화의 글들은 대부분 나에게 가치 있고 특이하다고 생각된 체험을 글자로 옮겨 쓴 것이다. 이 글들을 나의 것으로 만들지 않으면 견딜 수 없다는 나 자신의 타고난 성향 때문에 쓰게 됐다.

여기에 더하여 저 특출한 인물을 처음 만났을 때와 마찬가지로, 이미 오랫동안 그와 함께 지내고 난 뒤에도 나는 그의 가르침을 쉬지 않고 필요로 했다. 그러므로 그의 본뜻을 명심하여 앞으로 나의 인생의 양식으로 삼으려고 그가 말하는 바를 열심히 써두었던 것이다.

그러나 9년이라는 세월 동안 나를 행복하게 했던 그의 갖가지 넘쳐나는 말의 풍요로움을 생각해 보니, 그와는 반대로 글자로 옮겨 쓸 수 있었던 것 중에서 아주 작은 부분을 바라볼 때, 나는 마치 상쾌한 봄비를 두 손을 벌리고 힘껏 붙잡으려고 하지만 그 대부분을 손가락 사이로 놓쳐버리고 마는 어린아이처럼 생각된다.

흔히 세상 사람들은 책은 그 나름대로의 운명을 갖고 있다고 말하는데, 책의 출발과정이나 훗날 넓고 넓은 세상으로 나갈 때 들어맞을 이 말은 지금 이 책의 저술과정에서도 적용된다. 운수가 여의치 않아 병이나 바쁜 일, 그리고 일상생활에서 오는 여러 가지 번거로운 일 때문에 단 한 줄도 글을 쓰지 못하고 몇 개월을 보낼 때도 있었고, 그러다가도 운수가 좋아져 붓을 잡을 건강과 여유, 그리고 기분까지 함께 어우러지면 글쓰기도 한결 즐겁게 잘될 때도 있었다. 그렇더라도 오랜 세월을 함께 살다보면, 때로는 무심결에 될 대로 되라는 무관심 속으로 빠질 때도 있으니, 현재라는 시간을 그 모습 그대로 적절하게 평가할 수 있는 사람이 어디에 있다는 말인가!

이런 모든 것을 감히 말씀드리는 것은, 특히 독자 가운데 날짜를 따라 읽는 것을 선호하는 경우 많은 중요한 것이 빠진 부분이 있는 것을 발견할 수 있기에, 그것을 미리 사과드리기 위함이다. 이렇게 빠진 것 속에는 괴테가 광범위한 친구들에 대해, 또한 현존하는 여러 독일 작가들의 작품에 대해 토로한 호의적인 말들이 있었는데, 그런 것은 다른 데에서는 정확하게 적어 놓았지만 이 때만은 빠뜨리고 말았다. 그러나 이것도 이미 말한 대로 집필하는 순간에 이미 정해지는 책의 운명인 셈이다.

어쨌든 여기 두 권의 책으로 한데 모아 나 자신의 재산으로 만들 수 있었던 것, 말하자면 내 생애의 보배라고 여기는 것을 나는 지금 높은 신의 섭리에 감사하는 심정으로 지켜보는 바이다. 아니, 그뿐만이 아니라 세상 사람들도 나의 이 보고에 대해 고마워할 것이라고 확신하고 있다.

생각건대 이 대화는 단지 인생과 예술 그리고 학문을 위해 많은 계몽과 헤아릴 수 없을 만큼의 가르침을 내포하고 있을 뿐만 아니라, 특히 그 일상생활에 따른 직접적인 스케치로써 다양한 작품을 통해 이미 사람들의 마음속에 형성된 괴테라는 인간상을 완전한 것으로 하는 데에 공헌할 것이다.

그러나 한편으로 나는 이것으로 괴테의 내면 전부를 다 그려냈다고 생각하지는 않는다. 당연한 것이지만, 이 비상한 정신적인 인간은 여러 방향으로 각기 다른 빛깔을 내보내는 다면적인 다이아몬드에 비유할 수 있을 것이다. 그러므로 그가 여러 상황에서 또 저마다 다른 상대편에 따라 다른 인간이었던 것과 마찬가지로, 나의 경우에도 아주 겸손한 의미에서 이것이 나의 괴테다라고 말할 수 있을 것이다.

그리고 이 말은 그가 나에 대해 어떤 태도를 취했는가 하는 것뿐만 아니라, 내가 그를 어떻게 이해하고 글로 재현할 수 있었는가도 의미하는 것이다. 이럴 때에는 반사작용을 일으키게 마련이므로, 다른 개인을 접촉하면서 독자적인 것을 잃지 않고 이질적인 것의 혼합을 막는다는 것은 극히 드문 일이다. 라우흐,[1]

---

[1] 라우흐(1777~1857). 그는 괴테의 고향인 프랑크푸르트에 괴테기념비를 세우려고 했지만 결국 미완성으로 끝났다.

도우,*² 슈틸러*³ 그리고 다비드*⁴가 표현한 괴테의 초상화와 조각상은 모두가 지극히 높은 진실성을 내포하고 있지만, 또 한편으로는 그것을 창출한 작가의 개성적인 특징을 가지고 있다. 구상적인 조형예술 세계에서 이와 같이 말할 수 있다면, 순간적이고 감지하기 어려운 정신적인 세계에서는 더욱이 그러하다! 그러나 내 경우가 어떤 것이든 정신적인 힘에 의해 또는 괴테와의 개인적인 교제를 통해 이것을 판단할 수 있는 사람들이라면, 괴테의 말, 그 자체에 충실하려고 한 나의 노력을 간과하지 않을 것이라 믿는다.

지금까지 대상의 파악에 대해 간단하게 그 일단을 피력했지만, 이 책의 내용 자체에 관해서도 다음과 같은 점을 말해 두려고 한다.

우리가 어떤 것을 진실이라고 한다면 설사 그 문제가 제한되어 있을 때라 해도 그것은 결코 작은 것, 좁은 것, 제한된 것이 아니며, 오히려 아무리 단순한 것이라도 그것은 포괄적인 것이며 넓고 깊은 자연법칙의 다양한 계시를 나타내는 것이다. 그러므로 그런 것은 그리 쉽게 말로 표현할 수 있는 것이 아니다. 또 판정을 통해서 해결되는 것이 아니고 판정을 거듭해서도 안 되며, 판정에 반론을 더해 다스릴 수 있는 것도 아니다. 오히려 이 모든 것이 함께 합쳐져서 비로소 그 근사치에 도달할 수 있는 것이므로, 목표 그 자체에는 더욱이 거리가 먼 것이다.

여기 한 가지 예를 들어보기로 하자. 시에 관한 괴테의 여러 언급들은 가끔 편파적인 색채를 띠고 있고, 때로는 눈에 보이게 모순되는 면도 가지고 있다. 그는 때로는 세계가 제공하는 소재를, 또 가끔은 시인의 내면을 중요시한다. 때로는 대상을 최고로 여기는가 하면 취급하는 수법을 최고라고 할 때도 있다. 또 완벽한 형식을 추구하는가 하면, 도리어 모든 형식을 무시하고 모든 것은 정신을 위주로 삼아야 한다고 주장하기도 한다.

그러나 이런 모든 단정과 반론은 진실의 개개 측면인 것이며, 이 모든 것이

---

*2 도우(1781~1829). 영국화가인 그가 그린 그림을 괴테는 실물에 가장 가깝다고 평가했다.
*3 슈틸러(1781~1829). 그가 그린 그림은 오늘날 가장 많이 인용되곤 하는 괴테의 초상 중 하나이다.
*4 다비드(1789~1856). 프랑스의 조각가인 그는 1828년 바이마르로 와서 괴테를 만난 후, 1831년 그의 흉상을 완성하여 그에게 보냈다.

서로 합쳐져서 본질을 나타내며 진실 그 자체로 가까이 다가가는 것이다. 그러므로 나는 이와 비슷한 경우에 언뜻 보아 모순되는 것처럼 보이는 말도 각기 다른 동기와 연차의 경과에 따라 나타난 대로 기록하여, 이 책의 출판에 즈음하여 사실을 덮어버리는 일이 없도록 배려를 다했다. 이제 나는 세세한 것에 얽매이지 않고 언제나 전체에 눈을 돌리고 모든 것을 적절히 질서를 세워 통합하는, 교양있는 독자 여러분들의 분별과 통찰을 믿는 바이다.

또한 여러분들은 아마 언뜻 보기에 중요하지 않게 생각되는 많은 것에 부딪칠 것이다. 그러나 더 깊이 관찰해 보면 이러한 중요하지 않은 것은 이따금 중요한 것의 계기가 되며 나중에 오게 되는 것의 기초가 되고, 또 성격 묘사에도 작게나마 특징 제공에 도움을 준다. 그렇기 때문에 이런 것들을 높이 떠받들지는 않더라도 없어서는 안 될 종류의 것으로 허용해 줄 것을 바라는 바이다.

이것으로 나는 이제 오랫동안 애지중지하던 이 책을 세상에 내보내며 마음으로부터의 작별 인사를 보낸다. 원컨대 이 책이 많은 사람들의 마음에 드는 행운을 얻어 갖가지 선행을 불러일으키고, 세상에 널리 퍼지기를 바라는 바이다.

1835년 10월 31일 바이마르에서

루에 강변 소도시 빈젠 1605년 메리안의 동판화

서론
저자는 여기서 자신의 사람됨과 성장과정,
그리고 괴테와의 관계 성립 과정에 대해 보고한다.

나는 1790년대 초에 뤼네부르크와 함부르크 사이 습지대와 황야의 갈림길, 루에 강변에 있는 소도시 빈젠에서 태어났다. 나의 생가는 작은 집이라고 해도 좋을 초라한 오두막집이었다. 거기에는 난로가 딸린 거실 하나가 있을 뿐이었고, 2층 계단도 없었다. 게다가 집 출입문을 들어가면 바로 옆에 있는 사닥다리를 타고 곧장 건초를 쌓아둔 헛간으로 올라가게 되어 있었다.

두 번째 결혼을 한 부부의 막내 아들로 태어난 나는, 부모님이 이미 상당한 나이에 접어들었을 때의 모습만 기억할 수 있을 뿐이다. 그러므로 두 분 사이에서 나는 얼마쯤 외롭게 자랐다. 아버지의 첫 번째 결혼에서 태어난 두 아들이 아직 살고 있었는데, 그중 한 분은 뱃사람이 되어 여러 곳을 항해한 뒤 먼 외국에서 감옥살이를 하다가 소식이 끊어졌고, 다른 한 분은 그린란드에 자주 머물면서 고래와 바다표범 잡는 일을 하다가 함부르크로 돌아와 그곳에서 조촐하게 살고 있었다. 아버지는 두 번째 결혼에서 내 위로 누님 두 분을 얻었는데, 그들은 내가 열두 살 때에 벌써 집을 떠나 각각 이 고장과 함부르크에서 일을 하고 있었다.

작은 우리 가족의 생계는 주로 암소 한 마리를 재원으로 이어졌다. 이 암소는 우리가 매일 필요로 하는 우유를 공급해 줄 뿐만 아니라, 매년 한 마리의 송아지를 낳아 주었다. 어떤 때는 작은 은화 몇 그로셴을 받고 우유를 팔기도 했다. 또 우리는 1에이커의 밭을 갖고 있어서 여기에서 필요한 1년치의 야채를 얻을 수 있었다. 그러나 빵을 만드는 밀과 요리용 밀가루는 사야만 했다.

나의 어머니는 양털을 잣는 데에 특별한 손재주를 가지고 있었다. 또 이 고장 가정주부들이 찾는 모자를 만들 수 있어 그분들의 환심을 얻었다. 이 두 가지 일에서 어머니는 얼마간의 수입을 마련할 수 있었다.

한편 나의 아버지의 본업은 소매상이었다.

사계절의 변화에 따라 장사가 달라졌기 때문에 집을 자주 비웠고, 걸어서 사방의 주변 고장들을 돌아다녔다. 여름이 오면 아버지는 가벼운 나무로 짠 상자를 등에 메고, 습지대 지방의 이 마을 저 마을을 다니면서 끈과 연사(練絲) 그리고 비단을 행상하고 다녔다. 동시에 그는 여기서 털양말과 삼과 털의 혼방직물(야생양의 갈색 털과 마사를 섞은 직물)을 사고, 엘베 강 저쪽 피어란트 지방으로 가서 마찬가지로 행상을 하면서 그것을 다시 팔았다. 겨울이 되면 황야지방과 습지대 지방의 여러 마을에서 허술한 펜과 표백되지 않은 아마포를 사 모아서 배편으로 함부르크에 가져갔다. 그러나 어떤 경우에도 그의 수입은 형편없이 적었던 것 같다. 왜냐하면 우리는 언제나 가난하게 살았기 때문이다.

이제 나의 유년 시절에 한 일들에 대해 말한다면, 이것도 계절에 따라 달라진다. 늘 있었던 엘베 강의 범람이 봄의 도래와 함께 물러가면, 나는 매일 바깥으로 나가서 강의 안쪽 둑 아니면 그 밖의 높은 곳에서 밀려온 갈대를 모아 가져와서는, 이것을 여러 겹으로 쌓아서 우리 집 암소에게 알맞은 좋은 잠자리를 만들어 주었다. 멀리 펼쳐진 목장에 점점 푸른 빛깔이 감돌 때면, 나는 다른 아이들과 함께 어울려 암소를 지키면서 하루를 보냈다. 여름에는 우리 밭에서 일을 했다. 그리고 또 일년 내내 거의 왕복 두 시간 거리의 광활한 산림지대로 가 땔감으로 쓸 마른 나무들을 끌고 왔다. 밀 수확기에는 몇 주 동안을 밭으로 나가 열심히 이삭줍기를 했다. 그러다가 가을바람이 나무를 흔들어 댈 때면 도토리를 주워 모아, 거위를 기르는 잘 사는 사람들 집으로 가져가 되로 되어서 팔았다. 나는 어느 정도 자라자 아버지를 모시고 마을 여기저기를 돌아다니면서 물건 나르는 일을 도왔다. 이때가 나의 소년기 추억 중에서 가장 즐거웠던 시기이다.

이런 상황과 생활 속에서도 나는 주기적으로 학교를 다녀 이럭저럭 책을 읽고 글 쓰는 것을 배웠고, 그러는 사이에 어언 열네 살이 되었다. 내가 훗날 괴테와 맺게 되는 친밀한 관계는 이런 상태에서 보낸 어린 시절과 너무나 거리감이 있는 일이라, 세상 사람들이 어디를 보나 그렇게 될 가망은 없을 거라고 생각할 만한 것이었다. 그때만 해도 나는 이 세상에 문학과 미술 같은 것이 존재한다는 것을 몰랐기에 당연히 이러한 것에 대한 막연한 욕망도 없었고 노력도 하지 않았다.

동물은 자기가 가지고 있는 기관(器官)의 작동을 통해 가르침을 받는다고 말하지만, 인간도 아주 우연한 행동을 통해 자기 안에 잠자고 있는 더 높은 능력을 알아차리게 된다고 말할 수 있을 것이다. 그와 같은 체험을 나도 겪었다. 그것은 그것 자체만으로는 대단한 것이 못 되지만, 나의 전 생애에 새로운 전기를 맞이할 수 있었기 때문에 나에게는 잊을 수 없는 것으로 뇌리에 깊이 새겨졌다.

어느 날 밤, 나는 램프 불이 켜진 불빛 아래에서 부모님과 함께 식탁에 둘러앉아 있었다. 아버지는 함부르크에서 돌아오셔서 장사의 과정들을 말씀하셨다. 담배 피우기를 즐기시는 아버지는 한 보루의 담배를 갖고 오셨다. 그것이 식탁 위에 놓여 있었는데, 그 겉봉에는 한 마리의 말 그림이 그려져 있었다. 이 말 그림이 나에게는 훌륭한 것으로 보여, 나는 곧 펜과 잉크, 종이 한 장을 손에 쥐고, 누를 수 없는 충동에 사로잡혀 그것을 그대로 모사했다. 아버지가 함부르크 이야기를 계속하시는 동안, 나는 부모님이 알아차리지 못하게 그 말을 그리기에 열중했다. 모사가 다 끝나자 원 그림과 똑같아 보여 나는 그때까지 느끼지 못한 행복감을 느꼈다. 완성한 것을 부모님께 보여 드렸더니 두 분은 칭찬을 하시면서 놀라워하였다. 그날 밤 나는 기쁜 마음에 흥분해서 잠도 제대로 이루지 못했다. 나는 계속 내가 그린 말에 대해 생각하면서, 그것을 다시 한 번 손에 쥐고 기쁨을 새롭게 하기 위해 다음 날 아침을 초조하게 기다렸다.

이런 일이 있은 뒤로, 한 번 눈에 띈 감각적인 모사에 대한 충동은 나에게서 좀처럼 사라지지 않았다. 그래서 이웃에 사는 도공이 접시에 그림을 그릴 때에 본으로 사용하는 문양집을 몇 개 주었을 때는 말할 수 없이 기뻤다. 이 고장에서 그 이상의 도움을 바랄 수는 없는 것이었기 때문이다.

나는 이 초벌 그림을 펜과 잉크로 정성을 다해 모사해서 두 개의 화집을 만들었다. 이렇게 완성된 화집은 얼마 안 있어 여러 사람들의 손을 거쳐 급기야는 이 고장의 제일 가는 지방 행정관인 마이어에게 도달하기에 이르렀다. 그는 나를 불러들여 선물을 주면서 칭찬을 아끼지 않았다. 그는 나에게 장차 화가가 되고 싶은 생각이 없는지 물으면서, 그럴 의향이 있으면 내 견진성사가 끝난 뒤 함부르크에 있는 유명한 대가에게 보내 주겠다고 말했다. 이에 나는 그렇게 하고 싶지만 일단은 부모님과 의논해봐야 한다고 대답했다.

그러나 나의 부모님은 두 분 다 농가 출신이고 주로 농사를 짓는 일과 가축을 사육하는 일을 하며 작은 고장에서 살고 있는 처지여서, 화가라면 그저 집과 문에 페인트칠하는 칠쟁이쯤으로만 생각하고 계셨다. 그러므로 부모님은 그런 직업은 아주 더러울 뿐만 아니라, 특히 높이가 7층이나 되는 집도 있는 함부르크에서는 목과 다리를 다치는 일이 자주 있을 것이기 때문에 위험하기까지 하다고 말씀하시면서 아주 걱정스러워 하셨다. 거기다가 화가에 대한 나 자신의 개념도 고상한 것이 못 되어서, 이 직업에 대한 관심도 사라져 친절한 지방 행정관의 제안을 잊어버리고 말았다.

그러나 그러는 동안 나에게 상류인사들의 주목이 쏠리게 되었다. 사람들은 나를 주시했고 여러 가지로 나를 이끌어 줄 의향을 드러냈다. 그래서 나는 소수의 상류사회 자녀를 위한 가정교육에 끼어들어 프랑스어와 라틴어, 그리고 음악도 조금 배울 수 있었다. 이와 함께 괜찮은 옷가지도 받았다. 존경받는 지방 종교 감독인 파리지우스는 자기 집 식탁에 내 자리를 마련해 주는 등 적잖은 대우를 해 주었다.

이때부터 나는 학교에 호감을 가지게 되었다. 나는 이 행복한 상태를 가능한 한 더 오래 유지하려고 했고, 또 부모님도 내가 16세가 되기까지 견진성사를 연기할 것에 동의하셨다.

그러나 여기서 내가 장차 무엇이 될 것인가 하는 문제가 생겼다. 내 소망대로라면 사람들은 나를 학술연구차 인문계통 고등학교에 보냈을 것이다. 그러나 이것은 상상조차 할 수 없는 일이었다. 왜냐하면 우리 집 사정이 아무리 손을 써봐도 소용없을 정도로 절박했기에, 나는 취직을 하여 먹고 살아야 했을 뿐만 아니라 가난하고 늙은 부모님을 조금이라도 도와야 할 처지였기 때문이다.

이와 같이 절박하게 필요했던 취직 자리가 나의 첫 견진성사가 끝나자마자 열리게 되었다. 한 사법관이 나에게 비서 일과 그 외의 작은 일을 맡아 줄 것을 요청해 왔기 때문에 나는 이것을 기꺼이 수락했다. 열심히 학교를 다녔던 마지막 1년 반 동안은 글자를 깨끗이 쓰는 것뿐만 아니라 여러 가지 문장작성 연습을 했기 때문에, 이런 일은 아주 쉽게 잘해 낼 수 있었다. 이런 직책에서 나는 사소한 변호사 사무실의 일도 보았고, 때로는 일반 형식에 따른 고소장과 판결문을 작성하기도 했다. 이 일은 2년 동안, 즉 1810년까지 계속되었다. 이 해에 루에 강변 빈젠의 하노버 행정구역은 해산되어 니더엘베의 관할에 들어가 프랑스 제국에 합병되었다.[1]

나는 이어 뤼네부르크의 직접세 사무국에 취직하게 되었다. 이 자리도 다음 해에 해산되어 윌첸군 관청으로 들어갔다. 이곳에서 나는 1812년 말까지 일했다. 그 해, 지사인 폰 뒤링 씨가 나를 승진시켜 베벤젠의 시장 비서가 되었다. 나는 이 자리를 1813년 봄까지 지켰는데, 그 해에는 마침 카자흐 기병대의 진군이 이루어져 우리가 프랑스의 지배에서 해방될 희망이 생기게 되었다.

나는 그 지방에 이별을 고하고, 그 당시 비밀리에 여기저기에서 형성되기 시작한 조국 의용군의 한 사람으로 가세할 생각을 품고 고향으로 돌아왔다. 나는 이것을 실행에 옮겨서 여름이 끝날 무렵, 총과 배낭을 멘 지원병이 되었다. 그리고 나는 킬만제게의 저격부대로 들어가 크노프 대위가 이끄는 중대와 함께, 다부 원수에 대항한 1813년과 1814년의 겨울 전투[2]에 가담하여 메클렌부

---

*1 이것은 1810년 12월 나폴레옹이 영국의 고립을 위해 취한 대륙봉쇄령에 기인하는 것이다.

*2 1812년 나폴레옹의 모스크바 겨울 원정이 실패로 돌아가자, 독일은 1813년 프러시아를 주축으로 1813년부터 1815년에 걸쳐 해방을 위해 총궐기한다. 결국 프랑스에 대항해 일어섰던 유럽의 연합군은 라이프치히 대전을 비롯한 각 전선에서 결정적인 승리를 거두고, 드디어

르크와 홀슈타인 지방을 지나 함부르크 앞까지 진군했다. 이어 우리는 메종 장군에 맞서 라인 강을 지나 진군했고, 여름에는 풍요로운 플랑드르와 브라반트 지방 여기저기를 이동하면서 다녔다.

그리고 이곳에서 네덜란드 사람들의 위대한 그림을 보게 되자, 나에게는 새로운 세계가 열리게 되었다. 나는 교회와 박물관에서 온종일을 보냈다. 이것은 내가 이 세상에 태어나 보게 된 첫 번째 그림들이었다. 그때 나는 화가란 무엇을 의미하는지 처음으로 알게 되었다. 나는 영광스러운 진전을 이룩하고 행복해 하는 학생들을 보았다. 그러나 나에게는 이미 이 방면으로의 길이 닫혀 있었고, 그것을 깨달았을 때 나는 나도 모르게 울고 싶어졌다. 하지만 나는 그 자리에서 굳게 결심을 하고 투르네이에서 젊은 화가와 친교를 맺었다. 그리고 나는 꺼먼 분필과 제일 큰 도화지를 구해서 곧 하나의 그림 앞에 앉아 그것을 모사하기 시작했다. 나에게는 연습과 지도자가 없었지만, 그 대신 그림에 대한 열렬한 열정이 있었다. 이리하여 나는 그 윤곽을 어느 정도 훌륭하게 완성했다. 그런데 왼쪽부터 그림 전체에 명암을 넣기 시작하였을 때 진군 명령이 내려져 이 행복한 작업을 중단할 수밖에 없었다. 나는 서둘러 미완성된 부분에 그림자와 빛의 구분을 각각 글로 적어 넣었고, 틈이 생기면 이것을 보고 완성하려고 생각했다. 나는 그림을 말아서 전통(箭筒)에 넣어 그 통을 총과 나란히 등에 걸고 투르네이에서 하멜른으로 향하는 긴 행군길에 올랐다.

여기서 1814년 가을에 저격부대는 해산되어 나는 고향으로 돌아갔다. 그 사이 아버지는 돌아가셨고, 어머니는 큰 누님과 함께 살고 있었다. 큰 누님이 결혼하여 부모님의 집을 이어받았던 것이다. 곧 나는 그림 그리기에 착수할 수 있었다. 우선 브라반트에서 가져온 그림을 완성했다. 그러고 나자 적당한 본보기가 없었기 때문에, 람베르크*³의 작은 동판화에 의지하여 그것을 꺼먼 분필로 크게 확대하여 그렸다. 그러나 이렇게 그려 보면서 곧 나에게는 이에 걸맞는 예비적인 기초연구와 지식이 결여되어 있음을 깨달았다. 나는 인간과 동물

1814년에 파리로 입성했다.

*3 람베르크(1763~1840). 괴테의 〈라이네케 푹스〉의 삽화로 유명하다. 괴테는 그가 그린 호메로스의 〈일리아스〉의 삽화를 소장하고 있었다.

의 해부학에 대한 개념을 거의 갖고 있지 않았고, 마찬가지로 갖가지 나무와 지형의 취급방법을 제대로 몰랐기 때문에 내 식대로 원 그림에 가까운 것을 그린다는 것은 말할 수 없이 힘든 일이었다.

그러므로 얼마 안 있어 내가 화가가 되려면 남들과는 조금은 다르게 시작해야 하며, 이 이상 더 제멋대로 암중모색하는 것은 헛수고일 뿐이라는 것을 깨닫게 되었다. 훌륭한 대가한테로 가서 처음부터 다시 시작해야 한다는 것이 나의 생각이었다.

대가로 내 머릿속에 떠오르는 사람은 단지 하노버의 람베르크*⁴뿐이었다. 하노버에 체류하는 것은 나에게는 아주 형편이 좋을 정도로 다행스러운 일이었다. 어릴 때부터 친하게 지낸 친구가 그곳에서 편하게 살고 있었으므로 어느 정도 도움도 기대할 수 있었고, 또한 그에게서 여러 번 와달라는 초대까지 받고 있었다.

이런 관계로 나는 지체 없이 짐을 꾸려 나섰다. 1815년 겨울이 한창일 때, 황량한 들판을 지나 깊숙이 쌓인 눈 속을 거의 40여 시간이나 혼자 걸어, 며칠 후에는 무사히 하노버에 도착할 수 있었다.

나는 곧 람베르크를 찾아가서 나의 희망을 말했다. 시험을 치르고 난 뒤 그는 나의 재능을 의심하는 것 같지는 않았지만, 예술에 종사하려면 먼저 빵 문제가 해결되어야 한다는 것, 기술 습득에는 상당한 시간이 걸린다는 것, 그리고 그림으로 생계를 꾸려나간다는 것은 어지간히 어려운 일이라는 것을 말해주었다. 그러나 그는 자신이 할 수 있는 모든 도움을 나에게 주기 위해 노력하는 것 같았다. 그는 곧 높이 쌓아올린 여러 장의 그림 중에서 인체의 각 부분을 그린 적당한 것 두셋을 꺼내, 나에게 그것을 가지고 가서 모사해 보라고 했다.

이렇게 해서 나는 친구 집에서 지내면서 람베르크의 원화를 따라 그릴 수 있게 되었다. 나는 진전을 거듭했다. 왜냐하면 그가 주는 그림들은 점점 더 그 무게를 더해갔기 때문이다. 인체의 해부된 부분들을 전부 다 그렸고, 어려

---

*4 드레스덴에서 괴테를 만났을 때 그는 화가로서의 재능을 유감없이 발휘했다(1824년 2월 28일 참고).

운 손과 발도 쉬지 않고 되풀이해서 그렸다. 이렇게 행복한 수개월이 지나갔다. 그러다가 5월로 접어들자 나는 앓기 시작했다. 6월이 다가오자 양쪽 손이 떨리기 시작해서 붓을 잡을 수 없을 정도가 되었다.

나는 노련한 의사에게 가서 진찰을 청했다. 그는 내 상태가 위험하다는 것을 알았다. 출정(出征)과 행군 때문에 피부의 모든 발한(發汗)작용이 완전히 억압되어 소모성의 열이 내부로 향하고 있기 때문에, 만약 이 상태로 2주일 정도를 더 끈다면 틀림없이 죽을 것이라고 설명해 주었다. 그는 피부의 활성화를 위해 따뜻한 물로 목욕을 자주 할 것과, 그 밖의 다른 치료 방법도 처방해 주었다. 기쁘게도 얼마 안 있어 병은 점점 호전되어 갔지만, 이젠 미술 수업을 계속한다는 것은 생각할 수도 없는 일이 되어 버렸다.

그때까지 나는 친구의 집에서 정성을 다한 대우와 간호를 받았다. 그는 내가 부담이 되고 있으며, 앞으로도 계속 부담이 될 것이라는 내색을 일체 하지 않았다. 그러나 그런 생각은 내 마음에 걸렸다. 오랫동안 품고 있던 그러한 근심 걱정이 잠재해 있는 병의 발발을 촉진시켰을 터인데, 그때 병 회복에 소요된 막대한 비용을 보게 되자, 그 걱정은 더욱 커지게 되었다.

이렇게 대내외적으로 핍박 상태에 있을 때, 병무청과 관계를 맺을 수 있는 기회가 있었고, 급기야 하노버 군대의 군복(軍服) 업무를 담당하고 있는 위원회에 취직할 수 있는 전망이 생겼다. 이렇게 주위에서 일어난 모든 사정을 고려해 볼 때, 예술가의 길을 단념하고 직장을 구해 기쁜 마음으로 그 일에 종사한 것은 조금도 이상한 일이 아니었다.

병의 회복은 급속히 진전되었고, 오랫동안 누리지 못했던 편안함과 명랑함도 다시 찾았다. 그동안 그토록 관대하게 돌봐 준 친구에게도 어느 정도 신세를 갚을 수 있게 되었다. 내가 하는 일이 매일 같이 새로웠으므로, 그것이 나에게 정신적으로 활기를 불어넣어 주었다. 나의 상관들은 아주 고상한 생각을 가지고 있는 사람들처럼 생각되었고, 나의 동료들—그중 몇 명은 같은 부대에서 나와 종군을 함께한 사람들이었다—하고는 얼마 안 있어 아주 친밀하게 지내게 되었다.

이렇게 안정된 지위를 얻은 나는 좋은 것을 많이 갖추고 있는 수도에서 자유로운 기분으로 사방을 둘러보기 시작했고, 한가한 시간에 이 도시의 아름다운 근방을 돌아다니는 것에도 싫증을 느끼지 않았다. 나는 람베르크의 제자인 전도 유망한 젊은 예술가와 친교를 맺었다. 그는 나의 산책의 절친한 동반자였다. 건강과 다른 사정 때문에 나는 앞으로 실제적인 그림그리기를 단념해야 했으므로, 그와 함께 공동의 연인이라고 할 수 있는 그림을 적어도 매일같이 환담 나누는 것이 큰 위안이 되었다. 나는 종종 스케치한 채로 보여주는 그의 구상을 보고, 그에 관심을 가지고 예리한 질문을 하고 의견을 교환하기도 했다. 이 사람을 통해 나는 많은 유익한 책과 접하게 되었다. 나는 빙켈만*⁵을 읽었고, 멩그스*⁶도 읽었다. 그러나 내가 이 저자들이 취급하고 있는 실물을 보지 못했기 때문에, 이런 독서는 나에게 극히 일반적인 지식만을 주었을 뿐, 별로 큰 도움이 되지는 못했다.

수도에서 태어나 성장한 나의 친구는 정신적인 교양에서는 어느 점으로 보나 나를 앞서 있었고, 특히 문학은 대단한 지식을 가지고 있었다. 이것은 나에게 결여되어 있는 것이었다. 그 당시 시대의 축복을 받고 있던 영웅은 쾨르너*⁷였다. 친구는 나에게 시집 〈금과 검(劍)〉을 가져다주었고, 나도 이 시를 읽고 깊은 인상을 받아 감탄해 마지않았다.

사람들은 시(詩)의 예술적인 효과를 많이 논의했고, 이 점을 아주 중요시했다. 그러나 나는 중요한 것은 소재적인 것에서 오는 작용이어서, 모든 것은 거기에 달려 있다는 생각이 들었다. 나는 작은 책인 〈금과 검〉을 읽으면서 나도 모르는 사이에 그런 사실을 깨닫는 경험을 얻었다. 나는 쾨르너와 마찬가지로 장기간에 걸친 압제에 대한 증오심을 품고 있었고, 역시 마찬가지로 해방 전쟁에 참가하여 어려운 행군, 야영, 전초 근무, 그리고 전투의 모든 상황을 체험했으며, 그와 똑같은 생각과 감정을 느꼈기 때문에 내 가슴속에는 이 시에 깊고 강한 공감대가 형성되어 있었던 것이다.

그런데 나는 뭔가 중요한 것에 접하게 되면 언제나 깊은 자극을 받아 반드

---

*5 빙켈만(1717~1768). 고대 그리스 미술사 연구의 창시자이다. 괴테는 자신의 청년시절에 가장 큰 영향을 끼친 인물들 중 한 사람으로 그를 꼽았다.
*6 멩그스(1728~1779). 미술이론가로 드레스덴의 궁정미술가를 지냈다.
*7 테오도르 쾨르너(1791~1813). 애국시인으로, 독일해방전쟁에 참가하여 전사했다.

시 이것을 생산적인 것으로 만들었다. 그때 쾨르너의 시를 알게 된 경우에도 마찬가지였다. 나는 내가 유년 시절부터, 그리고 그 후로도 계속하여 이따금 작은 시를 썼던 일을 떠올렸다. 그 당시에는 시가 너무 쉽게 만들어져 그것을 중요하게 여기지 않았다. 시적인 재능평가에는 언제나 어느 정도의 정신적인 성숙도를 필요로 하기 때문이다. 어쨌든 나에게 쾨르너의 재능은 전적으로 비상한 것이고 부러워할 만한 것으로 생각되었다. 그래서 성공하지는 못하더라도 어느 정도 그를 뒤따라가 보자는 강한 충동이 생겼다.

마침 프랑스로부터 우리 조국 전사들이 귀환한다는 소식은 나에게 절호의 기회를 주었다. 일반시민들이 가정에서 아무런 부족함이 없이 지내고 있는 동안, 병사들은 전쟁터에서 말할 수 없는 어려움을 겪어야 했다는 점이 다시 생생하게 느껴졌다. 그러자 돌아오는 군대를 더 큰 정성을 담아 환영하기 위해서는 그와 같은 상황을 시로 표현하여 사람들의 마음을 움직이는 것이 효율적일 것이라는 생각이 들었다.

나는 내가 쓴 시를 수백 부 자비로 인쇄하여 시내에 배부했다. 그 효과는 나의 기대 이상으로 좋았다. 많은 사람들이 몰려와서 나의 새로운 친구가 되었고, 내가 표현한 감정과 견해에 동감해 주었다. 또 나에게 이와 비슷한 시도를 계속해 보라고 격려하는 등 대체로 나의 시적 재능이 밝혀졌으니 이제부터는 그것을 더 연마해 보라는 의견이었다. 나의 시는 잡지에 실렸고, 여러 곳에서 복제되어 한 부씩 팔렸다. 뿐만 아니라 어떤 인기 작곡가는 나의 시에 멜로디를 붙여 나를 한없이 기쁘게 해 주었다. 물론 이 시는 길었고, 또 너무 수사학적이어서 가곡으로 노래부르기에는 적합하지 못했지만 말이다.

그때부터 나는 일주일마다 한 번씩 새로운 시를 탄생시키는 기쁨을 맛보았다. 당시 나는 24세였다. 나의 가슴속에는 감정과 충동 그리고 선량한 의지의 세계가 움직이고 있었다. 그러나 나에게는 정신적인 교양과 지식이 전혀 없었다. 사람들은 나에게 우리의 위대한 시인들, 특히 실러[*8]와 클롭슈토크[*9]를

[*8] 실러(1759~1805). 괴테와 협력하여 독일 고전주의문학의 황금시대를 일구어낸 시인이자 극작가. 그는 괴테와 함께 독일의 국민시인으로 불리고 있다.

[*9] 클롭슈토크(1724~1803). 독일 근대시에 새 여명을 가져온 그는 젊은 괴테의 시작품에 큰 영향을 끼쳤다.

연구해 보도록 권했다. 나는 이 두 시인의 작품을 마련하여 읽고 감탄했지만, 이 두 시인에게서 큰 도움을 받지는 못했다. 그 당시에는 잘 몰랐지만 그 분들이 걸어온 길은, 나의 근본적인 경향하고는 너무나 동떨어져 있었던 것이다.

이 시기에 나는 처음으로 괴테의 이름을 접하고 우선 그의 시집 중 한 권을 입수했다. 나는 그의 가곡(歌曲)를 여러 번 되풀이해서 읽고 난 뒤, 말로는 다할 수 없는 행복감을 느꼈다. 처음으로 눈을 뜨고 나 자신으로 되돌아 온 것 같았다. 그 가요 속에는 그때까지 알 수 없었던 나 자신의 내면이 반영되어 있는 것 같았다. 그리고 또 그의 시에는 어디에도 이국적인 냄새나 학자인 체하는 데가 없어 나로서는 생각조차 할 수 없는 외국이나 고풍스러운 신들의 이름에 부딪치지 않았기 때문에, 그것은 나와 같이 단순한 인간의 생각과 감정으로 읽기에도 괜찮은 것이었다. 오히려 나는 그의 모든 소망, 행복 그리고 고뇌 속에서 인간적인 심정을 발견했다. 독일의 자연은 현존하는 밝은 대낮처럼 묘사되어 있었고, 부드럽게 정화된 광명 속에 에워싸여 있었다.

나는 그의 가곡에 푹 빠져 여러 주일, 몇 개월을 보냈다. 그러고 나서 다음으로 〈빌헬름 마이스터〉에 이어 그의 자서전*10과 희곡 작품도 입수했다. 〈파우스트〉를 처음 접했을 때에는 이 주인공의 인간성이 갖고 있는 심연과 파멸에 몸서리쳤지만, 그 깊고 수수께끼 같은 본질에 점점 끌려 들어가 결국 휴일 때마다 읽게 되었다. 감탄과 사랑의 정은 매일같이 더해 갔고, 연중 내내 괴테의 작품들을 읽고 오직 그만 생각하고 이야기했다.

우리가 위대한 작가의 작품을 읽고 얻는 이득은 가지각색일 것이다. 그러나 제일 큰 이득은 우리가 자신의 내면뿐만 아니라, 그 이외의 다양한 세상을 한층 더 분명하게 의식하게 된다는 점이리라. 괴테의 작품은 나에게 이와 같은 영향을 주었다. 또한 나는 그의 작품을 통해 이 세상의 구체적인 대상과 인간의 여러 성격을 더 잘 관찰하고 파악할 수 있게 되었다. 이렇게 하여 나는 점차로 통일의 개념, 즉 개인인 자기 자신과 가장 내면적인 조화를 이루는 개념

---

*10 이것은 괴테의 유년시대부터 시작하여 바이마르로 오기까지의 삶을 그린 〈자서전〉을 말한다.

을 얻기에 이르렀고, 이와 함께 내가 가졌던 자연현상과 예술현상의 위대한 다양성의 수수께끼가 점점 풀려가게 되었다.

나는 괴테의 작품으로 어느 정도 몸과 마음을 다지고 나 자신도 문학 창작을 직접 해 본 뒤에, 외국과 고대의 위대한 시인들에게 눈을 돌려 셰익스피어*11의 최고 걸작뿐만 아니라 소포클레스*12와 호메로스*13를 가장 훌륭한 번역본으로 읽었다.

그러나 얼마 안 있어 이러한 고차원적인 작품에서는 단지 보편적이고 인간적인 것만을 이해할 수 있을 뿐이며, 언어학적이고 역사적인 방면에서 특별한 것을 이해하기 위한 학술적인 지식은 보통 학교나 대학에서만 획득할 수 있는 교양을 전제로 한다는 것을 깨달았다.

여기에 더하여 여러 사람들은 나에게 자기 혼자만의 방식으로는 아무리 노력을 해도 소용이 없어서 자기만의 언어를 훌륭하고 힘차게 구사할 수 없으며, 특히 내용과 사상을 겸비한 탁월한 작품을 만들어 낼 수도 없다는 것을 알려주었다.

이 시기에 나는 많은 유명한 사람들의 전기를 읽고 그들이 훌륭한 일을 성취하기 위해 어떠한 교육경로를 택했는가를 알아보았다. 그리고 그 결과 그들이 모두 학교와 대학을 나왔다는 것을 확인했기 때문에, 이미 나이가 지났고 개인 형편도 아주 나빴지만 역시 같은 길을 갈 것을 결심했다.

나는 즉시 하노버 고등학교 교사인 훌륭한 언어학자 한 사람을 찾아가, 그의 밑에서 라틴어를 비롯한 그리스어의 개인교수를 받았고, 매일 직장 일을 하는 최소 6시간을 제외하고는 모든 여가를 이 공부에 충당했다. 나는 이 학습을 1년 간 계속했다. 상당한 성과를 얻어야 하겠다는 초조감은 이루 말로 표현할 수 없어서, 진도가 느리게 나가자 아예 다른 수단을 강구해야겠다고 결심하게 되었다. 그리고 만약 내가 매일 4시간 내지 5시간을 고등학교를 다녀 학교 생활에 젖어들게 되면, 보기 드문 진보를 하게 되어 훨씬 빨리 목적

---

*11 셰익스피어(1564~1616). 괴테는 헤르더를 통해 셰익스피어야말로 참된 문학의 전형이라는 것을 알게 된다.

*12 소포클레스(BC 496~406). 고대 그리스 최고의 비극작가이다.

*13 호메로스(BC 9세기경). 고대 그리스 최고의 서사시 시인이다.

을 달성할 것이라는 데 생각이 미쳤다.

이와 같은 생각은 세상 물정에 밝은 사람들의 충언으로 굳혀졌다. 나는 그렇게 하기를 결심했고, 또 마침 학교의 수업 시간이 직장 일이 비어 있을 때와 일치했기 때문에 상관의 허락을 아주 쉽게 얻을 수 있었다.

그래서 나는 입학을 신청하고 어느 일요일 오후, 교사를 동반하여 소정의 시험을 치르기 위해 위엄 있는 교장한테로 갔다. 그는 될 수 있는 대로 쉬운 시험문제를 내주었다. 하지만 나의 머리는 다른 학생들이 학교에서 늘 다루고 있었던 시험문제에 전혀 준비가 되어 있지 않았고, 또 아무리 노력을 했어도 내가 정규적인 과정을 밟지 못했던 탓에 나는 기대했던 것만큼의 결과를 얻지 못했다. 그러나 나의 교사가 내가 시험 결과보다 훨씬 많은 지식을 구비하고 있음을 보증한 것과 나의 비상한 노력을 감안해서 교장은 나를 고등학교 6학년에 편입시켜 주었다.

나이가 거의 25세에 가깝고 이미 국가의 관직에 종사하고 있는 내가 대부분이 아직 소년다운 젊은이들 무리 가운데 끼어 있는 모습은 틀림없이 다소 이상스런 광경이었을 것이다. 그 때문에 이 새로운 환경은 처음에는 불편하고 기묘한 것이기도 했다. 그러나 나의 학문에 대한 큰 갈증은 이런 모든 것을 간과하고 참을 수 있게 했다. 그리고 나 자신도 대체로 그다지 번거롭지 않았다. 교사들은 나를 존중해 주었고 같은 반의 비교적 나이 들고 참한 학생들은 아주 친절했으며, 몇 안 되는 건방진 패거리들도 조심스러운지 나에게는 함부로 덤벼들지 못했다.

이제 내 소원도 이루어졌기 때문에 나는 아주 행복하게 이 새로운 길을 열심히 걸어 나갔다. 아침 5시에 깨어나 곧 예습에 착수했다. 8시부터 10시까지는 학교에 가 있었다. 거기에서 서둘러 내 사무실로 가서 오후 1시경까지 자리를 지키면서 공무에 임했다. 이어 집으로 달려가 간단한 점심식사를 한 뒤, 곧바로 1시 조금 지나서는 다시 학교로 갔다. 수업은 4시까지 계속되었다. 그런 다음 다시 사무실로 돌아가서 7시까지 일을 하고 나머지 밤 시간을 예습과 개인교수 공부에 충당했다.

이렇게 분주한 생활을 나는 몇 달 동안 계속했다. 그러나 나의 체력은 이런

상황을 감내하지 못했다. '아무도 두 주인을 섬길 수는 없다'*¹⁴는 옛날 격언이
사실로 드러났다. 신선한 바깥 공기를 멀리했고, 운동을 하지 않은 데다 음식
과 수면을 위한 시간과 휴식이 부족했기 때문에 내 몸 상태는 점점 악화되어
갔다. 몸과 마음이 무감각해짐을 느꼈고, 급기야는 학교 아니면 직장 중, 둘 중
하나를 포기해야 하는 막다른 지경에 이르렀음을 깨달았다. 그러나 살아남기
위해서 후자를 포기할 수는 없었으므로 전자를 포기하는 길밖에 없었다. 그
래서 1817년, 봄이 시작할 때 다시 학교를 그만두었다. 여러 가지 일을 시도하
는 것, 이것이 나의 특별한 운명처럼 생각되었지만 얼마 동안만이라도 착실하
게 학교 공부를 해 본 것은 조금도 후회되지 않았다.

그 사이에 나는 상당한 진전을 거듭했다. 그리고 나는 여전히 대학에 진학
하는 것을 염원하고 있었기에 그때부터는 개인교수를 계속 받는 길밖에 없었
다. 그리고 나는 이 일에 모든 열성과 사랑을 바쳤다.

인고의 겨울이 지나자, 한층 더 쾌청한 봄과 여름을 보냈다. 나는 거의 매일
넓은 자연 속으로 빠져 들어갔고, 자연이 그 해에는 유달리 절실한 심정으로
내 마음에 말을 걸어왔다. 이로써 많은 시가 탄생했는데, 이때에 특히 훌륭한
본보기가 되어 준 것은 괴테가 청년 시절에 쓴 가요였다.

겨울로 접어들자, 가능하면 적어도 1년 이내에 대학에 진학해야겠다고 진지
하게 생각하게 되었다. 라틴어는 상당한 진전을 보여 호라티우스의 송가,*¹⁵ 베
르길리우스의 목가,*¹⁶ 오비디우스의 변신 이야기*¹⁷와 같은 작품들 중에서 내
마음에 드는 일부를 운율에 맞게 번역할 수 있었고, 키케로의 연설집*¹⁸과 율
리우스 시저의 전쟁기는 어느 정도 쉽게 읽을 수 있었다. 그러나 이것으로 대
학에서 공부하는 데에 필요한 준비가 다 되었다고는 전혀 생각하지 않았다.
그러나 앞으로 1년 동안 내 공부는 훨씬 진전될 것이었고, 그렇게 해도 부족한
것은 대학에 들어가서 보충할 생각이었다.

---

*14 신약성서 마태오복음 6장24절
*15 호라티우스(BC 65~08). 로마의 계관시인이다.
*16 베르길리우스(BC 70~19). 로마의 시인으로 전원의 풍물을 노래불렀다.
*17 오비디우스(BC 43~서기 17). 신화를 집대성한 그의 작품은 후세작들의 원류가 됐다.
*18 키케로(BC 106~43). 로마의 웅변가로 연설집 58편이 있다.

이 도시의 상류계급 인사들 가운데에는 내 후원자가 많이 있었다. 그들은 모두 나에게 협력해 주겠다고 약속했다. 그러나 그들은 내가 이른바 '빵을 위한 학문'을 택할 결심을 해야만 협력하겠다는 조건을 달았다. 이와 같은 요구는 나의 본래의 성미에는 맞지 않았고, 인간은 오직 자기 내심의 끊임없는 욕구가 향한 것만을 개척해야 한다는 확고한 신념을 갖고 있었기 때문에 나는 초지(初志)를 굽히지 않았다. 그러므로 그들은 나를 돕는 것을 거절하였고, 이리하여 나는 결국 그들의 식사 초대를 받는 것에만 그쳤다.

이제는 자력으로 나의 계획을 실현하고, 어느 정도 가치 있는 문학작품을 직접 창출하는 데에 전력을 다하는 것 외에는 다른 길이 없었다.

그 당시에는 뮐너의 〈죄〉*19와 그릴파르처의 〈조비(祖妣)〉*20가 세상 사람들의 입에 오르내리면서 일대 선풍을 일으키고 있었다. 이런 인공적인 작품은 나의 자연 감정에는 맞지 않았고, 더욱이 그들의 운명관은 더욱더 친근해질 수 없는 것이었다. 그리고 이것은 국민에게 비도덕적인 영향을 줄 것이라고 생각했다. 그래서 나는 그들에 대항하여 운명은 인간의 성격 속에 있다는 것을 증명하려고 결심했다. 그러나 나는 말로 논쟁을 하려는 것이 아니고, 실제 행동으로 싸우려고 했다. 창작극을 써서, 인간이 현재에 씨를 뿌리면 그것이 장차 좋든 나쁘든 그에 상응하는 꽃을 피우고 열매를 맺는다는 진리를 보이고자 한 것이다. 세계 역사에 대해서는 아직 잘 몰랐기 때문에 작품의 구성은 성격 묘사와 줄거리의 진행에 의지하는 수밖에 없었다.

나는 이 희곡 작품을 족히 1년간이나 마음속에서 키워, 하나의 장면과 막의 세세한 점까지 형체를 만들어 갔고, 1820년 겨울 드디어 펜을 들어 아침 시간을 이용해 2, 3주일만에 완성하였다. 모든 것이 아주 쉽고 자연스럽게 이루어졌기 때문에, 이것을 다 쓰고 나자 나는 이를 데 없는 행복을 느꼈다. 그러나 나는 앞에서 언급한 시인들과는 달리 실제 생활에 너무 신경을 썼기 때문에 무대를 전혀 염두에 두지 않았다. 그러므로 내 작품은 줄거리의 긴장감 있는 전개보다는 오히려 조용한 장면묘사에 더 치우쳐 있었다. 또 인물이나

---

*19 뮐너(1774~1829). 〈죄〉는 그의 대표작이다.
*20 그릴파르처(1791~1872). 오스트리아의 국민시인이다. 그는 바이마르로 가서 괴테를 만났다.

장면에 극적인 요소가 필요한 때에도 단지 시적이고 리드미컬한 데에 그쳤다. 또 보좌역들이 너무 많은 비중을 차지해, 작품 전체가 너무 길게 옆으로 퍼져 버렸다.

나는 내 작품을 아주 친한 친구와 친지들에게 보여줬지만, 그들은 내가 원했던 것처럼 그것을 이해해 주지 않았다. 그 가운데 몇 장면은 희극에 속한다며 비난을 했고, 또 내가 독서가 부족하다고 나무라기까지 했다. 더 좋은 평가를 받으리라고 기대했던 나는 처음에는 내심 모욕감을 느꼈지만, 차츰 내 친구들의 생각이 전적으로 틀린 것은 아니라는 것을 알게 되었다. 설사 인물들이 올바르게 묘사되고 전체 구상이 잘 돼 있고, 생각하는 것이 세밀하고 재치있다고 해도, 이 작품은 전개면에서만 보더라도 상연되기에는 아직 적절하지 않을 만큼 저급한 수준이라는 것을 스스로도 깨달았던 것이다.

그리고 이런 것은 나의 성장과정과 연구 부족을 고려해 보면 이상할 것이 없었다. 이 연극을 개작하고 무대에 맞게 해 보자. 그러나 그보다 먼저 교양을 쌓고 모든 것을 더 높은 단계로 끌어올려야 한다고 생각했다. 대학에 가려는 나의 소망이 이제는 열망으로 변했다. 대학에 가게 되면 나에게 부족한 것을 모두 얻을 수 있고, 이로 말미암아 한층 더 높은 생활환경으로 들어갈 수 있을 것이라는 생각이 들었다. 나는 시를 출판하여 한번 이 목적을 달성해 보려고 결심했다. 그런데 아직 나에게는 출판사로부터 막대한 보수를 기대할 만큼의 유명세가 없었기 때문에, 나의 형편에 가장 유리한 방법을 택하기로 했다.

이 일은 친구들의 인도로 가장 순조롭게 이루어졌다. 우선 나는 상관들을 찾아가 괴팅겐 대학에 진학하려는 의도를 밝히고 사임을 간청했다. 상관들은 내가 자못 진지한 것을 보고 양보하지 않으리라 생각하고, 나의 목적에 유리하게 도와 주었다. 나의 직속 상관이자 당시 육군대령이었던 폰 베르거의 소개로, 병무청은 이 간청을 받아들여 내 연구를 위하여 매년 150탈러의 금액을 2년간에 걸쳐 수여하기로 했다.

나는 오랫동안 가슴속에 품고 있던 계획이 이루어져 너무 기뻤다. 시를 서둘러 인쇄하여 발송했다. 그 수입에서 모든 경비를 제하고 150탈러의 순이익을 얻었다. 이어 나는 1821년 5월 사랑하는 애인을 남겨 둔 채, 괴팅겐을 향해 떠났다.

대학으로 가려는 나의 최초의 시도는, 내가 소위 빵을 위한 학문이라는 것을 일체 완강히 거절했기 때문에 실패로 돌아갔었다. 그러나 경험을 통해 배우고, 또 가장 가까이 지냈던 사람들과 세력 있는 상류사회 인사들을 상대로 말로 표현할 수 없이 싸웠던 것을 통해 영리해져서, 나는 이제 너무나 막강한 세상에 순응하여 즉시 빵을 위한 학문을 택할 것과 법학에 헌신할 것을 선언했다.

세력을 가지고 있는 나의 후원자들, 그리고 세속적인 성공을 걱정해 줄 뿐 나의 정신적인 욕구는 전혀 상상조차 하지 못하는 다른 모든 사람들도 이러한 처신을 아주 잘한 것이라고 인정해 주었다. 모든 반대는 일제히 제거되어 나는 어디를 가나 친절하게 환영을 받았고, 사람들은 나의 결심을 기다렸다는 듯이 호의적인 격려를 보냈다. 동시에 사람들은 나의 이 의도가 바람직한 것임을 확신시켜 주기 위해 법학 연구가 절대로 정신적인 높은 이득을 가져오지 않는 것은 아니라는 것을 역설하는 것을 잊지 않았다. 이 학문을 통해 나는 다른 수단으로는 절대로 도달할 수 없는, 시민 생활과 세상 물정에 정통하는 안목을 갖추게 될 거라는 것이었다. 또 틈틈이 이른바 고상한 많은 일에 손을 댈 시간을 주지 않을 만큼 이 학문이 광범위한 것은 아니라고 말했다. 그리고 법률을 공부하면서도 동시에 다른 분야에서 최고의 지식에 도달한 많은 유명한 인물들의 이름을 들었다.

그러나 앞에서 언급한 사람들은 훌륭한 학교과정을 밟고 대학으로 들어갔을 뿐만 아니라, 어찌할 도리가 없을 만큼 궁핍한 특수사정 때문에 짬을 내는 것이 허락되지 않는 나하고는 비교가 안 되는 오랜 시간을 자기 연구에 바칠 수 있었다는 것을 친구들과 함께 나 역시도 간과하고 있었다.

아무튼 나는 다른 사람들을 속임과 동시에 나 자신도 점차로 속였고, 급기야는 법학을 열심히 공부하면서도 본래의 목적을 달성할 수 있을 것이라고 생각하기에 이르렀다.

이렇게 하여 나는 쓸 만한 것으로 만들어서 활용해 보겠다고 생각해 본 일이 없는 것을 얻으려는 망상을 품고, 대학에 도착하자 곧 법률 공부를 시작했다. 그런데 나는 이 학문이 결코 나의 성미에 맞지 않는 것은 아니며, 오히려 내 머리가 다른 의도와 노력으로 가득 차 있지 않다면 정말로 기꺼이 몸을 바치고 싶은 종류의 것이라는 것을 깨달았다. 나는 마치 불행하게도 한 애인을 남몰래 가슴에 품고 있기 때문에 결혼 신청을 받고 여러 가지로 괴로워하는 아가씨와 같았다.

나는 법학 개요와 로마법의 강의에 출석하고 있으면서도, 이따금 연극의 장면과 막을 완성하는 일에 나 자신을 잊고 마는 것이었다. 강의에 마음을 쏟으려고 안간힘을 써 보지만, 마음은 한사코 샛길로 빠지고 만다. 끊임없이 내 마음을 차지하고 있는 것은 시, 미술 그리고 나 자신의 고차원적인 인간형성뿐이었다. 그러한 것들이 내가 오랜 세월 동안 대학에 가려고 열정적으로 노력을 다한 이유였던 것이다.

대학 첫해에 나의 제1의 목적에 도움을 준 것은 헤렌*21이었다. 그의 민족학과 역사학은 내가 그 뒤로도 이러한 종류의 연구를 계속해 나가는 데 있어 최상의 기초가 되었고, 또 그의 명료하고 건실한 강의는 다른 점에서도 나에게 유익했다. 나는 매시간 열심히 출석했고, 이 탁월한 인물에 대해 존경과 호감이 더해 가는 것을 느끼지 않은 적이 없었다.

대학의 제2학년도가 되자, 나는 깊이 생각한 끝에 법률연구를 전적으로 그만두기로 했다. 정말이지 이것은 부차적으로만 공부하기에는 너무나 중요하였고, 나의 본업을 달성하는 데 너무나 큰 장해가 되었기 때문이다. 나는 언어학에 헌신했다. 첫해에 헤렌에게 크게 신세를 졌던 것처럼, 이번에는 디센*22에게서 큰 혜택을 받았다. 그의 강의는 내가 오랫동안 찾고 있었던 영양분을 나의 연구에 제공해 주었기 때문에 나는 스스로가 나날이 진척되고 계발되는 것을 느낄 수 있었고, 앞으로의 창작활동을 위한 확고한 방향 암시를 받았다. 그뿐만 아니라 나는 이 귀중한 사람과 개인적으로 친숙해졌고, 그에게서 나의 연구에 필요한 지도와 힘 그리고 격려를 받는 행운을 얻었다.

여기에 더해 이 시절에 나는 정말로 뛰어난 사람들과 매일 같이 교제를 하

---

*21 헤렌(1760~1842). 괴팅겐대학의 역사학 교수이다.
*22 디센(1784~1837). 괴팅겐대학의 문헌학 교수이다.

고, 산책 도중 혹은 이따금 깊은 밤중까지 고상한 문제를 토론했다. 이러한 것은 나에게 많은 도움이 되었고 장차 내가 자유로운 발전을 이루는 데 아주 유익한 영향을 주었다.

그러는 사이 얼마 안 가서 나의 금전적인 원조가 다 끝나게 되었다. 하지만 나는 지난 1년 반 동안 매일같이 지식의 새로운 보물을 받아들일 수 있었다. 그런데 실제로 응용해 보지 않고 지식을 쌓아 올리기만 하는 것은 나의 성미에 맞지 않았고, 나의 인생 행로에도 어울리지 않았다. 나는 문학 작품을 직접 써서 자신을 해방시키고, 금후의 연구에 열중하려는 정열적인 충동에 사로잡혔다.

나는 희곡 창작에 있어서 소재에 대한 관심은 아직 잃지 않고 있었지만, 형식과 내용면에서는 한층 더 노력해야 했다. 또 특히 문학의 여러 원칙에 관한 이념에 있어서는 당시의 지배적인 견해에 반대하는 논리를 전개해 보려고 했기 때문에 이 두 가지 작업을 차례로 완성하여 발표하려고 생각했다.

그래서 1822년 가을에 나는 대학을 그만두고 하노버 근교의 시골집으로 이사했다. 나는 우선 이론적인 논문을 썼다. 특히 이 논문이 재능 있는 젊은 사람들의 문학창작뿐만 아니라, 그들의 문학 작품의 올바른 판단에도 기여할 것을 원해 〈시학 논고〉라는 제목을 달았다.

나는 1823년 5월에 이 작업을 끝마쳤다. 나의 당시 형편으로는 좋은 출판사뿐만 아니라 충분한 보수를 얻는 것도 중요했다. 그래서 곧 괴테에게 원고를 보내 폰 코타*23 씨에게 추천장을 써 달라고 부탁했다.

괴테야말로 예나 지금이나 매일 변함 없이 내가 인도(引導)의 별로 우러러보는 시인 중의 시인이었다. 그의 말은 나의 사고와 조화를 이루었고, 나를 한층 더 높은 관점으로 이끌어 주었다. 나는 갖가지 대상을 취급할 때 그가 보여준 고상한 기교의 수준을 끊임없이 추구하고 그에 도달하려 노력했다. 내가 그에게 품은 간절한 사랑과 존경심은 거의 열정적인 성질을 띠고 있었다.

괴팅겐에 도착하고 얼마 안 있어 나는 그에게 나의 이력서와 학력의 간단

---

*23 폰 코타(1764~1831). 1659년에 창립된 코타 출판사는 1806년 이후부터는 괴테 작품을 독점적으로 출판했다.

한 소개와 함께 내 시의 가철본을 보냈다. 그러자 괴테에게서 간단한 편지가 왔을 뿐만 아니라, 여행자로부터 그가 나에게 호의를 갖고 있어서 잡지 〈예술과 고대〉[24]에 나의 글을 실을 것이라는 말까지 전해 듣게 되어 나는 무척 기뻤다.

이 사실을 알게 되었다는 것은 그 당시 나의 처지로서는 큰 의의가 있는 일이었다. 나는 이에 용기를 얻어 방금 막 끝낸 원고를 신뢰감을 담아 그에게 보내기로 했다.

이제 나의 마음속에는 잠깐만이라도 그를 한번 직접 만나보고 싶은 한결같은 희망만이 있을 뿐이었다. 이 소망을 달성하기 위해 나는 5월 말 출발하여, 걸어서 괴팅겐과 베라 계곡을 지나 바이마르로 향했다.

가는 도중 찌는 듯한 더위 때문에 여러 번 어려움을 겪었지만, 나는 내가 자애로운 분의 특별한 인도를 받고 있다는 것, 또 이 여행길은 앞으로의 나의 인생에 중대한 결과를 가져올 것이라는 것을 되뇌면서 마음속으로 위로를 받았다.

---

[24] 괴테가 발행한 이 잡지는 1816년부터 시작하여 1832년까지 모두 6권이 나왔다.

1823년

1823년 6월 10일 화요일 바이마르

요 며칠 전에 나는 이곳에 도착하였고, 오늘 처음으로 괴테를 찾아갔다. 그의 환대는 이를 데 없이 따뜻했다. 내가 그를 알게 된 이 날을 일생을 두고 가장 행복한 날로 손꼽고 싶을 정도로 그의 사람 됨됨이는 깊은 것이었다.

어제 방문일정을 문의하자, 오늘 정오 12시가 가장 좋겠다고 정해 주었다. 그 시각에 찾아가자 하인도 나를 기다렸다면서 2층으로 안내해 주었다.

집 내부는 아주 차분한 인상을 주었다. 요란하지 않고 모든 것이 우아하면서도 간소했다. 계단 옆에 세워 둔 여러 가지 고대 조각상 모형들에서 조형 미술과 고대 그리스에 대한 괴테의 두드러진 기호(嗜好)를 읽을 수 있었다. 집 아래층에는 분주하게 이리저리 움직이는 여러 부인들이 있었다. 또한 오틸리에[1]의 귀여운 어린 사내아이 하나가 붙임성 있게 다가와 큰 눈으로 나를 주시했다.

잠시 주위를 둘러보고 있자, 곧 아주 사근사근한 하인이 나타나 나는 그와 함께 2층으로 올라갔다. 하인이 문을 열었다. 그 문지방은 환영의 뜻을 알리는 라틴어 SALVE[2]를 밟고 들어가게 되어 있었다. 그 방을 지나 두 번째로 상당히 넓은 방문을 열고 그는 잠깐 기다려 달라고 하면서, 주인에게 나의 내방을 알리러 갔다. 방의 공기는 아주 서늘하고 상쾌했다. 바닥에는 융단이 깔려 있었고 빨간 소파 하나와 같은 색의 의자 몇 개가 배치되어 있어서 방은 밝은

---

[1] 오틸리에(1796~1872). 괴테의 며느리로서 그녀는 아우구스트 폰 괴테와 1817년 결혼한 이래로 괴테의 집에서 함께 살았다.

[2] '환영한다'는 의미의 라틴어이다.

느낌이었다. 바로 그 옆에는 그랜드 피아노가 있고, 벽에는 여러 종류와 크기의 소묘와 그림이 걸려 있었다.

열린 문 너머 멀리 맞은편으로 방이 보였는데, 거기도 마찬가지로 그림으로 장식되어 있었다. 하인은 그 방을 지나 나의 내방을 알리러 갔다.

얼마 안 있어 괴테가 나타났다. 푸른색의 윗도리를 입고 구두를 신고 있었다. 정말로 당당한 모습이다! 인상은 압도적이었다. 그러나 그는 곧 무척 다정스러운 말로 나의 거북한 심정을 말끔히 없애 주었다. 우리는 소파에 앉았다. 나는 내가 그를 바로 눈앞에서 보고 있으며, 그가 바로 옆에 있다는 생각에 행복에 겨워 어찌할 바를 몰라 말을 제대로 할 수 없었다.

그는 곧바로 나의 원고 이야기를 하기 시작했다.

"방금 자네의 원고를 읽고 있었네!" 그는 말했다. "아침 내내 자네의 글을 읽었네. 추천할 필요가 없어요. 내용 그 자체가 충분히 추천하고 있어."

이어 그는 내 글이 명쾌한 서술과 풍부한 사상을 보여 주고 있으며, 또 모든 것이 훌륭한 기초 위에 놓여 있고 꼼꼼히 잘 짜여져 있다면서 칭찬을 아끼지 않았다. 그는 원고의 발간이 빨리 성사되도록 처리해야겠다고 하더니, 이어 다음과 같은 말을 덧붙였다.

"오늘 안으로 코타 출판사에 특급 우편으로 편지를 쓰고, 내일은 마차 편으로 소포를 보내도록 하겠네." 나는 그에게 고맙다는 말과 함께 목례를 했다.

이어 우리는 나의 다음 여행 이야기를 했다. 나는 라인 지방으로 가서 거기서 적당한 곳에 거처를 정해 머물면서 좀 새로운 것을 쓸 생각이라고 했다. 그러나 우선은 예나*³로 가서 거기서 폰 코타 씨의 회신을 기다리겠다고 말했다.

괴테가 나에게 예나에 아는 사람이 있느냐고 묻길래, 나는 폰 크네벨*⁴ 씨하고 가깝게 지내고 싶다고 대답했다. 이 말을 들은 그는 내가 좋은 대접을

---

*3 예나는 바이마르 근교의 작은 대학도시에 불과했으나, 나중에는 일약 후기 독일관념론철학 그리고 독일 낭만주의문학의 발생지로 부상하게 된다.
*4 폰 크네벨(1744~1834). 바이마르의 콘스탄틴 공자의 교육관이었던 그의 주선으로 카를 아우구스트 대공은 1774년 프랑크푸르트에서 괴테를 처음 만나게 된다. 그리고 이때 바이마르 공국의 국정에 참여해 줄 것을 요청하고, 괴테는 이 제의를 받아들인다.

오늘날 괴테 박물관이 된 괴테의 바이마르 저택 1828년 그즈음 모습, 쉿체의 그림

받을 수 있게 소개장을 써 주겠다고 약속했다.

"이젠 잘 됐군그래!" 하면서 그는 말을 계속했다. "자네가 예나에 있게 되면 가까우니까 자주 만날 수도 있고 무슨 일이 생길 때에는 서로 편지를 주고받을 수 있겠군."

우리는 오랫동안 함께 앉아 있었고, 분위기는 조용하고 따뜻했다. 내 무릎이 그의 무릎에 가 맞닿았다. 나는 그를 골똘히 쳐다보느라고 할 말을 잊고 있었다. 아무리 바라보아도 싫증이 나지 않았다. 그의 용모는 아주 힘차 보였고, 얼굴은 다갈색이고 온통 주름살로 덮여 있었지만 주름살 하나하나가 모두 풍부한 표정을 담고 있었다. 모든 점에서 뭐라고 설명할 수 없는 성실한 군건함, 그리고 고요함과 위대함이 있었다! 그는 천천히 부드럽게 말했다. 그는 말을 할 때면 나이 많은 왕과도 같았다. 그를 바라보면, 정말로 자족하고 있어 칭찬과 비난에 초연해 있다는 것을 알 수 있었다. 그의 곁에 있으면 이루 말할 수 없이 기분이 좋았다. 많은 고생과 긴 동경 끝에 드디어 간절한 소망을 성취한 사람처럼, 나는 마음이 차분해지는 것을 느꼈다.

이어 그는 나의 편지 이야기를 하면서 내 생각이 옳다는 것, 한 가지 일을 투명하게 처리할 수 있는 사람은 다른 많은 일도 능히 해낼 수 있다는 것을 말했다.

"세상이 어떻게 돌아가게 될지, 우리는 알 수 없지" 하고 괴테는 말했다. "나는 베를린에 많은 훌륭한 친구들이 있어요. 요즘엔 그 속에 자네도 포함시켜 생각하고 있었네."

이렇게 말하면서 그는 애정에 찬 미소를 지었다. 이어 그는 나에게 바이마르*5에 머물러 있는 요 며칠 사이에 구경해야 할 모든 것에 주의를 환기시키면서, 비서인 크로이터*6 씨에게 나의 안내를 부탁하겠다고 했다. 그리고 그는 그중에서도 내가 잊어서는 안 되는 것은 이곳 바이마르의 극장*7을 관람하는 일이라고 말했다. 그는 또 내 숙소는 어디냐고 물으면서, 다시 한 번 만나고 싶다며 적절한 시간을 정해 놓고 사람을 보내겠다고 하였다.

우리는 서로 따뜻한 마음으로 헤어졌다. 나는 최고로 행복했다. 왜냐하면 그의 말 한마디 한마디에 호의가 넘쳐 있었고, 또 무엇보다 그가 나에게 과도할 정도로 호감을 갖고 있다는 것을 느꼈기 때문이다.

1823년 6월 11일 수요일

오늘 아침 나는 또다시 괴테의 초대를 받았다. 이번 초대장은 그가 자기 명함에 친히 자필로 써서 보낸 것이었다. 그래서 다시 1시간 가량을 그의 곁에서 지냈다. 오늘의 그는 어제의 그하고는 전혀 다른 사람 같았다. 그는 모든 일을 젊은 사람처럼 재빨리 그리고 결연히 해치웠다.

─────────────

*5 당시 바이마르는 인구 6000명에 불과한 작은 공국의 수도였지만, 현명한 대공모의 선정 아래 펼쳐진 괴테와 실러의 활약으로 18세기와 19세기 독일 문화 예술의 중심지가 되었다. 2차 대전 후 유럽공동체에서는 괴테 탄생 250돌이 되는 1999년을 맞이하여 바이마르를, 유럽의 문화수도로 정하기도 했다.

*6 크로이터(1790~1856). 괴테의 비서이다.

*7 바이마르의 극장. 1791년에 창설된 이래 1817년까지 괴테는 이 극장의 감독을 맡았고, 실러와 협력하여 극장을 운영해 나갔다. 그는 매년 실러가 쓴 작품을 직접 그가 연출하게 하여 이곳 극장에서 상연하였다. 이후 1919년 새로 선출된 독일 국회의원들은 베를린이 아닌 이곳 바이마르 극장에 모여 바이마르공화국을 탄생시켰다.

마리엔바트 온천장

그는 두 개의 두꺼운 책을 가지고 나한테로 왔다. "그렇게 빨리 떠나버리는 것보다" 하고 그는 말했다. "서로 좀 더 가까이 지내보는 것은 어떨까. 더 자주 만나 이야기를 나누고 싶어. 일반적인 것만으로는 범위가 너무 넓기 때문에 우리 두 삶을 연결시키고 화제가 될 수 있는 그런 특수한 것을 생각해 보았네. 여기 두 책에는 1772년과 1773년까지의 〈프랑크푸르트 학보〉*8가 들어 있는데, 이 속에는 그 당시 내가 쓴 소논문이 거의 전부 실려 있어. 내 서명은 없지만, 자네는 나의 격식과 사고 방식을 알고 있기 때문에 틀림없이 내 논문을 다른 것하고는 구별해 낼 수 있을 거야. 내가 청년기에 작업한 이것들을 자네가 좀 더 자세히 읽고, 생각한 것을 말해 주면 좋겠어. 앞으로 나올 나의 저작집에 이것을 넣어도 괜찮을지 어떤지를 알고 싶어 그런다네. 이것들은 너무 오래전의 것이어서 나로서는 아무래도 판단이 서지 않아. 그러나 자네와 같은 젊은 사람들은 이 글들이 자네들에게 가치가 있는 것인지, 또 현대문학의 입장에서

*8 〈프랑크푸르트 학보〉는 질풍노도 문학운동의 지도적인 위치에 있었던 헤르더의 영향을 받아 괴테와 메르크 등이 발표하였던 소논문들을 싣고 있다.

판단하여 어느 만큼 도움을 줄 수 있는 것인지 알 수 있을 거야. 이미 사본을 만들어 놓은 것을 나중에 자네에게 넘겨줄 터이니 원본하고 비교해 주기를 바라네. 주의를 기울여 조사해 보면 전체적인 특징을 해치지 않는 한도 내에서 여기저기 조금 손질해도 괜찮을지 알게 될 거야."

"이 일을 기꺼이 해 보겠습니다. 당신이 원하시는 대로 일이 잘 되기만 한다면 그 이상 더 바랄 것이 없습니다."

"한번 손을 대 보기만 하면, 이것은 자네에겐 아주 쉬운 일이라는 것을 알게 될 거야. 자네는 아주 쉽게 해낼 것으로 아네"라는 것이 그의 대답이었다.

그리고 괴테는 1주일 안으로 마리엔바트*⁹로 떠나려 한다면서, 만약 그때까지 내가 바이마르에 머무른다면 그 사이에 가끔 만나서 이야기를 나누어 우리가 서로 더욱더 친밀해질 수 있을 것이라고 말했다.

"그리고 자네에게 한 가지 더 부탁하고 싶은 것은" 하고 그는 덧붙여 말했다. "예나에서의 체류를 며칠이나 몇 주일로 제한하지 말고, 가을이 되어 내가 마리엔바트에서 돌아올 때까지 여름 내내 거기에 있어 달라는 거야. 주거지가 문제라면, 어제 내가 벌써 자네가 만사 편리하고 쾌적하게 지낼 수 있게 편지를 써서 보냈으니 걱정 말게."

그는 말을 이었다.

"그곳에 가게 되면, 이제부터의 연구에 필요한 여러 가지 자료와 편의를 얻을 수 있을 것이고, 또한 아주 교양 있고 마음에 드는 사람들과도 어울릴 수 있을 것이야. 여기에 더해 그 지방은 가지각색의 변화와 다양성을 가지고 있어서 자네는 50개 이상이나 되는 산책로를 발견하게 될 거네. 그 어느 산책길도 쾌적하고 방해받지 않고 사색에 잠기기에 알맞은 곳이지. 거기서는 자네가 자기만의 세계에서 여러 가지 새로운 것을 쓸 수 있는 충분한 여유와 기회를 얻을 수 있으리라고 생각해. 그러는 한편 나에게 관계되는 일도 진행시켜 주기를 바라마지 않네."

나는 이런 호의적인 제안에 아무런 이의가 없었기 때문에, 모든 것을 기꺼

---

*9 온천장이 있던 휴양지. 괴테는 마침 이때에는 이곳에서 알게 된 젊은 아가씨를 생각하고 있었다.

프리드리히 실러 대학교 통칭 예나 대학교

이 감수하기로 했다. 내가 그의 집을 떠날 때, 그는 유달리 기분이 좋아 보였다. 또한 그는 더 자세히 이야기를 나누고 싶다며 모레 다시 만나자는 약속까지 했다.

1823년 6월 16일 월요일

요 며칠 사이에 나는 괴테를 여러 차례 방문했다. 오늘은 주로 일 이야기를 했다. 나는 또 그의 프랑크푸르트 평론에 대해 의견을 말하면서, 그것은 그의 대학 시절의 여운과 같은 것이라고 말했다. 이 말은 그의 마음에 들었던 모양이어서, 우리가 그의 청춘기의 작업을 어떤 관점에서 관찰해야 할 것인가를 가르쳐 주었다.

그는 곧 〈예술과 고대〉의 첫 11권을 나에게 넘겨주고는, 프랑크푸르트 평론과 함께 두 번째 작업으로 해 보라고 하면서 예나로 가지고 가라고 말했다.

그는 말했다. "이 책자들을 충분히 연구하여 일반적인 내용 목차를 만들고, 또 어떤 대상을 취급한 것이 불완전하게 보이는지 나도 확실하게 알 수 있도록 자네가 직접 문장으로 작성해 주게. 그러면 나도 그 실마리를 따라 계속 이어갈 수 있을 것일세. 그렇게 해 주면 나에게는 안성맞춤이고, 물론 자네 자신도 얻는 것이 많으리라고 생각하네. 자기 좋을 대로만 하는 일반적인 독서보다는 목적을 세워서 읽는 독서가 내용 하나하나를 더 세밀하게 음미하고 자기의 것으로 만드는 데 도움이 되는 법이지."

그의 이런 말이 모두 옳고 타당한 것으로 생각되었기 때문에, 나는 이 일도 기꺼이 맡아하겠다고 말했다.

1823년 6월 19일 목요일

나는 오늘 원래 예나에 가 있어야 했지만, 어제 괴테가 일요일까지 여기서 지내다가 우편 마차편으로 가줄 것을 신신당부하여 아직 바이마르에 남아 있었다. 그는 어제 나에게 소개장과 프롬만 일가*¹⁰에게 보내는 편지도 함께 주었다. "이 집 사람들은 자네 마음에 들걸세" 하고 그는 말했다. "나는 거기에서 많은 즐거운 밤을 보냈어. 장 파울,*¹¹ 티크*¹² 슐레겔 형제,*¹³ 그리고 독일의 유명인들이 거기에 모여 즐겁게 어울렸지. 그리고 지금도 역시 많은 학자와 예술가, 또 기타 저명 인사들이 모이고 있어. 그리고 2, 3주일 안으로 마리엔바트로 연락하여 나에게 자네가 어떻게 지내고 있는지, 또 예나가 자네 마음에 들었는지 알려주기 바라네. 내 아들*¹⁴에게도 내가 없는 동안 예나에 있는 자네를 한번 찾아가라고 말해 두었어."

나는 괴테가 나를 위해 많은 신경을 써주는 것이 정말 고마웠다. 그리고 그가 나를 그의 가족 일원으로 매김하여 그 한 사람으로 취급하고, 그의 가까이에 두려고 하는 것을 알게 되어 흐뭇한 기분이 들었다.

---

*10 예나의 출판업자로, 괴테는 특히 1806년과 1807년에 이 집에 자주 드나들었다.

*11 장 파울(1763~1825). 낭만주의적 작가인 그는 1796년 바이마르에 머물렀고, 또 그 이후에도 한동안 바이마르에서 살았다. 넓은 독자층을 가지고 있었지만, 괴테는 그를 좋아하지 않았다.

*12 티크(1773~1853). 독일 전기 낭만파의 대표적인 작가이다. 당시 문학작품의 가장 유명한 낭송자로 알려져 있었다.

*13 슐레겔 형제. 형 아우구스트(1767~1845)와 동생 프리드리히(1772~1829)는 독일 낭만파의 지도자이고 대변자이다. 특히 독일에서는 아우구스트 슐레겔의 셰익스피어 희곡의 독일어 번역을 지금도 고전으로 간주하고 있다.

*14 괴테의 아들. 아우구스트 폰 괴테(1789~1830)를 말한다. 카를 대공의 궁정시종이기도 하다.

1823년 6월 21일 토요일

괴테와 작별하고, 다음 날 마차로 와서 마음 좋고 성실한 사람들의 집 사랑채에 거처를 잡았다. 괴테의 추천서 덕분에 폰 크네벨 씨 집안과 프롬만 집안에서 따뜻한 환대를 받았고, 아주 유익한 교제 시간을 가졌다. 가지고 온 일감은 아주 잘 진전되었다. 여기에 더하여 제일 기쁜 소식은 폰 코타 씨의 편지였다. 그는 내가 보낸 원고의 출판을 떠맡을 뿐만 아니라 상당한 사례금을 약속했고, 또 그것을 예나에서 나의 감독하에 인쇄할 것이라고 말했다.

이리하여 이제 나의 1년치의 생활비는 확보된 셈이었다. 나는 요사이에 뭔가 새로운 것을 써서 작가로서의 장래를 공고히 하려는 충동을 가장 생생하게 느끼고 있었다. 나는 저 〈시학 논고〉라는 논문을 마지막으로 이론적이고 편론적인 분야에서는 완전히 손을 떼려고 생각했었다. 나는 이 논문으로 가장 중요한 여러 법칙을 설명하려고 했으니, 이제는 온 정신을 기울여 실제적인 창작 작업을 하고 싶다는 간절한 생각뿐이었다. 수없이 많은 시의 계획과 갖가지 종류의 희곡 소재도 떠올랐다. 그런데 현재 문제시되는 것은, 나의 이런 상념을 어느 방향으로 이끌고 가야 할 것인가였다. 이것이 정해지면 하나하나 차례대로 차근히 써갈 수 있을 것이다.

예나는 오랜 도시로서 내 마음에 드는 곳은 아니었다. 이 고장은 너무 조용하고 단조로웠다. 내가 원하는 곳은 훌륭한 극장이 있을 뿐만 아니라, 무수한 사람들이 각자 자기 생각대로의 생활을 전개해 갈 수 있는 큰 도시였다. 그러한 곳에서는 중요한 생활 요소를 마음껏 받아들여, 정신적인 문화를 될 수 있는 대로 빨리 촉진시킬 수 있기 때문이다. 나는 그런 도시에서 전혀 사람들 눈에 띄지 않게 생활하며, 언제든지 방해받지 않고 창작에 전념할 수 있기를 원했던 것이다.

그 사이 나는 괴테에게서 부탁받은 〈예술과 고대〉의 처음 4권의 내용 목차를 완성했기 때문에, 마리엔바트로 한 통의 편지를 보냈다. 나는 이 편지에서 나의 소망과 계획을 솔직하게 털어놓았다. 그러자 얼마 안 있어 다음과 같은 답장을 받았다.

'내용 목차는 마침 알맞게 도착했네. 내가 바라고 목적했던 대로 일을 해 냈더군. 내가 돌아갈 때까지 '프랑크푸르트 평론'도 그와 같은 방식으로 정리 해 주면 고맙겠네. 지금 미리 마음으로부터의 감사를 표시하는 바이네. 자네 의 심정, 경우, 소망, 목적 그리고 계획을 충분히 생각해 볼 터이니, 내가 돌아 가면 자네의 행복을 훨씬 더 철저하게 이야기할 수 있을 걸세. 오늘은 이 이 상 더 말할 것이 없네. 마리엔바트를 떠나게 되니, 여러 가지로 생각해야 할 일과 해야 할 일들이 많이 기다리고 있군. 요사이 여기서 훌륭한 사람들하고 지내는 시간이 너무 짧을 수밖에 없다는 것을 매우 가슴 아프게 생각하고 있 다네.

계속 꾸준히 공부하도록 해 보게. 결국 거기에서 가장 확실하고, 가장 순수 한 세계관과 경험이 탄생하는 거라네. 즐겁게 지내기를 바라네.

이제부터 한층 긴 시간을 함께 지내며, 한층 친밀하게 지낼 수 있기를 고대 하면서.

—1823년 8월 14일 마리엔바트에서 괴테.'

괴테의 편지를 받고 나는 이를 데 없이 행복했고, 잠시나마 마음이 가라앉 았다. 이리하여 나는 무슨 일이든 독단적으로 행동하지 않고, 전적으로 그의 충고와 의지에 몸을 맡기기로 결심했다. 그러는 동안에 나는 몇 개의 시를 썼 고, '프랑크푸르트 평론'도 정리를 끝마쳤다. 그리고 괴테에게 주려고 나의 견 해를 작은 논문으로 만들었다. 그가 마리엔바트에서 돌아오는 것을 애타게 기 다렸다. 〈시학 논고〉의 인쇄도 거의 끝나고 있어서 나는 무슨 일이 있어도 기 분전환을 위해, 이번 가을에는 라인 지방으로 2,3주일 동안 짧은 여행을 가려 고 마음먹고 있었다.

1823년 9월 15일 월요일 예나

괴테는 마리엔바트에서 무사히 돌아왔다. 그러나 이곳 예나에 있는 그의 정 원 집은 그다지 편리하지 못해 2, 3일 정도만 머물러 있을 것이다. 이제 그는 건강과 활기를 되찾아 여러 시간이 걸리는 길을 걸어서 다닐 수 있게 되었다.

1805년 그즈음 바이마르 뮐러의 수채동판화

그런 그를 바라보는 것은 정말로 기쁜 일이다.

　서로 기쁜 인사를 나눈 뒤에 괴테는 곧 나의 일을 말하기 시작했다.

　"단도직입적으로 말하지만" 하고 그는 시작했다. "이번 겨울에는 자네가 바이마르의 내 집에서 지내 주었으면 좋겠어." 그는 첫마디를 이렇게 시작하면서 계속 말을 자세하게 이어갔다. "시와 평론은 자네에게 가장 잘 어울리지. 자네는 이 분야에 타고난 소질이 있어. 이것이 자네의 직업이니 그 소질을 잘 키워 나가면, 얼마 안 가서 훌륭히 생계를 꾸려 나갈 수 있을 거야. 그러나 원래 자네의 전문 분야는 아니더라도 자네가 꼭 알아두어야 할 일들이 아직도 정말로 많지. 다만 그 일에 너무 긴 시간을 빼앗기지 말고 빨리 그것을 터득해 그 단계에서 빠져나오는 것이 중요하네. 그런 의미에서 이번 겨울을 바이마르의 우리 집에서 지내도록 하게. 부활절 때까지 자네는 상당한 진전을 보게 될 것이고 스스로도 놀라게 될 거야. 나는 가장 좋은 공부 방법을 알고 있으니까 모든 일이 다 잘될 걸세. 이렇게 하면 자네는 생활의 기초를 단단히 다져놓을 수 있고, 어디를 가든지 마음놓고 자신감을 갖고 행동할 수가 있지."

　나는 이 제안을 듣고 매우 기뻤다. 그래서 그의 의견과 희망에 따르고 싶다고 말했다.

　"내 집 근처에 주거지 하나를 마련해 주지" 그는 말을 계속 이어나갔다. "자네는 이 겨울 내내 단 한 순간도 절대 무의미하게 시간을 보내서는 안 되네.

바이마르에는 아직도 여러 가지 좋은 것들이 모두 한 곳에 모여 있지. 자네는 점차 상류 사회에서 다른 어떠한 대도시의 인사들과도 맞먹는 동료들을 만나게 될 걸세. 또 나는 아주 훌륭한 사람들과 친하게 지내고 있지. 차차 그런 사람들하고 친한 사이가 되도록 노력하면, 자네도 그런 교제가 스스로에게 최고의 가르침이 되고, 또한 유익하다고 생각하게 될 거야."

괴테는 여러 유명한 사람들의 이름을 거론하면서, 그분들 한 사람 한 사람의 특별한 공적을 간단한 말로 설명했다.

"이렇게 좋은 도시에" 하고 괴테는 말을 계속했다. "이렇게 좋은 것들이, 여전히 많이 갖추어져 있는 곳이 어디에 있단 말인가! 훌륭한 도서관이 있고, 독일의 다른 도시에 있는 가장 훌륭한 곳에 절대로 뒤지지 않는 극장도 있지. 그러므로 되풀이해서 말하겠네. 우리가 살고 있는 이곳에 계속 있어주었으면 하네. 이번 겨울뿐만 아니라 앞으로도 바이마르를 정착지로 정하고 머물러 주었으면 좋겠어. 이곳에는 세계의 어디로도 통할 수 있는 문과 도로가 열려 있지. 여름에는 여행도 할 수 있고, 또 보고 싶은 것도 차례로 볼 수 있네. 나는 50년 동안 이곳에서 살고 있지만, 어느 곳이든 가고 있지! 그러나 나는 언제나 바이마르로 다시 돌아오는 것이 즐겁다네."

다시 괴테를 가까이하고 다시 그가 이야기하는 것을 들으니 행복해졌다. 나는 내 마음의 모든 것을 그에게 바치고 싶은 마음이었다. 다만 그와 함께 있을 수 있다면, 함께 있는 것이 허락된다면, 다른 모든 것은 아무래도 상관없다고 생각했다. 그래서 나는 그가 고맙게도 내 특수한 사정을 고려해 맡기는 일이라면, 무엇이든지 할 용의가 있다는 것을 되풀이하여 말했다.

1823년 9월 18일 목요일 예나

어제 아침 괴테가 바이마르로 향해 떠나기 전에 나는 아주 행복하게도 다시 한 번 그의 곁에 1시간 가량 있을 수 있었다. 그때 그는 아주 중요한 말을 해 주었다. 그것은 나에게는 참으로 헤아릴 수 없이 귀중하고, 나의 전 생애에 걸쳐 도움이 되는 말들이었다. 독일에 있는 모든 젊은 시인들은 이것을 알아 둘 필요가 있을 것이다. 이것은 그들에게도 도움이 될 것이기 때문이다.

그는 이번 여름에는 시를 전혀 쓰지 못했느냐고 나에게 물어 보면서 말의 첫머리를 시작했다. 나는 두세 편을 썼지만, 대체로 시를 쓸 만한 마음의 여유가 없었다고 대답했다. "대작(大作)을 쓰지 않도록 조심해야 해" 하면서 그는 말을 계속 이어나갔다. "정말이지 대가의 재능을 가지고 있는 일류의 사람들과 가장 훌륭한 노력을 거듭하고 있는 사람들까지도 대작으로 고생을 하고 있지. 나도 그것으로 고생을 했고, 그런 일은 자신에게 좋지 않다는 것을 뼈저리게 느껴야만 했네.—그럴 때에는 모든 것이 수포로 돌아가고 말았지!—만약 내가 잘 쓸 수 있는 것만을 썼더라면 100권의 책으로도 모자랐을 거야.

현재는 현재로서의 권리를 요구하지. 그날그날 시인에게 사상과 감정을 통해 육박해 오는 것은 모두 표현될 것을 요구하는 것이며, 또한 표현되어야 하는 것이지. 그러나 더 큰 작품을 머리에 구상하고 있으면, 다른 것은 아무것도 머리에 떠오르지 않게 되고, 다른 모든 사상은 배격되고 그 사이에 생활 그 자체의 여유까지도 사라져 버리고 만다네. 그 하나의 큰 전체를 마음속에서 정리하고 완성하는 데에 얼마나 많은 노력과 정신력의 투자가 필요하겠는가. 또한 그것을 유창하고 적절히 나타내려면 정력과, 조용하고 방해받지 않는 생활 상태는 얼마나 많이 필요하겠는가 생각해 보게. 만약 전체에 있어서 방향을 잘못 잡게 되면, 일체의 노고는 수포로 돌아가게 되지. 그뿐만 아니라 대상을 어떤 포괄적인 것으로 정해 개개의 부분에서 그 소재를 완전히 자기의 것으로 만들지 못하면, 전체의 여기저기에 구멍이 뚫려버리게 되고 곧 비난을 받게 되지. 시인이 어떻게 해 봐도 그처럼 막대한 노고와 희생 뒤에는, 보답과 기쁨 대신 언제나 불쾌감과 무기력증만이 남을 뿐이라네. 그러나 시인이 매일 현재를 향유하고 눈앞에 제공되는 것을 언제나 신선한 기분으로 취급하게 되면 반드시 뭔가 좋은 일이 이루어지며, 때로는 성공하지 못하더라도 그것으로 모든 것이 허사로 되는 일은 없지.

쾨니히스베르크에 아우구스트 하겐*15이라는 사람이 있는데 대단한 문호지. 자네는 그가 쓴 〈올프리트와 리제나〉를 읽어 본 적이 있는가? 그 속에는 그 이상의 것은 생각할 수도 없는 멋진 장면들이 있지. 발트 해의 광경이나 기

---

*15 아우구스트 하겐(1797~1880). 시인이자, 쾨니히스베르크의 문학 교수이다.

타 그 지방의 묘사는 모두 대단한 경지에 도달한 것이지. 그러나 다만 부분 부분이 아름답다고 말할 수 있을 뿐이지 전체적으로 볼 때는 아무에게도 만족감을 주지 못하고 있네. 이 시인이 거기에 소비한 노력과 정력은 얼마나 대단한 것이었을까! 그뿐만이 아니라 그는 그것으로 거의 모든 힘을 다 소모해 버렸지. 그런데 이번에는 그가 비극 작품을 쓰고 있다고 하네!"

이렇게 말하고 괴테는 미소를 지으면서 한동안 말도 하지 않았다. 내가 그 말을 이어받아, "당신은 〈예술과 고대〉에서 하겐에게 소제목만을 취급하라고 분명히 충고를 하셨던 걸로 알고 있습니다"라고 말하자 괴테는 "물론 나는 그렇게 말했지" 짧게 답하고 다시 이어서 말했다.

"그러나 우리 같은 노인들이 하는 말을 누가 들어주겠나? 누구나 자기가 제일 잘 알고 있다고 믿고 있다네. 그래서 많은 사람들이 오랫동안 갈피를 못 잡고 헤매고 있지. 그러나 이젠 방황할 때가 아니야. 방황하는 것은 우리 노인들의 몫이었지. 자네들처럼 젊은 사람들이 또 같은 길을 걸어가게 된다면, 도대체 우리가 찾아 나서서 헤맸던 것이 무슨 도움이 된단 말인가. 그렇다면 우리는 진보할 수 없지 않겠는가! 우리들에게는 아직 개척된 길이 없었으니, 우리 노인들은 오류를 범했어도 용서를 받을 수 있겠지. 그러나 나중에 이 세상에 태어나는 사람들에게는 그만큼 요구되는 것이 많은 법이니, 두 번 다시 방황하며 찾지 말고 노인들의 충고를 이용하여 곧바로 올바른 길을 걸어가야 하는 것이네. 언젠가는 목적지에 도달할 수 있을 거라는 안일한 걸음걸이는 안 되네. 그 한 걸음 한 걸음이 목표인 것이니, 그 한 걸음 한 걸음이 그 자체로서 가치를 갖고 있지 않으면 안 된다네.

이 말을 마음속에 새겨두고 어느 만큼 납득할 수 있는지를 한번 생각해 보길 바라네. 사실 자네를 걱정하는 것은 아니지만, 나의 충고로 자네는 현재의 입장에 어울리지 않는 한 시기를 재빨리 졸업해 버릴 수 있을 게야. 우선 이미 말한 대로 언제나 소제목만을 취급하고 매일매일 나타나는 것들을 참신한 기분으로 써 보는 것이 좋지. 그렇게 해 보면 상당한 성과를 올리게 될 것임에 틀림없을 것이고, 매일 즐겁게 지낼 수 있을 것이네. 그리고 그것을 우선 연감이나 잡지에 보내 보게. 그러나 절대로 다른 사람의 의뢰에 응하지 말고, 자네의 글은 자네 본래의 의지를 갖고 만들어야 하네.

세상은 넓고 풍부하며 상황도 가지각색이지. 그러니 시를 쓰는 데에 동기가 없어서 어려움을 겪는 일은 없어. 그러나 시는 모두 '기회시'라야 하지. 다시 말해 현실에서 시의 동기와 소재를 얻지 못하면 안 되네. 특별한 사건도 시인이 취급하게 되면 보편적인 것, 또 시적인 것이 되지. 나의 시는 모두 기회시이며, 현실에서 암시를 받고 또한 현실에 뿌리와 기반을 두고 있다네. 나는 날조된 시를 존경하지 않아.

현실에는 시적인 흥미가 결여되어 있다고 말해서는 안 되지. 왜냐하면 평범한 대상에서 흥미있는 면을 끄집어 낼 수 있는 재기 발랄함이야말로 시인의 가치가 아닐까. 현실에서 모티브를, 표현점을, 진수(眞髓)를 얻어내야 하는 것이지. 그러나 거기에서 아름답고 활기찬 전체를 만들어 내는 것은 시인의 작업이지. 자네는 이른바 자연시인이라는 퓌른슈타인*16을 알고 있겠지. 이 시인이 노래한 '호프 재배' 시는 상당히 뛰어난 것이라네. 지금 나는 그에게 수공업자들의 노래, 특히 '직조공의 노래'를 쓰라고 권하고 있는데, 이것은 반드시 잘되리라고 믿어 의심치 않네. 그는 젊었을 때부터 이런 사람들 사이에서 생활했기 때문에 그 대상을 충분히 속속들이 알고 있어. 따라서 그는 그 소재를 자유롭게 잘 다룰 거야. 그렇지, 작은 사물을 취급한다는 생각의 장점은 여기에 있지. 무엇을 자기가 생각대로 다룰 수 있는가를 확인하고, 그런 대상을 골라 사용하는 거야. 그러나 규모가 큰 작품인 경우에는 그렇게 되질 않아. 모든 것을 전체와 관련짓고, 일정한 계획 속에 결부되어 있는 모든 것을 묘사해야 하며, 또한 그것은 진실성에서 벗어나면 안 되지. 그러나 젊은 사람들의 견식은 역시 일면적이고, 대작에는 대단한 박식이 요구되지. 그래서 실패하는 것이 당연하네."

나는 괴테에게 4계절을 시로 써서, 모든 계층의 작업과 즐거움을 그 속에 엮어 넣을 계획이라고 말했다. "내가 방금 말한 것이 바로 그거야!" 그러면서 괴테는 이에 대답했다. "자네는 그것을 시도하면 아마 잘해낼 수 있을 거야. 그러나 아직도 자네가 충분히 연구하지 않은 영역이 많이 있네. 그런 면에서

---

*16 퓌른슈타인(1797~1880). 보헤미아의 시인으로, 괴테는 그를 친히 만나 격려하기도 했다.

자네는 실패할 거야. 어부는 잘 노래 부를 수 있겠지만, 반대로 사냥꾼은 그렇게 잘 되지 않을 거야. 아무리 부분 부분이 잘 되어 있다 해도 전체를 통틀어서 어딘가에 결점이 있다면, 이것을 완전한 작업이라고 부를 수는 없지 않겠나. 결국, 자네가 만든 것은 불완전한 것이 되겠지. 그것보다 자네의 몸에 맞는 몇 개의 부분만을 독립적으로 취급하면 틀림없이 멋진 작품이 만들어질 것이네.

특히 내가 경고하고 싶은 것은 당분간은 모든 대작의 제작에서 손을 떼라는 걸세. 사람은 모든 것에 자기의 견해를 내세우고 싶어하지. 그러나 나이가 젊으면 그 견해는 대체로 미숙해. 그뿐만이 아니라 그런 사람에게는 시인에게 필수적인 견해나 살 붙이기가 사라져서 그 이후의 제작에 필요한 충실함이 없어져 버리지. 결국 그 시인은 자신이 고안한 착상을 내면적으로 짜맞추고 결합하는 데에 많은 시간을 낭비하게 된다네. 그리고 이렇게 하더라도 세상 사람들은 시인이 결국엔 그 일을 성취할 수 있다는 동정 어린 호의를 보내지 않는 법이라네.

이와는 반대로 주어진 소재를 취급하는 때에는 모든 것이 달라지고 한층 쉽지. 이럴 때 그 사실과 성격은 자기 수중에 있고 시인은 단지 이것을 전체로서 활기를 띠게 만들면 되는 것이지. 게다가 또 시인에게는 충분한 여유가 있지. 자기 스스로 무언가를 첨부해야 할 필요는 거의 없기 때문이지. 시간과 정력의 낭비도 그저 조금으로 끝나지. 작가는 다만 일이 잘 끝날 수 있게, 힘을 조금만 보태주면 되는 것이라네. 그러므로 나는 이미 작품으로 이 세상에 나와 있는 대상을 다시 취급하라고 권하고 싶을 정도일세. 이피게니에*17는 여러 번 쓰여지지 않았는가. 그러면서도 그 어느 것 하나도 같은 것이 없지. 사람이 각기 다르면 보는 관점과 취급하는 방법도 저마다 다르게 되는 법이야.

그러니 다시 말하지만 자네는 우선 모든 대작은 일절 삼가도록 하게. 자네는 지금까지 충분한 노력을 다해 왔지. 이제부터는 한가롭게 시간을 보내

---

*17 고대 그리스의 비극 작가인 유리피데스는 〈타우리아 사람들과 지내는 이피게니아〉를 썼고, 괴테는 〈타우리스섬의 이피게니에〉를 썼다.

도 괜찮다고 생각하네. 그리 하려면 소제목을 취급하는 것이 최선의 방법인 게야."

이런 이야기를 나누면서 우리는 방 안을 이쪽저쪽 거닐었다. 나는 오로지 수긍할 뿐이었다. 왜냐하면 그의 한마디 한마디가 진실하다는 것을 알고 있었기 때문이다. 한 발짝 한 발짝 나의 발걸음은 가벼워졌고, 한결 행복감을 느꼈다. 왜냐하면 그때까지 깨닫지 못했지만, 나 자신이 갖가지 큰 계획 때문에 적지 않게 괴로워하고 있었던 것을 느꼈기 때문이다. 이제야말로 그런 계획을 내던져 버리자. 언젠가는 하나의 대상과 그 모임을 자연적인 순번에 따라 다시 받아들여 글로 쓸 수 있을 때가 올 것이다. 그때까지는 이 계획을 살짝 놔두도록 하자. 그리하려면 한 단계 한 단계 세상의 탐구를 전진하여 나가 어떤 소재의 어떤 부분도 내 것으로 만들어야 한다.

괴테의 말에 접하고 난 지금, 나는 단번에 여러 해의 성장을 이루어 일약 현명해지고 진보한 것 같은 느낌이 들었다. 이것이야말로 훌륭한 대가와 만나는 행복의 의미가 마음속 깊이 새겨지는 일인 것이다. 그 이로운 점은 이루 헤아릴 수 없을 정도로 많다.

그렇다면 이번 겨울에 그의 곁에서 지내게 된 나는 배우는 것이 얼마나 많을 것인가. 별로 중요한 것을 말하지 않더라도 괜찮다. 다만 그와 함께 어울리는 것만으로도 얼마나 얻는 것이 많을 것인가. 괴테라는 인물을 접하고 그와 가까이 있는 것만으로도 좋다. 하물며 그가 한마디 말을 하지 않을 때에도 그것은 나의 교양을 위해 도움이 되어 줄 것이 분명했다.

1823년 10월 2일 목요일 바이마르

아주 맑게 갠 날씨에 나는 예나에서 마차를 타고 바이마르로 왔다. 도착하자마자 곧 괴테는 내 도착에 대한 환영의 표시로 극장의 정기권을 보내 주었다. 어제 하루는 집 안 정리로 시간을 보냈다. 그렇지 않아도 괴테의 집은 프랑크푸르트에서 온 프랑스 공사인 라인하르트 백작*18과 베를린에서 온 프러시

---

*18 라인하르트 백작(1761~1812). 프랑스의 외교관으로 괴테와는 1807년 이래로 가깝게 지냈다.

아의 추밀 고문관인 슐츠*¹⁹의 방문으로 무척 어수선했다.

오늘 오전에 나는 괴테를 방문했다. 그는 나의 방문을 기뻐하며 아주 친절하고 붙임성있게 대해 주었다. 물러 나오려고 하자, 괴테는 그전에 추밀 고문관인 슐츠를 만나라고 나를 옆방으로 데리고 갔다. 괴테는 마침 미술품을 열심히 감상 중인 그에게 나를 소개하고 나서 우리 둘만을 남겨놓고 나가 버렸다. 그래서 나에게는 그와 단둘이 이야기를 나눌 수 있는 기회가 생겼다.

"당신이 바이마르에 머물면서 괴테의 미발표 작품 편찬을 도와드리고 있다는 것은 정말로 기쁘기 그지없는 일입니다" 하고 슐츠는 말했다. "괴테는 나에게 당신이 협력하고 있기 때문에 앞으로 형편이 잘 풀려 나갈 것이라고 하더군요. 또 여러 가지 새로운 작품도 완성할 생각이라고 했습니다."

그의 말을 받아, 내 목표는 오로지 평생 독일 문학을 위해 헌신하는 것이라고 대답했다. 그리고 여기서 유익한 일에 동참하고 있다고 생각하면서 나 자신의 문학적 계획은 우선은 뒤로 미룰 것이며, 괴테와 실제로 친교를 맺는다는 것은 장차 내가 해야 할 전문적인 수업에 아주 좋은 결과를 가져올 것이라고 말했다. 또 몇 년 뒤에는 어느 정도 원숙기에 도달하게 되어, 현재 거의 불가능에 가깝다고 생각되는 일도 훨씬 더 훌륭하게 성취할 수 있기를 바란다고 덧붙였다.

"정말이지" 그러면서 슐츠는 말했다. "괴테와 같은 탁월한 거장이 끼치는 개인적인 감화력은 이루 헤아릴 수 없습니다. 내가 이곳에 온 것도 이 위대한 정신과 친히 접촉하여 다시 한 번 활기를 되찾기 위해서였습니다."

이어 그는 내 책의 인쇄를 물었다. 괴테가 벌써 지난 여름에 편지로 그에게 알려준 것 같았다. 나는 초판본이 2,3일 안으로 예나에서 이곳으로 도착할 것이라고 말하면서, 그 한 부를 증정하고 싶으니 그때까지 이곳에 계시지 않을 것 같으면 베를린 주소로 보내 드리겠다고 말했다.

우리는 정답게 악수를 나누고 헤어졌다.

---

*19 슐츠(1781~1834). 베를린의 추밀고문관을 맡고 있던 그는 괴테의 〈색채론〉의 열렬한 신봉자이기도 했다.

〈알도브란디니의 결혼〉 기원전 4세기 고대 그리스 벽화

1823년 10월 14일 화요일

오늘 저녁 나는 괴테의 자택에서 열린 큰 다과회에 처음으로 참석했다. 내가 갔을 때에는 아직 아무도 와 있지 않았다. 방마다 눈부시게 불이 밝혀져 있었고, 방마다 문이 다 열려 있어 차례로 드나들 수 있게 되어 있는 것을 보고 마음이 흐뭇해졌다. 괴테는 맨 안쪽 방에 있었으며, 나를 보더니 아주 유쾌하게 맞아 주었다. 검은 복장에 훈장을 달고 있었는데 그것이 그에게는 아주 잘 어울렸다. 한동안 우리는 두 사람끼리만 있게 되어 '천장의 방'으로 들어갔다. 거기에 붉은 소파 위로 걸려 있는 '알도브란디니의 결혼*20이라는 그림이 특히 내 마음을 끌었다. 한쪽으로 녹색 커튼이 쳐져 있어서 이 그림은 전면 가득히 불빛을 받으며 내 눈앞에 있었기 때문에 그것을 조용히 바라보는 것이 즐거웠다.

"그렇지" 하고 괴테는 말했다. "옛날 사람들은 원대한 의도(意圖)를 가지고 있었을 뿐만 아니라 그것을 또 충분히 표현할 수도 있었어. 그렇지만 우리 근대인들은 의도하는 바는 크지만 그것을 생각했던 대로 힘차고도 생생하게 새로 만들어 내지는 못하지."

---

*20 1606년 이탈리아에서 발견되어, 로마 바티칸 도서관이 소장하고 있는 기원전 4세기 고대 그리스의 벽화. 괴테의 집에 있는 그림은 이것을 마이어가 모사한 것이다.

괴테와 매일 만났던 친구들

괴테

폰 뮐러 법무장관

마이어 미술학교 교수

토목국장 쿠드레이

요한 페터 에커만

리머 교수

괴테와 그의 가족들

괴테

아들 아우구스트 괴테   며느리 오틸리에

손자 발터   볼프강   손녀 알마

곧이어 리머*²¹ 마이어,*²² 폰 뮐러*²³ 법무장관과 그리고 그 밖에 궁중에서 일하는 많은 다른 유명한 신사 숙녀들이 나타났다. 괴테의 아들과 그의 부인도 들어왔다. 그들과 서로 인사를 나눈 것은 오늘이 처음이었다. 방들은 점점 사람들로 가득 채워졌고, 모두 쾌활하게 북적거렸다. 또 많은 예의바른 젊은 외국인도 나타났다. 그분들과 괴테는 프랑스어로 대화했다.

내 마음에 쏙 드는 모임이었다. 아주 자유롭고 구애됨이 없었다. 모두는 자기 생각대로 서고, 앉고, 장난을 치고 웃으면서 너나 할 것 없이 서로 이야기를 나누고 있었다. 나는 괴테의 아들과 며칠 전에 상연된 후발트*²⁴의 〈초상〉에 대해 기탄없는 말을 주고받았다. 그도 이 연극은 나와 같은 의견이었다. 이 젊은이가 재기에 넘치는 열정을 담아 이 연극을 하나하나 설명하는 것을 듣는 것은 기쁜 일이었다.

괴테는 이 모임에서 유달리 상냥한 모습이었다. 그는 이쪽 무리, 저쪽 무리에게로 발걸음을 옮기면서 즐겁게 사람들의 대화를 경청하며, 자신은 별로 말을 하지 않고 손님들에게 어서 말씀을 나누라고 재촉하는 것처럼 보였다. 가끔 젊은 괴테 부인*²⁵이 그에게 다가가 기대기도 하고 매달리기도 하고 키스하기도 했다. 나는 요전에 그에게 연극이 한층 더 재미있게 생각된다고 하면서, 이것저것 다른 쓸데없는 생각에 사로잡히지 않고 오직 상연되는 연극의 인상에만 빠져들면 한층 더 유쾌한 기분이 된다고 말한 적이 있었다. 그는 그것은 올바른 태도이고 현재의 나와 잘 어울린다고 생각하고 있는 것 같았다.

그는 젊은 괴테 부인과 함께 나한테로 왔다. "이쪽은 내 며느리야" 하고 그는 말했다. "두 분 벌써 서로 알고 지내는가?" 우리는 지금 막 서로 아는 사이가 되었다고 대답했다. "이 사람도 너와 마찬가지로 연극을 좋아하지, 오틸리에" 하

---

*21 리머(1774~1845). 그는 에커만과 함께 괴테의 유고를 정리출판했다.
*22 마이어(1759~1832). 괴테는 그를 1786년 로마에서 알게 된 후, 바이마르의 미술학교 교수로 초빙하고 일생 동안 가깝게 지냈다.
*23 폰 뮐러(1779~1849). 1815년 이래로 바이마르의 법무장관을 지내고 있는 그는 괴테의 절친한 친구 중 하나이다.
*24 후발트(1778~1845). 독일의 극작가로서 그의 작품 〈초상(肖像)〉은 운명비극이다.
*25 괴테의 며느리 오틸리에를 말한다.

고 그는 말했다. 그래서 우리는 서로 취미가 일치하는 것을 기뻐했다. "내 며느리는" 하고 그는 말을 이어갔다. "하룻밤도 빼놓지 않고 극장으로 간다네." 이에 내가 말했다. "멋지고 즐거운 연극이 상연될 때는 좋지만, 연극이 좋지 않을 때에는 참고 견디면서 보지 않으면 안 되지요." 그러자 괴테는 대답했다. "밖으로 나가고 싶어도 참고, 재미없는 연극이라도 억지로 구경해 주는 것도 좋은 일이야." 괴테는 계속 말을 이었다.

베토벤

"그렇게 되면 좋지 않은 연극의 혐오감이 뼈에 사무치도록 느껴져서 그만큼 좋은 연극의 안목도 생기게 마련이지. 그러나 독서는 그렇지 않아. 마음에 안 들면 책을 멀리하면 그만이지. 그러나 극장에서는 꼭 참지 않으면 안 되네." 나는 그에게 동의하면서 '나이 든 사람들은 언제나 때에 알맞은 좋은 말을 하는구나' 하고 생각했다.

우리는 헤어져서 주위를 여기저기 걸어다니며, 이쪽 저쪽 방에서 소리 높여 즐겁게 말하고 있는 사람들 사이에 끼어들었다. 괴테는 부인들 쪽으로 갔고, 나는 리머와 마이어가 속해 있는 곳으로 갔다. 이 두 사람은 이탈리아에 관해 여러 이야기를 들려 주었다.

나중에 슈미트[*26] 참사관이 그랜드 피아노 앞에 앉아 베토벤의 작품을 연주해 주었다. 거기에 있던 사람 모두가 열심히 귀를 기울이며 경청하고 있었다. 이어 어떤 재치 있는 부인[*27]이 베토벤이라는 인물에 대해 재미있는 이야기를 들려 주었다. 그러는 사이 이럭저럭 밤 10시가 되었다. 어쨌거나 나는 이날 밤

*26 바이마르의 참사관인 그는 열렬한 베토벤 숭배자였다.
*27 쿠니군데 폰 자비니를 말한다.

바이런

을 아주 즐겁게 보낼 수 있었다.

1823년 10월 19일 일요일

이날 나는 괴테로부터 점심식사 초대를 받았다. 괴테 외에는 젊은 괴테 부인과 울리케*²⁸ 양과 발터*²⁹가 있었을 뿐이어서, 우리들은 오붓하고 기분 좋게 시간을 보낼 수 있었다. 괴테는 마음껏 가장(家長) 행세를 하고 싶었던지 손을 아주 분주히 움직이면서 일일이 요리 접시를 나란히 늘어놓았고, 구운 고기를 자르기도 하면서 이따금 마시는 물도 따라주었다. 우리들은 모두 연극, 젊은 영국 사람, 또는 기타 일상 생활에서 일어나는 일들을 유쾌하게 담소하면서 시간을 보냈다. 그중에서도 기분이 좋아 보이는 울리케 양은 말을 아주 많이 했다. 괴테는 시종 말수가 적었지만, 그 몇 마디 안되는 말 속에는 사뭇 의미가 담겨 있는 것 같았다. 그는 신문 여기저기에 쓰여 있는 기사 중에서 몇 가지를 이야기하며, 특히 그리스인의 진보*³⁰에는 많은 정보를 전해주었다.

이어 내가 영어를 좀 더 배워야겠다고 하자, 괴테는 그렇게 해야 한다면서 나를 자꾸 부추겼다. 그 특별한 이유는 바로 바이런 경*³¹ 때문이었다. 그는 바이런처럼 고귀한 인물은 역사의 전후(前後)를 통해 거의 다시는 만날 수 없을

---

*28 울리케 양(1804~1875). 괴테의 며느리 오틸리에의 여동생으로 자주 괴테의 집안일을 보살폈다.

*29 발터 폰 괴테(1818~1885). 괴테의 첫 손자로 나중에 음악가가 된다. 그는 1859년에 남작으로 임명된다.

*30 1456년 이래로 터키의 압제하에 신음하던 그리스는, 1821년에 해방전쟁을 일으켜 1830년에는 드디어 독립을 쟁취한다.

*31 바이런 경(1788~1824). 1823년 독립전쟁에 참가한 그는 미솔롱기에서 말라리아에 걸려 죽고 만다. 평소에 바이런의 시적 천재성을 찬미했던 괴테는 〈파우스트〉 제2부 3막 9835~9906행에 그의 죽음을 슬퍼하는 기념비를 세웠다.

거라고 말했다. 그러고는 이곳 교사들을 조사해 보았지만 영어 발음이 아주 정확한 사람은 한 사람도 없었다면서 젊은 영국 사람을 사귀는 것이 좋을 거라는 말까지 해 주었다.

식사가 끝난 후에 괴테는 색채론(色彩論)의 두세 가지 견해를 들려주었다. 그러나 이런 것에 나는 거의 문외한이었다. 그는 그 현상을 자세히 설명해 주었지만, 그것은 나에게는 거의 이해할 수 없는 것들이었다. 그렇지만, 나는 앞으로 기회가 생기면 여가를 잡아 어느 정도 이 학문을 내 것으로 만들기로 했다.

1823년 10월 21일 화요일

오늘 저녁은 괴테와 함께 보냈다. 우리는 〈판도라〉*32에 대해서 이야기했다. 나는 이 작품을 이것으로 완성된 것으로 봐도 좋을 것인지, 아니면 그 다음 것이 이제부터 계속되는 것인지를 물어보았다. 그는 말했다. "그것뿐인 거야. 그것만으로 더 쓸 필요가 없었던 거지. 사실은 제1부의 규모가 너무 커서 제2부는 쓸 수 없게 돼 버린 거야. 하지만 그 작품은 충분히 완성작으로 읽힐 거라고 생각하고, 또 그렇게 만족해."

나는 그에게 이 작품을 암기할 정도로 여러 번 되풀이해서 읽고 나서야 비로소 점차 이해할 수 있게 됐다고 말했다. 괴테는 그 말을 듣고 미소를 지었다. "당연하지" 하고 그는 말했다. "이 시는 모든 것이 서로 주위에 쐐기를 박아 넣은 것처럼 완벽한 작품이기 때문이야."

나는 이 시에 관한 슈바르트*33의 의견에는 찬성할 수 없다고 말했다. 그리고 그 이유는 이 사람이 〈베르테르〉나 〈빌헬름 마이스터〉, 〈파우스트〉 그리고 〈친화력〉 속에 따로따로 표현되어 있는 것을 이 작품 속에서 전부 결부시키려고 하여, 논지를 파악할 수 없을 정도로 어렵게 만들어 버렸기 때문이라고 했다.

---

*32 괴테는 이 축제극을 오스트리아의 빈에 있는 잡지사에 발표했다. 판도라는 그리스 신화에 나오는 인물로 신에 의해 흙덩어리로 창조된 최초의 여성이다.
*33 슈바르트(1796~1861). 괴테가 발행하는 〈예술과 고대〉 잡지의 동인으로, 역사학 교수이다.

"슈바르트는" 하고 괴테는 말했다. "때로는 너무 깊이 들어갈 때가 있긴 하지만, 아주 총명한 사람이지. 그가 언급하는 것에는 함축성이 있거든."

우리는 울란트*³⁴를 말했다. "나는 큰 영향력이 있는 곳에는" 하고 괴테는 말했다. "언제나 그만큼 큰 원인이 있다고 말하고 있지. 울란트가 그처럼 대단한 인기가 있는 이상, 그에게 그만한 장점이 있다는 것을 인정해야 하지 않겠는가. 그러나 그의 〈시집〉은 뭐라고 비평을 내릴 수가 없네. 나는 그의 시집을 큰 기대를 걸고 손에 쥐었지만, 처음부터 심약하고 슬픈 시에만 눈이 갔기 때문에 계속해서 읽는 것이 싫어졌어. 그러다가 담시 쪽을 읽게 되었는데, 여기에서 비로소 그가 확실하게 탁월한 재능이 있다는 것을 발견하게 되었다네. 그리고 그만이 가지고 있는 명성의 근원이 여기에 있다는 것도 알게 되었지."

이어 나는 독일이 가지고 있는 비극의 시형(詩形)*³⁵에 괴테의 의견을 물었다. "독일에서는" 하고 그는 나의 물음에 답해 주었다. "그 점은 좀처럼 의견의 일치를 보기 어려울 것이야. 각자가 자기 좋을 대로 하고 있고, 어느 정도 대상에 잘 어울리게 사용하고 있어. 6각운의 약강격(弱强格)은 물론 제일 장엄하다고 할 수 있지. 그러나 우리 독일 사람들에게는 너무 길어. 독일어에는 형용사가 부족하기 때문에 보통 5각운으로 끝내버리기가 일쑤야. 영어는 한 음절의 낱말이 많기 때문에 더 짧아지지."

이어 괴테는 나에게 여러 개의 동판화를 보여 주면서 고대 독일 건축술을 이야기하였고, 또 이런 종류의 것을 이제부터 차례로 많이 보여 주겠다고도 했다. "고대 독일 건축 작품을 보게 되면" 하고 괴테는 말했다. "비범한 황금 시대가 있었다는 것을 알 수 있네. 이러한 황금기의 작품에 그대로 직면하게 되면 그저 감탄할 뿐이지. 그러나 이 식물(건축작품)의 비밀스러운 내적 생활을 찬찬히 들여다보고 여러 힘의 움직임과 꽃의 점진적인 성장과 만발의 과정을 보게 되면, 사물을 전혀 다른 눈으로 보게 되어 자기가 무엇을 보고 있는지를

---

*34 울란트(1787~1862). 슈바벤파의 중심인물로 그의 담시는 널리 알려져 있다.

*35 괴테는 〈헤르만과 도로테아〉에서 여기서 말하는 6각운의 약강격 즉 헥사메터 시형을 사용하였다. 이것은 호메로스가 〈일리아스〉와 〈오디세우스〉에서 사용한 서사시의 대표적인 시형이다.

쾰른 대성당

알 수 있게 되는 것이야.

자네가 이번 겨울을 지내는 동안 이러한 중요한 대상을 보는 식견을 한층 더 심화시킬 수 있게 해 주지. 그렇게 되면 내년 여름에 자네가 라인 지방을 여행하면서 슈트라스부르크 대성당과 쾰른 대성당을 볼 때에도 도움이 될 것일세."

이 말을 듣고 나는 기쁘고 감격스럽다는 생각뿐이었다.

1823년 10월 25일 토요일

해질녘에 나는 반 시간 가량 괴테의 저택에서 그와 함께 지냈다. 그는 나무로 된 팔걸이 의자에 앉아 작업책상을 마주하고 있었다. 그는 놀랄 만큼 온화한 분위기 속에 잠겨 있어서, 마치 천상의 평화 속에 흠뻑 젖어 있는 사람 같았다. 그는 옛날에 향유했던 감미로운 행복을 다시 생각해 내고 그것이 다시금 영혼 가득히 감돌고 있는 것을 느끼고 있는 것 같았다. 그래서 하인인 슈타델만*36은 내가 앉을 의자를 괴테 옆으로 갖다 놓지 않을 수 없었다.

이어 우리는 이번 겨우내 최대의 관심사인 연극을 화제에 올렸다. 내가 바로 얼마 전에 관람한 것은 라우파흐*37의 〈대지의 밤〉이었다. 나는 이 연극에 나의 의견을 피력했다. 나는 이 연극의 작가가 마음속에 품고 있었던 내용을 그대로 표출하지 못했다는 것, 극에서 이념적인 것이 너무 우위를 차지하고 말았다는 것, 실제적인 생명력이 결여되어 있다는 것, 연극적이어야 할 것이 너무 서정적으로 흘렀다는 것, 또 5막까지 끌고 가는 줄거리를 차라리 2막 내지 3막으로 압축했더라면 훨씬 좋은 표현이 되었을 것이라는 등의 말을 했다. 이에 괴테는 이 연극이 전체적으로 취급하고 있는 것이 귀족정치와 민주정치 같은 추상적인 관념이기 때문에, 관중이 원하는 보편적이고 인간적인 흥미가 빠지고 말았다고 덧붙였다.

이것과는 달리 나는 내가 관람한 코체부*38의 희곡작품 즉 〈친척〉과 〈화해〉

---

*36 슈타델만. 1814년부터 1824년까지 괴테를 돌본 하인이다.

*37 라우파흐(1784~1852). 베를린의 극작가이다.

*38 코체부(1761~1819). 바이마르 출신의 극작가. 그의 희곡들은 한동안 성공을 거두었지만, 결국 러시아의 스파이로 몰려 한 대학생에게 사살되었다.

를 칭찬했다. 내가 그의 희곡작품에서 감명을 받는 것은 그가 현실 생활에 예리한 안목을 갖고 있다는 점과 그와 같은 흥미 있는 측면을 훌륭하게 파악하고 있고, 무엇보다도 박진감 넘치게 묘사하고 있다는 점 때문이었다.

괴테는 나의 의견에 동의하면서 이렇게 말했다. "20년 동안이나 꾸준히 국민들의 인기를 누리고 있다는 것은 분명 충분한 이유가 있기 때문이야. 코체부가 자기 능력의 한계선을 지키고 자기 능력 이상의 것에는 손을 대지 않는 때에는 대체로 좋은 작품을 창출했지. 이것은 코도비에츠키*³⁹의 경우에도 마찬가지야. 이 화가도 시민들이 출현하는 장면을 그렸을 때에는 더할 나위 없이 성공했지만, 로마나 그리스의 영웅을 그렸을 때에는 자기 작품이 전혀 가치 없는 것으로 전락해 버리는 것을 봐야 했지."

괴테는 또한 코체부의 두셋의 가작, 특히 〈두 사람의 클링그스베르게〉를 예로 들면서 이렇게 덧붙였다. "그가 쉴새없이 인생을 관찰하고 주시를 게을리하지 않았다는 것은 부정할 수 없는 사실이었지."

"지성과 시적인 재능이" 하고 괴테는 말을 이어나갔다. "근대의 비극 시인들에게 결여되었다고 할 수는 없어. 그러나 많은 시인들은 이것을 유창하고도 생생하게 묘사할 능력을 갖고 있지 않지. 이것은 그들이 자신의 역량 이상의 것을 시도하려고 하기 때문이야. 이런 점에서 나는 이 사람들을 정도(程度)를 지나쳐 가는 재능이라고 부르고 싶네."

"이런 시인들이" 하고 나는 말했다. "산문으로 연극을 쓸 수 있을지 의심스러운 생각이 드는데요. 그들이 이것을 해낼 수 있을지 없을지가 그들의 재능의 참된 시금석이 될 수 있다고 생각합니다." 괴테는 내 말에 동의하면서 운문의 시형이란 시적인 기분을 드높여 줄 뿐만 아니라, 그것을 유인하는 요소이기도 하다고 덧붙여서 말했다.

이어 우리들은 당장 계획하고 있는 일에 대해 이런저런 이야기를 나누었다. 그는 〈프랑크푸르트와 슈투트가르트를 경유한 스위스에로의 여행기〉*⁴⁰를 말

---

*39 코도비에츠키(1762~1801). 베를린의 화가로, 괴테의 〈베르테르〉와 〈헤르만과 도로테아〉의 삽화를 그렸다.
*40 에커만은 이 여행기를 1833년의 〈괴테전집〉에서 비로소 공개했다.

하면서, 3권으로 만든 가철본(假綴本)을 보낼 터이니 일일이 읽고, 어떻게 하면 하나로 정리할 수 있을 것인지 의견을 달라고 하였다. "자네도 읽으면 알게 되겠지만" 하고 그는 말했다. "이것은 모두 시시각각으로 변해 가는 순간들을 그대로 쓴 것이야. 일정한 계획이나 예술적인 세련미같은 것은 전혀 생각하지 않았지. 물통에 가득 채워진 물을 확 뿌려버리는 거나 마찬가지였어."

나는 그의 비유가 재미있다고 생각했다. 그것은 아주 무계획적인 것을 가장 적절하게 표현한 것이었기 때문이다.

1823년 10월 27일 월요일

오늘 아침 일찍 괴테의 집에 들렀다가 저녁에 개최하는 다과회와 연주회 초대를 받았다. 하인은 나에게 초대한 분들의 명부를 보여 주었는데, 그것으로 그 다과회는 아주 성대하고 화려한 모임이라는 것을 알 수 있었다. 그의 말로는 젊은 폴란드 여인이 도착했는데 그랜드 피아노로 무언가를 연주할 거라고 했다. 나는 이 초대를 기꺼이 수락했다.

나중에 극장 입장권이 도착했다. 〈장기(將棋) 기계〉*41가 상연된다는 것이었다. 어떤 내용인지는 잘 몰랐지만, 하숙집 여주인이 계속 이 연극을 칭찬했기 때문에 보고 싶어 안달이 날 지경이었다. 게다가 하루 종일 기분이 좋지 않았기 때문에 점잖은 음악 모임에 나가는 것보다는 차라리 흥겨운 희극을 보는 쪽이 훨씬 기분 전환을 위해 더 좋을 것이라는 생각이 차츰 강하게 들기 시작했다.

연극이 시작되기 1시간 전, 저녁에 괴테의 집으로 갔다. 벌써 집 안 전체가 북적거리고 있었다. 집 앞을 지나는데 큰방에서는 음악 모임을 준비하느라 그랜드 피아노를 조율하는 소리가 들렸다.

괴테는 그의 방에 혼자 있었다. 그는 이미 정장을 하고 있어서 내가 마침 알맞게 잘 온 셈이었다. "자, 여기서 함께 있도록 하세" 하고 그는 말했다. "모두들 올 때까지 우리 함께 마음껏 이야기하세." 이제는 아무래도 빠져나갈 수 없게 되었구나 하고 나는 생각했다. 계속해서 여기 쭈욱 있어야 하는 것은 아닐

─────────────
*41 극작가이자 배우인 베크가 번안한 영국의 희극이다.

까. 지금은 괴테하고 두 사람끼리만 있으니까 기분이 좋지만 나중에 많은 신사 숙녀들이 몰려들어오면, 나는 유유히 한가롭게 있을 수는 없겠지.

나는 괴테와 함께 방 안 여기저기로 발걸음을 옮겼다. 얼마 안 있어 우리의 화제는 연극이 되었고 나는 그 기회를 잡아 연극은 나에게 쉴새 없이 새로운 기쁨을 제공해 주는 원천이 되었다고 말했다. 특히 그전까지는 연극을 전혀 보지 않았던 것과 다름없었기에, 지금 나는 모든 연극에서 신선한 감명을 받는다고 되풀이하여 말했다. "사실" 나는 덧붙여 말했다. "선생님 댁에서 열리는 이토록 중요한 밤 모임에 초대받았는데도 극장에 가고 싶어 마음이 불안하고, 결단을 내리지 못해 망설이고 있는 중입니다."

이 말을 듣고 괴테는 조용히 멈추어 서서 큰 눈으로 다정스럽게 나를 바라보았다. "그렇군, 그렇다면 사양하지 말고 극장으로 가게. 오늘 저녁에는 희극 쪽이 더 자네 마음에 든다면 극장으로 가야지. 내 집에서의 음악회는 앞으로도 자주 들을 수 있을 테니까." "알았습니다" 나는 말했다. "그렇다면 극장으로 가겠습니다. 오늘은 웃는 쪽이 더 나을 것 같습니다." "그렇다면" 하고 괴테는 말했다. "6시경까지만 내 곁에 있어 주게. 그러면 한동안은 이야기를 나눌 수 있지."

슈타델만이 양초 두 개를 가져와서 괴테의 작업책상 위에 놓았다. 괴테는 나에게 이 불빛 앞에 와서 앉으라고 말했다. 그는 나에게 뭔가를 읽어 주겠다는 것이었다. 그가 나에게 보여준 것은 무엇이었을까? 그것은 그가 사랑하는 최근작 〈마리엔바트의 비가(悲歌)〉[42]였다.

나는 여기서 이 시에 관해 몇 자 더 적어 넣어야 하겠다. 괴테가 이번에 앞에서 말한 마리엔바트 온천장에서 돌아오자, 곧 그 고장에는 다음과 같은 소문이 퍼졌다. 즉 괴테가 거기에서 용모와 마음이 아름다운 젊은 여인과 알게 되어 그녀에게 열렬한 애정을 느끼게 되었다는 것이다. 온천장의 가로수에서 그녀의 목소리가 들리기만 하면 그는 급히 모자를 가지고 그녀한테로 내려갔다고 한다. 그는 틈만 나면 그녀의 곁으로 갔고 그녀와 함께 행복한 나날을 보

---

*42 〈정열의 3부곡〉의 중심을 이루는 시로, 74세인 괴테가 19세의 울리케 레베초브에게 느끼는 애절한 사랑을 여기에 담았다.

냈다고 했다. 그러나 얼마 안 있어 찾아온 이별은 그에게 견딜 수 없는 고통을 주었다. 그리고 그는 이러한 정열적인 상태에서 이를 데 없이 아름다운 시를 썼지만 그것을 일종의 성전처럼 소중하게 감추고 있다는 것이었다.

나는 그 소문이 정말 사실일 것이라고 믿었다. 왜냐하면 매우 건강한 그의 육체뿐만 아니라 그의 지칠 줄 모르는 정신적 창조력, 그리고 감정의 발랄함이 그 사실을 완전히 뒷받침해 주었기 때문이다. 나는 오래전부터 이 시를 보고 싶었다. 그러나 괴테에게 보여달라고 부탁드리는 것만은 삼가고 있었으므로 나는 지금 이 시를 눈앞에서 볼 수 있는 순간의 영광을 찬양하지 않을 수 없었다.

괴테는 그 시를 자필의 라틴 문자로 튼튼한 모조 양피지 위에 썼고, 그것에 빨간 모로코 가죽 표지를 씌워 비단실로 묶어 놓았다. 이런 체재의 겉모양을 보기만 해도 그가 이 원고를 다른 어떤 것보다도 소중히 여기고 있다는 것을 알 수 있었다.

나는 그 내용을 열심히 읽었다. 그리고 그 한 행 한 행을 읽어 나갈 때마다 세간에 퍼진 소문이 사실이라는 것을 알 수 있었다. 그러나 처음 시구에서 벌써 그녀와는 처음 만난 것이 아니라 구면이었고, 이번에 다시 만남으로써 그 사귐이 시작되었다는 것을 알 수 있었다. 이 시는 하나의 축을 중심으로 쉬지 않고 돌아가다가 일단 나갔던 지점으로 다시 돌아오는 것을 되풀이하는 것처럼 보였다. 이것을 교묘하게 잘라버린 결말은 마음속 깊이 스며드는 비상한 감동을 주었다.

내가 이 시를 다 읽었을 때 괴테는 다시 나한테로 왔다. "어떤가?" 하고 그는 말했다. "자네에게 좋은 것을 보여 주었지? 2, 3일 안으로 자네의 감상을 들려 주길 바라네." 괴테는 이렇게 말하면서 나의 즉석 판단을 끌어내려고 하지는 않았다. 이것은 나에게는 아주 고마운 일이었다. 이 시의 인상은 너무나 새롭고, 그리고 삽시간에 지나가 버린 것 같아, 진심어린 말을 할 수가 없었기 때문이다.

괴테는 좀 더 마음이 차분해질 때 다시 한 번 보여 주겠다고 나에게 약속했다. 그러는 사이에 극장 상연시간도 다가왔기 때문에 나는 마음으로부터 악수를 나누며 그와 헤어졌다.

〈장기 기계〉는 아주 좋은 연극이었고 상연도 잘됐지만, 내 마음은 거기에 있지 않고 오직 괴테에게 가 있었다.

극장이 끝나고 난 뒤에 나는 괴테의 집 옆을 지나갔다. 집 전체가 불빛으로 가득 채워져 있었고, 연주회 음악소리가 그때까지도 들려왔다. 그때 나는 그곳에 머물러 있지 않았던 것을 후회했다.

다음 날 사람들 말로는 저녁 모임의 주빈이었던 젊은 폴란드 여성, 시마노프스카*43는 그랜드 피아노를 무척 멋지게 연주하여 청중들을 모두 열광의 도가니로 몰아 넣었다고 한다. 그리고 내가 들은 바로는 괴테는 이번 여름에 그녀를 마리엔바트에서 알게 되었고, 이번에 그녀가 그를 찾아 바이마르로 왔다는 것이었다.

정오에 괴테는 차우퍼의 〈괴테 연구〉*44라는 작은 원고를 보내왔다. 그 속에는 아주 정곡을 찌르는 주석이 내포되어 있었다. 그 답례로 나는 이미 그에게 말한 바 있는, 이번 여름에 예나에서 쓴 두세 편의 시를 보내드렸다.

1823년 10월 29일 수요일

오늘 저녁, 불이 켜질 무렵에 괴테한테로 갔다. 그는 아주 쾌활하고 시원스러운 모습이었고, 그의 눈은 불빛에 반사되어 반짝이고 있었으며 모든 표정이 쾌활, 정력 그리고 젊음 그 자체였다. 그는 나와 함께 방 안을 여기저기 걸으면서 곧 내가 어제 그에게 보낸 시에 대해 말하기 시작했다.

"나는 이제 알 수 있겠어" 하고 그는 시작했다. "자네가 예나에서 나에게 4계절의 시를 써 보겠다고 말했지. 나는 지금이야말로 그걸 권하고 싶어. 이번 겨울에 곧 시작해 보게. 자네는 자연에 독특한 감각과 안목을 가지고 있어."

"자네에게 이 시에 대해 몇 마디만 말해 주고 싶네. 자네는 지금 부득이하게 예술 본래의 높이를 향해 갈 때 만나는 곤란에 봉착해 있네. 다시 말하면

---

*43 시마노프스카(1795~1831). 폴란드의 유명한 피아니스트인 그녀의 연주는 괴테가 마리엔바트 온천장에서 받은 상처를 서서히 치유해 갈 수 있는 진정제 역할을 해 주었다.
*44 차우퍼(1784~1850)는 필젠의 인문계 고등학교 교수로 있으면서, 1821년 이후 여러 권의 〈괴테 연구〉를 발표했다.

개성적인 것을 파악하는 것으로 돌진해 나가야 하는 지점에 와 있는 거지. 자네는 무리를 해서라도 추상적인 관념에서 빠져 나와야 하네. 자네에겐 재능이 있네. 그래서 여기까지 올 수 있었던 거야. 여기서 한 발짝만 더 나가면 되네. 얼마 전에 자네는 티이푸르트*45에 간 적이 있지. 우선은 그곳을 과제로 삼는 것이 좋겠어. 어쩌면 세 번 내지는 네 번 티이푸르트로 찾아가서 관찰하고, 거기에서 가장 특징적인 측면을 끄집어 내어 모든 모티브를 갖추도록 해 보게. 수고를 아껴서는 안 되네. 모든 것을 잘 연구해서 그것을 그려보도록 해야 하네. 그것은 수고할 만한 가치가 있는 일이지. 사실 나 자신도 오래전부터 같은 제목을 취급해 보려고 했지만 할 수 없었네. 나는 그 고장의 중요한 상황을 속속들이 체험했고, 또 그것에 너무 사로잡혀 버려서 하나 하나의 사항들이 너무 많이 한꺼번에 밀려오기 때문이지. 그러나 자네는 말하자면 여행자로 그곳에 가서 그곳의 옛날 이야기를 안내인을 통해 듣는 것이니, 다만 현재의 모습, 눈에 들어오는 것, 중요한 것만을 볼 수 있을 것이야."

나에게는 너무 동떨어져 있고 아주 어려운 과제라는 것은 부정할 수 없는 일이지만 해 보겠다고 약속했다.

"그것이 아주 어렵다는 것을 나도 잘 알고 있네" 하고 괴테는 말했다. "그러나 특수한 것을 파악해서 묘사하는 것이야말로 예술 본래의 모습이야. 게다가 일반적인 것에 한한 한 누구나 그것을 모방할 수는 있지만, 특수한 것은 아무도 모방할 수 없어. 왜 그럴까? 그것은 체험 없이는 쓸 수 없는 것이기 때문이라네.

또 특수한 것은 독자의 공감을 얻을 수 없을 것이라고 걱정할 필요는 없어요. 모든 성격은 설사 그것이 아무리 특수한 것일지라도 보편성을 가지고 있고, 모든 묘사될 수 있는 것은 돌멩이에서 인간에 이르기까지 보편성을 가지고 있지. 왜냐하면 만물은 되풀이되고, 단지 한 번만 존재한다는 것은 이 세상에 없기 때문이야. 개성적인 묘사라는 단계에 이르러 비로소 독자적인 문체, 이른바 우리가 말하는 구성이라는 것이 생기는 것이지."

---

*45 바이마르 교외에 위치한 이곳에 카를 아우구스트 대공의 모당인 안나 아말리아의 여름 저택이 있었다. 여기에는 괴테와 빌란트를 위시한 궁중 시인, 화가, 음악가들이 모이곤 했다.

나는 이 말을 곧바로 알아들을 수는 없었지만 되묻는 것은 그만두었다. 생각건대, 이것은 아마 이상과 현실과의 예술적인 융합을 의미하는 것일 게다. 나는 그가 우리의 외부에 있는 것과 우리의 내부에 선천적으로 갖추고 있는 것과의 조화를 말하고 있는 것이리라고 생각했다. 그렇지 않으면 전혀 다른 것을 의미하는 것인지도 모르겠다. 괴테는 계속해서 말했다.

"그리고 시를 완성했을 때에는 언제나 그 날짜를 써넣도록 해야 하네." 나는 어째서 그렇게 하는 것이 그토록 중요한 것인지 이해가 되지 않는다는 듯이 그를 쳐다보았다. 그는 이렇게 덧붙였다. "그렇게 하면 그것은 동시에 자네의 마음 상태의 일기로서 도움이 될 때도 있어. 이것은 절대로 하찮은 일이 아니야. 나는 여러 해 전부터 그렇게 해 왔기 때문에 그것이 얼마나 유익한 것인지를 잘 알고 있네."

그런 사이에 연극이 시작하는 시간이 다가왔기 때문에, 나는 괴테의 곁을 떠났다.

"자네는 이제부터 핀란드로 가는군!" 그는 나에게 등 뒤에서 농담조로 말했다.

내가 폰 바이센투른 부인[46]이 쓴 〈핀란드의 요한〉이라는 연극을 보러 가는 것이었기 때문이다. 이 연극에는 효과적인 장면이 있기는 했지만, 눈물을 자아내게 하는 감상적인 장면이 너무 많았다. 또 극 전개상 고의적인 데가 환히 들여다보여, 전체적으로 좋은 인상을 주지 못했다. 그러나 마지막 막이 아주 재미있어서 위로를 받을 수 있었다.

이 연극을 보고 나는 다음과 같이 생각했다. 작가가 단지 평범하게 그린 인물을 연출 상연할 때에 의외로 성공을 거둘 수 있는데, 이것은 배우들이 등장인물들을 살아 움직이는 개성을 가진 인간으로 만들 수 있기 때문이다. 이것과는 달리 위대한 시인이 멋지게 그려낸 인물은 치밀하게 개성이 구비되어 있어, 무대에 올리게 되면 반드시 실패하고 만다. 그 이유는 대체로 그런 극 중의 인물과 완전히 일치하는 배우는 없고, 자기의 개성을 억지로 다 죽이고 연기

---

*46 폰 바이센투른 부인(1773~1847). 오스트리아 빈의 여배우이자 극작가로서 5막물의 역사극 〈핀란드의 요한〉을 썼다.

할 수 있는 배우도 극히 적기 때문이다. 만약 배우가 연극의 인물하고 전혀 비슷한 것이 없거나, 또는 배우에게 자기의 개성을 저버릴 능력이 전혀 없는 경우에는 여기에 혼합물이 생겨서 그 인물은 순수한 부분이 없어진다. 그러므로 위대한 시인의 연극을 본래의 의향대로 연기할 수 있는 배우는 언제나 몇 명밖에 안 되는 것이다.

1823년 11월 3일 월요일

5시쯤에 괴테를 찾아갔다. 계단을 올라가는데 큰방에서 사람들이 아주 소리높이, 그리고 사뭇 즐겁게 말을 하고 농담하는 소리가 들렸다. 하인은 젊은 폴란드 부인이 거기서 식사를 했고 모임은 아직 끝나지 않았다고 말했다. 내가 다시 집으로 돌아가려고 하자, 그는 당신이 오면 알려달라는 명령을 받았고 또 모임을 한 지도 좀 되었으니 주인님께서도 사뭇 기뻐하실 거라고 말했다. 그래서 내가 그가 말한 대로 기다리고 있자, 잠시 후에 괴테가 밝게 웃으면서 나한테 왔다. 우리는 함께 맞은편 그의 방으로 들어갔다. 그는 나의 방문을 기뻐하는 것 같았다. 그는 곧바로 포도주 한 병을 가져오게 해서 나에게 한 잔 따라주고 자기의 잔에도 따랐다.

"잊어버리기 전에 줘야지" 하면서 그는 책상 위에서 뭔가를 찾으면서 말했다. "여기 연주회의 입장권이 있네. 시마노프스카 부인이 내일 저녁 시청 공회당에서 공개 연주회를 갖는다네. 자네도 꼭 참석해야 하네."

나는 요전과 같은 바보짓은 두 번 다시는 하지 않겠다고 말했다. 그녀의 피아노 연주 솜씨는 대단한 것이었다는 소문이 자자하다는 말을 덧붙였다.

"정말 일품이었어!" 하고 괴테는 말했다. "훔멜*[47]만큼 잘 친다는 말입니까?" 하고 나는 물었다. 그러자 괴테는 말했다. "그녀가 훌륭한 연주자일 뿐만 아니라 동시에 미인이라는 것을 잊어서는 안 되지. 그런 관계로 우리에게는 그녀의 몸놀림 모두가 우아하게 보였네. 그녀의 기량은 대가의 경지야. 그저 놀라울

---

*47 훔멜(1778~1837). 모차르트의 유일한 제자로서 즉흥 연주에서는 베토벤 외에는 따를 사람이 없다는 평가를 들을 만큼 유명했다. 근대 피아노 연주법의 창시자이기도 한 그는 1819년 이래로 바이마르의 궁정 악장을 맡고 있었다.

뿐이야."

"그렇다면 그녀는 힘도 셉니까?" 내가 물었다. "물론이지. 힘도 대단하지" 하고 괴테는 말했다. "그것이 또 그녀가 최고로 주목을 받는 이유이기도 하다네." 나는 이번에 그녀의 연주를 들을 수 있게 되어 무척 기쁘다고 말했다.

비서인 크로이터가 들어와 문고에 대해 보고했다. 그가 나간 뒤에 괴테는 그의 일솜씨가 능숙하고 믿음직스럽다고 칭찬했다.

이어 나는 괴테가 1797년에 쓴 〈프랑크푸르트와 슈투트가르트를 경유한 스위스에로의 여행기〉로 화제를 돌렸다. 그가 며칠 전에 가철본의 3책 초고를 넘겨 준 것을 나는 벌써 열심히 조사해 두었다. 나는 그 당시 괴테가 마이어와 함께 조형미술의 여러 가지 대상에 깊이 파고든 것을 언급했다.

"그렇다네" 하고 괴테는 말했다. "대상보다 더 중요한 것이 또 무엇이 있겠는가. 대상 없이는 어떠한 미술 이론도 성립할 수 없지. 아무리 재능이 있는 사람이라도 대상을 제대로 선택하지 못하면 아무 소용이 없어. 근대 미술가의 고민은 가치 있는 이런 대상의 혜택을 받지 못한다는 것이야. 이것은 근대 미술의 모든 분야에 해당되는 말이네. 이것 때문에 우리 모두가 괴로워하고 있지. 나 자신도 이 근대성을 부인할 수는 없는 일이네. 이 점을 확실하게 자각하고 있는 미술가는 거의 없지. 무엇이 자기 마음의 안정을 위해 도움이 되는지 알지 못해. 가령, 나의 〈어부〉*48라는 작품을 그림으로 그려보려고 하는 사람이 있는데, 그는 그것을 절대로 그림으로 그려낼 수 없다는 것을 알아차리지 못하네. 이 담시(譚詩)에서 내가 표현하려고 한 것은 바로 오직 물 속에 깃들여 있는 감정, 여름에 미역을 감도록 우리들을 유혹하는, 저 무엇이라고 표현할 수 없는 물의 마음인 것이지. 그 외에는 아무것도 없는데 이것을 어떻게 그림으로 그려낼 수 있다는 말인가!"

또한 나는 괴테가 이 여행에서 이 세상의 모든 삼라만상에 관심을 가지고, 이것을 파악하려고 한 것이 아주 즐거웠다고 말했다. 그 여행기에서 그는 산맥의 형태나 위치, 그것을 형성하고 있는 암석의 종류, 토양, 하천, 구름, 공기, 바람과 기상, 이어 도시의 발전 과정, 건축, 그림, 극장, 도시의 설비와 관리, 산업,

---

*48 괴테가 1778년에 쓴 담시이다.

괴테의 담시 〈어부〉를 모티브로 한 막스 리버만의 석판화 〈어부〉 1924~26년.

경제, 도로 계획, 인종, 생활 양식, 그 특수성, 여기에 더하여 정치, 군사 문제와 기타 온갖 것을 언급하고 있었던 것이다.

"그렇지만 음악은 한마디도 언급하지 않았어" 하고 괴테는 대답했다. "그것은 나의 영역이 아니기 때문이야. 누구나 여행을 갈 때는 무엇을 볼 것인가, 무엇이 자기에게 중요한가를 알고 있어야 하는 것일세."

마침 법무장관인 뮐러가 들어왔다. 그는 괴테와 몇 마디 나누고 난 뒤에 내게로 다가오더니 최근에 나의 소논문을 읽었다고 하면서, 아주 다정스럽고도 통찰력이 담긴 논평을 해 주었다. 얼마 안 있어 그는 부인들이 있는 곳으로 들어갔다. 거기서는 그랜드 피아노 치는 소리가 들려왔다.

그가 가버리자 괴테는 그에 대해 몹시 칭찬을 하면서 말했다. "자네는 이제 저런 훌륭한 사람들과 아주 끈끈한 연관을 맺게 된 셈이네. 저런 분들과의 인연이야말로 모두 내가 고향이라고 부를 만한 것이라네. 그러므로 나는 언제나 기쁜 마음으로 이 고향으로 다시 돌아오고 싶어하는 것이야."

나는 그에게 이 고장에 체류하고 있는 것이 얼마나 유익한 영향을 가져오고 있는지를 나도 이미 느끼기 시작했고, 또 그 덕분으로 이때까지의 관념적이고 이념적인 방향에서 서서히 빠져나와 점점 순간적인 상태의 가치를 존중하기에 이르렀다고 대답했다.

"그렇지 않으면 곤란하지" 하고 괴테는 말했다. "이제부터는 그 방향으로 굳게 지켜나가고 언제나 현실에 따라 붙도록 해야지. 어떤 상황에 처하더라도, 어떠한 순간이라도 무한한 가치가 있는 것이라네. 왜냐하면 그 하나하나가 영원한 전체의 표시이기 때문이지."

잠깐 말이 끊어지자 나는 티이푸르트에 대해 말을 꺼냈다. 그러고는 이것을 표현하는 데에는 어떤 방법을 취해야 하는가를 물었다. "이것은 대상이 다양하기 때문에 일관된 형식을 채택하기가 상당히 어렵습니다. 차라리 산문으로 쓰는 것이 훨씬 잘될 것이라고 생각하는데요."

"그렇게 하면 그 대상으로는 무게가 부족하지" 하고 괴테는 말했다. "전체적으로 말한다면 교훈시적인 기술 형식을 사용하는 것이 좋지 않을까? 그러나 이것도 전체를 통해 잘 들어맞을지 의문이야. 제일 좋은 것은 10편 또는 12편

정도의 작은 시를 서로 따로 쓰는 것일세. 운문(韻文)으로 맞춰 쓰되 시법과 시형은 각 측면과 관찰의 요구에 따라 채용하면 되는 것이고—이렇게 하면 전체에 걸쳐 잘 부각되고 조명도 잘 받게 되지." 나는 이 충고가 가장 적절한 것이라고 생각했다.

"그렇지. 때로는 희곡적인 양식을 취하는 것도 괜찮을 거야. 가령 정원사와의 대화를 도입해도 좋겠군. 이렇게 서로 따로 떼어서 표현하면 작업도 쉬워질 것이고, 대상의 각 부분의 특색을 전달하는 데에도 안성맞춤이야. 이와는 반대로 막연하게 큰 전체를 포괄적으로 붙잡으려고 하면 언제나 애를 먹게 된다네! 완전 무결한 것이란 그렇게 쉽게 되는 것이 아니지."

1823년 11월 10일 수요일

며칠 동안 괴테는 건강이 좋지 않았다. 심한 독감에 걸린 것 같았다. 그래서 그는 기침할 때마다 가슴 한 쪽을 손으로 누르고 있어야 했다.

나는 오늘 저녁 연극이 시작되기 전에, 반 시간을 그의 곁에서 지냈다. 그는 팔걸이의자에 앉아 등을 쿠션에 파묻고 있었는데, 말하는 것도 힘들어 하는 것 같았다.

짧은 이야기를 서로 나누고 난 뒤, 그는 시 한 편을 읽어 달라고 했다. 그는 그 시를 지금 편집 중인 〈예술과 고대〉의 새로운 호(號) 앞부분에 실을 계획*49이라고 말했다. 그는 의자에 앉은 채로 그것이 있는 곳을 가리켰다. 나는 촛불을 들고 그로부터 떨어져, 그의 책상 옆에서 이것을 읽었다.

이 시는 보기 드문 특징을 가진 시로 한 번 읽어서는 이해할 수 없는 것이었지만, 나는 이상한 감동에 사로잡혔다. 시는 '파리아'를 주제로 하고 있고, 이것을 찬미한 것으로 3부작으로 되어 있었다. 이 시를 관통하는 음조는 어딘지 알 수 없는 세계에서 흘러들어온 것처럼 생각되었고, 이 시의 서술은 주제로 삼고 있는 것을 생생하게 마음속에 떠올리기에는 어려운 것이었다. 또 내가 괴테 가까이에 있다는 것이 순수하게 이 시에 몰입하는 것을 방해했다. 왜냐하

---

*49 괴테의 서정 3부곡인 〈파리아〉를 말하는 것으로, 파리아는 인도의 4계급 이외의 최하층민을 말한다.

면 그가 어떨 때는 기침을 하고 또 어떨 때는 한숨을 쉬어서 내 마음이 흐트러져서 안정을 찾지 못했고, 또 시를 읽으면서도 그의 일이 마음에 걸렸기 때문이었다. 하지만 나는 읽는 것을 되풀이해, 조금이라도 더 깊이 이해하려고 노력했다. 더욱 깊이 몰두하면 할수록 이것은 점점 더 중요한 성격의 것으로 생각되었고, 예술의 훨씬 높은 경지에 있는 것처럼 보였다.

이어 이 주제와 서술의 방법에 대해 괴테와 말을 나누었는데, 그의 몇 마디 말을 듣고 있는 사이에 비로소 나에게 여러 가지 것들이 한층 더 분명해짐을 느낄 수 있었다.

"사실" 하고 괴테는 말했다. "이 서술 방법은 아주 간결하게 되어 있네. 그러므로 그것을 올바르게 이해하려고 하면 작품 속으로 상당히 깊이 빠져 들어가지 않으면 안 된다네. 나 자신에게도 이것은 강철의 철사를 불리어 만든 다마스커스의 칼처럼 단단하게 느껴지는군. 아무튼 나는 이 주제를 40년 동안이나 내 가슴속에 담아 키워 왔기 때문에, 모든 불순물을 제거해 버릴 수 있는 시간은 충분히 있었어."

"대중 앞에 발표하면 틀림없이 큰 반향을 불러일으킬 것입니다"라고 나는 말했다.

"대중 앞에란 말이지!" 하고 괴테는 한숨을 쉬었다. "이렇게 하면 어떨까요?" 내가 다시 말했다. "모든 사람들이 이해할 수 있게 도움을 주는 것은 좋은 일이라고 생각되는데요. 이것은 마치 그림의 해설과 같은 것이지요. 모든 사람들에게 작품 이전의 경위를 알려주게 되면, 현재 눈앞에 있는 완성품에 정말로 확실히 생명을 불어넣게 되는 것이 아닐까요?"

"나는 찬성할 수 없네" 하고 괴테는 말했다. "그림과 이것하고는 다르지. 시가 한결같이 말로 만들어져 있는 이상, 말을 하나 더 첨부하게 되면 다른 말은 죽어버리고 마네."

괴테의 이 말은 시를 해설할 때에 흔히 난파를 야기하는 암초를 가장 적절하게 암시하여 준 것처럼 생각된다. 그러나 작품을 관통하는 내적 생명의 우아함에 손상을 주지 않는 범위 내에서 시에 해설을 부여하고, 그러면서도 이러한 암초를 피할 수 있는 일이 과연 불가능하다는 것인가 하는 것이 여전히

빌헬름 폰 홈볼트 아이헨의 그림

문제로 남는다.

내가 집으로 가려고 하자, 그는 〈예술과 고대〉의 교정지를 가지고 가서 다시 한 번 그 시를 읽어 보라고 하였다. 그는 특히 그 안에 실려 있는 뤼케르트[50]의 〈동방의 장미〉도 읽어 보라고 말했다. 그는 이 시를 아주 높이 평가하여 그것에 매우 큰 기대를 갖고 있는 것처럼 보였다.

1823년 11월 12일 수요일

저녁 무렵 괴테를 방문하였는데, 집 아래층에서 프러시아의 국무장관인 폰 홈볼트[51]가 있다는 말을 듣고는 무척 기뻤다. 그는 괴테와 오래전부터 사귄 친구였으므로 그의 방문은 괴테에게 기분전환의 기회를 줄 것이고, 또 건강을 위해서도 유익하게 작용할 것임을 확신할 수 있었기 때문이다.

이어 나는 극장으로 갔다. 〈프라하의 자매〉[52]의 배역은 더할 나위 없이 훌륭했고, 연출도 모범적이었기 때문에 관객들은 끝날 때까지 시종 웃음을 멈추지 못했다.

1823년 11월 13일 목요일

며칠 전, 쾌청한 날씨의 오후에 에어푸르트로 가는 거리에서 어떤 노인[53]하고 어울리게 되었는데 외모로 볼 때 그는 잘 사는 시민 같았다. 얼마 안 있어 우리의 화제는 괴테에게로 옮겨졌다. 나는 그에게 괴테를 개인적으로 잘 아느냐고 물었다. 그는 사뭇 기분 좋은 말투로 잘 안다고 대답하고는, 한마디 덧붙였다.

---

* 50 뤼케르트(1788~1866)의 시로서 1822년에 〈예술과 고대〉지에 발표된 바 있다.
* 51 폰 홈볼트(1767~1835). 프러시아의 국무장관을 지냈고, 1810년에는 베를린대학교를 창설한 인물로 괴테, 실러와 돈독한 친교를 나누었다.
* 52 벤첼 뮐러(1767~1835)가 작곡한 오페라이다.
* 53 주토르(1754~1838)를 말하는 것으로 그는 1776년부터 1795년까지 괴테의 시종을 지냈다.

"나는 20년 동안을 그의 곁에서 시종으로 지냈습니다." 그러고 나서 그는 옛날 주인을 열심히 칭찬했다. 그래서 나는 그에게 괴테의 청년 시절에 대해 말해 달라고 부탁하였고, 그는 기꺼이 승낙했다.

"내가 처음으로 그 댁에 갔을 때가 그분이 아직 27세 때였을 것입니다. 그분은 몸이 무척 마른 편이어서 내가 그를 쉽게 등에 업을 수 있을 정도였지요. 하지만 성격은 경쾌하고 화사한 편이었어요."

나는 괴테가 이 고장으로 왔던 초기에도 아주 쾌활했느냐고 물었다. 그는 물론이라고 대답하면서, 역시 쾌활한 분들과 즐겁게 지내긴 했지만 도를 지나치는 일은 절대로 없었고, 그렇다손 치더라도 그는 언제나 조심성이 많았다고 덧붙였다. 또 쉬지 않고 일로 분주했고 마음은 늘 예술과 학문에 열중해 연구를 거듭하여, 대체적으로 일과 연구의 일과를 되풀이하였다고 했다. 저녁때면 곧잘 대공*54께서 찾아오곤 했는데, 그럴 때면 두 분이 밤이 깊어질 때까지 학문을 이야기했기 때문에 그는 따분해져서 가끔 도대체 대공께서는 언제 돌아가실까 하고 생각할 정도였다고 했다. "그리고 자연 연구는 그 당시부터 그의 일대 관심사였지요" 하는 말을 덧붙였다.

"한번은 한밤중에 종이 울린 적이 있었어요. 그의 방으로 가 보았더니 쇠로 된 회전침대를 방의 깊숙한 구석에서 창가 쪽으로 옮겨 놓고, 그 위에 누워서 하늘을 관찰하고 있었어요. 저에게 하늘에 아무것도 보이지 않느냐고 묻길래, 아무것도 보이지 않는다고 대답했지요. 그랬더니 야경한테 가서 하늘에서 뭔가를 보지 못했는지를 알아보라 해서 나는 곧장 야경한테 달려갔어요. 그런데 그가 아무것도 보지 못했다고 해서 그것을 말하려고 돌아와 보니, 주인은 여전히 침대에 드러누운 채 꼼짝하지 않고 하늘을 관찰하고 있었지요. 그러더니 나에게 들어보라고 말했어요. 지금이 아주 중요한 순간이라고 하면서 지금 막 지진이 일어났거나, 아니면 이제 곧 일어날 거라는 것이었어요. 그러면서 나를 침대 위의 자기 옆에 앉히고는 어떤 징조를 보고 그렇게 추측했는지를 증명해 보였어요."

---

*54 카를 아우구스트 대공(1757~1828)을 말한다. 괴테는 그와 그의 모친 안나 아말리아의 초청으로 1775년 바이마르로 이주하여 이곳에서 일생을 보내게 된다.

나는 호감이 가는 그 노인에게 그때의 날씨는 어떠했느냐고 물었다.

"몹시 구름이 끼어 있었습니다. 바람 한 점 없었고 무척 조용했으며 무더웠습니다."

나는 계속해서 당신은 괴테의 말을 그대로 믿었느냐고 물었다.

"물론이지요. 나는 그가 말한 대로 믿었습니다. 그때까지 그분이 말한 것 어느 한 가지도 틀린 적이 없었기 때문이지요." 계속하여 그는 말을 이어갔다. "다음 날이었습니다. 그 자리에 있었던 한 귀부인은 옆 사람에게 괴테는 악마에게 홀려 있다고 말하기도 했지요. 하지만 중요한 것은 공작과 그 외 다른 사람들은 주인의 말을 믿었다는 것입니다. 그리고 얼마 안 있어 그것이 사실이라는 것이 밝혀졌지요. 2, 3주일 지나서 들려온 소식에 의하면, 바로 그날 밤, 지진이 일어나 시칠리아 섬에 있는 메시나의 일부분이 파괴되었다는 것입니다."

1823년 11월 14일 금요일

해 질 녘에 괴테에게서 와달라는 초대를 받았다. 훔볼트가 궁정에 가 있기 때문에 그 시간에 자기한테로 와 주면 더 한층 안성맞춤이라는 것이었다. 그는 며칠 전과 마찬가지로 팔걸이의자에 기대어 앉아 있었다. 그는 나에게 그립다는 듯이 손을 내밀면서, 천상에서 오는 듯한 온유함을 갖고 두세 마디 말을 건넸다. 그의 옆에는 큰 난로의 방열용 칸막이가 놓여 있었고, 이것이 멀리 떨어져 있는 책상 위의 불빛이 직접 와 닿지 못하게 그림자를 이루고 있었다. 법무장관인 뮐러도 들어와 우리는 서로 어울렸다. 우리들은 괴테 가까이에 앉아, 괴테가 그저 귀를 기울이기만 해도 될 만한 가벼운 이야기를 나누었다. 얼마 안 있어 의사이며 추밀 고문관인 레바인*55도 왔다. 그가 괴테의 맥박을 짚어보고 완전히 정상이며 지장이 없다고 말했기 때문에 우리는 모두 기뻐했다. 괴테는 두어 가지 농담까지 했다. "심장 옆의 통증만 없어진다면 얼마나 좋을까!" 하면서 괴테는 한탄했다. 레바인은 거기에는 고약을 바르는 것

---

*55 레바인. 1816년 이래로 바이마르 카를 아우구스트 대공의 주치의를 지내면서, 괴테 가족의 주치의도 겸하고 있었다.

이 좋겠다고 권했고, 우리들도 이 치료법은 좋은 효과를 가져온다고 말했기 때문에 괴테도 이에 동의했다. 레바인이 화제를 마리엔바트로 돌리자, 이것이 괴테한테는 즐거웠던 일들을 상기하는 것처럼 보였다.

우리는 내년 여름에 그곳으로 갈 계획을 세웠고, 대공 전하도 함께 모시고 가기로 했는데, 괴테는 이 계획 덕분에 완전히 밝은 기분으로 돌아온 듯했다. 또, 우리는 시마노프스카 부인도 이야기했고, 그녀가 이곳 바이마르에 체류 중에

실러

있었던 일들, 특히 사람들이 그녀의 관심을 얻으려고 열을 올렸던 일들을 얘기했다.

레바인이 가고 난 뒤, 법무장관은 인도의 시*[56]를 읽었다. 괴테는 그런 사이에 나에게 〈마리엔바트의 비가〉에 대해 이야기를 했다.

8시에 법무장관도 가 버렸다. 나도 가려고 일어섰지만, 괴테가 조금만 더 있어 달라고 부탁하는 바람에 다시 자리에 앉았다. 대화는 연극에 이르렀고, 내일 〈발렌슈타인〉*[57]이 상연될 것이라는 말이 나왔다. 그리고 이것이 계기가 되어 실러에 관한 것이 화제의 중심이 되었다.

"실러라고 하면 나는 묘한 심정이 되어 버립니다. 나는 그의 위대한 희곡 작품의 두세 장면들을 참된 애정과 감탄을 갖고 읽게 됩니다. 그러나 읽어감에 따라 자연의 진실성과 모순되는 것에 부딪쳐 계속해서 읽을 수가 없게 됩니다. 〈발렌슈타인〉과 같은 작품도 마찬가지입니다. 나는 실러의 철학적인 경향이 그의 시적 정서를 해치고 있다고 생각하지 않을 수 없습니다. 실러의 이 경향은 이념 쪽을 모든 자연보다도 더 우위(優位)에 올려놓기 때문에 자연을 파괴

---

*56 괴테의 3부작인 〈파리아〉를 말한다.
*57 3부작의 희곡으로 실러의 작품 중 최고의 걸작으로 꼽힌다.

하기에 이르렀습니다. 그는 머리로 생각하는 것이면 자연에 들어맞든지, 그렇지 않든지 간에 반드시 일어나게 되어 있다고 생각한 것 같습니다."

괴테는 말했다. "그처럼 출중한 재능을 가진 사람이 아무런 도움도 되지 않는 철학적 사고에 마음을 썩힌 것이 딱하게 여겨지네. 훔볼트가 실러로부터 받은 편지를 내게 보여 준 적이 있었어. 그 당시 실러는 저 불행한 사색의 시기를 겪고 있었네. 그것을 읽으면, 그 당시 실러가 감상문학을 소박문학으로부터 완전히 해방시키려는 의도를 품고, 그 때문에 얼마나 괴로워했는지를 알 수 있네. 그러나 그는 감상문학에 대한 근거를 전혀 찾아낼 수가 없어서 말할 수 없는 혼란에 빠져 버렸지." 괴테는 미소 지으면서 말을 계속 이어나갔다. "생각 건대, 실러는 감상문학을 소박 문학에서 따로 떼어내 성립시키려고 한 것 같단 말이야. 그러나 감상문학은 어디까지나 소박문학의 기반 위에서 탄생한 것이네. 어느 정도 무의식적으로 말하자면, 본능이 명령하는 대로 일을 진행한다는 것은 실러의 방식이 아니었어. 오히려 그는 무슨 일을 해도 일일이 반성하지 않을 수 없었어. 이러했기 때문에 자신의 창작상의 계획도 사람들에게 이 것저것 말을 하지 않는 법이 없었지. 그는 만년에 희곡들을 쓰면서 장면 하나 하나를 모두 나하고 자세하게 상담할 정도였는데, 이러한 것도 역시 그런 성격에서 왔을 것이야.

이와는 정반대로 내 성미에는 내가 계획 중인 창작을 어떤 사람에게, 물론 실러까지 포함한 누군가에게 말한다는 것이 전혀 맞지 않았어. 나는 모든 것을 언제나 조용히 내 가슴속에 간직해 두었기 때문에 완성할 때까지 보통 아무도 눈치채지 못했어. 내가 〈헤르만과 도로테아〉*58를 완성한 것을 실러에게 보여 주었을 때 그는 깜짝 놀랐는데, 그것은 내가 그러한 계획을 가지고 있었다는 것을 한 마디도 입 밖에 내지 않았기 때문이지.

좌우간 내일 자네가 〈발렌슈타인〉을 관람하고 어떤 평가를 내릴지 듣고 싶네! 자네는 이 연극에서 위대한 인물들을 보게 될 것이고 아마 상상조차 할

---

*58 괴테는 이 작품의 배경으로서 프랑스 혁명을 복선으로 깔고 있다. 그러나 그와 동시에 독일적이면서 건전한 시민생활의 모습을 고전적인 형식미로 승화시켜, 평화스럽고도 목가적인 분위기를 자아냈다.

〈발렌슈타인의 죽음〉 중 발렌슈타인이 살해당하는 제5막의 묘사

〈발렌슈타인의 죽음〉 중 발렌슈타인의 부하 장군들이 함께 살해당하는 장면

수 없는 감명을 받게 될 게야."

1823년 11월 15일 토요일

저녁때에 나는 극장으로 가서 처음으로 〈발렌슈타인〉을 관람했다. 괴테의 말은 지나친 것이 아니었다. 감명은 컸고, 내 마음을 속속들이 뒤흔들어 놓았다. 배우들은 대부분 괴테와 실러가 직접 연기 지도를 했던 그 당시의 사람들

이었기 때문에 이 두 거장의 합동 연출을 눈앞에서 볼 수 있었다.[59] 전에 희곡 작품으로 읽었을 때 나의 상상력만으로는 이 극의 등장인물들이 가진 개성을 생각해 낼 수 없었다. 그러나 극이 무대 위에서 비상한 박력을 갖고 전개되자 그 인물들의 효과를 눈앞에서 볼 수 있었고, 그 장면들은 밤새도록 내 뇌리에 달라붙어 떠나지 않았다.

1823년 11월 16일 일요일

땅거미가 질 무렵에 괴테를 찾아갔다. 아직도 팔걸이의자에 기대어 있었는데 좀 쇠약해 보였다. 그의 첫 번째 질문은 〈발렌슈타인〉에 대한 것이었다. 나는 무대에 올려진 이 희곡이 나에게 준 인상을 누누이 설명했다. 이것을 듣고 있는 그의 얼굴에는 희색이 감돌았다.

소레[60] 씨가 젊은 괴테 부인의 안내를 받으면서 들어왔는데, 약 한 시간 가량 앉아 있었다. 그는 대공의 명령을 받고 가지고 온 금메달을 괴테에게 보여 드리면서 그것에 대해 설명을 했다. 이것이 괴테의 마음을 사뭇 즐겁게 했던 것 같았다. 젊은 괴테 부인과 소레 씨가 궁정으로 가자, 나는 다시 괴테와 단둘이 있게 되었다.

괴테는 기회를 보아 〈마리엔바트의 비가〉를 다시 한 번 보여 주겠다고 약속

---

[59] 서로간의 깊은 우정과 존경으로 맺어진 괴테와 실러는 1795년 이후부터 1805년 실러가 서거할 때까지 특히 바이마르 극장을 공동의 장으로 삼아 함께 활동했다. 괴테의 〈빌헬름 마이스터의 도제시대〉와 〈헤르만과 도로테아〉도 이때에 탄생했다. 한편 실러는 〈발렌슈타인〉 3부작을 위시하여 〈오르레앙의 처녀〉와 〈빌헬름 텔〉과 같은 걸출한 희곡작품을 쓰고 그 자신의 손으로 연출하여 바이마르 극장에서 처음으로 상연하였다.

[60] 소레(1795~1865). 스위스의 프랑스어권 제네바 태생의 자연과학자이다. 그는 마리아 파블로브나 대공비에 의해 공자의 교육관으로 초빙되어 1822년 이래로 바이마르에서 살고 있었다. 평소에 괴테와 가깝게 지내면서 그는 괴테의 〈식물의 변태〉를 프랑스어로 번역하여 1831년에 출판했다. 괴테가 서거한 후에는 그의 일기와 회상기가 독일어로 번역되어 1929년 〈괴테와 함께 지낸 10년(1822~1832)〉이라는 제목의 책으로 출판되기도 했다. 에커만은 이 일기의 일부를 소레의 허가를 받고 〈괴테와의 대화〉 제3부에 싣고 있다. 이렇듯 소레는 에커만과도 절친하게 지냈던 사이로, 1830년 4월 22일 괴테의 요청으로 괴테의 아들과 함께 이탈리아 여행길에 올랐던 에커만은 자신의 미완성 원고 〈괴테와의 대화〉를 만약의 경우에 대비해 소레에게 맡기기도 했다.

한 것을 생각해 내고는, 일어나서 불을 책상 위에 올려놓고 그 시를 나에게 넘겨주었다. 나는 이 작품을 다시 볼 수 있게 되어 행복했다. 괴테는 다시 제자리로 돌아가 조용히 앉아, 내가 방해받지 않고 시를 음미할 수 있도록 해 주었다.

나는 한동안 읽고 난 뒤에 그 감상을 말해 보려고 했지만, 유감스럽게도 그는 잠든 것처럼 보였다. 그러나 나는 그 순간을 이용하여 그것을 되풀이해 읽으면서 뭐라고 말할 수 없는 기쁨을 맛보았다. 이 시 전체를 일관하는 특색은 도덕적인 정신의 숭고함으로 한결 부드러워진 젊디젊은 사랑의 정열인 것이다. 그러나 이 시에 표현된 감정은 우리가 보통 괴테의 다른 시에서 만날 수 있는 것보다 훨씬 강렬한 것처럼 생각되었다. 그러므로 나는 이것은 바이런의 영향을 받은 것으로 추측했는데, 괴테는 이것을 부인하지 않았다.

"이 작품은 극도로 정열적인 상태에서 탄생한 것이지. 내가 그 상태에 사로잡혀 있을 때에는 이 세상의 모든 것을 버리더라도 그것을 잃고 싶지 않다고 생각했지. 하지만 지금 와서는 무슨 일이 있어도 두 번 다시 그런 상태로 돌아가고 싶지 않다네.

이 시는 내가 마리엔바트*61를 떠나자마자 곧 쓴 것이라네. 그곳에서 체험한 감정이 생생하게 그대로 살아 있을 때였어. 아침 8시에 첫 번째 마차역에서 제1절을 썼고, 마차 안에서도 계속 구상하여 머릿속에서 정리한 것을 역에 도착할 때마다 써내려 갔네. 그래서 저녁때에는 시가 완성되어 종이에 옮겨 써버렸지. 그러므로 이 시에는 확실히 직접적인 데가 있어. 마치 단번에 쇠붙이를 녹여 만든 물건과 같아. 이것이 시 전체에 좋은 결과를 가져왔는지도 모르지."

"동시에" 하고 나는 말했다. "이 작품은 전체적으로 독특한 요소가 많아서 당신의 다른 작품 중에서 이것과 비슷한 시는 찾아볼 수 없을 것 같습니다."

---

*61 괴테는 1818년 1823년 사이에 카를스바트 온천장을 여름 체류지로 정하고, 현명한 식이요법과 시간 배정을 지키면서 창작생활에 전념했다. 그러다가 1821년부터 그는 점차 새로 개장된 마리엔바트 온천장으로 여름 주거지를 바꾸고, 이곳에서 주로 폰 레베초브 부인 일가와 가깝게 지냈다. 괴테는 이 가족의 딸 중 하나인 울리케 레베초브 양을 열렬히 사랑하게 되어 구혼까지 했지만 결국 그의 뜻을 이루지 못했다.

"이 세상에는 막대한 금전을 한 장의 카드에 거는 사람이 있는 것처럼, 나는 현재라는 순간에 모든 것을 건 셈이었네. 그리고 그 현재의 가치를 과장 없이 가능한 한 최고로 높이려고 노력했지. 이것이 이 시가 다른 것들과 다른 이유일지도 모르네."

이 말은 괴테의 창작 태도를 확실하게 해 줌과 동시에, 모든 사람들이 놀라고 마는 그의 다양성을 납득시켜 주는 것으로, 나에게는 아주 중요한 것으로 생각되었다.

그러는 사이에 9시가 되었다. 하인인 슈타델만을 불러달라고 괴테가 부탁하길래, 나는 그렇게 했다.

그러자 괴테는 슈타델만을 시켜 레바인이 처방해 준 고약을 옆구리에 발랐다. 그러는 사이에 나는 창가에 가 있었다. 등 뒤로부터 괴테의 목소리가 들려왔는데, 아픈 곳이 전혀 좋아질 기미를 보이지 않으니 이러다간 만성이 될 것 같다고 하면서 슈타델만에게 불평을 털어놓는 소리가 들렸다. 치료가 끝난 뒤에도 나는 한동안 그의 곁에 있었다. 그러자 괴테는 이번에는 나에게도 며칠 밤 동안 잠을 잘 수 없었고, 식욕도 뚝 떨어졌다고 하소연했다. 그는 말했다. "이제 겨울도 내내 이런 식으로 지나가겠지. 아무 일도 할 수 없고, 마음도 차분해지지 않아. 이제는 기력도 없어져 버렸네." 나는 "하는 일에 너무 신경을 쓰지 않는 것이 좋겠습니다. 이 상태도 틀림없이 얼마 안 가서 곧 사라져 버릴 것입니다"라고 위로의 말을 해 주었다. 이 말을 받아 괴테는 말했다. "그렇지. 나라고 늘 초조해하는 것은 아니야. 나는 지금까지 이런 상태를 지겹도록 겪어 왔어. 그러므로 마음이 쓰라린 일들을 꾹 참는 것도 배워 왔지." 그는 흰 플란넬 가운을 입고 무릎과 발을 모포로 감싸고 앉아 있었다. "잠자리에는 전혀 들지 못하고, 이런 식으로 의자에 앉아서 밤을 지새우지. 어차피 정상적으로 잘 수는 없으니까 말이야" 하고 괴테는 말했다.

그러는 사이에 어느덧 시간도 지나, 그는 나에게 정답게 손을 내밀었고 나는 집으로 돌아가기 위해 자리에서 일어났다.

외투를 가지러 아래층 하인 방으로 갔더니, 슈타델만이 사뭇 풀이 죽어 있었다. 그는 주인님이 대단히 걱정스럽다고 말했다. 주인님이 자기에게 하소연하는 것은 좋지 않은 징조라는 것이었다. 이때까지 조금 부어 있던 발이 갑자기 현저하게 말라 가늘어져 버렸으니, 내일은 일찌감치 의사한테로 가서 이를 보고해야겠다고 말했다. 나는 그를 달래 보았지만, 그는 계속 걱정을 할 뿐이었다.

1823년 11월 17일 월요일

저녁에 극장으로 가자, 많은 사람들이 나에게 몰려와서 자못 걱정스럽다는 듯이 괴테의 병환을 물어왔다. 그가 아프다는 얘기가 재빨리 시중에 퍼져, 아마 실제보다 훨씬 좋지 않게 전해졌던 모양이었다. 어떤 사람들은 나에게 괴테는 흉수종(胸水腫)이라고 말했다. 나는 밤중 내내 우울했다.

1823년 11월 19일 수요일

어제는 걱정을 하면서 여기저기를 돌아다녔다. 그와의 면회는 가족 이외에는 아무에게도 허락되지 않았다.

오늘 저녁에 가 보았더니 면회를 허락해 주었다. 그는 여전히 팔걸이의자에 앉아 있었다. 외견상으로는 일요일에 보았을 때와 전혀 변한 것이 없었지만, 그의 마음은 한결 상쾌해진 것처럼 보였다.

우리는 특히 차우퍼에 대해 이야기를 하면서, 고대문학 연구에 의해 일어나는 성과는 다른 어떤 것하고도 비교할 수 없는 것이라고 말했다.

1823년 11월 21일 금요일

괴테가 사람을 시켜 나를 불렀다. 나는 그가 전과 마찬가지로 방 안을 여기저기 걸어다니는 것을 보고 얼마나 기뻤는지 모른다. 그는 나에게 작은 책을 넘겨 주었다. 플라텐 백작*62의 〈가젤〉이었다. "나는 전부터 이 시에 관해 글을 써서 〈예술과 고대〉에 실어 보려고 생각하고 있었네. 이 시는 그만한 가치가 충

---

*62 플라텐 백작(1796~1835). 괴테를 무척 숭배했던 낭만파 시인인 그는 1821년에 그의 첫 〈가젤시집〉을 괴테에게 보냈고, 그해 10월에는 예나에서 괴테와 만났다. 괴테는 플라텐의 훌륭한 시적 재능을 인정하기는 했지만, 그의 시에는 제일 중요한 사랑이 빠져있다고 말했다.

분히 있기 때문이야. 그러나 내가 이런 상태라서 아무것도 할 수 없어. 그러니 자네가 이 시를 자세히 검토해서 평론의 재료가 될 만한 것을 찾아보겠나?"

나는 해 보겠다고 약속을 했다.

"'가젤'이라는 시형(詩形)에는 아주 독특한 것이 있네. 그러므로 그것은 아주 충실한 내용을 요구하고 있어. 쉴새 없이 꼭 같은 운(韻)이 반복하여 돌아오기 때문에 시종일관 이와 비슷한 사상의 저장품을 갖추고 있지 않으면 안 되지. 그래서 아무나 성공할 수 없는 게 아니겠나. 그러나 이 작품은 자네의 마음에 들 걸세." 괴테가 이렇게 말을 마쳤을 때 마침 의사가 들어오는 바람에 나는 집으로 발걸음을 옮겨야만 했다.

1823년 11월 24일 월요일

토요일과 일요일에 걸쳐 나는 그 시를 열심히 공부했다. 그리고 오늘 아침 나는 이 시에 관한 나의 견해를 써서 괴테에게 보냈다. 왜냐하면 의사가 며칠 동안 괴테에게 사람을 만나는 것이나 누군가와 대화를 나누는 것을 삼가라고 일렀기 때문이다.

그런데 오늘 저녁에 괴테가 나를 불렀다. 그의 방으로 들어가 보니, 벌써 그의 옆에는 의자가 준비되어 있었다. 그는 나에게 손을 내밀었다. 그의 손길은 유난히 정답고 호의적이었다. 그는 곧 나의 평론을 말하기 시작했다. "자네의 글을 읽고 참으로 기뻤어. 자네는 대단한 재능을 가지고 있네. 자네에게 말해 둘 것이 있어. 만약 다른 데서 자네에게 문학적인 원고를 써달라는 부탁을 하면 거절하든지, 아니면 미리 나에게 알려 달라는 것이네. 왜냐하면 자네가 나하고 일단 이렇게 맺어진 이상, 다른 사람하고 관계를 맺는다는 것은 바람직하지 않기 때문이야."

나는 오직 당신만을 섬기고 싶을 뿐, 지금으로서는 다른 사람하고의 관계는 전혀 관심이 없다고 대답했다.

이 말을 듣고 괴테는 매우 기뻐했다. 그는 금년 겨울에는 더욱 많은 좋은 일을 함께 해 보자고 말했다. 이어 〈가젤〉을 언급했는데, 괴테는 이 시가 완벽한 작품임을 기뻐하면서 현대문학도 우수한 작품을 많이 창출하고 있다고 말했다.

"자네에게 최근에 두각을 보이고 있는 재능 있는 국내 작가들의 작품을 특별한 연구 목표로 삼을 것을 권하고 싶네. 현대문학에 나타난 훌륭한 것을 전부 훑어보고, 그 중에서 가치 있는 것을 나한테 보여 주었으면 좋겠어. 나는 〈예술과 고대〉 지상에서 이에 대해 논하고 좋은 것, 고상한 것 그리고 훌륭한 것을 표창해 주고 싶네. 그런데 아무리 이런 좋은 의도를 갖고 있다고 하더라도, 나처럼 이

괴테와 절친했던 작곡가 첼터

렇게 나이를 많이 먹고 헤아릴 수 없이 많은 대내적인 용무를 해야 한다면, 다른 사람의 도움을 빌리지 않고는 그 일을 해낼 수 없다네."

나는 그렇게 할 것을 약속했다. 나는 괴테가 현대의 작가와 시인들에 대해 내가 생각했던 것보다 훨씬 각별한 관심을 갖고 있다는 것을 알고 기뻤다.

그리고 며칠 뒤에, 괴테는 약속한 목적을 충족시키기 위해 나에게 최신의 정기문학 간행물들을 보내왔다. 며칠 동안 나는 그에게 가지 않았고, 그도 나를 부르지 않았다. 소문에 따르면, 그의 친구인 첼터*[63]가 그를 찾아왔다는 것이었다.

1823년 12월 1일 월요일

오늘 괴테와의 식사에 초대를 받았다. 내가 들어가자 첼터가 있었다. 두 사람은 두세 걸음 앞으로 다가와 나에게 손을 내밀었다. "여기 이분이 나의 친구인 첼터라네. 서로 가까운 사이가 되었으면 해. 가까운 시일 내에 자네는 베를린에 가게 될 텐데, 그때에는 이분한테서 극진한 대접을 받을 걸세."

"베를린에서 사신다니 참 좋겠습니다"라고 나는 인사말을 했다. "네" 하고 첼

---

*63 첼터(1758~1832). 괴테는 독일 작곡가 중에서 첼터를 가장 사랑하고 존경했다. 괴테의 가곡은 거의 예외없이 첼터가 작곡했다. 그의 〈괴테와의 왕복편지〉는 유명하다.

터는 웃으면서, "그곳에 있으면 배워서 좋은 것도 많지만, 반대로 배워서는 안 될 것도 많아요" 하고 말했다.

우리는 앉아서 여러 가지 이야기를 나누었다. 나는 슈바르트에 대해 물었다. 첼터는 말했다. "그는 적어도 일주일에 한 번쯤은 나를 찾아옵니다. 결혼을 했는데, 아직 직장이 없어요. 베를린의 언어학자들하고 싸웠기 때문이에요."

이어 첼터는 나에게 이머만*64을 아느냐고 물었다. 나는 대답했다. "그의 이름은 이미 여러 번 들어서 잘 알고 있지만, 그의 작품은 아직껏 읽어보지 못했습니다." 첼터는 말을 계속 이어나갔다. "나는 그 사람하고 뮌스터에서 알고 지냈습니다. 아주 유망한 젊은이지요. 그가 자신의 예술을 지키기 위해 한층 더 시간적으로 여유 있는 직장을 가질 수 있었으면 하는 것이 저의 바람입니다." 괴테가 이머만을 칭찬하면서 말했다. "그가 어떻게 발전해 가는지 우리 모두 지켜 보세나. 그의 장래는 그가 자신의 취미를 점점 순화시킬 수 있는지, 또 형식적인 면에서 정평이 나 있는 걸작을 기꺼이 모범으로 삼으려는 유연성을 가지고 있는지의 여하에 달려 있지. 그의 장점은 그 독창적인 노력에 있지만, 이것만으로는 자칫하면 미로에 빠지기 쉬워."

어린 발터가 뛰어와서 첼터와 그의 할아버지에게 질문을 퍼부었다. "네가 오면 모든 대화가 곧 엉망이 되어버리는구나, 이 장난꾸러기야!" 하고 괴테가 말했다. 그러면서도 그는 이 어린아이를 귀여워하면서, 그가 하는 대로 내버려 두었다.

젊은 괴테 부인과 울리케 양이 들어왔다. 괴테의 아들도 궁정에 가기 위해 제복에 칼을 찬 모습으로 나타났다. 우리 모두는 식탁에 둘러앉았다. 울리케 양과 첼터는 유달리 쾌활하여 식사 중에도 내내 애교 있는 농담을 주고받았다. 훌륭한 인격을 갖춘 첼터와 이렇게 함께 어울린다는 것은 나에게 있어서 아주 기분 좋은 일이었다. 그는 행복하고 건전한 사람이 흔히 그러하듯, 언제나 순간 순간의 감흥에 몸을 맡기고 또한 이것을 표현하는 적절한 말도 잊지 않았

---

*64 이머만(1796~1840). 뒤셀도로프의 지방재판소에서 판사로 근무하면서, 작은 극장을 경영하여 연출 방면에 훌륭한 수완을 발휘한 인물이다. 시적 사실주의의 길을 새로 개척한 장편소설 〈뮌히하우젠〉을 발표하여 일약 유명해졌다.

다. 동시에 그는 마음씨 좋고 느긋했으며, 거침없이 생각하는 것은 무엇이든지 말했고, 때로는 난폭한 말까지 입에 담았다. 하지만 그는 구김살 없이 자유로웠기 때문에 옆에 있어도 거북하다는 생각은 조금도 들지 않았다. 나는 마음속으로 그와 오래 함께 어울려 봤으면 하고 생각했다. 그러면 틀림없이 나에게도 좋은 결과를 가져올 것이라고 생각했다.

빌란트

식사가 끝나자마자 첼터는 곧 그 자리를 떠났다. 대공 부인의 초대를 받아 그 댁을 방문하기로 되어 있었기 때문이다.

1823년 12월 4일 목요일

오늘 아침에 비서인 크로이터가 괴테의 집에서 있을 식사 모임의 초대장을 가지고 왔다. 동시에 나의 〈시학 논고〉를 첼터에게 증정하는 것이 좋겠다는 괴테의 말이 있었기에, 나는 그의 생각대로 그 책 한 부를 첼터의 여관까지 갖다 주었다. 첼터는 그 답례로 나에게 이머만의 시집을 빌려 주었다. 첼터가 말했다. "나는 이 책을 당신에게 기꺼이 드리고 싶지만, 보시다시피 이것은 저자가 나한테 기증한 것이기 때문에 기념으로 소중히 간직해야 한답니다."

이어 첼터와 함께 공원을 지나 상부 바이마르 쪽으로 가 식사 전의 한때를 산책했다.

그는 옛날에 겪었던 일들을 상기하면서 아주 친하게 지냈던 실러와 빌란트[65]

─────────

[65] 빌란트(1733~1813). 1772년 안나 아밀리아 대공비의 초청을 받고 바이마르로 와, 카를 아우구스트 공자의 교육관과 궁정고문관을 지냈다. 그는 그리스사상과 프랑스의 계몽주의를 잘 소화하여 우아한 시문학을 발표함으로써 독일에도 프랑스에 못지않는 문학이 존재할 수 있다는 것을 보여 주었다. 또한 셰익스피어의 희곡 작품 22편을 처음으로 독일어 산문으로 번역하여, 훗날 아우구스트 슐레겔이 셰익스피어 희곡작품을 완역할 수 있는 길을 열어 주기도 했다.

그리고 헤르더*66의 여러 이야기를 들려 주었고, 이분들과의 교우는 그의 생애에서의 큰 은혜였다고 말했다.

이어 첼터는 작곡 이야기를 하면서 괴테의 많은 가곡들을 읊조렸다. "나는 어떤 시를 위해 작곡하려고 할 때, 우선 그 언어가 가지고 있는 의미 속으로 깊이 파고들어가 그 심상을 뚜렷이 마음속에 떠올리려고 노력합니다. 그러고는 그 시를 큰 소리로 여러 번 외울 때까지 낭송하면, 되풀이하여 읊조리는 사이에 자연적으로 멜로디가 새로 생기는 것입니다."

바람에 비까지 겹쳤기 때문에 우리는 더 걷고 싶었지만 할 수 없이 일찍 돌아가야 했다. 나는 그와 함께 괴테의 집 앞까지 왔다. 그는 젊은 괴테 부인에게 갔다. 식사를 시작하기 전에 그녀와 함께 노래를 부른다는 것이었다.

그리고 나는 시간에 맞춰 2시에 식사를 하러 갔다. 첼터는 벌써 괴테 옆에 앉아, 이탈리아의 지방 풍경을 그린 동판화를 관람하고 있었다. 젊은 괴테 부인이 들어오자 모두 식탁에 둘러앉았다. 오늘은 울리케 양은 보이지 않았고, 괴테의 아들도 들어와 인사만 하고는 다시 궁정으로 들어갔다.

식사 중의 화제는 특히 다양했다. 첼터도 그랬고, 괴테도 여러 가지 많고 기발한 일화를 이야기해 주었다. 얼마 안 있어, 두 사람은 한결같이 베를린에 있는 공통의 친구 프리드리히 아우구스트 볼프*67의 특징을 올바르게 해석하기 위해 열을 올렸다. 다음으로는 〈니벨룽겐의 노래〉*68에 관한 논의가 시작되

---

*66 헤르더(1744~1803). 슈트라스부르크에서 이루어진 괴테와 헤르더의 만남은, 독일에서 질풍노도 문학운동을 일으키는 기폭제가 되었고 괴테문학을 탄생시키는 원동력이 되었다. 훗날 괴테가 바이마르의 국정에 참여하게 된 이후인 1776년, 헤르더는 괴테의 추천으로 바이마르 공국의 종교 총감독으로 임명됐다.

*67 볼프(1759~1824). 베를린대학의 고전문헌학 교수인 그는 괴테와 1805년 이래로 친교를 맺고 있었다. 그는 1795년 〈호메로스 연구 서론〉에서 호메로스가 쓴 것이라고 알려져 있는 〈일리아스〉와 〈오디세우스〉는 한 시인이 아닌, 여러 시인들이 쓴 것이라고 주장했지만, 괴테는 이 주장에 찬동하지 않았다.

*68 1204년 전후 바이에른 혹은 오스트리아 빈의 공작 궁전에 관계하는 시인이 쓴 것으로 추정되는데, 괴테와 실러 이전의 작품으로서 독일인들 사이에서 즐겨 읽히던 서사시이다. 20세기초에 문학사가인 아돌프 바텔스는 "독일문학사에서 독일의 작가 정신이 산출한 최대의 산물이자 독일인의 기질을 가장 완전히 또한 명료하게 나타낸 작품, 그러므로 만약 독일 민족이 이 세상에서 사라질 경우에 이 민족의 이름을 가장 찬란하게 이 세상에 남길

었고, 이어 바이런 경이 화제에 올라 그가 바이마르를 방문해 주었으면 좋겠다는 말이 나왔다. 그 말에는 젊은 괴테 부인이 특별한 관심을 나타냈다. 다음으로 빙겐의 즐거운 로크수 축제*[69]가 화제에 오르자, 첼터는 특히 두 사람의 아름다운 소녀를 자신의 추억담으로 풀어냈다. 그 마음씨 고운 두 소녀의 따뜻한 환대는 첼터의 마음속에 깊이 각인되었던 모양이었다. 왜냐하면 그 추억을 떠올릴 때마다 지금도 행복한 미소를 짓게 된다고 했기 때문이다. 이어 괴테가 집필한 사교시(社交詩) 〈전쟁의 축복〉이 활발하게 토

질풍노도문학의 선구자 헤르더

론되었다. 첼터는 끊임없이 부상병과 아름다운 여자와의 일화를 얘기하면서, 자기는 그저 이 시의 진실성을 입증하는 것뿐이라고 말했다. 괴테는 "나는 그런 진실을 멀리까지 가서 찾을 필요가 없었어. 나는 모두 바이마르에서 개인적으로 체험해서 습득할 수 있었거든" 하고 말했다. 그러나 젊은 괴테 부인은 쉬지 않고 반대 입장을 취하면서, 여자들은 이런 망측한 시에서 그리고 있는 것은 용납할 수 없다고 우겨댔다.

이렇게 오늘도 식탁을 둘러싸고 아주 즐거운 시간을 보냈다.

늦은 시간이 되어서야 비로소 괴테와 단둘이 대화를 나눌 수 있는 기회가 생겼다. 그는 나에게 첼터에 대해 물으면서, "어떤가, 그가 자네 마음에 들던가?" 하고 말했다. 나는 그분의 됨됨이는 전적으로 마음에 든다고 말했다. 이에 괴테는 "첫인상은 어딘지 모르게 조금 거칠어 보이는 데가 있지. 때로는 난폭하게 보이기도 하고 말일세. 그러나 겉보기에 그럴 뿐이지, 내면은 아주 다르

수 있는 작품을 들라고 한다면 우리는 그것을 단 2편의 문학작품에 국한할 수 있을 것이다. 그것은 다름 아닌 〈니벨룽겐의 노래〉와 괴테의 〈파우스트〉이다"라고 말했다.
*69 프랑스의 수도사이자 성인인 로크수를 기리는 축제로 빙켄에서 열렸다. 괴테는 1814년 비스바덴 온천장에 머무르고 있을 때, 첼터와 함께 이곳을 방문했다.

다네. 첼터만큼 섬세한 감정을 가진 사람도 드물어. 그가 반세기 이상 베를린
에서 살았다는 것을 간과해서는 안 되네. 나도 알고는 있지만, 그곳에는 무모
한 짓을 하는 사람들이 모여서 살고 있기 때문에, 점잔만 빼다가는 아무 소용
이 없다는 것을 뼈저리게 느끼게 된다네. 그래서 이럭저럭 살아나가려면 조금
은 우악스럽고, 때로는 배짱도 두둑해야 하지"라고 말하는 것이었다.

1824년

1824년 1월 27일 화요일

괴테는 자서전을 계속 쓰는 것에 대해 나하고 이야기했다. 현재 그는 이 작업을 한창 완성하고 있는 중이라고 하였다. 그는 이 만년의 시기는 〈진실과 시〉*¹ 속의 청년 시기처럼 세세한 것에 이르기까지 자세히 쓰지 않을 것이라고 말했다.

"나는" 하고 괴테는 말했다. "이 만년 시기를 차라리 연대기식으로 취급해야겠어. 그 속에는 나의 생활보다 오히려 나의 여러 활동 쪽이 더 많이 나오기 때문이지. 일반적으로 개인에게 중대한 시기는 성장기이지. 내 경우에는 그것이 자세히 서술한 〈진실과 시〉 여러 권 속에 완결되어 있어. 그 이후에는 사회와의 갈등이 시작되는데, 그러한 것은 단지 거기에서 어떤 것이 탄생할 때에만 흥미가 있는 것이야.

그리고 독일의 한 학자의 생애에 대해 쓴다고 해서 그것이 무슨 의미가 있겠는가? 나의 경우에는 어느 정도 볼 만한 것이 있다고 하더라도 그것을 사람들에게 전달할 수 없고, 또 전달할 수 있는 것은 그렇게 할 만한 노력의 가치가 없지. 또 우리가 이야기하는 것을 즐거운 마음으로 들어 주는 그런 경청자들이 어디에 있다는 말인가?

이제 노년기에 이르러 나의 젊었을 때와 장년기의 생활을 되돌아보고 젊었

---

*1 이것은 괴테가 어릴 때부터 바이마르에 오기까지를 자서전적으로 기록한 것이다. 괴테가 살아 있는 동안은 〈진실과 시(Wahrheit und Dichtung)〉라고 썼지만, 오늘날에는 〈시와 진실 (Dichtung und Wahrheit)〉로 바꿔쓰고 있다. 괴테는 〈시와 진실〉이라는 부제목에 〈나의 생애로부터(Aus meinem Leben)〉라는 본제목을 붙이고 있다. 〈시와 진실〉에서 괴테는 사실의 전달만으로는 진실을 밝힐 수 없고, 거기에 그 사실의 의미를 확실하게 하는 시적인 요소가 내포되어야 비로소 고차원적인 진실이 나타난다는 말을 하고 있다.

을 때에 함께 지냈던 사람들 중에서 얼마나 적은 수의 사람들만이 살아 있는 지를 생각할 때면, 온천장에서 여름 한동안을 함께 지냈던 일을 생각하게 된다네.

사람들은 도착하자마자 그곳에서 이미 한동안 지내고 있던 사람들과 아는 사이가 되어 친해지지만, 다음 주에 그 사람들은 다시 떠나가 버리고 말지. 이별은 슬픈 것이라네. 그러다가 이번에는 자기 뒤에 온 사람들과 가까워지고 한동안을 함께 지내다가 마음을 터놓는 사이가 된다네. 그러나 이 사람들도 얼마 안 가 가버리고 말지. 우리들은 외롭게 또 새로 도착한 이들과 함께 뒤로 남겨지는 것이라네. 그러나 이 사람들은 우리들이 떠나기 직전에 도착한 사람들로, 우리들하고는 아무 상관이 없지.

세상 사람들은 언제나 나를 특별한 행운을 받은 자라고 칭찬하네. 나 자신도 이의를 제기하고 싶지 않고, 나의 인생 행로를 불평하고 싶지도 않네. 그러나 결국 그것은 노고와 일 이외의 아무것도 아니었지. 나는 이 75년이라는 세월을 통해 내가 정말로 즐거웠던 날은, 단 1개월도 안 된다고 말할 수 있네. 언제나 되풀이하여 돌을 위로 밀어 올리려고 하지만, 그것은 영원히 아래로 굴러 떨어지는 것 같은*2 그런 기분이었다네. 나의 연대기를 읽어보면 내가 지금 말한 것을 확실하게 알 수 있지. 나의 활동 요구는 안팎으로 너무나 많았다네.

나의 진짜 행복은 시적인 명상과 시의 창작에 있었지. 그러나 이것도 나의 외적 지위 때문에 얼마나 교란받고, 제한받고, 방해를 받았던가. 만약 공적 직무상의 활동을 멀리하고 고독 속에 살 수 있었더라면, 나는 한층 더 행복하고 또 시인으로서도 훨씬 더 많은 것을 성취할 수 있었을 것이네. 그러나 〈괴츠〉와 〈베르테르〉를 쓴 뒤 얼마 안 있어서 듣게 된 어느 현자의 말이 나에게는 사실로 되어 버렸지. 그것은 사람이 세상을 위해 한 번 좋은 일을 하면, 세상은 그 사람이 두 번 다시는 그런 일을 하지 못하게 만들어 버리고 만다는 말이었어!

---

*2 호메로스의 〈일리아스〉에 나오는 시시포스 이야기를 인용한 것이다. 그러나 그는 영원히 다시 떨어지는 돌을 쉬지 않고 재차 굴려 올리는 불굴의 노력가였다.

이름이 세상에 널리 알려진다는 것*³과 지위가 높다는 것은 생활에 있어서 좋은 일이기도 하지. 그러나 나의 높은 이름과 지위에도 불구하고 내가 했던 일은, 다른 사람에게 상처를 주지 않으려고 다른 사람의 의견에 입을 다물었던 것뿐이라네. 그때에 나는 다른 사람의 생각을 알고 있었고, 다른 사람은 나의 생각을 알 수 없었다는 이점은 있었지만, 이것은 정말로 더없이 어리석은 짓이었지."

1824년 2월 15일 일요일

오늘은 괴테가 점심식사를 하기 전에 함께 마차를 타고 멀리 산책을 하자고 하였다. 내가 그의 방으로 들어갔을 때, 그는 아침식사를 하고 있었다. 아주 밝은 표정이었다.

"나는 기분 좋은 방문을 받았어." 그는 나에게 즐겁게 말했다. "베스트팔렌 지방에서 온 아주 전도 유망한 마이어*⁴라는 청년이 지금 내 집에 와 있다네. 시를 써 가지고 왔는데, 크게 기대할 만하네. 이제 겨우 18세밖에 안되는데 믿을 수 없을 만큼 앞서가고 있어.

나는 지금 내가 18세가 아니어서 기쁘다네. 내가 18세 때에는 독일도 겨우 그 나이쯤이어서 할 일이 많았지. 그러나 지금은 모든 것이 놀랄 만큼 진보되어 있어서 어느 쪽을 보아도 길이 막혀 있어.

독일 자체가 각 분야에 걸쳐 그처럼 높은 수준에 도달해 있기 때문에, 전체를 관망할 수 없을 정도야. 게다가 우리는 지금 그리스인이나 로마인 심지어 영국인이나 프랑스인이 되라는 요구를 받고 있지. 아니 그뿐만이 아니라, 동양을 목표로 삼으라고까지 해서 젊은 사람들이 어찌할 바를 모르게 만들고 있네.

나는 이 마이어 청년이 끝까지 그리스인 곁에 머물러 거기에서 마음의 평화

---

*3 〈젊은 베르테르의 슬픔〉이 1774년에 출판되자, 괴테는 〈베르테르〉의 저자로 알려지게 되었다. 그리고 독일은 〈베르테르〉를 통해 처음으로 대외적으로 문명국이라는 인상을 주기 시작했다.

*4 베스트팔렌이 아니라 헤센 주 출신의 청년(1805~1884)으로 나중에 프러시아의 공사관 참사관이 된다.

를 얻기를 바란다는 상징의 표시로, 나의 거대한 유노 입상을 보여주면서 위로를 했지. 그는 훌륭한 젊은이야. 만약 그가 마음을 바로잡고 산만한 세계로부터 자신을 지켜 나간다면 어엿한 인물이 될 거야.

그러나 이미 말한 대로, 나는 오늘날처럼 철두철미하게 모든 것이 완성되어버린 시대를 사는 내 자신이 더 이상 젊은 사람이 아니라는 것을 하늘에 계신 하느님에게 감사하고 있지. 젊었다면 어떻게 팔짱을 끼고서 앉아만 있겠는가. 하지만 미국으로 도망을 가더라도 이제는 이미 늦었어. 왜냐하면 그곳도 이젠 이미 대낮처럼 밝아져 있으니까 말이야."

1824년 2월 22일 일요일

나는 괴테와 그의 아들과 함께 식사를 했다. 괴테의 아들은 우리에게 그의 학창시절, 즉 하이델베르크에 체류했을 때 겪었던 여러 가지 즐거웠던 이야기를 들려주었다. 그는 그의 친구들과 휴일이면 라인 강가에 여러 번 작은 여행을 갔는데, 언젠가 그곳에 있던 여관 주인이 특히 그의 추억에 남아 있다고 하였다. 한 번은 10명의 친구들과 함께 그의 여관에서 하룻밤을 지냈는데, 그가 단지 한 번만이라도 학생 주연(酒宴)의 즐거움을 맛보고 싶다면서 술값을 받지 않고 술을 제공했다는 것이다.

식사 후에 괴테는 우리에게 이탈리아 지방, 특히 국경 스위스 산맥과 마지오래 호수가 있는 북쪽 지역의 채색 그림을 보여주었다. 보르로메오 섬들은 수면에 그림자를 나타내 보이고 있었고, 호숫가에는 작은 배와 고기 잡는 기구들이 보였다. 그때에 괴테가 이것이 〈편력시대〉*5에 나오는 호수라고 가르쳐 주었다. 서북방 몬테로자 방향으로는 호수를 에워싼 언덕이, 해가 지고 나서 얼마 안 있어 흔히 그렇게 보이듯이 진한 남색 덩어리를 이루고 있었다.

평지에서 태어난 나는 이런 무겁고 장엄한 연산(連山)을 접하면 왠지 섬뜩해지기 때문에 이런 계곡 속을 방랑해 보고 싶은 기분은 전혀 생기지 않는다고 말했다.

"그런 기분이 되는 것도 당연한 것이지" 하고 괴테는 말했다. 결국 인간은 이

---

*5 〈빌헬름 마이스터의 편력시대〉의 제2부 제7장에 나오는 마지오레 호수를 말한다.

푸생의 〈아르카디아 목자들〉

세상에 태어나 성장한 환경에만 순응하게 되는 것이라네. 고매한 목적을 품고 이국 땅을 방랑하는 사람이 아닌 이상, 자기 나라에 머물러 있는 것이 훨씬 행복하지. 스위스가 나에게 준 인상은 처음에는 정말 대단한 것이어서 그 때문에 마음이 산란하고 불안했다네. 계속 체류하면서, 훗날 산맥을 단지 광물학적인 견지에서 관찰하게 되고 나서야 비로소 나도 침착하게 저 산들과 대응할 수 있게 되었어."

이어 우리는 프랑스의 화랑 출신의 신예 화가들의 그림을 동판으로 만든 것을 눈여겨보았다. 이들의 그림 솜씨는 거의 예외 없이 허약한 것으로, 40점 가운데서 좋은 것은 겨우 네다섯 점뿐이었다. 좋은 것 중에는 이런 것이 있었다. 연애편지를 대필하고 있는 소녀, 팔려고 내놓았으나 아무도 사려고 하지 않는 집의 여인, 고기잡이, 성모상 앞에 있는 음악가 등이다. 또한 푸생풍의 풍경화*6 중에서도 괜찮은 것이 있었다.

이것을 괴테는 다음과 같이 말했다. "이런 화가들은 푸생의 풍경화에서 일

---

*6 푸생(1594~1665). '프랑스의 라파엘로'로 불리는 그는 근대프랑스 그림의 아버지이다.

반적인 개념을 체득하여, 그것을 사용하여 작업을 계속하고 있네. 이런 그림은 좋다고도 나쁘다고도 말할 수 없어. 나쁘지 않다는 것은 도처에 훌륭한 전형을 보여주고 있기 때문이지. 그러나 좋다고도 말할 수 없는데, 그건 이들 화가들에게는 대체로 푸생과 같은 위대한 개성이 결여되어 있기 때문이야. 시인의 경우도 마찬가지일세. 셰익스피어의 위대한 수법을 쓰면서도 작품의 완성도가 좋지 않은 사람들도 있지."

마지막으로 우리는 프랑크푸르트 시에 세워질, 라우흐 작의 괴테 조각상의 모형 그림을 오랫동안 관찰하면서 이야기를 나누었다.

1824년 2월 24일 화요일

오늘 1시에 괴테에게로 갔다. 그는 나에게 원고를 보여주었다. 그것은 그가 〈예술과 고대〉의 제5권 1집에 수록하기 위해 받아쓰게 한 것이다. 독일의 '파리아*⁷에 관해 내가 쓴 비평과 프랑스의 비극,*⁸ 그리고 그가 쓴 3부작 서정시에 대해서도 괴테는 후기를 곁들이고 있었다. 이것으로써 이 문제는 결말이 난 셈이었다.

괴테는 말했다. "자네가 평론할 때 인도의 사상을 이용한 것은 잘한 일이야. 결국 우리의 연구에서 남게 되는 것은 우리가 실제로 적용할 수 있는 것뿐이기 때문이지."

나는 그의 말에 찬성을 표시하면서 나도 대학 재학 중에 똑같은 경험을 했다고 말했다. 교수의 강의 중에서 내 머리에 남아 있는 것은 단지 실제로 적용할 수 있다고 판단되는 것뿐이었다. 이와는 반대로 앞으로도 내가 실제로 사용할 수 없는 것은 완전히 잊어버리고 말았다.

나는 말했다. "나는 헤렌 교수 밑에서 고대사와 근대사를 청강했지만, 지금은 하나도 기억할 수 없습니다. 그러나 지금 뭔가 희곡을 쓰려고 마음먹고 역사의 일부분을 연구하게 되면 그러한 연구는 틀림없이 언제나 머리에 남을 것입니다."

---

*7 미하엘 베어(1800~1833)가 쓴 비극작품을 말하고 있다.
*8 프랑스의 극작가인 델라빈(1793~1843)이 쓴 합창이 붙은 비극 〈르 파리아〉를 말한다.

"어디에서나" 하고 괴테는 말했다. "대학에서는 과제물이 너무 많아. 또 너무나 많은 쓸데없는 것을 가르치고 있어. 모든 학자들이 자기 전공 분야를 너무 넓게 잡아 청강생의 요구 이상으로 확장하고 있지. 예전에는 화학과 식물학은 약학과 소속으로 강의하고 있었고, 의과대학생들도 그것으로 만족하고 있었지. 그러나 오늘날에는 화학도 식물학도 독립되어 드넓은 학문이 되어 버렸어. 그 중 한 가지만 하려 해도 일생이 요구될 정도야. 또한 그것을 의과대학생에게도 억지로 강요하려고 하고 있어. 그러나 이런 일을 강행하면 아무것도 되지 않아. 한쪽을 하게 되면, 다른 한쪽은 등한시하게 되어 잊어버리게 되지. 그러므로 현명한 사람은 모든 잡다한 요구를 물리치고 한 전공분야에만 국한하여 그것에 정통하려고 하는 것이라네."

이어 괴테는 나에게 그가 쓴 바이런의 〈카인〉에 관한 소논문을 보여주었다. 나는 그것을 아주 흥미 있게 읽었다.

괴테는 말했다. "우리 모두가 아는 사실이지만, 바이런과 같은 자유정신은 결점이 많은 교회의 도그마 때문에 무척 괴로워했네. 이런 희곡을 보면 그가 자신에게 강요된 교의에서 해방되려고 얼마나 노력했는가를 알 수 있지. 물론 영국의 성직자 사회는 그를 달갑게 생각하지 않았을 거야. 그가 그럼에도 친숙한 성서 속의 소재를 가지고 계속해서 쓸 것인가, 또 소돔과 고모라의 멸망[9]과 같은 소재는 그냥 빼먹을 것인가 알고 싶구만."

이런 문학적인 고찰 뒤에 괴테는 고대에 조각된 돌을 보여주면서 나의 관심을 조형미술 쪽으로 옮겨 놓았다. 그 돌에 대해서는 벌써 전날에도 감탄의 말로 이야기를 했다. 나는 그 속에 표현되어 있는 소재의 소박함을 바라보면서 황홀한 기분이 되었다. 어떤 사나이가 어깨에서 무거운 물통을 내려놓으면서 한 소년에게 물을 먹이려 하고 있다. 그러나 상황이 여의치 않아, 물통은 아직 소년의 입 가까이까지 충분히 이르지 못하고 있다. 물은 좀처럼 흘러나오지 않는다. 소년은 두 손을 물통에 대고 조금만 더 기울여 달라고 부탁하듯이 사

---

[9] 구약성서 창세기 제13장~제19장에 나오는 도시의 이름. 이 두 도시의 주민들이 악행을 일삼기를 그치지 않자 하늘에서 유황불이 쏟아져 내려와, 도시와 사람 그리고 땅에서 자라나는 모든 것을 불태워 버렸다고 한다.

나이를 올려다보고 있다.

괴테는 말했다. "어때, 자네 마음에 드는가? 우리 근대인은 이런 순전히 자연스럽고 소박한 모티브의 위대한 아름다움을 느낄 수 있다네. 또 이것을 만들 수 있는 방법에 대한 지식과 관념도 가지고 있지. 그러나 우리는 그것을 만들 수가 없어. 지성이 너무 지배적이어서 여기에서 볼 수 있는 매혹적인 아름다움을 완전히 상실하고 말거든."

이어 우리는 베를린에 사는 브란트*10가 새긴 메달을 보았다. 젊은 테세우스가 아버지의 무기를 돌 아래에서 꺼내려고 하는 광경이 양각되어 있었다. 인물의 위치는 상당히 잘 묘사되어 있었지만, 돌의 중량에 맞먹는 사지의 긴박감은 충분하지 않았다. 또 젊은이가 한 손으로는 돌을 들어올리고 있으면서, 또 다른 손에 무기를 잡고 있다는 것은 좋은 착상이라고 할 수는 없었다. 왜냐하면 먼저 무거운 돌을 옆으로 제치고 나서 무기를 잡는 것이 자연스러운 이치이기 때문이다.

"자, 이번에는 고대인이 같은 소재를 취급해 음각(陰刻)의 무늬를 새긴 보석을 보여주지" 하고 괴테는 말했다.

그는 슈타델만을 시켜 상자를 가져오게 했다. 그 속에는 수백 점의 음각 무늬를 새긴 보석의 복제가 들어 있었다. 이것은 그가 이탈리아 여행 때에 로마에서 가지고 온 것이었다. 여기에는 고대 그리스인이 전과 같은 제목을 취급한 것이 있었다. 그런데 전혀 다르지 않은가! 젊은이는 혼신의 힘을 다해 돌을 떠받치고 있었고, 그의 힘은 돌의 무게를 충분히 견디어 내고 있었다.

벌써 돌의 무게를 극복하여 지금 당장이라도 그것을 옆으로 던져 버릴 듯이 들어 올리고 있는 모습이었다. 이 젊은 영웅은 온몸의 힘을 무거운 돌덩어리로 향하면서도 시선만은 그의 발 밑에 놓여 있는 무기 쪽으로 떨어뜨리고 있었다. 우리는 이런 취급법에 나타난 위대한 자연의 여실점을 보고 기뻐했다.

괴테는 웃으면서 말했다. "마이어가 언제나 생각한다는 것이 그토록 어렵지 않았으면 좋겠다고 말하곤 했지만, 나쁘게도 모든 생각은 뭔가를 생각해 내는 데 아무런 도움을 주지 못한다는 거야. 사람은 본래부터 올바르지 않으면 안

---

*10 브란트(1789~1845). 베를린의 메달 조각가이다.

하인리히 F. 브란트의 〈돌 아래에서 아버지의 무기를 꺼내는 테세우스〉

되지. 그래야만 좋은 착상이 신의 자유로운 아이들처럼 우리 앞에 나타나서 '여기 있다!'고 소리를 지르지 않겠나."

1824년 2월 25일 수요일

괴테는 오늘 두 편의 아주 희귀한 시*¹¹를 보여주었다. 이 두 편의 시는 모두 고도의 윤리적 경향을 띠고 있었지만, 개개의 모티브는 세상 사람들이 언제나 비윤리적이라고 부르기 쉬울 만큼 거리낌없을 정도로 자연스럽고 진실미에 넘쳐 있었다. 그러므로 괴테도 이것들을 비밀에 부치고 발표하려는 생각은 하지 않았다.

"만약 정신과 더 높은 교양이" 하고 그는 말했다. "인간들의 공동재산이 될 수 있게 된다면, 시인은 공명정대하게 행동할 수 있게 될 것이고, 전적으로 언제나 진실되게 거리낄 필요 없이 자기가 믿는 바를 입 밖에 낼 수 있게 될 거야. 그렇지만 실제로는 그는 언제나 일정한 수준에 몸을 두고 있어야만 하지. 시인은 자기 작품이 세상의 갖가지 사람들 손에 넘어간다는 것을 고려하지 않을 수 없어. 따라서 또 너무 적나라한 표현으로 다수의 선량한 사람들의 감정을 해치지 않도록 주의해야 하는 게 당연하네. 그런데 또 시대라는 것은 이상한 것이기도 하다네. 시대는 변덕스러워서 같은 사람의 언행에 대해서, 세기가 바뀔 때마다 달라진 사람의 얼굴을 해 보이는 폭군과 같아. 고대 그리스인들 같으면 당당하게 말할 수 있었던 것도, 우리가 말하면 벌써 딱 들어맞지 않게 되지. 또 셰익스피어의 작품처럼 활기에 찬 동시대인들의 마음을 깊이 사로잡았던 것도 1820년의 영국인들에게는 참을 수가 없는 것이 되어서, 현대의 뜻에 영합하는 가정용 셰익스피어를 따로 만들어야 할 지경이 되지 않았는가."

"이것은 형식면에서도 아주 많은 문제가 있다고 생각합니다" 하고 나는 말했다. "저 두 편의 시 중 하나는 고대의 음색과 운율을 따르고 있지만, 훨씬 혐오감을 덜 느낍니다. 물론 각 모티브 자체로서는 반감을 불러일으키지만, 그

---

*11 시인이 지켜야 하는 작가의 본분을 말한 것이다. 히틀러 시대에 미국에 망명했다가 끝내 독일의 통일을 보지 못하고 스위스의 취리히에서 세상을 떠난 토마스 만(1875~1955)은, 괴테의 글 중에서 이것을 가장 좋아하는 문구로 꼽았다.

래도 취급 방법은 전체적으로 아주 위대하고 품위를 갖추고 있기 때문에 마치 우리가 저 억센 고대인의 목소리를 듣는 것 같고, 그리스의 영웅 시대로 되돌아간 것 같은 기분이 됩니다. 이와는 달리, 거장 아리오스트*¹²의 음색과 운율로 쓰여진 다른 시는 훨씬 의심스럽습니다. 현대의 연애를 주제로 하고 있고 언어도 현대어입니다. 그리고 모든 것이 적나라하게 표현되어 있어 대담한 개개의 행위도 전자에 비해 훨씬 저돌적으로 보입니다."

"자네가 말한 대로야" 하고 괴테는 말했다. "갖가지 시의 형식은 불가사의한 위대한 힘을 간직하고 있지. 만약 나의 〈로마 비가〉의 내용을 바이런의 〈돈환〉*¹³과 같은 음색과 시형으로 고쳐 쓴다면, 그 내용은 정말로 모독적인 것으로 보일 것임에 틀림없네."

프랑스 신문이 도착했다. '앙굴렘 공작이 인솔한 프랑스군의 스페인 원정이 끝났다*¹⁴'는 보도는 괴테의 큰 관심을 불러일으켰다.

괴테는 말했다. "부르봉 왕가의 이번 행동은 칭찬 받아 마땅하지. 왜냐하면 군대를 자신들의 것으로 만들어야만 그들은 비로소 왕위를 확보할 수 있기 때문일세. 이번에 그 목적이 이루어진 셈이야. 병사들은 충성심을 갖고 그들의 왕한테로 다시 돌아왔어. 병사들은 자신들의 승리와 많은 지배를 한 우두머리 스페인의 패배를 비교해 보고, 위로 한 분의 왕을 섬기는 것과 많은 우두머리들에게 복종하는 것 사이에 어떤 차이점이 있는지 확신할 수 있게 된 거지. 병사들은 옛날부터 내려오는 명예를 유지할 수 있고, 나폴레옹이 없어도 자기들만으로 용감하게 싸울 수 있으며, 또 승리할 수 있다는 것을 세상에 확실하게 밝힌 거야."

이어 괴테는 그의 생각을 과거의 역사로 돌려 7년 전쟁*¹⁵ 때의 프러시아 군

*12 아리오스트(1474~1533). 이탈리아의 시인인 그의 대표작은 〈광란의 오를란도〉이다.
*13 바이런의 장편서사시. 스페인의 젊은이 돈환이 연애 사건으로 인해 국외로 망명 여행을 다니면서 얻은 생활체험을 풀어내며, 이를 기초로 사회에 대한 풍자를 시도한 작품이다.
*14 오스트리아의 재상 메테르니히는 동맹국의 회의에 의거하여 1823년 4월부터 9월까지 프랑스 군대를 스페인에 보내, 스페인의 혁명운동을 진압하고 이 나라에 전제주의를 부활시켰다.
*15 7년 전쟁(1756~1763). 프러시아의 프리드리히 대왕은 이 전쟁에서 마리아 테레지아 통치하의 오스트리아뿐만 아니라 유럽의 3대 강국 영국, 프랑스, 러시아를 상대로 싸웠다. 그 결

대에 대해 여러 가지 이야기를 했다. 그 군대는 프리드리히 대왕 덕분에 전쟁에서 언제나 승리했는데, 그 결과 나중에는 자부심이 너무 강하고 과도할 정도로 오만해졌기 때문에 계속 패배를 맛보았다고 말했다. 괴테는 일일이 세세한 부분까지 눈으로 직접 보는 듯이 말했기 때문에, 나는 그의 혜택받은 기억력에 감탄할 뿐이었다.

"나는 큰 이득을 봤지." 그는 말을 계속했다. "다시 말해 나는 최대의 세계사적 사건이 마치 일상사처럼, 나의 긴 생애를 통해 계속 일어나는 시대에 태어났기 때문이야. 덕분에 7년 전쟁을 시작으로 영국으로부터의 미국 독립, 이어 프랑스혁명을 볼 수 있었지. 또 마지막에는 나폴레옹의 시대 전부와 이 영웅의 몰락, 그리고 그 후에 계속되는 여러 사건의 일정을 이 눈으로 목격한 산증인이 될 수 있었다네. 때문에 나는 현재 탄생하고 있는 사람들이 가지고 있는 것하고는 전혀 다른 결론과 판단에 도달하게 되었지. 그들은 책을 통해서만 대사건을 배우는 수밖에 없는데, 그것만으로는 진실을 이해할 수 없지 않겠나."

"가까운 장래에 어떤 일이 일어날지는 전혀 예측할 수가 없지. 그렇다고 평화가 그렇게 쉽게 오리라고 생각하지도 않아. 이 세상을 절대로 만만하게 보아서는 안 되네. 높은 사람들은 권력을 남용하기 쉽고, 군중은 점진적인 개선에 기대를 걸면서 알맞은 상태에 만족하려 하지 않지. 인류가 완전하게 될 수만 있다면 완전한 상태도 생각할 수가 있을 것이네. 그러나 실제로는 여기저기에서 동요하고 있지 않나. 한쪽에서는 고통스러워하는데, 다른 한쪽에서는 안락하게 살고 있어. 이기심과 질투심은 심술궂은 악령처럼 희롱을 되풀이할 뿐이야. 그리고 각 당파의 싸움은 여전히 그칠 줄을 모르지.

어떤 경우에도 가장 현명한 사람은 각자 태어나서 배워 익힌 업무에 부지런히 힘쓰고, 다른 사람이 자기 일에 최선을 다하고 있는 것을 방해하지 말아야 하네. 구둣방 주인은 언제나 구두 형틀 옆에 있으면 되는 것이고, 농부는 쟁기를 들고 있으면 되는 것이며, 군주는 나라를 다스리는 기술을 분별할 수 있으

과로 폴란드는 결국 그 영토의 일부분을 각각 오스트리아와 프러시아, 그리고 러시아에게 넘겨주어야 했다.

면 되는 거야. 어떠한 직업도 배워야 하고, 또 자기가 이해할 수 없는 분야에 대해서는 말참견을 삼가야 하는 것이라네."

괴테는 다시 프랑스 신문으로 화제를 돌렸다. "자유당원들은 연설을 하는 것도 괜찮지. 그들이 말하는 것이 이치에 맞는다면, 사람들은 기꺼이 들을 것이야. 그러나 지배권을 장악하고 있는 왕당파 사람들이 연설을 하는 것은 좋지 않아. 대신 그들은 행동을 해야지. 그들이 군대를 파견하고 목을 친다든지 아니면 교살한다든지 하는 것은 그래도 괜찮아. 문제는 공공신문에 실린 이견 때문에 싸우고, 자신들의 정책을 변명한다든지 하는 어울리지 않는 일을 한다는 거야. 물론 왕들에게 대중이라는 것이 있다면 그들이 연설하는 것도 괜찮겠지.

나는 내가 무엇을 하고 영위하든지 간에 언제나 왕당주의자로서 일관하여 왔네. 다른 사람들이 지껄이는 것은 전혀 간섭하지 않고 내가 스스로 선하다고 믿는 것은 그대로 실행했지. 나는 사물에 대해 대처하는 방법을 알고 있고, 또 내가 목표로 하는 것이 무엇인지를 잘 알고 있네. 내가 개인으로서 잘못을 저질렀을 때에는 그것을 다시 옳은 길로 되돌릴 수도 있었지. 그러나 내가 세 사람 혹은 더 많은 사람들과 함께 실수를 저질렀다면, 그 일은 아마도 원상복귀시키기에는 이미 늦은 것일 거야. 왜냐하면 당사자가 많으면 많을수록 의견 또한 저마다 다르기 때문일세."

이야기를 마친 후 식탁에 둘러앉았을 때에도 괴테는 아주 기분이 좋아 보였다. 그는 폰 슈피겔 부인*16의 기념수첩을 보여주었다. 거기에는 매우 아름다운 시구가 쓰여 있었다. 그 수첩에는 폰 슈피겔 부인이 괴테에게 좋은 시구를 얻기 위해 2년 간이나 비워 둔 곳이 있었는데, 그는 그때야말로 오랜 약속을 지킬 수 있었다며 기쁘게 말했다. 폰 슈피겔 부인에게 바친 시를 읽고 난 뒤에 그 기념수첩장을 계속 넘기자 많은 유명한 사람들의 이름을 볼 수 있었다. 바로 다음 페이지에는 티트게의 시*17가 실려 있었는데, 그것은 전적으로 그의

---

*16 괴테는 1821년 1월에 그녀의 기념첩에 헌시를 써 넣을 것을 약속했다.
*17 티트케(1752~1841). 영혼의 불멸을 강조한 교훈적 서정시집인 〈우라니아〉는 1800년에 출판되어 1819년에는 6판을 넘겼고, 많은 여성들의 애독서로 자리잡았다.

〈우라니아〉적인 취향과 음색으로 일관되어 있었다. 괴테는 말했다. "무모한 생각에 사로잡혀, 자칫 두세 개의 시구를 그 밑에 써 버릴 뻔했지만 다행히도 그렇게 하지 않았네. 나는 무엄한 말을 함부로 써서 착한 사람들의 혐오감을 자초하기도 했지. 그 때문에 내 최상의 작품의 효과가 엉망이 되었던 게 한두 번이 아니었어."

"나는 티트게의 〈우라니아〉 때문에 적잖게 고생을 했었네. 왜냐하면 어디를 가나 〈우라니아〉의 노래와 낭송을 들어야만 하는 시기가 있었기 때문이야. 어떤 집의 식탁 위에도 〈우라니아〉가 있었고, 〈우라니아〉와 영생은 어디에서나 화제의 대상이었지. 나 또한 영혼 불멸을 믿을 수 있는 행복을 잃고 싶지는 않았어. 아니 오히려 로렌초 디 메디치*18와 마찬가지로, 내세를 믿지 않는 사람은 현세에서도 죽어 있는 것과 같다고 말하고 싶네. 그러나 그러한 알 수 없는 내용을 일상생활의 고찰 대상으로 한다든지, 아니면 사색을 어지럽게 만드는 명상의 대상으로 하기에는 무리가 있지. 뿐만 아니라 영생을 믿는 사람은 혼자서 그 믿음에 젖어 있으면 되는 것이 아니겠나. 그것을 자랑스럽게 내보일 이유는 없다고 생각하네. 그런데 티트게의 〈우라니아〉를 읽고 이 책에 푹 빠져버린 사람들은, 마치 그들이 귀족이나 된 것처럼 일종의 특별한 계급을 형성하고 있었다네. 언젠가 티트게처럼 영생을 믿는 것을 자랑으로 삼는 어리석은 부인들을 만났는데, 그 많은 사람들이 아주 오만한 태도로 나를 시험해 보려고 했기 때문에 아주 질려버린 일도 있었지. 그러나 나는 이렇게 말을 해서 그녀들을 화나게 만들어 버렸다네.

'이 생명이 다 끝난 뒤에 또 하나의 다른 생명이 찾아온다면, 참으로 고마운 일입니다. 그렇지만 제발 저쪽 세상에서는 이쪽 세상에서의 독신자(篤信者)들과 절대 다시 만나지 않았으면 좋겠습니다. 그렇게 되지 않으면 나의 고통은 다시 처음 상태로 되돌아갈 것이기 때문입니다. 독신자들이 나에게 몰려와서 그때 우리가 말한 것이 정말이었지요, 전에 말하지 않았던가요, 그때 말한 것

---

*18 로렌초 디 메디치(1448~1492). 메디치 일가는 15세기에서 18세기에 걸쳐 피렌체에서 번영한 이탈리아의 재력가로, 그 로렌초 1세는 넓고 깊은 교양을 갖추고 있어 미켈란젤로를 비롯해 많은 예술가들을 보호했다.

이 적중하지는 않았나요, 하고 말한다면 저쪽 세상에서도 지루하기 그지없을 것이기 때문입니다'라고 말해 주었던 것이지.

영생사상에 열을 올리는 것은 상류계급과 특히 아무 일도 하지 않는 여자들이나 할 일이야. 이 세상에서 성실하게 살려고 하는 유능한 사람들은 매일같이 노력하고 분투하고 활동하면서, 내세의 일은 내세에 맡기고 이 세상을 위해서 열심히 일을 하려고 하지. 그리고 이 영생사상이라고 하는 것은 이 세상에서 행복이라는 혜택을 별로 받지 못한 사람들을 위해 있는 것이라네. 내가 장담하건대, 만약 선량한 티트게가 생전에 좀 더 좋은 운명을 가지고 태어났더라면 훨씬 좋은 사상을 가지고 있었을 것일세."

1824년 2월 26일 목요일

괴테와 함께 식사를 했다. 식사를 끝내고 식탁을 치우고 난 뒤에, 그는 슈타델만에게 동판화가 들어 있는 큰 화집을 가져오라고 했다. 그 그림 포장 위에는 먼지가 조금 쌓여 있었는데, 마침 닦아낼 마땅한 걸레가 옆에 없어서 괴테는 기분이 언짢아 하인을 꾸짖었다. "더 이상 자네에게 말하지 않겠어. 걸레를 사오라고 그렇게 여러 번 말했는데 오늘도 사오지 않았으니, 내가 내일 직접 사러 갈 거야. 그럼 내가 입 밖에 낸 말은 반드시 지킨다는 것을 자네도 잘 알게 될 거야." 슈타델만은 물러갔다.

"이와 비슷한 일이 배우인 베커*¹⁹하고도 한 번 있었지." 괴테는 나에게 쾌활하게 말을 계속했다. "그는 〈발렌슈타인〉에 나오는 기사 역할을 못하겠다고 했어. 그래서 나는 그가 만약 그 역할을 하지 않으면 내가 직접 하겠다고 했지. 나의 이 말이 효과를 가져왔어. 극장 사람들은 모두 나를 알고 있었거든. 그래서 내가 이렇게 말한 것도 농담이 아니라는 것과 나에게는 일단 입 밖에 낸 말은 우습게 보이는 일도 하고야 마는 미치광이와 같은 데가 있다는 것을 잘 알고 있었기 때문이지."

"정말 그 역할을 할 작정이었습니까?" 하고 나는 물었다.

---

*19 베커(1764~1822). 바이마르 극장의 배우였던 그는 괴테의 〈타소〉에서 처음으로 안토니오 역을 맡았고, 한동안 바이마르 극장의 연출자가 되기도 했다.

"그렇고 말고" 괴테는 말했다. "만약 내가 그 역할을 했더라면 아마도 베커 씨를 능가했을 거야. 왜냐하면 그 역할에 관해서는 내가 베커보다 더 잘 이해하고 있었기 때문이지."

이어 우리는 그림 포장을 열고 동판화와 스케치한 그림을 관찰했다. 괴테는 나에게 여러 가지로 세심한 관심을 기울여 주었다. 이것이 미술에 대한 나의 안목을 한층 더 높여 주려는 그의 의도였음을 금방 느낄 수 있었다. 그는 각 유파(流派)의 가장 완벽한 작품만을 나에게 보여주면서, 그것을 그린 미술가의 의도와 업적을 확실하게 가르쳐 주었다. 그로 인해 나는 이 최고의 미술가들이 가지고 있는 사상을 잘 판별하여, 곧바로 받아들여 누릴 수 있는 경지에까지 도달할 수 있었다. 괴테는 말했다. "이렇게 해서 우리가 소위 말하는 '취미'라고 하는 것이 형성되는 것이지. 취미는 중급품으로는 성취될 수 없고, 오직 가장 우수한 것을 접함으로써만 형성되는 것이라네. 그래서 자네에게 오직 최고의 걸작만을 보여주는 거지. 이렇게 해서 자네가 자신의 관점을 확립하게 되면, 다른 것에 대한 판단기준도 갖추게 되어 과대평가는 삼가게 되고, 오직 옳은 판단만을 내릴 수 있게 되는 것이라네. 그리고 내가 자네에게 각각의 유파들의 최고 작품들을 보여주는 이유는, 어떠한 유파의 작품도 경시하지 말아야 한다는 것과 그 유파에서 최고 절정에 이른 사람들은 위대한 재능을 가지고 있다는 평가를 받아 마땅하다는 것을 알게 해 주려 함일세. 가령, 여기 프랑스의 어떤 미술가가 그린 그림은 그 유례가 없을 만큼 단아하지 않나? 그래서 이 유파 최고의 걸작이라고 할 수 있는 것이지."

괴테가 그 그림을 나에게 보여주어서 나는 기쁜 마음으로 감상할 수 있었다. 어떤 여름 별장의 화려한 방 안이 중심이 되어 열어젖힌 유리창과 문 너머 정원 안까지 보이는 그림이었다. 여기에 이를 데 없이 단아한 사람들이 모여 있었다. 30세 가량의 아름다운 부인이 악보를 가지고 앉아 있다. 지금 막 노래를 끝낸 것 같다. 그녀 옆에는 15세 가량 되는 소녀가 의자에 기대어 있다. 그 뒤 열려 있는 유리창 옆에 또 한 부인이 서 있다. 그녀는 라우테 악기를 손에 들고 연주하고 있는 것처럼 보인다. 그때 한 젊은이가 들어오는 바람에 부인들의 시선이 모두 그쪽으로 쏠린다. 그가 이 아름다운 평화를 중단시켜버린 꼴

이 되었다. 그는 가볍게 인사를 한다. 사과의 말을 하는 것 같다. 이 말을 들은 부인들도 괜찮다는 표정이다.

괴테는 말했다. "이것은 아주 단아해 보여. 어딘지 모르게 칼데론*20의 연극을 연상시키는 데가 있지. 그리고 이 유파의 그림들 중에서 가장 우수한 작품이야. 자네는 이 작품에 대해 어떻게 생각하나?"

이 말과 함께 그는 유명한 동물 화가인 로스의 에칭*21 두세 작품을 보여 주었다. 전부 양들을 대상으로 한 것이었는데, 그것들을 여러 자세와 상태에서 관찰한 것이었다. 단순한 외관이며 추하고 더부룩한 털 모양이 섬세하게 묘사되어 모든 것이 생생한 실물 그대로였다.

괴테는 말했다. "이 동물 그림을 보고 있으면 언제나 불안해져. 완고함과 우둔함 그리고 꿈꾸듯 하품을 하고 있는 것 같은 장면을 보고 있노라면, 내 마음에 동정심이 일어나 내가 마치 양이 되어버린 것은 아닐까 하는 착각이 들기도 하고, 이 그림을 그린 화가는 정말로 양이 아니었을까 하는 의심까지 생기게 된다네. 작품 하나하나에서 화가가 이 동물의 영혼 속에 들어가 생각하고 느끼고 있다는 것이 보이는 것만 같아. 화가가 양의 외피(外皮)에 덮인 내면의 성격을 이와 같이 박진감 있게 표현했다는 것은 정말로 경탄해 마지않을 일이지. 위대한 재능을 가진 사람이 자신에게 어울리는 대상을 취급하는 모습을 보면, 그 사람이 훌륭한 작품을 창조할 자질을 갖추고 있다는 것을 그리 어렵지 않게 알 수 있다네."

"그런데 이 화가는" 하고 나는 물었다. "개나 고양이 또는 맹수와 같은 동물도 이처럼 박진감 있게 그렸던 것입니까? 인간 이외의 세계에 이처럼 깊게 파고들었으니, 인간의 성격도 그와 같이 충실히 취급하지 않았겠습니까?"

괴테는 말했다. "아니야, 그런 것은 그의 영역이 아니었어. 그러나 양, 염소 그리고 암소와 같은 유(類)의 온순한 초식동물은 그가 아무리 되풀이해 그려도 싫증을 느끼지 않았을 거야. 이것이 그가 처음부터 가지고 있었던 재능의

---

*20 칼데론(1600~1681). 스페인의 극작가. 독일의 낭만파는 그를 높이 존경하고 있었다.

*21 로스(1631~1685). 프랑크푸르트의 유명한 동물화가 겸 풍경화가로 괴테는 그의 동판화 여러 장을 소장하고 있었다.

로스의 〈양과 염소들〉

세계였지! 이런 동물에 대한 동정심은 천성적인 것이었고 동물들의 심리상태에 대한 지식은 나중에 얻은 것이기 때문에, 그는 이 동물들의 외형에 대해서 이처럼 혜택받은 눈을 갖출 수 있었던 거라네. 이와는 반대로 다른 생물에 대해서는 이처럼 깊이 지켜볼 수 없었거나, 그런 것들을 그려야겠다는 사명감도 충동도 없었던 거야."

괴테의 이 말을 계기로 나는 이와 관련된 많은 일들을 생각해 냈다. 그러자 그것들은 다시 나의 뇌리에 생생하게 떠올랐다. 며칠 전에도 그는 나에게 진실된 시인은 날 때부터 세상 물정을 훤히 알고 있으며, 그것을 묘사하기 위해 반드시 많은 경험적인 지식을 필요로 하는 것은 아니라고 말했다. "나는 나의 〈괴츠 폰 베를리힝겐〉을 22세의 젊은 시절에 썼지. 그리고 10년이 지난 뒤에도 나의 표현이 가지고 있는 진실미에 대해 놀랐어. 알고 있겠지만 나는 그와 같은 사건을 체험한 적도, 목격한 적도 없었지. 그러므로 인간의 다양한 상황에 대한 나의 지식은 틀림없이 예견(豫見)을 통해 얻은 것이라 해도 무리가 아니라네."

"대체로 나는 외적 세계를 알기 전까지는 내면의 세계를 묘사하는 것에 기쁨을 느꼈지. 그런데 나중에 외적 세계는 실제로 내가 생각했던 것에 지나지 않았다는 것을 알고, 그 세계에 대해 진절머리가 나서 정작 그것을 묘사하고 싶은 생각이 추호도 들지 않았다네. 그렇지, 이렇게 말할 수 있을 것이네. 만약 내가 이 세계를 묘사하기 위해 그것을 알게 될 때까지 기다렸다면, 내가 쓴 문장은 이 세상을 조롱하는 것에 그쳤을 거야."

언젠가 괴테는 이렇게 말한 적도 있다. "개개인의 성격 속에는 바뀔 수 없는 일종의 필연성이 있어서, 그 때문에 어떤 근본 특징에 따라 어떤 2차적인 여러 가지 특징이 새로 생기지. 이런 것은 경험으로 충분히 배우는 것이지만, 경우에 따라서는 이 지식을 선천적으로 몸에 지니고 있는 사람도 있을 거야. 나는 선천적인 지식과 경험이 결합되어 있는지 확인해 볼 생각은 없어. 그러나 이것만은 확실해. 내가 15분간 누구와 대화를 나눈다면, 그 사람으로 하여금 장장 2시간 동안 계속 말을 하도록 만들 수 있다는 것 말이야."

또한 괴테는 바이런에 관해 그의 세계에 대한 눈은 투철했고 그 묘사는 예견에 의해 생긴 것이라고 말한 적이 있었다. 이 말을 듣고 나는 두세 가지 의문을 제기했다. 그렇다면 가령 바이런은 하등 동물의 본성도 잘 묘사할 수 있었을까 하는 것이다. 왜냐하면 그의 개성은 이와 같은 대상에 애정을 갖고 헌신하기에는 너무나도 강렬하다는 생각이 들었기 때문이다. 괴테는 나의 말에 동의하면서 어떠한 경우에도 예견과 같은 작동은, 대상과 작가의 재능이 서로 닮은 한에서만 가능하다고 말했다. 이 문제에 대한 우리의 의견은 예견이 좁은가 넓은가에 따라 그 작가의 묘사 능력이 미치는 범위의 대소(大小)가 정해진다는 점에 일치했다.

이어 나는 말했다. "선생께서 시인이 태어나면서부터 세상과 잘 통해 있다고 주장하실 때, 그 세상은 내적 세계만을 의미하는 것이지 외적 현상과 관습 같은 경험적인 세계를 말하는 것은 아니라고 생각합니다. 그러므로 시인이 경험 세계를 올바르게 표현하는 데에 성공하려면 역시 현실 세계의 탐구가 더해져야 하는 것이 아닐까요?"

나의 물음에 괴테는 대답했다.

"물론 그렇지. 시인은 사랑과 증오, 희망과 절망 등의 상태와 격정적인 영역에 대해서 태어날 때부터 감수성을 잘 갖추고 있어 그런 묘사는 쉽게 성공할 수 있지. 그러나 그렇지 못한 경우도 있어. 가령 재판과 소송의 과정 또는 국회, 대관식의 순서 같은 것은 세상에 태어나면서부터 알 수 있는 것이 아니야. 시인은 이러한 것들을 참된 모습에서 어긋나지 않게 그리려면 경험과 정통의 힘을 빌려 그것에 대한 지식을 습득하지 않으면 안 되네. 그래서 〈파우스트〉에서 나는 지쳐버린 주인공의 심정이나 그레트헨의 애절한 연정을 예견으로 마음껏 표현할 수 있었어. 그러나

축축히 달아 오른 늦은 조각달이
퍽이나 구슬프게 떠오르네*22

---

*22 〈파우스트〉 제1부 발푸르기스의 밤에 나오는 3851행. 에커만은 이것을 3852행. 에커만은 이것을 원문하고는 약간 다르게 적고 있다.

〈괴츠 폰 베를리힝겐〉 1막 3장 참고

이런 것을 쓸 때에는 어느 정도의 자연 고찰이 필요했다네."

나는 말했다. "설령 각 행마다 눈으로 확인한 것은 아니더라도, 이 세계와 인생을 파악하기 위한 면밀한 탐구의 흔적은 〈파우스트〉 전편을 통해 뚜렷이 느낄 수 있었습니다. 그러므로 이 책을 읽은 사람들은 당신의 재능이 풍부한 체험을 거치지 않고 태어날 때부터 당신에게 저절로 주어진 것이라고 믿지는 않을 것입니다."

"그럴지도 모르지" 하고 괴테는 대답했다. "그러나 내가 예견을 통해 이 책의 내용을 마음속에 미리 간직하고 있지 않았더라면, 아무리 나의 눈이 열려 있었다고 해도 장님이나 마찬가지였을 것이고 탐구와 체험도 전혀 보람이 없는 헛수고에 지나지 않았을 것이네. 빛이라는 것이 먼저 존재해야 색채도 우리를 에워쌀 수 있는 것이야. 다시 말해 우리가 눈 속에 조금이라도 빛과 색채를 갖고 있지 않다면 외부 세계에 존재하는 빛과 색채도 인지하지 못하는 것이라네."

1824년 2월 28일 토요일

괴테는 말했다. "이 세상에는 무슨 일이든 즉석에서 가벼운 마음으로 대하지 못하고, 어떤 대상이라도 언제나 조용하고 깊게 파고들지 않고는 못견디는 사람들이 있네. 그런 재능을 가진 사람들은 가끔 우리를 안타깝게 만들지. 지금 당장 필요하다고 생각하는 것을 그 자리에서 얻을 수 없기 때문이야. 그러나 즉석에서 최고로 고매한 것이 만들어지는 법일세."

나는 람베르크에게로 화제를 돌렸다. 괴테는 계속 말을 이어나갔다. "확실하게 그 사람은 완전히 별종의 화가야. 아주 호감이 가는 재능의 소유자지. 또 그의 즉흥적인 천재성은 아무도 따를 수가 없어. 한번은 그가 드레스덴에서 나에게 그림을 그리기에 적당한 소재의 추천을 부탁한 적이 있었네. 나는 그에게 아가멤논을 그려 보라고 했어. 아가멤논이 트로이에서 고향으로 돌아와, 마차에서 내려 문지방을 넘는 순간 무서운 느낌을 받았던 그 장면 말이야. 이 소재에 맞게 그리기가 얼마나 어려운지는 자네도 잘 알 거야. 다른 화가 같았으면 숙고에 숙고를 거듭하고 난 뒤에야 비로소 붓을 들었을 테지. 그러나 내

파우스트와 그레트헨 슐레머의 그림

〈파우스트 1부〉 664~667행 들라크루아의 그림

람베르크의 〈아가멤논과 클리템네스트라〉

입에서 이 말이 떨어지자마자 람베르크는 벌써 그림을 그리기 시작했어. 그가 내가 추천한 주제를 그 자리에서 정확하게 파악한 점에 정말이지 놀라지 않을 수 없었네. 사실 람베르크의 그림 두세 점을 가지고 싶은 심정이야."

이어 우리는 작품을 너무 경솔하게 그린 나머지 결국은 매너리즘에 빠져버리고 만 다른 화가들에 대해 이야기했다.

괴테는 말했다. "틀에 박혀버린 매너리즘은 언제나 일을 끝내는 데에만 신경을 쓰게 하고, 일 자체에 대한 기쁨은 누릴 수 없게 만들어 버리지. 순수하고 진실된 위대한 작가가 맛볼 수 있는 최고의 기쁨은 제작과정에 있어. 로스는 지칠 줄 모르고 염소와 양의 머리털과 목털을 그렸지. 그리고 그런 정밀 묘사를 보고 있으면 그가 제작과정 동안 가장 순수한 행복을 느꼈고, 반면에 작품을 완성하는 결과에 대해서는 추호도 생각하지 않았다는 것을 알 수 있어.

재능이 부족한 사람일수록 이런 경지까지 올라가는 것을 좋아하지 않지. 그들은 제작과정 중에도 오로지 작품을 완성시켜 얻게 되는 이익만을 눈앞에 떠올리지. 그러나 이러한 세속적인 목적에만 사로잡혀 있으면 결코 위대한 작품을 탄생시킬 수는 없는 법이라네."

1824년 2월 29일 일요일

정오에 괴테의 집으로 갔다. 그가 마차로 산책을 하자면서 식사 전에 나를 불렀던 것이다. 내가 갔을 때 그는 아침식사를 하고 있었다. 그와 마주 앉아 최근 우리가 작업을 하고 있는 그의 저작집 신판(新版)에 대해 이야기를 나누었다. 나는 그에게 〈신들, 영웅 그리고 빌란트〉*²³와 〈목사의 편지〉*²⁴도 이 책에 첨부할 것을 권했다.

괴테는 말했다. "나는 그와 같은 청년시대의 작품에 대해서는 엄밀한 판단을 내릴 수가 없어. 따라서 젊은 자네들이 결정을 내려 주었으면 좋겠어. 그렇다고 그 초기의 작품을 나쁘게 말하고 싶지는 않아. 물론 나는 그 당시 정신 없이 무의식적인 충동에 떠밀려 앞으로 나가려고 발버둥치고 있었지만, 옳은

---

*23 빌란트에 대한 괴테의 익살극으로 1774년에 출판됐다.
*24 종교에 관한 두개의 논문 중의 하나로 괴테가 1773년에 발표한 것이다.

것이 무엇인지는 알고 있었고 황금의 소재를 가르쳐 주는 마법의 지팡이도 소유하고 있었다네."

나는 그러한 감정은 위대한 재능의 소유자 모두에게 해당되어야 하고, 만약 그렇지 않다면 그들이 아무리 정신을 바짝 차리고 있어도 이 혼탁한 세상에서 옳은 것을 취하고 그른 것은 과감히 버리는 능력을 갖추기 어려울 것이라고 말했다.

마침 마차 준비가 다 되어 우리는 예나로 향했다.

괴테는 말했다. "프랑스 헌법은 국민 각자가 내적으로 부패된 요소를 많이 가지고 있기 때문에 영국의 그것하고는 완전히 다른 기반 위에 세워져 있지. 프랑스에서는 만사가 매수에 의해 해결돼. 그렇지, 프랑스혁명도 매수에 의해 좌우됐었지."

괴테는 오늘 아침에 도착한 오이겐 나폴레옹*[25](폰 로이히텐베르크 공작)의 사망 소식에 매우 슬퍼하는 것 같았다.

"이 분은 위대한 인물 중의 한 사람이었어. 이러한 인물은 시간이 갈수록 점점 드물게 생겨날 거야. 중요한 분의 죽음으로 이 세상은 한층 가난해진 셈이네. 나는 그를 개인적으로 알고 있었어. 지난 여름 마리엔바트에서 함께 지냈지. 42세쯤 되는 분이었지만 실제 나이보다는 약간 늙어 보였어. 그가 얼마나 고생했는가를 생각한다면 그건 그리 놀랄 일도 아니지. 그가 일생을 통해 겪은 원정과 일대 사업을 되새겨보면 조금도 이상할 것이 없어. 마리엔바트에서 그는 나에게 어떤 계획을 털어놓았고, 우리는 그것을 이루기 위한 방책을 교환했었지. 그의 계획은 라인 강과 도나우 강을 운하로 연결하려는 것이었어. 이 지방 일대에 놓여 있는 여러 가지 어려움을 감안한다면 얼마나 방대한 계획이었겠는가. 그러나 나폴레옹 밑에서 일했고 또 그와 함께 세계를 뒤흔들어 놓은 이 사람에게는 어떠한 일도 불가능해 보이지 않았지. 카를 대왕도 이와 똑같은 계획을 세워놓고 공사를 했지만, 그 계획은 토사(土砂)가 단단하지 않아 양쪽에서 흙이 계속 쏟아졌기 때문에 얼마 안 가서 중단되었다네."

---

*25 오이겐 나폴레옹 공(1781~1824). 나폴레옹 1세의 황후인 요세핀이 나폴레옹에게 재가하기 이전에 낳은 아들이다. 그는 나폴레옹 1세를 각처로 따라 다니면서 무공을 세웠다.

1824년 3월 22일 월요일

괴테와 함께 점심식사 전에 마차를 몰고 그의 정원으로 갔다. 정원집*26의 위치는 일름 강 건너편으로 공원에서 가까웠고, 서쪽으로 경사진 언덕을 따라 있어 그윽한 아치를 두르고 있는 것처럼 보였다. 북풍과 동풍을 막아주고 남서쪽 하늘을 전망할 수 있는 양지바른 곳이어서, 그곳은 늘 생기에 차 있었다. 특히 봄과 가을을 그곳에서 지내면 기분이 아주 좋아졌다.

바이마르는 서쪽 방향으로 나 있어 그곳에서는 몇 분이면 도달할 만큼 가까운 곳이다. 그런데도 사방을 둘러보았을 때 그처럼 가까운 곳에 도시가 있다는 것을 알려 줄 만한 건축물과 뾰족탑은 어디서도 발견할 수가 없다. 공원의 나무들은 울창하게 솟아 있어 그 방향의 시야를 완전히 차단하고 있었다. 이 나무들은 왼쪽과 북쪽 그리고 차도 옆을 따라가다 정원 바로 앞을 지나 뻗어 있었는데, 여기에는 별이라는 이름이 붙어 있다.

서쪽과 서남쪽으로는 광활한 풀밭이 전개되어 전망을 즐길 수 있게 해 준다. 그 풀밭을 가로질러 화살을 쏘면, 그것이 도달할 수 있는 거리에 일름 강이 조용히 흐르고 있다. 강의 저쪽 물가는 한결같이 부풀어오른 언덕 같다. 그곳에 오리나무, 물푸레나무, 양버들 그리고 자작나무들이 갖가지 푸른 잎사귀의 명암(明暗)을 이루고 있고, 공원의 우거진 나뭇가지는 그 언저리까지 퍼져 있어 남과 서를 알맞게 구분짓는 지평선을 이루고 있다.

특히 여름이 되면 풀밭으로 향한 정원의 이러한 광경은 몇 마일이나 떨어져 있는 넓은 삼림 근처와 같은 인상을 주었다. 금방이라도 사슴이나 노루가 풀밭 위를 뛰어다니다 이쪽으로 달려올 것만 같다. 깊고 적적한 자연의 평화 속으로 들어와 있는 기분이다. 왜냐하면 이 깊은 적막을 깨는 것은 오로지 지빠귀 소리와 간헐적으로 들리는 개똥지빠귀의 외로운 울음이 전부이기 때문이다.

이따금 울려오는 탑시계 소리와 공원 높은 곳에서 들려오는 공작 울음소리

---

*26 괴테가 바이마르에 영주할 것임을 선언하자, 아우구스트 대공은 괴테에게 이 작은 정원집을 선사했다. 그는 6년간을 이곳에서 살다가 바이마르의 더 큰 집으로 옮겨갔지만, 기회있을 때마다 이곳을 찾아와 마음의 평화와 정신 집중을 얻곤 했다.

바이마르 일름 강가 공원에 위치한 괴테의 '정원집' 1828년 쉿체의 그림. 괴테는 바이마르에 정착하고 6년간을 이곳에서 살았다.

또는 병영 군대의 북과 나팔소리가 세상과 완전히 동떨어진 이런 꿈으로부터 깨워 줄 뿐이다. 그러나 이런 소리를 듣는 것이 나쁜 것은 아니다. 왜냐하면 이런 소리를 듣노라면 몇 마일 떨어져 있는 고향이 도시 가까이로 옮겨와 있다는 생각이 들어 기쁜 마음이 되기 때문이다.

하루 중 특정한 시간과 계절에 따라서 이 풀밭도 그렇게 쓸쓸한 것만은 아니다. 왜냐하면 시골 사람들이 바이마르의 시장으로 가서 물건을 산다든가, 아니면 일을 하기 위해 직장으로 향하여 걷는 모습을 볼 수 있기 때문이다. 또 사람들이 꾸불꾸불한 일름 강가를 따라 산보를 즐기는 길, 특히 상부 바이마르로 향하는 길은 때에 따라서는 아주 붐빈다. 게다가 건초를 만드는 계절이 오면 이 일대는 생기에 넘치는 활기를 띠게 된다. 저쪽에서는 양들이 떼지어 풀을 뜯고, 때로는 가까운 농장에서 기르는 스위스산 암소도 볼 수 있다.

그러나 오늘은 그런 상쾌한 여름을 생각나게 하는 흔적은 보이지 않는다. 풀밭은 군데군데에 푸르른 얼룩이 있을 뿐, 공원의 나무도 갈색이고 꽃봉오리도 아직까지는 딱딱하다. 그러나 피리새가 지저귀는 소리가 들리고 때때로 들려오는 지빠귀와 개똥지빠귀의 노랫소리가 봄이 왔음을 알려 준다.

공기는 여름처럼 기분을 좋게 하고 아주 부드러운 서남풍이 불어온다. 뭉게뭉게 작은 소나기구름이 맑게 갠 하늘에 흘러가고 아주 높은 곳에서는 새털구름이 녹아 없어져 가는 것이 보인다. 우리가 구름을 관찰해 보니 아래로 흘러가는 구름이 풀어지기 시작하고 있었다. 이것을 본 괴테는 청우계(晴雨計)가 올라가고 있음이 틀림없다고 추정했다.

괴테는 내게 물의 긍정과 부정이라고 부르는 청우계가 올라가고 내려가는 이치에 대해 많은 것을 가르쳐 주었다. 지구는 영원한 법칙에 따라 숨을 들이마시기도 하고 내쉬기도 한다는 것이다.*27 물의 긍정만이 계속될 때에는 대홍수의 가능성이 있다는 것과, 일정한 지점의 대기가 각기 독특한 것이기는 하지만 대체로 유럽의 청우상태는 동일하다는 것도 말해 주었다.

넓은 정원의 자갈길을 걷는 동안 괴테는 나에게 더욱 중요한 문제에 대해 이야기해 주었다. 집 가까이로 갔을 때 그는 나중에 집 내부를 보여 주겠다고 말하면서 하인에게 방문을 열어 놓으라고 했다. 흰색으로 칠한 집의 외벽은 온통 장미덩굴로 뒤덮여 있었고, 그 나무는 격자 울타리에 받쳐져 지붕 위까지 타고 올라가 있었다. 이 정원집을 한 바퀴 돌아보았을 때 특히 나의 흥미를 끈 것은 벽을 따라 무리지은 장미덤불 속에 자리잡고 있는 여러 종류의 새 둥지였다. 둥지들은 작년 여름 이래 생긴 것으로 지금은 나뭇잎들이 드문드문 있어서 안까지 훤히 들여다보였다. 특히 홍방울새와 종달새의 둥지가 높고 낮은 곳에 각자의 특성에 맞게 만들어지고 있었다.

괴테는 나를 집 내부로 안내했다. 지난 여름에 보려고 했지만 기회를 놓쳐 못 본 곳이었다. 아래층에는 거실 하나가 있을 뿐이다. 벽에는 두세 개의 지도와 동판화가 걸려 있다. 이 작품은 마이어의 것으로 두 사람이 함께 이탈리아 여행을 마치고 돌아온 직후에 그린 것이다. 이 그림에 나오는 괴테는 중년기의 원기 왕성한 모습이었다. 그림의 색채는 짙은 갈색으로 다소 강렬한 느낌이고 거기에 그려진 괴테의 얼굴 표정은 아주 엄숙해 보인다.

우리는 2층으로 갔다. 3개의 방과 작은 방 하나가 있었는데 그리 쾌적한 분

---

*27 괴테는 이 활동을 모든 생명의 근원 현상의 상징이라고 보았다.

위기는 아니었다. 괴테는 예전에 이곳에서 생활하는 것이 즐거웠고 일도 침착하게 잘 할 수 있었다고 했다.

방의 온도가 낮아 우리는 따뜻한 곳을 찾아서 다시 집 밖으로 나갔다. 한낮의 햇빛을 받으며 큰길가를 거닐면서 우리들은 최근의 문학과 셸링*28 그리고 플라텐의 신작 희곡에 관해 말했다.

그러나 금방 우리의 관심은 우리를 둘러싸고 있는 자연으로 돌아갔다. 왕관초와 백합은 벌써 눈에 띄게 돋아 있었고, 길 양쪽에는 당아욱이 푸른 싹을 틔우고 있었다.

언덕 비탈길과 접해 있는 정원 위쪽은 풀밭으로 뒤덮여 있었고, 군데군데 흩어져 있는 과실나무들도 눈에 띄었다. 양의 창자와 같이 빙빙 굽이쳐 있는 고갯길은 오르막길과 내리막길이 번갈아 교대되고 있었다. 나는 그곳으로 올라가 사방을 내려다보고 싶었다. 괴테는 내 앞에서 잰걸음으로 이 언덕길을 오르고 있었다. 나는 그의 민첩한 행동을 보고 기뻤다.

산울타리 저쪽에 암컷 공작 한 마리가 보였다. 공원에서 이쪽으로 왔을 것이다. 괴테는 여름 동안 즐겨 먹는 먹이로 공작을 유인해 이곳과 친숙해지도록 만들었다고 했다.

고갯길 반대쪽으로 내려오자, 다음과 같은 유명한 시구가 새겨진 돌이 관목에 둘러싸여 있는 것을 발견할 수 있었다.

'이곳 정적 속에서, 사랑에 빠진 사나이는 그의 애인을 생각하였노라.'*29

나는 고전적인 세계에 와 있는 기분이 들었다.

우리는 바로 가까이 어린 떡갈나무, 자작나무 그리고 너도밤나무들이 무리지어 자라고 있는 곳으로 갔다. 전나무 아래에서 맹금 종류의 새들이 먹다 버린 먹이의 깃털 덩어리를 볼 수 있었다. 괴테에게 보여주었더니 여기에서는 자

---

*28 셸링(1775~1854). 예나 대학의 교수. 괴테에게 막대한 영향을 끼치면서 괴테와 깊은 친교를 맺었던 그는 독일 관념론 철학의 대표자의 한 사람이었다.
*29 괴테의 시 〈선택된 바위〉의 첫 행. 괴테는 1782년 4월에 이 시를 써서 작은 정원집 근방에 있는 바윗돌에 새겨넣었다.

주 볼 수 있는 광경이라고 하였다. 그의 대답으로 미루어 보건대, 이 전나무는 이 지방에서 흔히 볼 수 있는 부엉이들이 즐겨 머무는 곳인 것 같았다.

우리는 나무숲을 돌아 다시 집 가까이에 있는 큰길가 쪽으로 나왔다. 방금 돌아서 나온 곳의 떡갈나무, 전나무, 자작나무 그리고 너도밤나무들은 서로 가지가 뒤섞여 자라고 있었지만, 이곳에서는 쑥 들어간 공간을 동굴처럼 에워싸 반원형(半圓型)의 천정을 이루고 있었다. 우리는 원형 탁자를 둘러싼 작은 의자에 앉았다.

햇빛이 너무 강했기 때문에, 잎이 떨어진 나무들이 주는 얼마 안 되는 그늘도 쾌적한 기분을 자아내기에 충분했다. 괴테가 말했다. "여름 더위가 한창 기승을 부릴 때는 이곳만큼 좋은 피난처도 없지. 이 나무들을 40년 전에 전부 내 손으로 심었어. 전에는 나무가 자라는 모습을 보는 것이 즐거웠지. 그런데 이미 오래전부터 이렇게 나무 그늘을 즐길 수 있게 됐어. 이 떡갈나무와 너도밤나무 잎은 아무리 강렬한 햇빛일지라도 통과할 수가 없지. 나는 무더운 여름 나절, 식사 뒤에는 이곳에 앉아 지내는 것을 즐긴다네. 그럴 때면 이 풀밭과 공원 전체는 쥐죽은 듯이 조용해지지. 옛 사람들의 표현대로 '목축의 신, 판이 자고 있다'[30]고 말하고 싶을 정도라네."

때마침 시내에서 2시를 알리는 종소리가 들려서 우리는 마차를 타고 집으로 향했다.

1824년 3월 30일 화요일

저녁에 괴테에게 갔다.—우리는 단둘이서 여러 가지 이야기를 했고 포도주도 한 병 마셨다. 우리는 프랑스의 극장과 독일의 극장을 비교하면서 말했다.

"독일 관객들에게서 이탈리아와 프랑스에서 볼 수 있는 순수한 판단에 대한 재능을 기대한다는 것은 어려운 일이야. 그 이유는 우리 나라에서는 상연 종목이 뒤섞여 공연되고 있기 때문이네. 어제 〈햄릿〉을 상연한 같은 극장에서 오늘은 〈익살극〉[31]을 보게 되고 내일은 오페라 〈마적〉을, 또 모레는 〈새로

---

[30] 괴테는 〈파우스트〉 제2부 5884~5889행에서도 이와 같은 풍경을 멋지게 그려내고 있다.
[31] 오스트리아 빈의 극작가인 보이에클레(1784~1859)가 쓴 희곡으로, 그는 그 작품 안에 처음

운 행운아)*³²를 즐기지 않으면 안 되지. 이래서 관객이 판단을 내리지 못하는 걸세. 그들은 여러 가지 잡다한 것이 머리에 들어오는 바람에 내용을 적절하게 평가하고 이해할 수 없는 거야. 사람은 각기 다른 요구와 소망을 가지고 있기 때문에 그것이 성취되면 다시 그것을 이룬 장소로 가게 되지. 오늘 무화과를 딴 그 나무에서 내일도 똑같은 것을 따고 싶어하는 것과 같아. 그러나 하룻밤 사이에 그 나무에 자두가 열려 버린다면 사람들은 화를 낼 걸세. 자두를 좋아하는 사람이 그 가시나무로 가게 되는 그런 꼴이지.

실러는 비극을 전문으로 상연할 수 있는 극장을 세우려는 좋은 생각을 하고 있었어. 그것도 매주 한 작품을 남자들에게만 상연한다는 것이었지. 그러나 이것은 대도시를 전제 조건으로 하는 것이어서 우리처럼 작은 환경에서는 실현될 수 없는 일이었지."

우리는 이플란트*³³와 코제부의 희곡작품에 대해 의견을 나누었는데 괴테는 그들을 아주 높이 평가했다.

"이 두 작가의 희곡이 부당하게 호된 비난을 받고 있는 것은 앞서 말했듯이 사람들의 낮은 의식수준 때문이네. 즉 이 작품들이 어떤 범주에 속해 있는지 아무도 식별하지 못한다는 점 때문이지. 이 두 사람 만한 통속 작가와 다시 만나려면 오랫동안 기다려야 할 거야."

나는 이플란트의 〈노총각들〉 공연이 아주 마음에 들었기 때문에 그 작품에 대해 칭찬을 했다. 그러자 괴테는 나에게 말해 주었다.

"이 작품이 이플란트의 대표작이라는 것에는 의문의 여지가 없어. 산문적인 경향에서 벗어나 이상적인 방향으로 들어간 유일한 작품이지."

이어 그는 실러와 함께 〈노총각들〉의 속편을 쓰려고 했던 일을 말해 주었다. 그러나 실제로 그 작품을 쓰지는 않았고 다만 그에 대한 대화를 나누는 것에 그쳤다고 했다. 괴테는 줄거리의 장면 하나하나를 자세히 가르쳐 주었다. 그 내용은 아주 붙임성 있고 명랑한 것이어서 듣고 있는 나도 기분이 좋아

으로 슈타베를레라는 익살꾼을 등장시켜 새로운 익살꾼의 창시자가 되었다.
*32 벤첼 뮐러(1767~1835)의 코메디 오페라이다.
*33 이플란트(1759~1814). 유명한 성격배우 겸 극작가인 그의 작품은 코제부와 함께 이 시대에 가장 많이 상연되었다. 그러나 그는 통속 작가로 후세에는 잊혀지고 말았다.

졌다.

괴테는 플라텐의 희곡 신작에 대해 말했다. "이들 작품에서는 칼데론의 영향을 엿볼 수 있지. 이를 데 없이 재치 있고 어떤 점에서는 나무랄 데 없이 뛰어난 솜씨이긴 하지만 독자적인 개성과 내용에서 오는 특별한 무게가 없어. 독자의 마음에 깊은 흥미를 불러일으키는 것이 아니라 심금에 그저 가볍게 닿을 뿐이지. 마치 물 위를 떠돌면서 아무런 흔적을 남기지 못하는 코르크와 같아.

독일 사람들이 요구하는 것은 일종의 엄숙함과 감동 그리고 내면세계의 충실함 같은 것이지. 실러가 다른 누구보다도 그토록 높이 평가받는 이유도 이 때문이야. 플라텐의 특성이 아주 뛰어나다는 점은 의심의 여지가 없네. 하지만 그의 예술관이 한쪽으로 치우쳐 있기 때문에 그에게서는 그런 요구를 충족시키는 것들을 찾아볼 수가 없어. 그는 풍부한 교양과 재기 그리고 적절한 기지와 훌륭한 예술적인 기량을 보여주지만, 그의 작품을 읽는 것이 독일인일 때 그것만으로는 아직 충분한 것이 못 된다네.

요컨대 일반 독자들에게 중요한 것은 작가 본인의 성격이지 예술가로서의 재능이 아니야. 나폴레옹은 코르네유*³⁴에 대해 '그가 만약 살아 있다면 나는 그를 황태자로 삼았을 것이다!'라고 했지.—그러나 나폴레옹은 코르네유의 작품을 읽지는 않았어. 그는 라신*³⁵의 작품을 읽었지만 그에 대해서는 이런 말을 하지 않았지. 라 퐁텐*³⁶도 프랑스인에게는 아주 높은 존경을 받고 있네. 그것은 그가 쓴 작품의 업적 때문이 아니라 그 작품에서 저절로 스며 나오는 그의 위대한 성격 때문이지."

우리의 화제는 〈친화력〉으로 옮겨갔다. 괴테는 본국으로 돌아가면 이혼하려고 마음먹은 어느 영국인에 대해 말하면서 이것은 '어리석은 짓'이라고 비웃었다. 그리고 이혼을 하고 혼자 사는 것을 두고두고 후회하는 사람들의 예를

---

*34 코르네이유(1606~1684). 프랑스의 고전연극의 완성자로서 나폴레옹은 그에게 매우 큰 호감을 가지고 있었다고 한다.

*35 라신(1639~1699). 코르네이유와 함께 고전연극의 완성자로 평가되는 극작가. 괴테는 그에게 큰 애정을 가지고 있었다.

*36 라 퐁텐(1621~1695). 프랑스의 시인으로서 우화 부문의 완성자이다.

형 아우구스트 폰 슐레겔 레베르크의 그림   아우 프리드리히 폰 슐레겔 파이트의 그림

들려 주었다.

"이미 고인이 된 사람이지만 드레스덴의 라인하르트*37는, 다른 일에 있어서는 아주 너그러운 내가 결혼 문제에 있어서만은 아주 엄격한 원칙을 가지고 있는 것을 보고는 가끔 놀랐다네."

괴테의 이 말은 나에게 아주 중요한 의미를 부여해 주었다. 그처럼 자주 오해를 샀던 장편소설이 실제로 어떤 생각으로 쓰여진 것인지를 결정적으로 세상에 드러낸 것이었기 때문이다.

이어 우리는 티크, 그리고 그가 괴테와 맺고 있는 개인적인 관계에 대해 말했다.

"나는 티크에 대해 많은 호감을 가지고 있고 그 또한 나에게 진심어린 관심을 보이고 있지. 그러나 우리 사이에는 원래 있어서는 안 될 것들이 내재하고 있어. 이것은 누구의 책임도 아니지. 그 원인은 다른 곳에 있어. 그 이유는 슐레겔 형제가 유명해지기 시작할 무렵, 이 사람들이 보기에 내가 너무 세력이 강했던 거야. 그래서 이 사람들은 나와 대립하여 균형을 이룰 수 있는 인물을

*37 라인하르트(1753~1821). 신교신학자이자 드레스덴 궁정의 설교사로서 괴테와 가까이 지내는 사이다.

물색하지 않으면 안 되었지. 그들은 티크가 그 일의 적임자라고 생각했어. 그리고 그들은 세상 사람들에게 티크가 나와 대립할 수 있을 만큼 충분히 중요한 사람이라는 것을 선전하기 위해 티크를 실제 이상으로 치켜세우게 되었던 거야. 이것이 우리 두 사람 관계에 화근으로 작용했지. 그래서 티크는 자신도 모르는 사이에 난처한 입장에 처하게 되었던 거야.

티크는 고도의 재능을 갖춘 훌륭한 인물이지. 그의 비범한 공적은 어느 누구보다도 내가 더 잘 인정하고 있어. 그러나 그를 실제 이상으로 치켜세워서 나와 어깨를 나란히 겨누게 만드는 것은 잘못된 짓이야. 내가 이렇게 공언할 수 있는 것은 나는 혼자만의 힘으로 이렇게 유명해진 것이 아니기 때문일세. 그러니까 그건 마치 내가 스스로를 셰익스피어와 비교하는 것과 같은 일이야. 그도 혼자의 힘으로 그처럼 유명해진 것은 아니지만, 어쨌든 그는 나보다 훨씬 존귀한 사람이고 나는 그를 우러러보며 존경할 수밖에 없네."

오늘밤에 괴테는 유달리 기분이 좋아 보였다. 그는 아직 발표되지 않은 시의 원고를 가져와서 낭독해 주었다. 그의 낭독을 듣는다는 것은 일종의 즐거움이었다. 왜냐하면 그것을 들음으로써 나는 시가 가지고 있는 고유한 힘과 활기에 감동되었고, 또 낭독에 있어서도 괴테는 내가 지금까지 몰랐던 일면을 보여주었기 때문이다. 그의 목소리가 얼마나 다양한 힘을 가지고 있는지, 그리고 주름이 가득한 위대한 얼굴 전체로 퍼지는 멋진 표정과 생명, 그리고 눈을 보라!

1824년 4월 14일 수요일

1시에 괴테와 마차로 산책길에 올랐다. 우리는 여러 작가들의 문체에 대해 말했다.

"독일 작가들에게는 대체로 철학적인 사상이 작품에 손상을 끼치고 있다네. 그래서 그들의 문체 속에는 때때로 추상적이고 이해할 수 없는 지루하고 고루한 요소가 포함되어 있지. 철학적인 유파에 깊이 개입할수록 그들이 쓰는 문장은 서툴러. 반대로 현실적인 방면에서 일하는 사무원이나 생활인의 문장은 유창하지. 실러의 문체만 하더라도 그가 철학적인 논의를 하지 않을 때면 광채가 나서 살아 움직이는 것이 된다네. 방금 그의 편지를 정리하고 있었는데 최고로 훌륭한 것도 있었지.

마찬가지로 독일 여성 중에도 뛰어난 문장을 구사하는 천재적인 사람들이 있어. 그녀들은 유명한 작가들까지도 능가하는 재원들이지. 영국인들은 대체로 글을 유창하게 쓸 수 있어. 그건 그들이 천성적인 웅변가이고 현실적인 것을 지향하는 실제적인 국민들이기 때문이야. 프랑스인들의 문체만 보아도 그들의 공통된 성격을 확실하게 알 수 있다네. 그들은 사교적이어서 말을 하는 상대편, 즉 대중을 잊지 않아. 그들은 독자들을 믿게 하기 위해 명백하게 쓰려고 하고, 독자들의 마음에 들기 위해 우아하게 쓰려고 노력하지. 대체로 문체는 작가의 내심을 그대로 표출하는 것이라네. 그러므로 명료한 문장을 쓰려면 우선 마음을 밝게 가져야 하고, 웅장한 스케일의 문장을 쓰려면 무엇보다 넓은 마음을 가진 성격의 소유자가 되지 않으면 안 되네."

괴테는 자기를 공격하는 사람들에게로 화제를 돌리면서 이런 패거리들은 절대로 근절되지 않는다고 말했다.

"그들은 하나의 군단(軍團)을 형성하고 있어. 하지만 그들을 분류하는 것이 불가능한 일은 아니야. 첫 번째는 무지에서 오는 공격자들이야. 그들은 나를 이해하지 못하고 또 나에 대한 확실한 식견도 없으면서 나를 비난하고 있지. 그 군중들은 나를 일생동안 진절머리나게 만들었지. 하지만 그들은 자기들이 행한 내용을 모르기 때문에 용서할 수 있어.

두 번째의 패거리들은 나를 질투하는 사람들이야. 나는 나의 능력에 의해 얻은 행복과 명예를 누렸네. 그런데도 그들은 이것을 용인하려고 하지 않아. 그들은 나의 명성을 더럽히고 가능하면 이 세계에서 쫓아내려고 안달이야. 만약 내가 불행하고 곤궁했다면 그들은 이런 짓을 중단했을 거야.

다음으로 자신이 성공하지 못했기 때문에 공격자로 돌아선 사람들이야. 그들 중에는 재능이 풍부한 사람도 있지. 그들은 내가 자신들의 광명을 빼앗았다고 생각하여 참을 수 없었던 거야.

네 번째로 그럴 만한 이유가 있어서 공격자가 된 사람들이지. 왜냐하면 나도 인간인 이상 결점과 약점이 있기 때문이야. 따라서 내가 쓴 작품에도 그

흔적이 나타나지 않을 수 없어. 그러나 자기완성과 순화에 심혈을 기울이고 부지런히 힘을 쏟았기 때문에 계속 전진할 수 있었네. 그리고 그들이 비난에 열을 올렸던 결점도 오래전에 극복한 경우가 많았지. 이런 사람들의 필봉(筆鋒)은 나를 조금도 해치지 못했어. 그들은 나를 향해 활을 쏘았다고 생각하지만 나는 이미 멀리 가 버린 후였지. 이건 내가 이미 완성해 버린 작품에 대해서는 신경을 쓰지 않았고 또 그것에 구애받지도 않았기 때문에 가능했던 일이야. 나는 한 작품이 완성되면 곧 새로운 작품에 대한 창작 활동으로 마음을 돌리곤 했다네.

또한 많은 사람들이 자신과 사고방식이나 견해가 다르다는 이유로 나를 비난했어. 한 그루 나무의 나뭇잎도 모두 똑같지 않다고 말하지 않던가. 마찬가지로 견해와 사고방식이 완전히 일치하는 사람들이란 있을 수 없지. 이렇게 생각해볼 때 그래도 공격자들보다는 친구들과 지지자들이 많다는 것이 매우 다행스럽네. 일생을 통해 이 시대의 추세는 나하고는 맞지 않았어. 시대는 일관되게 주관적인 방향으로 흐르고 있는데, 내가 객관적인 노력을 계속하는 바람에 전적으로 불리하고 고립된 입장에 처할 수밖에 없었던 거지.

시대적인 관점에서 볼 때 실러는 나보다 훨씬 유리했어. 나에게 호의를 품고 있던 어떤 장군은 나에게 실러처럼 글을 써 보면 어떻겠느냐고 노골적으로 물은 적이 있었지. 실러에 관한 한 그 장군보다는 내가 더 잘 알고 있었기 때문에 올바르게 설명해 주었어. 그 후로도 나는 성공 같은 것에 개의치 않고 침착하게 걸어갔지. 그리고 가능하면 공격자들에게 신경을 쓰지 않기로 했다네."

우리는 마차로 돌아왔다. 이어 아주 기분 좋게 식사를 나누었다. 젊은 괴테 부인이 얼마 전에 방문한 베를린에 대해 말했다. 그녀는 자신을 극진히 대접해 주었다는 큠버란트 공작부인*38에 대해 특히 관심을 기울이며 얘기했다. 괴테는 이 공작부인이 공주였을 때 어머니 곁에서 한동안 함께 살았던 시기를 회상하며 특별한 관심과 그리움을 나타냈다.

---

*38 큠버란트 공작부인(1778~1848). 프러시아 왕비의 누이동생으로, 이 자매는 1790년 프랑크푸르트 레오폴드 2세의 대관식 때에 괴테의 어머니 집에 머물러 있었던 일이 있었다.

저녁에 괴테의 집에서 있었던 음악회에 동참했다. 헨델의 〈구세주〉*39 중 일부분을 들었는데 몇 명의 가수들이 에버바인*40의 지휘 아래 합창을 했다. 괴테가 오랫동안 가슴에 품고 있었던 소망을 풀어주기 위해, 카롤리네 폰 에글로프슈타인 백작부인,*41 폰 프로리프 양,*42 폰 포그비슈 부인*43 그리고 젊은 괴테 부인까지 여성 가수들과 함께 어울려 우정어린 협력을 하고 있었다.

괴테는 약간 떨어진 곳에 자리해 이 위대한 작품을 지그시 경청하면서 경탄해 마지않으며 행복한 하룻밤을 보냈다.

1824년 4월 19일 월요일

이 시대의 가장 위대한 언어학자인 베를린의 프리드리히 아우구스트 볼프가 남프랑스로 여행을 가는 도중 이곳에 들러 머물렀다. 괴테는 바이마르의 친구들을 초대해서 그를 위해 오찬을 베풀었다. 신교관구 총감독 뢰르,*44 법무장관 폰 뮐러, 토목국장 쿠드레이,*45 리머 교수, 추밀 고문관 레바인 그리고 내가 참석했다. 식사는 유쾌하게 진행되었다. 볼프는 재미있는 익살을 부렸고 괴테는 기분 좋게 그의 말상대가 되어 주었다. 나중에 괴테는 나에게 말했다.

"볼프와 함께 있으면 언제나 메피스토펠레스의 역할을 해야 하지. 그렇지 않으면 그는 내면의 깊은 지식의 보물을 속 시원히 드러내지 않기 때문이야."

---

*39 이것은 매년 성탄절에 한국에서도 성대한 규모로 교회에서 상연되고 있다. 곡 중에서 제일 유명한 합창곡인 〈할렐루야 코러스〉가 처음으로 상연되었을 때, 배석했던 영국 국왕은 자기도 모르게 자리에서 일어섰다고 한다. 이 일이 있은 이후부터 모든 청중은 자리에서 일어나서 이 노래를 듣는다고 한다.

*40 에버바인(1786~1868). 바이마르의 음악감독으로, 괴테의 〈서동시집〉 중에서 여러 시를 작곡했다.

*41 에글로프슈타인 백작부인(1789~1868). 마리아 파불로브나 대공비의 궁정시녀이다.

*42 폰 프로리프 양. 위생국 명예 참사관인 폰 프로리프가 그녀의 아버지이다.

*43 폰 포그비슈 부인(1776~1851). 젊은 괴테 부인인 오틸리에의 어머니로, 루이제 대공비의 궁정 시녀이다.

*44 뢰르(1777~1848). 바이마르의 궁정설교사인 동시에 신교관구 총감독이다.

*45 쿠드레이(1775~1845). 1816년 바이마르의 토목국장이 된 이래로, 그는 괴테와 가장 가깝게 지내는 인물 중 한 사람이 되었다. 나중에 바이마르의 새로운 극장 건설도 이 사람의 손으로 추진되었다.

식탁에서의 재기 발랄한 농담은 너무 빠르고 즉흥적인 것이었기 때문에 일일이 머리에 담을 수 없을 정도였다. 볼프의 일문일답은 재치 있고 핵심을 찌르는 것이었지만, 역시 괴테 쪽이 한 단계 우위를 차지하고 있었다.

식사시간이 눈 깜짝할 사이에 흘러갔다. 6시가 되었는데도 알아차리지 못할 정도였다. 나는 괴테의 아들과 함께 〈마술피리〉를 보러 극장으로 갔다. 나중에 볼프는 카를 아우구스트 대공과 함께 특별석에 모습을 나타냈다.

볼프는 25일까지 이곳에 머물고는 프랑스 남부로 여행을 떠났다. 그의 건강 상태는 그리 좋지 않았다. 괴테는 그를 진심으로 걱정하는 모습을 감추지 않았다.

1824년 5월 2일 일요일

괴테는 내가 이곳 양가의 가정을 방문하지 않는 것을 꾸짖었다. "자네는 겨울 내내 즐거운 밤을 보내고 외래 손님들과 인사를 나눌 수 있었을 텐데 말이야. 무슨 마음인지는 모르지만 이젠 소용없게 됐네."

"나의 예민한 성격 때문에" 하고 나는 대답했다. "다방면에 흥미를 가지고 미지의 세계에 몸을 싣고 있으면, 정신없이 새로운 인상을 받아들이기가 너무 번거로워 도무지 수습할 길이 없습니다. 저는 더불어 사는 교육을 받지 못했고 또 그런 사회에 익숙해 있지도 않습니다. 지금까지의 나의 생활은 엉망이어서 당신 곁에 있고 나서야 비로소 안정된 생활을 하게 되었습니다. 지금의 저는 모든 것이 새로울 뿐입니다. 매일 밤 즐기는 극장 관람과 당신과의 대화는 내면 생활에 신기원을 열어줍니다. 저하고는 다른 교육을 받고, 다른 습관을 가진 사람들은 대수롭지 않게 지나칠 수 있는 것도 저에게는 큰 자극이 될 수 있습니다. 나의 영혼은 강한 지적 욕구로 무엇이든지 습득해, 정력적으로 그 영양을 가능한한 많이 흡수하려고 합니다. 이러한 마음 상태였기 때문에 작년 겨울 동안은 연극 관람과 당신과의 교제만으로도 나는 충분한 만족을 느꼈습니다. 그 이상의 새로운 교제나 다른 가정과의 연관을 추구했다면 나의 심적 상태는 파멸하고 말았을 것입니다."

괴테는 웃으면서 말했다. "자네는 정말 괴짜야. 자네 좋을 대로 행동하게. 나는 간섭하지 않을 테니."

"그리고" 나는 계속했다. "모임에 나가더라도 특유한 호의나 반감을 가지게 됩니다. 또 그것에 그치지 않고 늘 다른 사람을 사랑하고 또 사랑받고 싶은 욕구를 갖게 됩니다. 그래서 저는 저 자신의 성격에 맞는 사람을 찾고 있습니다. 이런 사람에게는 기꺼이 나의 전부를 바치겠지만, 그 이외의 사람과는 아무런 관계도 맺고 싶지 않습니다."

"그러한 자네의 타고난 성벽은 사람들과 어울리는 것을 허락지 않아. 그러나 타고난 경향을 극복하려 노력하지 않는다면 도대체 교양이 무슨 의미가 있겠는가. 다른 사람이 자신과 조화롭게 지내야 한다고 요구하는 것은 그 자체가 어리석은 일이지. 나는 그런 생각을 해 본 적이 없어. 나는 사람을 독립된 개체로 보았고 그 사람을 연구했으며 타고난 성격 그대로 인정하고 지내려 했지만, 정작 그들로부터는 그 이상의 동정과 관심을 얻을 생각은 전혀하지 않았지. 이렇게 해서 어떤 사람하고도 사귈 수 있게 되었어. 이렇게 해야만 여러 성격을 알 수 있었고 인생에 필요한 능력도 갖출 수 있네. 전혀 반대되는 성격을 가진 사람과 만났을 때에는 자신의 욕구를 자제해야 해. 그래야 우

메피스토펠레스

리 마음속에 있는 여러 가지 요소가 발전도 하고 완성할 수도 있는 거야. 그 결과 어느 누구와도 상대할 수 있는 자신을 발견하게 되지. 자네도 한번 해 보게. 자네는 자네가 생각하는 것 이상으로 소질이 있어. 하지만 지금의 자네 상태로는 절대로 불가능해. 자네는 상류사회로 뛰어들지 않으면 안 되네. 물론 자네가 원하는 대로 처신하면 되지만 말야."

나는 이런 친절한 말을 마음에 새겨두고 가능하면 그렇게 행동하기로 결심했다.

저녁에 괴테는 마차 산책에 나를 초대했다. 우리는 상부 바이마르를 지나 언덕 위로 올라갔다. 그곳에서 서쪽에 있는 공원을 볼 수 있었다. 나무에는 꽃이 피고 자작나무의 신록들은 벌써 우거지고 있었다. 풀밭은 어딜 보나 푸른 융단을 펼쳐 놓은 것 같고, 그 위의 붉은 석양은 줄무늬의 빛을 형성하고 있었다. 우리는 그림을 그릴 수 있을 만한 나무 군상(郡像)을 찾아보았지만 눈을 크게 뜰 수가 없었다. 나무들만으로는 다른 색깔의 그림을 그릴 수 없었다. 게다가 녹색 자작나무의 부드러운 잎과 흰줄기만으로는 균형을 이루지 못하기 때문에 그것을 전면에 배치할 수 없다는 것을 알았다. 이 강렬한 빛과 그림자의 줄무늬를 제외한 어떠한 풍경도 그리고 싶은 충동이 들지 않았다. "로이스달*46은 잎이 무성한 자작나무를 절대로 전면에 배치하지 않았지. 하나의 잎사귀도 없는 시들고 가지가 꺾여버린 벌거숭이 자작나무의 줄기를 배치했어. 그러한 줄기는 전경에 딱 들어맞거든. 자작나무의 밝은 모습이 가장 두드러져 보이기 때문이야."

우리는 다른 문제에 대해 조금 얘기한 뒤에, 예술가들 사이에서는 예술이야말로 그들의 종교이어야 할 텐데 오히려 종교를 예술로 만들려고 하는 그릇된 경향이 나타나고 있는 것에 대해 한탄했다. "종교와 예술의 관계는 다른 고상한 인생 문제와 전혀 다를 것이 없어. 예술에 있어서 종교는 다른 소재와 동등한 권리를 가진 소재로서만 간주되어야 해. 신앙심이 있고 없고도 결코 예술작품의 이해를 좌우하는 기관은 될 수 없어. 예술작품을 이해하기 위해서는 오히려 다른 인간적인 힘과 능력을 필요로 하지. 그러나 예술을 이해하는 기

---

*46 로이스달(1628~1682). 네덜란드의 풍경화가로 괴테는 그의 원화를 소장하고 있었다.

관을 가르쳐 주는 것도 또한 예술인 것이야. 그렇지 않으면 예술은 그 본연의 목적을 상실하고 작용도 행사하지 못한 채로 그냥 우리 곁을 지나가 버리고 말아. 종교적인 문제도 좋은 소재가 될 수 있지만, 그건 그 문제가 그저 보편적이고 인간적인 경우일 때만 그런 거야. 그렇기 때문에 아기 예수를 안고 있는 성모 마리아는 이미 백 번 정도나 되풀이해 다루어졌지만, 언제 보아도 싫증이 느껴지지 않는 더할 나위 없이 좋은 대상인 것이지."

우리는 베비히트*47 숲을 한 바퀴 돌고 티이푸르트 근처에서 길을 바꿔 바이마르로 다시 돌아오면서 서쪽으로 저무는 햇빛을 바라보았다. 괴테는 한동안 깊은 상념에 잠겨 있더니 다음과 같은 고대인의 말을 읊조렸다.

물러가도 언제나 변치 않을 햇빛*48

이어 그는 아주 쾌활하게 말을 계속했다. "75세가 되니 이따금 죽음에 대해 생각하게 되네. 그럴 때마다 내 마음은 차분해져. 왜냐하면 우리의 정신은 절대로 소멸해 버리지 않기 때문이야. 그것은 영원에서 영원으로 계속 활동하지. 눈으로 보는 저물어 가는 태양과 같은 거야. 태양은 절대 가라앉는 것이 아니고 오히려 쉬지 않고 빛을 발하고 있는 것이지."

태양은 에테르스베르크 산 뒤로 넘어갔다. 숲을 지나는 동안 한기를 느꼈기 때문에 더욱 마차를 빨리 몰아 바이마르로 향했다. 집에 도착하여 그가 잠시 동안 같이 있어 달라고 부탁하길래 그렇게 했다. 그는 아주 친절하고 부드러웠다. 이어 색채론에 대해, 완고한 반대론자에 대해 많은 이야기를 하면서, 이 학문 분야에 적지 않게 기여한 것을 자부한다고 말했다.

"신기원을 이룩하려면 두 가지 조건이 필요해. 첫째는 머리가 좋아야 하고 둘째는 큰 상속을 이어받아야 해. 나폴레옹은 프랑스혁명을, 프리드리히 대왕은 슐레지엔 전쟁을, 루터는 승려들의 무지몽매를, 나는 뉴턴 학설의 오류를

─────────────
*47 바이마르 근교에 있는 작은 숲이다.
*48 논노스(기원 5세기경). 그리스의 서사시인으로 그리스도교도인 그는 〈요한전〉을 시화하여 다른 시인들에게 영향을 끼쳤다. 또한 〈디오니소스 이야기〉 45권을 써서 모든 디니오소스 전설을 그 속에 총망라하였다.

분배받았지. 내가 성취한 것을 현 세대들은 전혀 모르겠지만, 미래는 내게서 물려받은 재산이 결코 하찮은 것이 아니었다는 것을 인정해 줄 걸세."

오늘 아침 괴테는 한 묶음의 서류를 나에게 보냈다. 연극에 관한 것이었다. 그 안에는 볼프*⁴⁹와 그뤼너*⁵⁰를 훌륭한 배우로 키우기 위해 함께 실행해 온 규범과 연구를 담은 노트들이 보였다. 나는 그것 하나 하나가 중요하고 특히 젊은 배우들에게 시사하는 바가 크다고 생각하여, 그것을 정리해서 일종의 연극교본을 만들기로 작정했다. 괴테도 나의 계획에 찬성해 이 일에 도움이 될 조언을 해 주었다. 이것이 계기가 되어 그의 학교 출신 중 유명한 배우에 대해 이야기할 기회를 얻었다. 나는 폰 하이겐도르프 부인*⁵¹에 관해 물었다. "내가 그녀에게 영향을 끼쳤을지도 모르지. 그러나 그녀를 나의 제자라고 말할 수는 없어. 그녀는 타고난 배우여서 무슨 배역을 시켜도 물 위에 떠 있는 오리처럼, 건실 노련하고 이미 완성되어 있었지. 다시 말해 나의 가르침 따윈 필요 없었어. 그녀는 그저 본능적으로 올바른 연기를 할 수 있었던 것이지."

나는 여러 해에 걸친 그의 극장감독*⁵² 일 때문에 창작활동에 필요한 시간을 너무 많이 소비해 버린 것은 아닌지 물어 보았다. "그 시간에 좋은 작품을 많이 쓸 수도 있었을 거야. 그러나 후회하지는 않아. 나는 일체의 활동을 오직 상징적으로 여기기 때문에, 그것으로 단지*⁵³를 만들었는지 아니면 접시를 만들었는지 하는 것에는 거의 신경을 쓰지 않았지."

1824년 5월 6일 목요일

이미 말한 대로 작년 여름에 바이마르로 왔을 때 나는 이곳에 머물 의도는 없었다. 오직 괴테하고 개인적인 안면을 튼 다음, 라인 강변으로 가서 마음에

---

*49 볼프(1782~1828). 괴테가 키워낸 뛰어난 비극 배우로 그는 나중에 바이마르에서 베를린으로 옮겨간다.

*50 그뤼너(1780~1845). 바이마르의 배우이다.

*51 폰 하이겐도르프 부인(1777~1848). 바이마르 극장의 여배우이자 궁정가수이다.

*52 괴테는 바이마르 극장 총감독직을 1791년부터 1817년까지 맡아왔다.

*53 괴테는 인간은 자기에게 갖춰진 개성을 갖고 시대와 역사의 제 요소에 대응하면서 그 속에서 자기 자신을 형성에 가는 것에, 그 발전상을 상징적으로 나타내고 있다고 말하고 있다.

드는 장소를 찾아내 그곳에서 한동안 머물 생각이었다.

그러나 괴테의 각별한 호의에 이끌려 오히려 바이마르에 묶인 신세가 되고 말았다. 게다가 그와의 관계는 실질적인 것이 되어 버려 나를 더욱 깊은 곳으로 끌고 들어가게 되었다. 그는 자신의 전집 출판 준비를 위해 중요한 일을 나에게 부탁했다.

그래서 나는 금년 겨울 동안 우선 잡다한 꾸러미 중에서 〈온화한 크세니엔〉*54 중 몇 장을 정리하고 난 뒤, 새 시집 한 권을 편집하고 또 앞서 말한 연극교본과 각종 예술 영역에 걸쳐 있는 딜레탕티즘에 관한 논문을 편찬했다.

라인 강변을 보고 싶다는 나의 마음은 여전히 사라지지 않았다. 충족되지 않은 나의 동경을 가슴에 묻어두어서는 안 된다는 그의 충고를 받아들여 여름 동안 수개월에 걸쳐 라인지방을 여행하기로 했다.

하지만 괴테는 나에게 다시 바이마르로 돌아와 달라고 하였다. 이제 겨우 맺어진 관계를 새삼스럽게 잘라버린다는 것은 좋지 않을 뿐 아니라, 무슨 일이든 성공을 거두려면 결실을 맺지 않으면 안 된다는 것이었다. 그리고 그는 이번 기회에 확실하게 리머와 함께 일을 하기 위해 나를 선택했다고 했다. 나에게 현재 작업 중인 저작집인 〈신판〉과 관련해 실제적으로 리머를 도와 주라는 것이었다. 그뿐만 아니라 괴테는 자신이 연로한 탓에 불행히도 죽음이 들이닥치면 내가 리머와 함께 일을 공동으로 떠맡아 주기를 원한다고 하였다.

오늘 아침에 그는 소위 '흉상의 방'으로 불리는 방 안에 진열했던 큰 편지 꾸러미를 보여주었다.

"이것은 모두 1780년 이래*55 이 나라에서 가장 훌륭한 사람들에게서 받은 편지들이야. 이 안에는 사상의 보고들이 들어 있어. 그리고 이것을 공개하는 것은 장차 자네들이 판단해서 처리할 일들이지. 책장 하나를 만들라고 해서 그곳에 이 편지와 함께 그 밖의 유고들을 정리해 놓을 생각이야. 자네가 여행을 떠나기 전에 미리 정리해 주면 안심이 되고 걱정도 덜 수 있을 것 같은데."

---

*54 괴테는 이 격언시를 1815년부터 계획하고 1821년 실행에 옮겼다.
*55 괴테는 1779년에 스위스 여행을 떠나기 전에 1780년 이후의 편지 상당수를 없애 버렸다.

그리고 그는 이번 여름에 다시 한 번 마리엔바트로 가 볼 생각이라고 했다. 기껏해야 7월 말이 될 것이라고 하면서 그 이유까지 자세하게 얘기해 주었다. 그러고는 나에게 말할 것이 있으니 자신이 여행길에 오르기 전에 돌아와 달라고 했다.

그 뒤 수주일 동안 나는 하노버에 있는 사랑하는 사람들을 방문하였고, 6월과 7월은 라인지방에서 지냈다. 특히 프랑크푸르트와 하이델베르크 그리고 본에서는 괴테의 친구들과 귀중한 시간을 많이 보낼 수 있었다.

1824년 8월 10일 화요일

약 1주일 전에 라인지방에서 돌아왔다. 괴테는 내가 돌아온 것을 무척 기뻐했다. 그에 못지않게 나도 다시 그의 곁에 있게 된 것이 기뻤다. 그가 나에게 전해 주어야 할 말들이 많아서 처음 며칠 동안은 그의 곁을 떠날 수가 없었다. 괴테는 마리엔바트로 가려고 했던 계획을 취소하였고, 이번 여름에는 여행할 생각이 없다고 말했다. 그는 어제 "자네가 돌아왔으니 8월도 즐겁게 보낼 수 있게 되었어" 하고 말했다.

2, 3일 전에 그는 〈진실과 시〉 속편의 처음 부분을 나에게 보냈다. 4절판 노트에 쓴 가철본으로 손가락 두께 정도였다. 어느 부분은 완성되어 있었지만 대부분 그저 스케치에 지나지 않았다. 그러나 5권의 장별(章別)도 만들어져 있었고 대충 줄거리도 잘 정리되어 있었으며, 대충 훑어만 보아도 전체의 내용을 엿볼 수 있을 정도의 일람표도 구비되어 있었다.

이미 완성된 부분은 정말로 뛰어난 것들이었다. 게다가 대충 줄거리만 쓴 내용도 나에게는 매우 중요하게 여겨졌다. 하지만 이처럼 많은 교훈과 즐거움을 기대할 수 있는 작업이 중단되는 것을 본다는 것은 참을 수 없이 실망스러운 일이어서, 나는 무슨 일이 있어도 작업을 계속해 완성할 것을 그에게 촉구할 생각이었다.

전체의 구상이 다분히 소설과 같은 성격을 띠고 있는 이 책은 부드럽고 우아하고 정열적인 연애 관계를 그리고 있었다. 처음에는 쾌활하고 중간쯤에는 목가적이며 결말에 가서는 무언 중에 서로 단념하기에 이르는 이 비극적인 연애 관계는 4권의 책 속에 면면히 흐르고 있어 전체를 유기적으로 결합시켜주고 있었다. 자세하게 묘사된 매혹적인 릴리의 모습은 독자의 마음을 사로잡았다. 그녀의 매력은 그녀를 사랑하는 괴테까지도 완전히 속박시켜 버려서, 괴테는 필사적으로 도망가려는 노력을 계속하고 나서야 비로소 자기 자신을 구해낼 수 있었다.

여기에서 다루고 있는 괴테의 연애는 일생동안 가장 낭만적인 성격을 띤 시기이기도 하다. 이 때에 주인공의 성장과 함께 그의 주요한 특성이 발전되어 갔던 것이다. 이 시기는 어디까지나 바이마르 생활의 전기(前期)로서 그의 전 생애를 결정지을 정도로 각별한 의의와 중요성을 지니고 있었다. 그러므로 괴테의 일생 중에서, 상세히 서술하기를 염원할 만한 흥미로운 시기가 있다면 바로 그때일 것이다.

나는 중단된 채로 여러 해 동안 잠자고 있던 이 작업에 그의 새로운 의욕과 애정을 불러일으키기 위해 그 자리에서 이에 대한 이야기를 나누었다. 그뿐만 아니라 오늘 그에게 편지를 보내, 어느 정도 완성되어 있는 부분과 또 손을 보아야 하는 부분을 적어 일목요연하게 정리한 것을 보내 주었다.

제1권

최초의 의도대로 완성된 글을 볼 수 있는 이 권은 서막의 의미를 띠고 있을 뿐이다. 여기서 괴테는 사회적인 활동에 참여하고 싶은 소망을 명확히 밝히고 있다. 이 소망의 성취를 위해 전권(全卷)의 마지막은 초빙을 받아들여 바이마르로 떠나는 것으로 끝을 맺는다. 그러나 전체와 한층 긴밀한 관계를 유지하기 위해서는, 다음 4권 전체를 통해 부각되어 있는 릴리와의 연애관계를 제1권에 쓰기 시작해서 오펜바흐행 도피에 이르기까지 진행시키는 것이 좋겠다는 것이 내 생각이다. 이렇게 하면 제1권도 분량이 알맞게 되어 제2권이 너무 두껍게 되는 것을 막을 수 있기 때문이다.

제2권

제2권에서는 오펜바흐에서의 목가적인 생활로 시작해서 행복한 연애관계로 이어지다가, 급기야는 걱정스럽고 심상치 않은 비극적인 성격을 띠기 시작한다. 슈틸링*[56]에 관해 쓸 것을 약속한 심각한 사태를 고찰하기 위한 가장 적절한 장소는 바로 이곳이라고 생각한다. 그리고 본인의 의향을 몇 마디 간단한 말로 암시하는 것에 그치고 있지만 거기에서 상당히 중요한 교훈을 얻을 수 있을 것이다.

제3권

〈파우스트〉 속편 계획 외에 다른 것도 다루고 있는 제3권은 에피소드로 일관되어 있다고 말할 수 있겠지만, 릴리와의 관계를 끊어버리려고 시도함으로써 이 권은 다른 권과 관련되어 있다고 할 수 있다.

〈파우스트〉 속편 계획을 알릴 것인가, 아니면 보류할 것인가 하는 것은 이미 완성된 단편을 면밀히 검토한 뒤에 결정해야 할 것이다. 또한 〈파우스트〉 속편에 거는 기대를 단념할 것인지 아닌지는 그것이 확실해질 때까지 문제삼지 않는 것이 좋겠다고 생각한다.

제4권

제3권은 릴리 곁을 떠나려고 하는 시도에서 끝나고 있다. 그러므로 4권이 슈톨베르크 형제와 하우구비치*[57]의 도착으로 시작되고 있는 것은 지극히 합당한 것이다. 이로써 릴리로부터 최초로 도피하는 모티브가 성립되는 스위스 여행은 시작된다. 이 권에 나오는 테마는 우리로 하여금 흥미 있는 사건을 기

---

*56 슈틸링(1740~1817). 괴테의 슈트라스부르크 대학시절 친구로, 〈시와 진실〉 제16장에도 나온다.
*57 하우구비치 백작(1752~1831). 나중에 프러시아의 장관을 지낸 그는 1775년 괴테, 그리고 슈톨베르크 형제와 스위스 여행을 함께했다.

대하게 만들어 가능하면 자세히 써 주었으면 하는 희망을 불러일으킨다. 쉬지 않고 되풀이해 부풀어오르는 릴리에 대한 억누를 수 없는 정열은 젊은 애정의 불길이 되어, 이 권 전체를 구석구석까지 뜨겁게 달구고 있다. 그리고 여행길에 오르는 사람의 마음에 독특하고 매력적인 조명을 던져주고 있다.

제5권

이 아름다운 5권도 마찬가지로 거의 완성에 가깝다. 과정과 결말이 헤아리기 어려운 지극히 높은 운명과 맞닿아 있을 뿐만 아니라 그것을 입 밖에 내기까지 하고 있지만, 적어도 이 부분은 완성되어 있다고 볼 수 있을 것이다. 굳이 더 바란다면 이미 항목에서 명백하게 언급하고 있는 대로 서문을 좀 더 손을 보는 것이 바람직하겠다. 그렇게 하는 것이 바이마르의 생활로 서술이 진전되게 하고, 또 이 생활에 대한 독자의 흥미도 재빨리 불러일으킬 수 있을 것이기 때문이다.

1824년 8월 16일 월요일

요즘 괴테와의 만남은 아주 유익한 것이었지만, 다른 일 때문에 너무 바빠서 그와의 풍부한 대화 가운데서 중요한 몇 가지도 써둘 수가 없었다.

다만 다음과 같은 단편만이 일기에 적혀 있는데, 이 말이 나오게 된 전후 상황과 원인도 기억에 남아 있지 않다.

'인간들은 서로 부딪치면서 물 위에 떠 있는 항아리와 같다.'

'우리는 아침 일찍 일어났을 때가 가장 사려 깊으며 또 가장 조심성이 많은 법이다. 왜냐하면 조심성은 소극적이긴 하지만 하나의 사려이고, 또한 어리석은 자는 조심성을 전혀 분별하지 못하기 때문이다.'

'사람은 노년기에 이르러 청년시절의 잘못을 되풀이해서는 안 된다. 노년에는 노년 시기만의 잘못이 있기 때문이다.'

'궁정생활은 음악과 비슷하다. 각자 자기의 박자와 멈춤을 지키지 않으면 안 되기 때문이다.'

'궁정 사람들은 의식(儀式)으로라도 시간을 소비하지 않으면 지루한 나머지 죽어버릴 것이다.'

'아무리 사소한 일이라 할지라도 군주에게 단념하시라고 충고하는 것은 옳지 못하다.'

'배우를 양성하려면 무한한 인내를 필요로 한다.'

1824년 11월 9일 화요일

저녁에 괴테를 찾아갔다. 우리의 화제는 클롭슈토크와 헤르더였다. 나는 그가 이 두 작가의 위대한 공적을 자세히 설명하는 것을 기쁜 마음으로 경청했다.

"우리 나라의 문학은 이 두 거대한 선구자가 없었다면 오늘과 같은 발전은 이룩하지 못했을 거야. 그들은 이 세상에 나타나 시대를 앞질러 갔던 동시에 이 시대를 이끌고 갔던 것이지. 그러나 지금은 시대가 그들을 앞질러 가버려, 이제 그토록 필요하고 중요했던 이 두 사람이 중심을 차지하지 못하게 됐어. 오늘날의 젊은 세대들이 클롭슈토크와 헤르더에게서 생명의 양식을 얻으려고 한다면 아주 시대에 뒤떨어지고 말 거야."

우리는 클롭슈토크의 〈구세주〉와 〈송가〉에 대해 말했고, 그의 공적과 단점에 대해서도 의견을 나누었다. 클롭슈토크는 감각적인 세계의 직관과 이해 그리고 인물 묘사에 대한 기호와 소질도 없었고, 또 서사적이고 희곡적인 시인으로서, 아니 일반 시인으로서 가장 본질적인 것이 결여되어 있었다는 것에 우리의 의견은 일치했다.

"지금 생각나지만" 하고 괴테는 말했다. "그는 〈송가〉에서 독일과 영국의 미의 여신에게 달리기 경주를 시키고 있다네. 그런데 그들이 발 끝에서 모래 먼지를 일으키며 앞서거나 뒤서거나 하며 달리는 장면이 대체 어떤 그림이 될 것인가 생각해 보면, 선량한 클롭슈토크는 자기가 쓰고 있는 장면을 눈앞에 떠올리지 않았고 또 구체적으로 묘사하지도 않았다는 것을 알 수 있지. 그렇지 않았다면 이렇게 서툴지는 않았을 거야."

나는 괴테에게 젊은 시절에는 클롭슈토크와 어떤 관계였는지 그리고 그 시절에는 그를 어떻게 생각하고 있었는지를 물었다.

"일종의 경건한 마음으로 그를 존경하고 있었지. 그를 숙부처럼 생각하고 있었어. 그가 창작한 작품에 대해 숭배하는 마음을 가지고 있었기 때문에 그의 작품을 비난하려고 하는 생각은 조금도 없었어. 그의 탁월한 점으로부터 영향을 받았지만 나는 결국 나의 길을 갔지."

우리의 화제는 헤르더에게로 돌아왔다. 괴테에게 그의 작품 중에서 최고로 손꼽을 수 있는 작품은 무엇인지 물었다. "〈인류의 역사철학을 위한 제 이념〉이 의심할 여지없이 가장 훌륭하지. 나중에는 부정적인 측면으로 흘러버려서 재미가 없어지긴 했지만."

"헤르더는 중요한 시인이긴 하지만 어떤 일에 있어서는 그의 판단력이 결여되어 있어 저는 도저히 수긍이 가질 않습니다. 가령 예전의 독일 문학이 그저 그런 상태에 있을 때, 그가 〈괴츠 폰 베를리힝겐〉 원고의 장점을 칭찬하지도 않고 냉소적인 언사와 함께 돌려보낸 것은 도저히 용서할 수 없는 일이라고 생각합니다. 그는 어떤 특정한 대상에 대해서는 감수할 능력이 전혀 없는 것이 분명합니다."

"그 점에 있어서 헤르더는 악의에 차 있었어" 하고 괴테는 대답했다. "그뿐이겠는가. 만약 지금 그가 유령이 되어 나타난다고 해도 우리가 하는 말을 이해하지 못할 거야."

"이와는 반대로 나는 메르크*58가 당신에게 〈괴츠〉를 인쇄하도록 권한 것을 칭찬하지 않을 수 없습니다."

"그는 사실 괴짜이긴 하지만 대단한 인물이었어. '그것을 인쇄에 부쳐야 해! 도움은 안 되겠지만 좌우간 그래도 인쇄에 넘기도록 해!' 하고 말했지. 내가 다시 쓰는 것을 찬성하지는 않았지만 어쨌든 그의 말이 옳았어. 왜냐하면 고쳤다면 작품이 달라지긴 했겠지만 원작보다 좋은 작품이 되진 못했을 테니까 말이야."

---

*58 메르크(1741~1791). 1771년 헤르더의 소개로 괴테와 가까운 친구가 된 그는 〈파우스트〉에 나오는 메피스토펠레스의 모델이다.

1824년 11월 24일 수요일

저녁에 극장으로 가기 전에 괴테를 찾아갔다. 그는 아주 건강하고 명랑해 보였다. 그가 이곳에서 지내고 있는 젊은 영국인들에 대해 묻길래, 나는 그에게 둘란 씨와 함께 플루타르코스의 독일 번역본을 읽을 계획이라고 말해 주었다. 화제는 로마, 그리스 역사로 옮겨갔고 괴테는 다음과 같이 말했다.

"로마 역사는 현대와 비교해 보면 시대적으로 너무 뒤떨어졌어. 우리는 너무나 인도주의적이 되어 버렸기 때문에 시저의 승리에 대해서도 저항감을 느끼지 않을 수 없어. 마찬가지로 그리스 역사를 읽어봐도 별로 유쾌하지 않아. 물론 외부의 적에 대항해서 싸우고 있을 때는 위대하지. 그러나 국가가 분열되고 같은 동족끼리 무기를 맞대고 끝없는 내전을 거듭하고 있는 모습을 보면 점점 참을 수 없게 되네. 당연히 우리가 살고 있는 현대의 역사는 정말로 위대하고 당당하네. 라이프치히 대전*59이나 워털루 대전*60은 정말로 탁월한 역사였기 때문에 마라톤과 같은 유사한 다른 전쟁들이 그 빛을 잃고 말 정도야. 그리고 현대의 영웅 한 사람 한 사람을 보더라도 어느 누구도 뒤떨어지지 않아. 프랑스 원수들과 블뤼허, 그리고 웰링턴만 하더라도 고대의 영웅들과 충분히 어깨를 나란히 겨눌 수 있지."

화제는 최근의 프랑스 문학과, 독일 작품에 대한 프랑스인들의 점진적인 관심 증가로 옮겨졌다.

"프랑스인들이" 하고 괴테는 말했다. "우리 나라 작가들에 대해 연구하고 번역하기 시작했다는 점은 참으로 잘된 일이야. 왜냐하면 그들은 형식에 있어서나 모티브에 있어서 벽에 부딪쳤기 때문에 외국으로 눈을 돌리는 수밖에 도리가 없기 때문이지. 우리 독일인들은 무형식 때문에 비난을 받을지는 몰라도 소재면에 있어서는 그들을 능가하고 있어. 코체부나 이플란트의 희곡 작품들은 모티브가 아주 풍부해서 그걸 완전히 써 버릴 때까지 상당히 오랜 시간이 걸릴 거야. 그러나 그들에게 특별히 환영받고 있는 것은 우리의 철학적인 이상

---

*59 독일 해방전쟁 중 1813년 10월 16일 라이프치히 부근에서 있었던 전투. 이곳에서 연합군은 나폴레옹군을 격파했다.

*60 영국의 장군 웰링턴과 프러시아의 장군 블뤼허가 이끄는 연합군은 1815년 6월 18일 이 대전에서 나폴레옹군을 무찔렀다.

이지. 왜냐하면 이상적인 것은 무엇이든지 혁명적인 목적에 도움을 주기 때문이야."

"프랑스인들은" 하고 괴테는 계속했다. "오성과 정신을 갖추고 있지만 확실하게 근본적인 것이 없고 경건한 마음도 없어. 즉석에서 도움이 되고 당파에 이익이 되는 일은 옳다고 간주하지. 그들이 우리를 칭찬하는 것도 우리를 인정하기 때문이 아니라 당파의 힘을 강화하기 위해서야."

우리는 우리 자신들의 문학과 현대 독일의 젊은 시인들에게 장해가 되고 있는 점에 대해 의견을 나누었다.

"우리 나라 젊은 시인들의 결점은" 하고 괴테는 말했다. "주관적인 경향이 강하다고 할 수 없는데도, 객관적인 세계에서 그 소재를 찾는 방법을 전혀 모른다는 거야. 기껏해야 그들과 유사하고 주관에 맞는 소재를 찾지. 소재가 주관에 반대되는 경우라 해도 그 소재가 더 시적이라면 그것을 취급하는 것이 좋은 데도 말이야. 그러나 그들의 생각은 여기까지 미치지 못해."

"이미 말한 대로 위대한 연구와 생활상태에 의해 단련 받은 훌륭한 인물이라면, 적어도 젊은 서정시인에 한해서는 잘될 수도 있겠지만 말일세."

1824년 12월 3일 금요일

최근 영국의 한 잡지사로부터 유리한 조건으로 독일 문학계의 최신 작품에 대해 보고해 달라는 의뢰를 받았다. 이 제의를 기꺼이 받아들일 작정이었지만 그래도 사전에 괴테와 상담해 두는 것이 좋을 것이라고 생각했다.

저녁에 불이 켜질 무렵 괴테를 방문했다. 그는 커튼을 내려놓고 식사가 끝난 식탁을 향해 앉아 있었다. 식탁 위에는 두 개의 촛불이 켜져 있어서 그의 얼굴과 식탁 위의 큰 흉상을 비치고 있었다. 그는 열심히 그것을 바라보고 있었다. 괴테는 다정스럽게 인사를 하고 나서 그 흉상을 가리키면서 말했다. "그런데 이건 누구라고 생각하나?" "시인입니다. 그리고 이탈리아 사람이라는 생각이 드는데요." "이것은 단테야" 하고 괴테는 말했다. "이것은 잘 만들어진 조각작품이지. 특히 머릿부분이 잘 다듬어져 있긴 하지만 기뻐하는 표정은 아니야. 나이도 먹고 허리도 굽어져 성미가 까다로워진 때문인 것 같아. 얼굴 생김

새도 지금 막 지옥에서 기어나온 것처럼 야무진 데가 없고 늘어져 있어. 나는 그가 생존시에 만든 메달 하나를 가지고 있는데, 그것이 훨씬 아름다워." 괴테는 일어나서 그 메달을 가지고 왔다. "봐, 여기 코에 얼마나 힘이 가득 차 있으며 윗입술은 또 얼마나 늠름해 보이는가. 게다가 턱에는 힘이 배어 있어 턱을 이루는 뼈와도 썩 괜찮은 조화를 이루고 있네. 훌륭하지 않은가! 흉상은 눈 언저리와 이마는 거의 다를 바가 없지만 다른 부분은 한결같이 약하고 나이들어 보이지. 그렇다고 해서 이 새로운 작품을 나쁘게 말하려는 것은 아니야. 전체적으로는 훌륭한 솜씨이기 때문에 그 공로를 칭찬해 주고 싶어."

괴테는 내게 요사이 어떻게 지내고 있으며 무엇을 생각하고 또 무슨 일을 하고 있는지 물었다. 나는 영국의 한 잡지사로부터 유리한 조건으로 독일 문학의 최근 작품에 대해 월례 보고서를 써 달라는 제의를 받았는데 기꺼이 응할 생각이라고 말했다.

이 말을 듣자 지금까지 다정스러웠던 그의 얼굴 표정은 못마땅하다는 듯이 잔뜩 찌푸려졌다. 그의 표정에서 내가 못할 짓을 했구나 하는 것을 충분히 읽을 수 있었다.

"나는 자네 친구들이 자네를 방해하지 않고 그냥 놔두길 원했어. 어째서 자네는 자신의 진로에서 벗어나고 또한 본성의 방향하고도 전혀 상반되는 일을 하려고 하는가? 세상에는 금화와 은화와 지폐가 있어. 각기 나름대로의 가치가 있지. 그러나 각 개체를 평가하려면 시세를 알고 있지 않으면 안 돼. 문학도 마찬가지야. 자네는 화폐 중에 동전의 가치는 잘 알고 있겠지만 지폐의 가치는 평가하지 못할 거야. 자네는 아직 그 수준까지 도달하지 못했지. 자네의 비판이 잘못되어 있으면 하는 일에도 아무런 도움이 안 되네. 자네가 이것을 공정하게 하려 하고 그 특성을 인정하고 평가하려면 그 이전에 현대 중견급의 문학을 문제삼지 않으면 안 되고, 또한 적지 않은 전문적 연구를 해야 해. 시대를 거슬러 올라가 슐레겔 형제가 무엇을 계획했고 성취했는지를 알아야 하고, 다음으로 최근의 작가들 즉 프란츠 호른,*61 호프만,*62 그리고 클라우렌 등의 작

---

*61 프란츠 호른(1781~1837). 독일이 작가이자 문학사가이다.
*62 호프만(1776~1822). 놀랄 만큼 다재다능한 예술가로 음악과 문학 분야에서 훌륭한 작품을

품들을 전부 읽어야 하지. 이것만으로 충분하지 않아. 새로 발표되는 정보를 재빨리 알아내기 위해 모든 잡지와 신문들을 읽어 봐야 하네. 그런 일을 하면서 자네의 귀중한 시간을 망쳐 버릴 생각인가. 그리고 모든 신간물을 보고하려면 훑어보는 것만으로는 안 되고 연구해야 하는데, 어떻게 그런 일이 자네와 어울린다고 생각할 수가 있는가!—마지막으로 신통치 않은 작품을 발견했어도 사람들과의 분쟁을 피하기 위해 그것을 정직하게 말할 수 없겠지." 그는 계속해서 말했다.

"그러니 안 되는 일이네. 내가 말한 대로 그 제의를 거절하게. 자네의 진로와 맞지 않아. 정력의 낭비를 피하고 집중하는 것이 중요해. 내가 30년 전에 이런 것을 알았다면 전혀 다른 일을 했을 거야. 실러와 함께 〈호렌〉*63이나 〈연간(年刊) 시집〉*64을 출판하기 위해 얼마나 많은 시간을 낭비했던가!—바로 얼마 전 그 당시 실러와 주고받았던 서신을 읽어 보니 모든 것이 생생하게 생각나네. 그때의 일을 다시 생각해 보면 화가 날 뿐이야. 세상이 우리를 혹사시켰을 뿐 아니라 우리 스스로도 아무런 성과를 거둘 수 없었어. 재능 있는 사람은 곧잘 다른 사람이 하는 일을 보고 자신도 그걸 잘 할 수 있다고 생각하지만, 실제로는 그렇게 되지 않아서 자신의 오산에 후회하고 말지. 머리카락을 종이로 하룻밤 감아둔다고 해서 무슨 소용이 있겠는가?—머리카락 속에 종이를 넣어두고 있었을 뿐, 다음 날 밤에는 전과 같이 똑바로 서버리고 말 텐데 말야."

"제일 중요한 것은 자네가 필요한 만큼의 고정 수입이 있다면 그것으로 족하다는 거야. 그것은 자네가 이미 시작한 영어와 영문학 연구에서 얻을 수 있지. 이 작업에 몰두하도록 하게. 젊은 영국인들을 만나는 멋진 기회를 이용해야지. 자네는 청년시절에 고대 언어를 배울 기회를 놓치고 말았기 때문에 영국인들처럼 훌륭한 국민문학을 발판으로 삼아야 하네. 우리 독일 문학은 그 근원을 대부분 영국 문학에 두고 있지. 우리 대하소설과 비극소설의 소재도 골드스미

남겼다. 특히 음악에는 반평생을 바쳤고 베토벤을 처음으로 소개하기도 했다.
*63 1795년부터 1797년까지 실러가 주관하여 펴낸 월간 문예잡지로, 괴테, 훔볼트도 이 잡지에 글을 기고했다.
*64 발행기간은 1796년부터 1801년이다. 역시 실러가 편집한 잡지로 괴테, 실러를 비롯하여 헤르더, 티크 그리고 횔덜린 등이 이 잡지에 기고했다.

스와 필딩, 그리고 셰익스피어를 제외하면 얻을 수 있는 곳이 없다네. 오늘날 바이런과 무어 그리고 월터 스콧과 어깨를 겨룰 수 있는 3대 문호가 독일 어디에 있다는 말인가?—다시 한번 말하지만 자네는 영어에 전념하고 유용한 일에 온갖 힘을 집중시켜, 아무런 결실을 가져오지 못하고 또 어울리지도 않는 일은 모두 포기해 버리게."

나는 영국 잡지사의 제의에 대한 이야기를 괴테에게 털어놓은 것을 잘한 일이라고 생각했다. 이제는 내 마음도 차분히 가라앉아, 무슨 일이든 그의 충고에 따라 행동하려고 결심했다.

법무장관인 폰 뮐러 씨가 내방을 알려와 자리를 함께 했다. 이어 화제는 또다시 우리 앞에 놓인 단테의 흉상과 그의 생애와 작품으로 돌아갔다. 특히 그의 작품의 난해한 점이 화두에 올랐다. 나는 같은 나라 사람들도 이해할 수 없을 정도인데 하물며 외국인이 해명한다는 것은 불가능한 일이라고 말했다. 괴테는 다정스럽게 나에게 말했다. "자네의 고해 신부는 이 시인에 대해 연구하는 것을 엄금하는 바이네."

괴테는 단테 문학의 난해한 점은 주로 운문(韻文) 때문이라고 말했다. 단테를 말하는 괴테는 지극한 외경심에 가득 차 있었다. 단테를 말하는 데 있어서는 재능이란 말로는 부족하고 천성이란 말을 써야 적당하다고 했다. 괴테는 이 말로 더 포괄적인 것, 더 예감적인 것, 그리고 자기 주위를 더 깊고 넓게 관찰하는 것을 표현하려고 한 것 같았다.

1824년 12월 9일 목요일

저녁에 괴테에게 갔다. 그는 다정스럽게 손을 내밀면서 내가 쉘호른*[65]의 장기근속을 기념하여 보낸 나의 시를 칭찬해 주었다. 나는 이에 보답이라도 하듯 영국으로부터의 제의를 거절했다고 말했다.

"정말 고맙네. 자네는 전과 같이 자유의 몸이 되어서 조용히 지낼 수 있게 되었어. 그건 그렇고 지금 자네에게 또 한 가지 주의시켜 줄 일이 있어. 작곡가들이 몰려와서 오페라를 부탁할 거야. 하지만 단호히 거절을 해야 해. 아무 소

─────────
*65 쉘호른. 바이마르의 왕실문고의 고문관이자 문서 기록 수집가이다.

용도 없는 일이고 공연히 시간만 낭비하기 때문이지."

괴테는 본에 있는 〈파리아〉의 저자에게 네스 폰 에젠베크*66를 통해 그 연극의 포스터를 보냈기 때문에 이곳에서 자신의 작품이 상연되고 있는 것을 알 수 있을 것이라고 말했다. "인생은 짧아" 하고 그는 덧붙였다. "우리 서로 즐겁게 잘 지내도록 하세."

그의 앞에 베를린 신문이 있었다. 그는 페테르부르크에 대홍수가 있었다는 것을 말해 주었다. 신문을 나에게 주면서 읽어보라고 했다. 페테르부르크의 지형이 나쁘다는 것을 말하면서 루소가 불을 뿜어내는 산 가까이에 도시를 세워놓으면 지진을 막을 수 없다고 말한 것에 찬성하면서 웃었다. "자연은 자신의 궤도를 계속 돌고 있을 뿐이야. 우리 눈에 예외로 보이는 것도 사실은 법칙에 맞는 거지."

우리는 도처의 해안에서 심하게 몰아치고 있는 폭풍우와 신문에 실린 기타 무서운 자연현상에 대해 이야기했다. 나는 이러한 현상이 어떤 상관관계를 가지고 있는지, 또 우리 인간들은 알아낼 수 없는 것인지를 물었다. "아무도 알 수 없어. 이런 현상은 예측불허의 것으로, 기껏해야 우리들 마음속에서 예감으로 느낄 수 있을 정도지. 이것을 말로 표현한다는 것 자체가 불가능한 일이야."

토목국장 쿠드레이 그리고 리머 교수가 찾아와 우리는 자리를 함께 했다. 페테르부르크의 대홍수가 다시 화제에 올랐다. 쿠드레이는 이 도시의 지도를 그려 보이면서 네바강의 영향과 그밖에 그 일대의 지형에 대해서 자세히 설명해 주었다.

---

*66 네스 폰 에젠베크(1776~1858). 유명한 식물학자이고 자연철학자이다.

1825년

1825년 1월 10일 월요일

괴테는 예전부터 영국인에 대해 비상한 관심을 가지고 있었기 때문에 나에게 이곳에 체류 중인 그들을 소개해 줄 것을 부탁한 적이 있었다. 그는 5시에 내가 영국 공병장교인 H씨와 함께 방문하는 것을 기다리고 있었다. 나는 이미 이 사람에 대해 칭찬을 한 적이 있었다. H씨와 나는 약속한 시간에 방문했다. 하인이 우리를 안내해 준 방은 기분 좋게 아늑하고 따뜻했다. 이 방은 괴테가 대체로 오후에서 저녁까지 있는 곳이다. 탁자 위에는 세 개의 촛불이 켜져 있었다. 괴테는 없었지만 옆방에서 말하는 소리가 들렸다.

기다리는 동안 H씨는 주위를 둘러보고는 벽에 걸려 있는 그림과 큰 산악지도 그리고 많은 서류철이 들어 있는 책장을 유심히 바라보았다. 나는 이곳에 유명한 거장들의 소묘와 모든 유파의 걸작 동판화가 들어 있고, 이것은 괴테가 일생동안 수집한 것으로 그가 마음껏 감상하고 즐기는 작품이라고 말해 주었다.

몇 분 지나서 괴테가 들어왔다. 우리들은 서로 따뜻한 인사를 나누었다. 괴테가 말했다.

"당신에게 직접 독일어로 말해도 괜찮겠지요. 들은 바로는 당신은 이제 독일어를 썩 잘한다고 하더군요."

이에 H씨는 정중하게 대답했다. 괴테는 우리에게 앉을 것을 권했다.

H씨의 인품은 괴테에게 좋은 인상을 주었음에 틀림없었다. 오늘 처음 만난 청년에게 마음을 터놓고 말하는 그의 밝고 부드러운 태도는 정말로 신사다웠다. 괴테는 말했다.

"당신이 독일어를 배우기 위해 이리로 온 것은 참으로 잘한 일입니다. 쉽고 빠르게 배울 수 있을 뿐만 아니라, 언어의 기반을 이루고 있는 요소들, 즉 토지, 기후, 생활양식, 풍습, 사교, 제도 등을 몸과 마음을 다해 습득하고 영국으로 돌아갈 수 있을 것입니다."

"영국에서는 독일어에 대한 관심이 정말 대단해요. 나날이 보급되고 있어 지금은 훌륭한 가정의 젊은 영국인이라면 예외 없이 독일어를 배우고 있지요."

"우리 독일인들은 그 점에 있어서는 당신의 나라보다 반세기 앞서가고 있습니다. 나는 50년 동안 영어와 영문학에 심취해 있지요. 그래서 영국의 작가와 생활제도에 대해서는 잘 알고 있어요. 그래서 만약 영국을 방문한다고 해도 그리 생소할 것 같지 않아요. 그러나 이미 말한 대로 당신의 나라 젊은이들이 우리나라로 와서 말을 배운다는 것은 참 좋은 일입니다. 왜냐하면 독일 문학은 배울 가치가 충분하고, 또 독일어를 잘 알고 있으면 다른 많은 외국어를 몰라도 괜찮다는 점도 부정할 수 없는 사실이지요. 하지만 프랑스어만은 예외입니다. 프랑스어는 사교용 언어로 여행 중에는 특히 필요합니다. 프랑스어는 누구나 알고 있어서 어떤 나라에서도 통역관이 없이도 용무를 볼 수가 있어요. 그러나 그리스어, 라틴어, 이탈리아어, 그리고 스페인어 같은 경우에는 이러한 언어로 된 최고의 작품들을 훌륭한 독일어의 번역본으로 읽을 수가 있기 때문에, 특별한 목적이 없는 한은 고생을 해가면서 이것들을 배우기 위해 많은 시간을 허비할 필요는 없지요. 독일인들은 외국의 모든 것을 각기 그 특성에 맞게 평가하고 이질적인 것에 순응하는 점이 있어요. 독일어의 유연한 특성 덕분에 번역은 철저하게 원문에 충실하게끔 되어 있지요. 또한 훌륭한 번역본이 충분히 여러 가지 큰 역할을 해낼 수 있다는 것도 사실입니다. 프리드리히 대왕은 라틴어를 몰랐지만 키케로를 프랑스어 번역본으로 읽었지요. 그것도 원어를 보는 것과 같이 읽었고 그 내용도 충분히 이해했습니다."

화제가 극장으로 옮겨지자 괴테는 H씨에게 연극 관람을 자주 하느냐고 물었다. H씨는 대답했다.

"매일 밤 갑니다. 언어를 이해하는 데 아주 도움이 되지요."

"이상한 일입니다" 하고 괴테는 대답했다. "듣고 이해하는 능력이 말하는 능력을 앞질러가니 말입니다. 그 때문에 무엇이든지 곧잘 이해할 수는 있지만 정작 모든 것을 말로 표현하려고 하면 잘 안 되거든요."

"매일 같은 경험을 통해 나도 당신이 말씀하시는 것을 느끼고 있습니다" 하고 H씨는 대답했다. "남의 말을 듣는 것이라든지 또 스스로 읽는 것은 모두 이해할 수 있지요. 그뿐만 아니라 누가 독일어를 잘못 사용하고 있는지도 알 수 있어요. 그러나 정작 내가 말을 하려고 하면 막혀버리기 일쑤입니다. 말하고 싶은 것을 정확하게 말할 수 없게 돼 버리지요. 궁정에서의 가벼운 대화나 귀부인과의 농담 그리고 춤을 출 때의 담소 같은 것은 그럭저럭 해낼 수 있습니다. 그러나 화제가 고상한 대상으로 옮겨져 뭔가 독특하고 재치 있는 것을 독일어로 말하려고 하면 딱 막혀버려서 더 이상 앞으로 나갈 수가 없게 됩니다."

"그런 것은 염려하지 않으셔도 됩니다" 하고 괴테는 대답했다. "왜냐하면 색다른 것을 표현할 때는 우리 모국어로 말하는 것도 어렵기 때문이지요."

괴테는 H씨에게 독일 문학 중에서 어떤 것을 읽었는지 물었다. "〈에그몬트〉를 읽었습니다. 아주 재미있어서 세 번이나 읽었지요. 또 〈토르크바토 타소〉도 아주 재미있었습니다. 지금은 〈파우스트〉를 읽고 있지만 나에게는 좀 어려운 것 같아요." 괴테는 이 말을 듣고 웃었다.

"물론입니다. 당신에게 아직 그 책을 권하고 싶지는 않군요. 그 책은 모든 일상적인 감정을 놀라울 만큼 앞질러 가고 있어요. 그러나 당신이 나에게 묻기 전에 스스로 결정한 것이니 끝까지 읽어보세요. 파우스트는 특별한 개성을 소유한 인물이기 때문에 그의 정신상태에 동감할 수 있는 사람은 아주 적은 숫자일 뿐이지요. 게다가 메피스토펠레스는 빈정대는 성격을 가지고 있고 또 위대한 세계관찰의 산 결과이기 때문에 대단히 난해합니다. 그러나 어떤 광명이 당신 마음에 비치게 될지 한번 주시해 보시지요. 이와는 반대로 〈타소〉는 보편적인 인간의 감정에 훨씬 가깝습니다. 또한 사용된 형식도 훨씬 알기 쉽지요."

"하지만" 하고 H씨는 대답했다. "독일에서는 〈타소〉를 어려운 작품이라고 생각하고 있는지 내가 그 작품을 읽었다고 했더니 놀라는 사람들이 많았습니다."

"〈타소〉의 주안점은," 하고 괴테는 말했다. "인간은 이 세상에 태어나 어린아이로 머물러서는 안 되며 좋은 사교모임의 일원으로서 살아가야 한다는 것입니다. 괜찮은 가정에서 태어나 풍부한 정신과 감수성이 예민한 중류나 상류층의 완성된 사람들과 교제하여 충분한 외적 교양을 몸에 익힌 사람이면 〈타소〉를 어렵다고 생각하지는 않을 것입니다."

화제는 〈에그몬트〉로 옮겨졌다. 괴테는 이에 대해 다음과 같이 말했다.

카우프만의 〈에그몬트〉

"내가 〈에그몬트〉를 쓴 것이 1775년[1]이었으니까 50년 전입니다. 나는 충실하게 역사에 입각해서 가능하면 진실을 전달하려고 노력했지요. 그리고 10년이 지나 로마에 있었을 때 내가 쓴 혁명의 장면이 그대로 네덜란드에서 되풀이된 사실을 신문에서 보았습니다. 그러므로 세계는 여전히 동일한 것이며, 나의 서술도 생명이 없는 것은 아니라는 점을 깨달았습니다."

이런저런 대화를 나누는 사이에 극장에 갈 시간이 되어서 우리는 자리에서 일어나 괴테에게 인사를 하고 헤어졌다.

집으로 돌아오는 길에 H씨에게 괴테가 마음에 들었는지 물었다.

"나는 이때까지 그만한 사람을 만나본 적이 없었어요. 넘쳐흐르는 온유함 속에서도 타고난 위엄을 갖추고 있었습니다. 자기 마음대로 행동하지만 그렇

---

*1 괴테는 1775년 프랑크푸르트에서 〈에그몬트〉를 대부분 완성했으나, 이 작품에서 완전히 손을 뗀 것은 1787년 이탈리아에서였다.

다고 자신을 낮추지도 않는 모습을 보니 참으로 위대하다는 생각이 듭니다."

1825년 1월 18일 화요일

오늘 5시에 괴테를 찾아갔다. 며칠 동안 만나 뵙지 못해서 오늘은 그와 함께 즐거운 시간을 보냈다. 내가 찾아갔을 때 그는 해질 무렵 서재에서 아들과 주치의이자 추밀 고문관인 레바인과 함께 이야기를 나누고 있었다. 나도 합세하여 탁자 옆에 자리를 잡았다. 한동안은 어두운 가운데서 대화를 나누었는데 얼마 안 있어 등불이 들어와 쾌활해 보이는 괴테를 눈앞에서 볼 수 있어 기뻤다.

그는 여느 때와 마찬가지로 나에게 관심을 보이면서 뭔가 색다른 일이 없었는지 물었다. 그래서 나는 어떤 여류시인*²을 알게 되었다고 했다. 덧붙여 그녀의 비범한 재능에 대해서도 칭찬을 했다. 그러자 이미 그녀의 여러 작품을 읽은 괴테는 나의 칭찬에 찬의를 표시했다.

"그녀의 시 중에서 한 작품은" 하고 그는 말했다. "자기 고향에 대해 쓴 것이 있는데 독특한 묘미를 가지고 있어. 그녀는 외적인 대상에 대해 좋은 경향을 가지고 있지만 내적인 소질도 주목할 만하지. 물론 찾아보면 결점도 많겠지만 방해하지 말고 그녀의 재능이 향하는 대로 놔두는 것이 좋아."

화제는 이제 완전히 여류시인으로 옮겨온 듯했다. 추밀 고문관인 레바인은 여성들에게서 볼 수 있는 시적 재능은 가끔 일종의 정신적인 성욕처럼 생각된다고 말했다. 괴테는 나를 쳐다보며 웃으면서 말했다.

"아니, 정신적인 성욕이라니!—정말 의사다운 해석이구만!"

"내가 올바르게 표현했는지는 모르지만 이것만은 말할 수 있습니다. 대체로 이런 여성은 사랑의 기쁨을 맛보지 못했기 때문에 그것을 정신적인 방면에서 보충하려고 하는 것입니다. 만약 제때에 결혼해서 아기를 낳았다면 시를 쓰려고 하지 않았을 것입니다."

"이 문제에 대해 자네가 어디까지 옳은지 모르겠지만, 다른 분야에서도 여성

---

*2 테레제 폰 야코브(1797~1870)를 말하는 것으로, 그녀는 세르비아의 민요를 번역하여 괴테에게 보내 아주 높은 평가를 받았다.

들이 결혼과 동시에 자기 재능의 사용을 중단해 버리고 마는 것을 종종 보아 왔지. 내가 알고 있는 그림을 아주 잘 그리는 처녀들도 부인이 되고 어린아이들의 엄마가 돼 버리면 곧 끝장이 나버리고 말았네. 아이들의 시중을 드는 일에 신경을 쓰느라고 영원히 붓을 놓아버리고 마는 것이지.”

“그러나 여류시인들이 생각을 가다듬고 글을 쓴다는 것은 바람직한 일이야. 그것도 남성작가들이 여성들처럼 쓰지 않는다는 조건 하에서 말이지. 하지만 내가 싫어하는 것이 바로 그 점이야! 잡지를 한번 보게. 약해지기만 하는 경향이 갈수록 강해지고 있어! 한번 조간신문에 첼리니 자서전의 1장을 실어보라고 해 봐. 그러면 한결 눈에 잘 띌 거야!”

“자, 이 얘기는 이 정도에서 끝내고 우리의 기운찬 할레 여류시인의 번역을 즐기도록 하세. 그녀 같으면 남성적인 정신을 갖고 우리를 세르비아의 세계로 인도해 줄 거야. 그 시는 참으로 훌륭해. 그 중에는 솔로몬의 〈아가〉*³와 어깨를 나란히 겨룰 수 있는 작품들도 있지. 이것은 대단한 일이야. 나는 이 작품에 관한 논문을 끝마치고 벌써 인쇄에 넘겼어.”

그는 〈예술과 고대〉 신간호의 견본인쇄 첫 4부를 나에게 넘겨주었는데, 그 안에 이 논문이 들어 있었다.

“나는 시 하나 하나의 특색을 그 주제에 따라 요약해 보았어. 자네는 은근한 정취의 모티브에 감탄할 걸세. 레바인도 내용과 소재에 관해서는 시를 전혀 모르는 것이 아니기 때문에 자네가 이 부분을 낭독해 주면 틀림없이 기쁜 마음으로 경청할 거야”

나는 시 하나 하나의 내용을 천천히 읽었다. 시 전체에 암시된 정경은 손에 잡힐 듯 말 듯 생생하게 눈앞에 떠오르는 듯했다. 다음과 같은 정경은 특히 우아하게 생각되었다.

1

아름다운 속눈썹을 내려 뜬 세르비아 아가씨의 정숙함.

---

*3 이것은 구약성서에 포함되어 있으며, 솔로몬 왕이 쓴 것으로 알려진 다른 시가서로는 〈잠언〉이 있다.

2

신부의 들러리가 되어 애인을 제3자에게 안내해야 하는 사나이의 심적 갈등.

3

애인의 안부를 걱정하여 노래부르려고 하지 않는 아가씨.

4

젊은이가 과부에게, 노인이 처녀에게 구혼하는 끔찍한 풍습에 대한 탄식.

5

딸에게 분에 넘치는 자유를 허락하는 어머니를 보고 탄식하는 젊은이.

6

아가씨와 말(馬)의 허물없는 대화 중, 말이 그녀에게 주인의 애정과 의중을 토로한다.

7

오직 애인만을 사랑하는 아가씨.

8

아름다운 여자 급사의 임은 손님 중에는 없다.

9

연인을 발견한 날의 숨이 끊어질 듯한 눈뜸.

10

그리운 임이 무엇을 하는 사람인지 궁금해 하는 마음.

사랑하는 기쁨의 한없는 환희를 표현한다.

낮에 그녀를 유심히 관찰하던 외국에서 온 연인이 밤에 그녀에게 불쑥 찾아든다.

이것들은 단지 모티브에 지나지 않지만 마치 시 자체를 읽는 것처럼 생생한 흥분을 느낄 수 있기 때문에, 나는 완성된 시를 읽고 싶은 기분이 들지 않는다고 말했다.

"자네가 말한 내용은 합당해" 하고 괴테는 말했다. "그러나 모티브가 얼마나 중요한가에 대해 아무도 이해하려고 하지 않아. 이런 점에서는 젊은 여성들도 마찬가지야. 그녀들은 이 시를 아름답다고 말하지. 하지만 그녀들은 단지 감수성과 하나하나의 표현 방법, 또 운문을 생각하고 말할 뿐이야. 그러나 시의 참된 박력과 감동은 정경과 모티브 속에 있다는 것까지 생각하는 사람은 아무도 없어. 시는 수천 개 창작되지만 모티브는 전적으로 제로이지. 그리고 단지 감수성이나 울리는 그럴듯한 시구나 늘어놓아 마치 시가 완성된 것처럼 겉을 꾸미고 있을 뿐이야. 대체로 딜레탕트들, 특히 여성들은 시에 관해서는 아주 피상적인 생각만을 가지고 있어. 그녀들은 오직 테크닉만을 잘 체득하면 시인의 본질을 제대로 파악한 완벽한 시인이 되는 것처럼 믿고 있지만, 이것은 당치도 않은 생각이야."

리머 교수가 내방했고 추밀 고문관인 레바인은 물러갔다. 이리하여 리머는 우리와 자리를 같이했다. 세르비아 연애시의 모티브는 계속 화제에 올랐다. 리머는 지금 논의되고 있는 내용을 알아차리고 위에서 쓴 암시의 내용에 맞게 시를 쓸 수 있을 뿐만 아니라, 이러한 모티브는 세르비아의 작품에서 배우지 않더라도 독일인의 손에 의해 벌써 사용됐다면서 자기의 시 두세 편을 예로 들었다. 나도 조금 전에 낭독할 때 괴테의 시 여러 편을 떠올렸다고 말했다.

"이 세상은 언제나 똑같은 거야" 하고 괴테는 말했다. "어떠한 상태도 되풀이

되지 않는 것이 없지. 어떠한 민족도 다른 민족과 똑같이 생활하고 사랑하고 느끼고 있어. 그렇다면 어째서 한 시인이 다른 시인과 똑같은 시를 써서는 안 된다는 것일까? 생활환경이 같은데 왜 시의 장면은 같으면 안 된다는 거지?"

리머가 대답했다.

"생활과 느낌에 똑같은 것이 존재하기 때문에 다른 민족의 시도 이해할 수 있는 것입니다. 만약 그렇지 않다면 외국 시를 접하고 있으면서도 무슨 말을 하고 있는 것인지 전혀 알 수 없을 것입니다."

나는 이 말을 받아 말했다.

"나는 학자들이 이상하다고 생각될 때가 있어요. 그들은 시가 생활 속에서 탄생한 것이 아니라 책에서 만들어진 것이라고 믿는 것 같아요. 그들은 입버릇 처럼 이 시는 어디에서 따온 것이고, 저 시는 어디에서 따온 것이라고 말을 합 니다.—가령 셰익스피어의 작품 속에 고대의 시인이 썼던 시구를 발견하면, 이 것은 그에게서 따온 것이라고 말을 합니다. 셰익스피어의 작품 중에도 아름다 운 아가씨를 보고 딸이라고 부르는 부모가 있는가 하면, 사람들이 그 아가씨 를 신부로 맞이하게 될 젊은이를 행운아라고 칭찬하는 장면이 있습니다. 그런 데 이와 같은 것은 호메로스에게도 있기 때문에 셰익스피어도 호메로스에게 서 따왔다는 것입니다! 얼마나 말도 안 되는 얘깁니까! 우리가 이런 것을 찾아 내기 위해서 평소에 눈앞에서 보고 느낀 것을 활용하면 안 되고 그처럼 멀리 까지 가야만 하는 것처럼 말입니다."

"그렇고말고, 정말 우습기 짝이 없는 일이지!" 괴테는 말했다.

"그리고," 나는 계속 말했다. "바이런 경까지도 〈파우스트〉를 짧게 잘라 이것 은 여기에서, 저것은 저기에서 따온 것이라고 말하는데, 그것은 현명한 처사가 아니라고 생각합니다."

"나는," 하고 괴테는 말했다. "아직까지 바이런 경이 훌륭하다고 하는 논증 을 한번도 읽어본 적이 없어. 내가 〈파우스트〉를 쓰고 있을 때까지만 하더라 도 그런 일이 일어나리라고는 추호도 생각하지 못했던 일이야. 그러나 바이런 경의 위대함은 시를 쓰고 있을 때 뿐이고, 뭔가 생각을 할 때는 곧 어린아이가 되어 버리지. 그래서 고국의 사람들로부터 무분별한 공격을 받았을 때에도 어

떻게 손을 써야 할지 몰랐어. 이러한 공격에 대비해서 그는 소신을 밝혔어야
했지. 무엇 때문에 비난을 받았든 그것은 나의 것이라고 주장했어야만 했어.
그것을 실생활에서 얻은 것이든 아니면 책에서 얻은 것이든 그것은 중요하지
않아. 어떻게 올바르게 사용하였는가가 문제인 것이지. 월터 스콧은 나의 〈에
그몬트〉의 한 장면을 사용했어. 그에게도 그럴 권리가 있었지. 충분히 이해하
고 행한 것이기 때문에 칭찬 받는 것이 당연해. 게다가 그는 어떤 소설에서 나
의 〈미뇽〉을 모방하고 있지만, 이것도 역시 잘 이해한 후에 쓴 것이기 때문에
별 문제는 없어. 바이런 경의 변형된 악마는 메피스토펠레스의 연장이지만 그
것도 그 자체로서 괜찮은 것이지! 그가 만약 남다른 변덕으로 나쁜 길로 빠졌
다면 훨씬 나쁜 방향으로 전락해 버렸을 거야. 메피스토펠레스도 셰익스피어
의 노래*⁴를 부르게 되는데 어째서 그러면 안 된다는 것인가? 셰익스피어의
노래가 정확하게 들어맞고 말하려는 요지를 거침없이 내뱉어 버리는데 내가
고생해서 자작을 한들 무슨 소용이 있단 말인가? 〈파우스트〉의 서곡이 구약
성서의 〈욥기〉와 비슷하다*⁵고 하지만, 그것도 당연한 것으로서 그 때문에 내
가 칭찬을 받을망정 비난받을 이유는 없다고 생각하네."

　괴테는 기분이 좋아 보였다. 그는 포도주 한 병을 가져오게 한 뒤 리머와 나
에게 따라 주었다. 자신은 마리엔바트의 광천수를 마셨다. 그 날밤은 리머와
함께 자서전의 원고*⁶를 대강 훑어본 후 표현상으로 아직 미비한 곳을 고쳐볼
예정인 것 같았다.

　괴테는 에커만도 우리와 함께 있으면서 자기가 읽는 것을 들어 주었으면 좋
겠다고 말했다. 그의 말을 듣고 나는 무척 기뻤다. 그리고 괴테는 리머 앞에 원
고를 내려놓고는 1795년 분부터 읽기 시작했다.

　나는 여름 동안 아직 인쇄가 안 된 생애의 부분을 최근의 것까지 되풀이해
읽고 고찰하는 즐거움을 가졌다. 그러나 지금 괴테의 앞에서 그것이 소리높이
낭독되는 것을 듣게 되자 새로운 기쁨을 느끼게 되었다.—리머는 표현에 신경

---

*4 괴테는 메피스토펠레스가 「그레트헨의 집앞 길거리」 장면에서 부르는 노래(3682~3697행)는 〈햄
　릿〉의 제4막 5장에서 오펠리아가 왕 앞에서 부르는 노래를 빌려 온 것이라고 밝히고 있다.
*5 〈파우스트〉 제1부의 「천상의 서곡」 장면은 구약성서 〈욥기〉 제1장 제6절~제12절에 해당된다.
*6 〈연대기〉를 말하는 것이다.

을 썼지만, 나는 새삼스럽게 그의 노련하고 풍부한 말주변에 놀라지 않을 수 없었다. 서술된 연대가 그의 마음속에 되살아나면 추억에 잠겨, 그려진 인물이나 사건을 일일이 자세히 설명하고 보충해 주었다.

─정말이지 둘도 없는 소중한 밤이었다! 동시대의 중요한 인물들이 되풀이해 화제에 올랐다. 그러나 화제는 1795년부터 1800년 사이에 누구보다도 가장 친밀하게 지냈던 실러였다. 한마디로 실러로 시작해서 실러로 끝났다. 극장은 두 사람 공동의 활동 장소였고 괴테의 최고 걸작도 이 시기에 탄생했다. 〈빌헬름 마이스터〉가 완성되었고, 이에 계속하여 〈헤르만과 도로테아〉가 계획되어 쓰여졌다. 〈첼리니〉가 〈호렌〉을 위해 번역되었고, 〈크세니엔〉이 실러의 〈연간 시집〉을 위해 함께 만들어졌다. 이렇게 두 사람은 만나지 않는 날이 없었다. 오늘밤 괴테는 이런 일을 모두 이야기해 주었고, 계속하여 흥미 있는 이야기를 제공하는 것을 그치지 않았다.

"〈헤르만과 도로테아〉는" 하고 그는 특히 이렇게 말했다. "비교적 방대한 스케일의 시 중에서 내 마음에 드는 유일한 작품이야. 이 작품을 읽을 때마다 감동을 받지. 특히 이 작품의 라틴어 번역본*7을 읽는 것을 좋아한다네. 그렇게 하는 것이 한층 더 고귀하고, 형식면에서도 마치 원래 작품의 근원으로 되돌아간 기분이 들거든."

〈빌헬름 마이스터〉에 대해서도 거론되었다.

"실러는" 하고 그는 말했다. "비극적인 요소를 엮어 넣는 것을 비난하면서 그런 것은 대하소설 영역에 속하지 않는다고 말했어. 하지만 우리 모두가 알고 있듯이 그는 옳지 않았지. 나에게 보낸 실러의 편지*8에 〈빌헬름 마이스터〉에 관한 가장 중요한 의견이 적혀 있어. 어쨌든 이 작품은 평가하기 어려워. 나도

---

*7 〈헤르만과 도로테아〉의 라틴어 번역본은 1822년 이래 독일에서 두 번 출판되었다.
*8 1794년 6월 13일부터 1805년 4월 27일까지 두 사람 사이에는 수많은 편지가 오갔는데, 그것은 '실러와 괴테의 왕복 서신'으로 불린다. 편지 교환이 이루어진 시기가 괴테가 45세에서 56세에 이를 때였고 실러는 35세에서 46세가 될 때까지였던 것을 감안하면, 이 두 시인이 중장년이 되어서도 얼마나 생산적이었던가를 알 수 있다. 괴테는 1824년 10월 30일 첼터에게 보내는 편지에서 "이 왕복서신은 전인류에게 바쳐지는 일대 선물이 될 것입니다"라고 말했다.

카텔의 〈헤르만과 도로테아〉

그것을 풀 열쇠를 가지고 있지 않아. 사람들은 중심점을 찾아내려고 하지만 어려운 일이야. 굳이 말한다면 이것은 나의 눈앞을 스쳐 지나간 풍부하고 다양한 인생으로, 이렇다 할 확실한 경향도 없고 단순한 개념으로는 도저히 끝매듭을 지을 수 없는 그런 것이지. 그러나 이것만으로 해결이 되지 않는다고 생각하는 사람은 프리드리히가 결말 부분에서 주인공에게 한 말을 생각해 보면 될 거야. '키스의 아들 사울*[9]'은 아버지의 암나귀를 찾으러 나갔다가 왕국

*9 구약성서 사무엘전서 제9장~제11장에 나온다.

을 찾았다. 나에게는 자네가 사울처럼 생각된다'고 쓰여 있지. 우리는 이 말을 음미해 볼 필요가 있어. 이 작품 전체는 인간은 어리석고 나쁜 길로 빠지기 쉽지만 존귀한 사람의 손에 인도되어 마지막에는 행복한 곳으로 도달하고야 만다는 것을 말하는 것에 지나지 않아.'

우리는 최근 50년 동안 독일에 널리 퍼진 중류계급의 위대한 문화에 대해 이야기했다. 괴테는 이 공적을 레싱*10보다는 헤르더와 빌란트에게 돌렸다.

"레싱은 최고의 지성이었기 때문에 그와 수준이 같은 위대한 사람만이 그에게서 배울 수 있었지. 그는 어중간한 사람에게는 위험했어"라고 말하면서 괴테는 어떤 신문기자의 이름을 대면서, 이 사람은 레싱을 따라 교양을 쌓고 지난 세기말에 한 몫을 하긴 했지만 괄목할 만한 역할을 해내지는 못했다고 했다. 그리고 그것은 그가 자신의 위대한 선구자보다 훨씬 뒤떨어졌기 때문이라고 덧붙였다.

"모든 남부 독일인들은 빌란트의 문체에서 덕을 보고 있지. 그에게서 배운 것이 많아. 그 중에서도 적절한 표현능력은 빠뜨릴 수 없어."

〈크세니엔〉의 얘기가 나오자 괴테는 실러의 작품을 칭찬하며 예리하고 핵심을 찌르는 작품이라고 말하면서, 반대로 자신의 작품은 순진하고 평범하다고 했다.

"실러가 쓴 〈십이궁(12宮)〉을 읽을 때마다 감탄하게 되지. 〈크세니엔〉이 그 당시 독일 문학에 끼친 좋은 영향은 이루 헤아릴 수 없이 많다네."

〈크세니엔〉과 관련해 공격 대상이 된 많은 사람들의 이름이 있었지만 불행히도 내 기억에 남아 있지 않았다.

괴테가 들려주는 수없이 많은 이야기와 주석으로 읽는 일은 곧잘 중단되었지만, 이 초고는 결국 1800년 끝까지 낭독되고 검토되었다. 괴테는 원고를 밀어내고, 우리가 앉아 있었던 큰 테이블의 한쪽에 테이블보를 씌우게 한 뒤 가벼운 저녁식사를 하자고 했다. 우리는 즐겁게 식사를 했지만 괴테는 음식을

---

*10 레싱(1729~1781). 독일 근대문학의 선구자였던 그는 이론과 실천을 함께 제시해 보여줌으로써, 프랑스 고전 연극의 모방을 버리고 고대 그리스 연극과 셰익스피어 연극을 모범으로 삼을 것을 역설했다.

카텔의 〈빌헬름 마이스터의 수업시대〉 중 하프 타는 노인

조금도 입에 대지 않았다. 사실 나는 지금까지 그가 저녁식사 하는 것을 본 적이 없다. 그는 늘 우리 옆에 앉아 술을 따르고 등불 심지를 자르기도 하면서 즐거운 이야기를 하여 우리의 마음을 즐겁게 해 줄 뿐이었다. 실러와의 추억은 그의 마음에 생생하게 되살아나 오늘밤의 후반부는 실러의 이야기로 온통 채워졌다.

리머는 실러의 인품을 회상하면서 말했다.

"거리를 걸어가는 모습을 포함한 그의 일거수 일투족은 교만했습니다. 그러나 그의 눈빛만은 부드러웠지요."

"그렇지, 그는 모든 면에서 교만하고 당당했지만 유독 눈만은 온유했지. 그리고 그의 재능은 그의 체격과 똑같았어. 대담하게 소재를 휘어잡고 관찰하고, 여러 방법으로 고쳐보기도 하고, 가지각색으로 취급하기도 했지. 그런 관계로 결단력이 없었고 도무지 마무리를 지을 수가 없었어. 그는 리허설 바로 직전에도 여러 번 배역을 바꾸곤 했지."

"그리고 그는 대담하게 작품에 대처하기는 했지만 모티브에 대해서는 그다지 중요하게 여기지 않았어. 〈텔〉 중에 게슬러로 하여금 나무에서 사과 하나를 따서 어린아이 머리 위에 올려놓고 활로 쏘게 하는 장면이 있는데, 이것 때문에 내가 그를 상대로 얼마나 고생했는지 지금도 기억이 생생하네. 이런 장면은 나는 절대 받아들일 수가 없었어. 그래서 이 장면은 너무 잔인하니까, 무슨 일이 있어도 텔의 아들이 태수에게 아버지의 활 쏘는 솜씨를 자랑하면서 100보 떨어진 거리에서도 얼마든지 쉽게 성공할 수 있다고 말하도록 하는 것이 좋겠다고 간곡히 설득했지. 실러는 처음에는 좀처럼 받아들이려고 하지 않았지만 결국 나의 소망을 받아들여 내가 권유한 대로 했다네."

"이와는 반대로 나는 종종 모티브에 너무 집착했기 때문에 나의 작품은 극장에는 맞지 않았지. 나의 〈오이게니에〉는 순전히 모티브의 연속에 지나지 않았기 때문에 무대에서는 전혀 성공을 거두지 못했어."

"하지만 실러의 재능은 극장에서 안성맞춤이었지. 한걸음 한걸음 앞으로 나가는 동시에 작품을 완성해 갔어. 그러나 이상하게도 〈군도〉 이래로 잔인한 것을 선호하는 경향이 생겼고, 그것은 전성기에 걸쳐 그의 곁을 떠나지 않았다네. 아직까지 선명하게 생각나는 것이 있어. 〈에그몬트〉 중의 감옥 장면에서 에그몬트가 판결문이 낭독되는 것을 듣고 있는 장면이 있는데, 실러는 여기에 가면을 쓰고 외투로 몸을 감춘 알바를 등장시켜 사형선고를 받은 에그몬트를 보며 기뻐하는 장면을 삽입하자는 것이었네. 그렇게 하면 알바의 지칠 줄 모르는 복수심과 남의 불행을 보고 기뻐하는 모습이 더 잘 표출된다고 했어. 나는 찬성하지 않았고 그 인물을 등장시키지도 않았지. 한마디로 실러는 이상하면서도 위대한 인물이었어."

"매 1주일마다 그는 딴 사람이 되어갔고 또 완전한 사람이 되었지. 그는 만날 때마다 독서나 학식 그리고 판단력에 있어서 진보하고 있는 것처럼 생각되었어. 그의 편지야말로 내가 그에게서 받은 것 중에서 가장 아름다운 기념물이지. 그리고 이것들은 그가 쓴 것 중에서 가장 훌륭한 작품들이야. 그의 마지막 편지를 나의 보물 중에서도 가장 신성한 기념품으로서 간직하고 있다네."

괴테는 일어나서 그 편지를 가지고 왔다. 그리고 읽어 보라면서 나에게 넘겨주었다. 그 편지는 아름답고 대담한 필치로 쓰여져 있었다. 거기에는 〈라모의 조카〉에 관한 괴테의 주석에 대해서 적은 실러의 의견이 있었다. 이 주석은 당시의 프랑스 문학에 대해 쓴 것으로, 괴테가 실러에게 보여주기 위해 원고 그대로 보낸 것이었다. 나는 그 편지를 리머에게 읽어 주었다. 괴테가 말했다.

"보다시피 그의 판단력은 정곡을 찌르지. 또한 필치에 유약한 흔적이라고는 전혀 없어.—그는 멋진 사람이었어. 이처럼 활기에 넘쳐흐른 시기가 있었건만 그는 이 세상을 떠나고 말았지. 이 편지는 1805년 4월 24일에 쓴 거야.—실러가 사망한 것은 5월 9일이었어."

우리는 이 편지를 교대로 읽어 보고 그 명석하고 아름다운 문장을 높이 평가했다. 그리고 괴테는 실러와의 추억에 애정을 담아 여러 이야기를 해주었다. 어느덧 밤도 깊어 11시경에 우리는 작별인사를 하고 헤어졌다.

1825년 2월 24일 목요일

"내가 아직 극장 감독직을 맡고 있었다면" 하고 괴테는 오늘밤 말했다. "바이런의 〈베니스의 총독〉*¹¹을 무대에 올렸을 거야. 물론 이 연극은 너무 길기 때문에 짧게 줄이지 않으면 안 되지. 그러나 삭제해서는 안 되고 각 장면의 내용을 잘 소화해서 전체를 짧게 고쳐 만들면 되는 거야. 그러면 연극은 개작을 통해 나빠지지도 않을 것이고, 단단하게 죄어져서 원작이 갖고 있는 아름다움을 조금도 잃지 않고 강한 효과를 불러일으킬 수 있겠지.”

괴테의 이와 같은 표명은 극장에서 좌우되는 수없이 많은 유사한 사례를 처리하는데 있어서 새로운 견해를 가르쳐 주는 것이었다. 물론 훌륭한 두뇌를 가지고 당면한 일들을 잘 이해하는 작가가 있다는 것을 전제조건으로 하는 것이지만, 나는 이 원칙을 알게 되어 무척 기뻤다.

우리는 바이런 경에 대한 이야기를 계속했다. 나는 그가 메드윈과의 대화*¹²에서 극장을 위해 글을 쓴다는 것은 자신이 수고를 아끼지 않는 일이기는 하지만, 보답은 별로 받지 못하는 작업이라고 토로했다는 것을 괴테에게 말해주었다. 그러자 괴테는 말했다.

“시인의 재능은 관객의 기호와 관심이 어디로 쏠리고 있는지를 얼마나 정확하게 파악하고 있는가에 달려 있지. 작가의 재능의 방향과 관객의 그것이 일치하게 되면 만사가 잘되는 거야. 후발트의 〈초상〉은 이 궤도를 정확하게 맞췄기 때문에 모든 사람들의 갈채를 받았어. 바이런 경이 성공을 거두지 못한 것은 아마도 그의 방향이 관객이 원하는 것과 동떨어져 있었기 때문일 거야. 왜냐하면 적어도 여기서는 시인이 얼마나 위대한가는 중요하지 않기 때문이야. 오히려 그리 뛰어나지 않은 시인이 이따금 절대적으로 관객의 입장에 선 일반의 갈채를 받게 되지.”

우리는 바이런 경의 이야기를 계속했다. 괴테는 그의 비범한 재능을 높이 평가했다.

“독창성에 있어서 그와 필적할 수 있는 위대한 사람은 아마도 이 세상에 없

---

*11 괴테는 1820년 2월 23일 〈마리노 팔리에로〉라는 제목으로 출판된 이 비극을 입수했는데, 그 분량이 너무 길어 무대에 올릴 적당한 방법을 찾기 위해 골똘히 생각했다.

*12 바이런의 친한 친구이자 영국의 작가인 토마스 메드윈(1788~1869)은 〈바이런과의 대화일지〉(1824)를 남겼다. 이것에 따르면 바이런은, 연극은 관객을 상대하면서 될 수 있는 한 그들의 비위에 맞추도록 노력을 해야 하기 때문에 좀처럼 보답을 얻기가 어렵다고 말했다.

다고 생각해. 희곡적인 갈등을 풀어 가는 그의 수완은 시종일관 우리의 의표를 찌르고 또 우리가 생각할 수 없을 정도로 멋지거든!"

셰익스피어

"셰익스피어도 그렇다고 생각합니다. 특히 〈팔스타프〉가 그렇습니다. 거기에는 등장 인물이 꼼짝도 못하면서 다시 자유의 몸이 되려면 어떻게 해야 할 것인가를 자신에게 물어보는 장면이 나옵니다. 그런데 여기서도 셰익스피어는 생각조차 할 수 없을 만큼 교묘한 방법을 쓰고 있습니다. 하지만 바이런 경이 이와 같다고 당신이 칭찬하신다면, 그것은 그야말로 바이런 경에게 할 수 있는 최고의 찬사라고 생각합니다. 그렇지만 그는 처음부터 끝까지 훤히 내다볼 수 있는 작가의 입장에 있기 때문에 좁은 시야로 애태우는 독자보다 훨씬 유리하다고 봅니다."

괴테는 내가 한 말에 동의하면서 바이런 경이 실생활에서는 전혀 순응하지 않고 법칙 같은 것은 전혀 문제삼지도 않으면서, 저 바보스러운 3일치의 법칙*13은 따랐다고 하면서 웃었다.

"이것이 이 세상의 다른 법칙과 마찬가지로 무용지물인 이유를 그는 전혀 모르고 있었어. 법칙이란 이해를 돕기 위해 있는 거야. 그러므로 3일치의 법칙도 쉽게 목적을 달성할 때는 좋은 것이지만, 이것이 작품의 이해를 방해하는 경우에는 법칙이라고 해서 무조건 소중히 간직하고 복종하려고만 할 필요가 없는 거야. 이 법칙을 만든 그리스인들도 반드시 그에 따르지는 않았어. 유리

*13 아리스토텔레스는 〈시학〉에서 연극은 시간과 장소, 행위가 일치하여야 관객에게 영혼의 정화 작용을 일으킬 수 있다고 했다. 그러나 프랑스의 고전주의 작가들이 이 법칙을 너무 엄격하게 준수했기 때문에, 독일에서는 레싱 이래로 시간과 장소의 일치가 자연적으로 일어나고 사건도 적당한 시간 내에 발전하도록 하여 관객으로부터 자연적인 공감을 일으킬 수 있게 노력하였다.

피데스의 〈파에톤〉*14이나 다른 희곡들을 보더라도 장소는 바뀌지. 이것만 봐도 그리스인들이 이 법칙에 맹목적으로 순응하는 것보다는 오히려 대상을 훌륭히 묘사하는 것에 무게를 두었다는 사실을 알 수 있어. 셰익스피어의 희곡들은 시간과 장소의 일치를 가능하면 무시하고 있지만 이해하기는 쉬워. 아니 이것만큼 알기 쉬운 것도 없지. 그러므로 그리스인들도 셰익스피어의 희곡을 비난하지는 않을 거야. 프랑스 작가들은 3일치의 법칙을 극도로 엄수하려고 노력하지. 그러나 그들은 희곡상의 법칙을 희곡적으로 해결하려고 하지 않고 이야기를 통해 해결하려고 하기 때문에 이해하기 쉬운 것을 더 어렵게 하고 있어."

이 말을 듣고 나는 후발트의 〈적들〉*15이 생각났다. 이 희곡은 장소의 일치를 엄수하려고 해서 심한 손해를 보고 있다. 제 1막은 실제로 더 큰 효과를 낼수 있을 거라고 생각했지만 오히려 이해하기 어렵게 되어 있고, 또한 독자에게도 재미없는 변덕의 희생물이 되고 말았다. 이와는 반대로 〈괴츠 폰 베를리힝겐〉의 희곡 작품은 시간과 장소의 일치를 무시하고 있지만, 모든 것이 눈앞에서 전개되는 것처럼 직접 볼 수 있게 짜여져 있기 때문에 다른 어떤 작품에도 뒤지지 않으며 가장 순수하고 드라마틱하며 이해하기도 쉽다. 시간과 장소의 일치가 자연스러운 경우도 있어, 그리스 희곡과 같이 사건이 광범위하게 펼쳐져 있지 않고, 적당한 시간 내에 우리의 눈앞에 자세히 전개되고 있다. 하지만 줄거리의 규모가 커서 여러 다른 장소를 필요로 할 때는 구태여 한 장소를 고집할 필요는 없다. 더욱이 오늘날 무대의 장면변화는 자기가 원하는 대로 할수 있기 때문에 아무런 지장을 주지 않는다.

괴테는 바이런 경에 대해 이야기를 계속했다.

"그는 언제나 무한한 것을 찾아 계속 노력하는 성격이었네. 그런 것을 생각하면 3일치의 법칙을 준수함으로써 자신에게 제한을 가한 것은 정말 잘한 일이라고 할 수 있어. 하지만 도덕적인 면에서도 자제를 했더라면 더없이 좋았을테지! 그러나 그렇지 못했기 때문에 파멸을 자초하고 말았어. 방종한 생활 때

---

*14 유리피데스는 고대 그리스의 3대 희곡작가 중 한 사람으로, 괴테는 그를 높이 평가했다.
*15 후발트(1778~1845)는 당시 대중의 사랑을 받은 독일의 비극작가이다.

문에 몰락했다고 할 수 있지. 그는 자신을 너무 몰랐어. 정열적인 생활을 할 수 있는 시간을 언제나 헛되이 보냈고, 또 자기가 무엇을 했는지 알지도 못하고 생각하지도 않았어. 자신에게는 모든 면에 있어서 관대했지만 다른 사람한테는 약간의 용서도 허용하지 않아 결국 자멸의 길을 걷게 되었고, 나아가서는 세상 사람들을 격분하게 만들었지. 그의 시 〈영국의 시인과 스코틀랜드의 비평가들에게〉에서는 처음부터 일류 문학가들을 모욕했어. 그러고는 살아남기 위해서 한 발짝 물러서지 않으면 안 됐지. 그 뒤에 나온 저술에서도 그는 반대와 비난을 계속했고 국가와 교회도 그 공격의 화살을 피하지는 못했어. 이러한 무모한 행동 때문에 결국 그는 영국에서 추방당했고, 만약 계속 살아 있었다면 아마 유럽에서도 쫓겨났을 거야. 그는 어딜 가나 비좁고 답답했어. 무한한 개인적 자유를 누리고 있었음에도 답답함을 떨칠 수 없었고, 마치 이 세상이 그에게는 감옥과도 같았어. 그리스로 간 것은 그의 자유의지 때문이 아니라 세상과의 불화 때문이었던 거야.

인습과 애국은 그처럼 출중한 인물을 개인적인 파멸로 이끌어 갔을 뿐만 아니라, 그의 혁명적인 기질과 쉴 새 없는 감정의 동요가 재능의 올바른 발전을 가로막았던 거지. 그는 항의와 비난에 굴하지 않고 우수한 작품을 쓰기도 했지만 그것까지도 불리하게 작용했어. 시인의 불쾌감은 독자에게도 전해지기 마련이야. 닥치는 대로 부정을 하다보니 자신에게도 불리하게 작용했던 거지. 그리고 부정은 무(無)와 통하는 법이야. 나쁜 것을 나쁘다고 해서 이득을 보는 것은 아무것도 없어. 그러나 좋은 것을 나쁘다고 하면 사태는 더욱 위태로워지지. 다른 사람의 마음을 움직이려면 비난을 해서는 안 돼. 남의 잘못에 신경 쓰지 말고 좋은 일만 하도록 하면 되는 거야. 중요한 것은 파괴하는 것이 아니라 인류가 서로 접촉하고 순수한 기쁨을 누릴 수 있도록 건설하는 일이지."

나는 이 멋지고 의미심장한 말을 듣고는 기쁜 마음을 금할 수 없었다. 괴테는 말을 계속했다. "바이런 경은 세 방면에서 고찰해 볼 필요가 있어. 바로 인간으로서, 영국인으로서 그리고 위대한 천재로서 말이야. 그의 훌륭한 특성은 주로 인간적인 면에서 유래하고 나쁜 특성은 그가 영국인이며, 영국의 한 귀족이라는 데에서 유래하고 있지. 하지만 그의 재능은 헤아릴 수 없는 것이지."

"대체로 모든 영국인들은 반성할 줄 모르는 사람들이야. 기분전환과 당파이익에 소일하느라 차분하게 교양을 쌓으려고 하지 않아. 하지만 그들은 실용적인 면에서는 위대해."

"이렇듯 바이런 경은 자신에 대해 깊이 생각하지 못했어. 그래서 그는 반성이라는 것도 전혀 할 줄 몰랐지. '돈이 많으면 정부는 무용지물!'이라는 그의 신조가 말해 주듯이 돈이 많으면 정부는 마비되고 말지.

그러나 창작에 관한 한 그는 무엇이든지 써 낼 수 있었어. 실제로 그에게는 반성 능력 대신 영감이 있었다고 할 수 있어. 언제나 창작을 하지 않을 수 없었지! 그리고 특히 그의 마음에서 우러나온 것은 모두 뛰어난 것이었어. 그가 창작에 임하는 태도는 아름다운 아기를 기르는 여인과도 같았네. 여자들은 아기를 기르는 것에 대해 생각하는 것이 없고 또 어떻게 기르는 것이 좋은지도 모르지. 그렇지만 그들은 아이를 잘 키우지 않는가."

"그는 타고난 위대한 재능의 소유자였어. 나는 바이런 경 이상으로 시적 재능을 가진 사람을 본 적이 없어. 외적인 면을 파악하는 점과 과거의 상황을 명석하게 간파하는 점은 셰익스피어와 어깨를 나란히 할 정도야. 하지만 순수한 인간으로서는 셰익스피어가 더 훌륭해. 바이런은 이 사실을 너무나 잘 알고 있었기 때문에 셰익스피어 작품의 유명한 구절을 전부 외우고 있었지만, 그에 관해서 많은 것을 말하려고 하지 않았어. 가능하면 그는 셰익스피어를 부정하고 싶었을 거야. 왜냐하면 셰익스피어의 쾌활함이 그에게 방해가 되었기 때문이지. 그는 자신이 셰익스피어의 상대가 될 수 없다는 사실을 깨닫고 있었어. 포프*[16]는 두려워할 필요가 없었기 때문에 부정도 하지 않았지. 오히려 포프의 이름을 들먹이면서 존경하고 있어. 왜냐하면 포프같은 사람은 자기 앞에 있는 하나의 벽에 불과하다고 생각했기 때문이야."

바이런에 관한 괴테의 생각은 무궁무진했다. 그의 말을 듣고 있으면 전혀 싫증이 나지 않았다. 몇 가지 짧은 대화를 나눈 뒤에 그는 계속 말을 이어나갔다.

---

*16 포프(1688~1744). 영국의 시인으로, 호메로스의 두 서사시를 완역하기도 한 그는 교훈시와 풍자시를 썼다.

"영국 귀족이라는 높은 지위는 바이런에게 불리했어. 왜냐하면 재능 있는 사람은 주위 상황에 방해를 받기 때문이야. 게다가 높은 신분의 태생이 막대한 재산을 가지고 있을 때는 더욱 그렇지. 재능 있는 사람에게는 중류계급이 훨씬 유리해. 그래서 위대한 예술가와 시인들은 전부 중류계급 출신들이지. 바이런의 성향도 그가 낮은 집안 출신이고 재산도 얼마 갖고 있지 않았다면 훨씬 덜 위험했을 거야. 그러나 그는 어떠한 변덕스러운 짓도 할 수 있었기 때문에 수없이 많은 위험에 휘말리게 되었어. 이렇게 높은 계급의 출신인데 그에게 외경심을 불러일으키고 특별한 배려를 받아야 할 어떤 계급이 따로 있었겠는가? 그는 마음에 떠오르는 대로 말했기 때문에 세상하고 해결하기 어려운 갈등을 빚어내고 말았던 거야."

"놀라지 않을 수 없는 사실은" 하고 괴테는 계속했다. "높은 가문의 부유한 영국인은 생애의 대부분을 유괴사건과 결투로 시간을 보낸다는 거야. 그는 자신의 아버지도 세 명의 부인을 유괴했다고 말한 적이 있어. 이에 비하면 바이런은 단정한 아들이라고 할 수 있지!"

"그는 태어날 때부터의 천성 그대로 생활하고 있었기 때문에 정당방위의 필요성이 늘 그의 머리를 떠나지 않았어. 그래서 쉬지 않고 피스톨 사격연습을 해야 했지. 언제 결투 신청을 받게 될지 모르기 때문이야. 그는 혼자서는 살 수 없었어. 그래서 상당히 까다로운 괴짜이긴 했지만 자기 동아리한테는 관대했어. 어느 날 밤 그는 무어 장군의 죽음을 애도하는 멋진 시를 낭송한 적이 있었는데 귀족 친구들은 그 시를 전혀 이해하지 못했어. 하지만 그는 전혀 개의치 않고 그 시를 호주머니에 집어넣었다고 해. 시인으로서의 그는 어린 양과도 같이 온순했지. 다른 시인 같았으면 동아리들에게 심한 악담을 퍼부었을 텐데 그는 그렇지 않았어."

1825년 4월 20일 수요일
괴테는 오늘 저녁 무렵에 젊은 대학생[17]으로부터 받은 편지를 나에게 보여

---

*17 이 젊은 대학생 카를 크리스티안 쇠네(1779~1852)는 괴테가 거절했는데도 자신이 〈파우스트〉 제2부를 써서 1823년 베를린에서 발행했다.

주었다. 자기 나름대로 〈파우스트〉를 완성하고 싶으니 제2부의 구상을 가르쳐 달라는 내용이었다. 그는 넉살좋게도 진지하고 정직하게 자기의 희망과 생각을 밝히면서, 마지막으로 최근의 문학적인 노력은 보잘것없는 것들이지만 새로운 문학은 자기로부터 생생하게 꽃을 피울 것이라고 말했다는 것이다.

나는 세계 정복을 꿈꾸는 나폴레옹 후계자나 쾰른 대성당을 완성하겠다는 젊은 풋내기 건축가를 만난다고 해도 이렇게까지 놀라지는 않았을 것이다. 물론 그들이 이 문학 청년 이상으로 우습기 짝이 없는 놈들이라는 생각은 들지 않을 것이다. 이 청년은 〈파우스트 제2부〉 같은 건 하려고 마음만 먹으면 충분히 쓸 수 있다는 망상에 사로잡혀 있었다.

그렇다. 나는 쾰른 대성당을 완성하는 것이 괴테의 정신에 의거해서 〈파우스트〉를 쓰려고 하는 것보다 훨씬 가능성이 크다고 생각한다! 왜냐하면 쾰른 대성당은 수학적으로 설계가 가능하며 또한 형체를 갖추고 우리 눈앞에 서 있는 것이어서 손으로 만져볼 수 있기 때문이다. 그러나 눈에 보이지 않는 정신적인 작품은 밧줄과 척도를 사용해도 도달할 수 없는 것이다. 이것은 순전히 주관에 의존하는 것으로서 창의력에 좌우되는 일이다. 인생을 소재로 스스로 체험한 것을 표현하려면, 형설의 공을 쌓고 명인의 경지에 오른 거장으로서의 수완이 필요한 것이 아닐까? 이러한 재능과 노력을 아주 쉽게 가능하다고 생각하는 사람은 천박한 인물임에 틀림없다. 그러한 인간은 그곳까지 이르기 위한 숭고한 것과 고난에 대해서는 조금도 예측하지 못하기 때문이다. 괴테가 두세 군데의 시구를 채우기만 하면 그의 〈파우스트〉를 완성하는 단계에서, 그 젊은이는 그 대수롭지 않은 시구의 부분까지도 솜씨 좋게 처리하지는 못할 것이다.

나는 오늘날의 청년들이 지금까지 선인들이 오랜 세월의 연구와 경험의 길을 거쳐 성취시킬 수 있었던 것을 자기는 세상에 태어나면서부터 가지고 있었다는 식의 망상을 어떻게 품게 되었는지 캐보고 싶지는 않다. 그러나 현재 독일에서 점진적으로 향상되는 것을 무시하는 불손한 의견이 계속 제기되고 있는 것을 보면, 앞으로 걸작품이 탄생하는 것은 어려울 것이라고 생각한다. 괴테는 이에 대해 말했다.

"국가의 불행은 사람들이 삶을 즐기려 하지 않고 누구나 지배하려고만 하는 데에 있고, 예술계의 불행은 완성된 작품을 즐기려 하지 않고 누구나 자기의 손으로 새롭게 만들어 내려고만 하는 데 있어. 또한 이미 세상에 나온 작품을 모범으로 삼아 자신의 진로에 박차를 가할 생각은 하지 않고 자기도 똑같은 것을 만들려고만 하지. 사회 전체를 위해 자신의 길을 가는 진지함은 찾아볼 수 없고 전력을 다하려는 배려도 없어. 오직 자신의 이름을 널리 알려 세상을 떠들썩하게 만들려고만 들지.—이러한 그릇된 노력은 도처에서 찾아볼 수 있어. 그리고 이런 행동은 최근의 대가들에게서 배워서 따라하는 것 같아. 이런 대가들은 연주 곡목을 택할 때에도 청중이 순수하게 즐길 수 있는 음악과는 상관없이 자기의 연주 솜씨가 근사하다는 것을 칭찬받기 위한 곡만을 고르지. 어디를 가나 자신을 화려하게 보이려고 노력하는 사람은 있지만, 전체의 대의(大義)를 위해 자신의 일쯤은 제쳐두는 그런 성실한 노력가는 눈에 띄지 않아."

"사람들은 자기도 모르는 사이에 서투른 창작에 손을 대지. 어린 시절에 벌써 시 쓰기를 계속해 청년시절에는 자기도 제법 할 수 있다고 생각하거든. 그러다가 어른이 되어 자기가 불완전하기 이를 데 없는 노력만 하다가 허송세월을 보냈다는 사실을 깨닫고 놀라게 되지. 이 세상이 얼마나 많은 걸작으로 넘쳐나고 있는가, 그리고 이런 작품과 비교할 수 있는 것을 만들기 위해서는 얼마나 뼈에 사무치는 노력을 해야 하는가를 알게 되고는 말이야. 현재 시를 쓰고 있는 많은 청년들 중에 그 내면에 이런 경지에 도달하기 위한 노력을 계속하는 데 필요한 인내와 재능, 그리고 용기를 지닌 사람은 아마 한 사람도 없을 거야."

"젊은 화가들이 라파엘로와 같은 거장이 실제로 무엇을 만들었는지를 제때에 이해했더라면 그림 그리는 붓을 절대로 손에 쥐지 않았을 거야."

화제는 그릇된 경향*18의 일반인들에게로 옮겨졌다. 괴테는 말을 계속했다.

"내가 조형미술을 실제로 해 보려고 시도했던 것 자체가 원래부터 그릇된 것이었어. 왜냐하면 나는 그 방면에는 소질이 전혀 없었기 때문에 내면으로부터 그것을 발전시킬 수가 없었거든. 주변의 풍경미에 대한 감수성을 어느 정도 갖

---

*18 이것에 대한 괴테의 언급은 제2부 1829년 4월 12일에도 나온다.

추고 있었기 때문에 처음 한동안은 제법 유망했어. 결국 이탈리아 여행이 붓을 잡아 보려는 마음을 앗아가 버리고 말았지. 그 대신 시야가 넓어지긴 했지만 애착이 가는 나의 능력은 사라져 버렸어. 미술가적인 재능은 기술적으로, 미학적으로 발전하는 것이 아니어서 나의 노력은 수포로 돌아가고 말았지."

"인간의 다방면에 걸친 능력을" 하고 괴테는 말을 계속했다. "동시에 성장시키려고 하는 것은 바람직스러운 일이며, 또 그것이 최고의 목적이라고 말하는 것도 지당한 일일세. 그러나 인간은 그렇게 태어나지는 못했어. 사람은 누구나 각자가 독자적인 인간존재를 만들어가지 않으면 안 되는 거야. 그러나 한편으로는 전 인류를 포괄하는 개념에 도달하도록 노력을 해야 하지."

나는 이때에 이와 똑같은 뜻이 〈빌헬름 마이스터〉에 있다는 것을 생각해냈다. 모든 인간이 서로 한군데 모여 인류를 만들어 내는 것이다. 그러므로 우리가 남을 존중하여 비로소 남으로부터 우리 자신에 대한 존중을 받는다고 쓰여 있다.

그리고 나는 〈편력시대〉에 대해서도 생각해 냈다. 여기서 야르노는 언제나 단 한가지 수공업에만 자기 자신을 한정시킬 것을 권고하고 있다. 또한 지금은 일면성, 다시 말해 분업시대이니만큼 이것을 헤아리고 자기 자신을 위해서나 남을 위해서도 생업에 전념하는 사람이야말로 행복한 사람으로 칭송될 만하다고 말을 하고 있다.[19]

그러나 여기에서 문제되는 것은 인간 각자가 어떤 직업을 택할 것인가 하는 것이다. 한계를 넘어서도 안 되지만 그렇다고 너무 하찮은 일을 해서도 안 되는 것이다.

많은 전문 분야를 개관하고 판단하고 지도하는 것을 본분으로 하고 있는 사람은 또한 가능한 한 그런 전문 분야들에 통달할 수 있게 유념해야 하는 것이다. 그러므로 군주이든, 장차 정치가가 되려는 사람이든 간에 아무리 다방면의 교양을 몸에 갖추어도 지나친 일이 아니다. 왜냐하면 다양한 능력을 갖추어야 하는 것이 그의 직업이기 때문이다.

---

*19 〈빌헬름 마이스터의 도제시대〉의 제8권 제5장에서도 야르노는 빌헬름에게 이와 비슷한 말을 하고 있다.

이와 마찬가지로 시인도 다방면의 지식을 갖추도록 노력하여야 한다. 왜냐하면 세계 전체가 그의 소재이기 때문에, 그것을 어떻게 취급하고 어떻게 표현해야 할 것인가를 이해하지 않으면 안 되기 때문이다.

그러나 시인은 화가가 되려는 생각을 가져서는 안되며 세계를 언어로 재현할 수만 있다면 그것으로 만족해야 한다. 또한 이 세상을 개성적인 연기로 우리의 눈앞에 그려내는 일은 배우에게 맡기면 되는 것이다.

통찰하는 것과 실제로 활동하는 것은 확실하게 구별하지 않으면 안 된다. 어떠한 예술도 실제로 부딪쳐 보면 대단히 어렵고 위대한 것이라고 말할 수 있는 것으로, 대가의 영역에 도달하는 것은 자신의 일생을 요구하는 일이라는 것을 잘 생각해야 하는 것이다.

그러므로 괴테는 통찰을 다방면하게 얻으려고 노력은 했지만 실제적인 활동면에서는 오직 한가지 일에만 자신을 한정시켰다. 그는 한가지의 기술에만 몰두하였고, 그러면서도 대가의 경지에 이르게 될 때까지 갈고 닦았다. 다시 말해 그 기술은 독일어로 글을 쓰는 것이다. 그가 표현한 소재가 다방면에 걸쳐 있다는 것은 이것하고는 별개의 문제인 것이다.

마찬가지로 수업과 실제적인 활동의 경계도 확실하게 구별되어야 한다.

시인이 외계의 대상을 파악하기 위해 자신의 눈을 모든 방법을 동원하여 훈련하는 것도 그 수업에 속한다. 그러므로 괴테가 조형미술에 종사하려고 한 것을 그릇된 경향이라고 부른 것은 자신의 실제적인 활동 시도에 한한 것이다. 사실 조형미술에의 종사는 시인으로서 쌓은 수업으로 간주할 때에는 합당한 것이었다.

"나의 시의 객관성은" 하고 괴테는 말했다. "저 깊은 주의력을 단련하여 눈을 집중적으로 훈련한 덕분이라고 해도 좋을 걸세. 그러므로 눈으로 얻는 지식도 마찬가지로 높이 평가하지 않으면 안 되네. 그러나 수업의 한계를 너무 넓히지 않도록 주의해야 할 것이야."

"자연 과학자는" 하고 괴테는 말을 이었다. "제일 그런 유혹에 빠지기 쉽지. 실제로 자연 관찰을 하려면 조화로운 보편적 수업이 요구되기 때문이야. 그러나 이와는 반대로 자기의 전문 분야에 필수적인 지식을 몸에 갖춘 사람이라고 할지라도 편협과 일방적인 것으로 흘러가지 않도록 주의하지 않으면 안 되네. 무대 상연 각본을 쓰려고 하는 시인은 무대에 대한 지식을 갖고 있어야 하네. 방법으로는 자기에게 어떤 것이 허락되어 있는가를 고려해야 하고, 특히 무엇을 해야 하고 무엇을 하면 안 되는가를 분별해야 할 것이야. 이와 마찬가지로 오페라 작곡가는 문학 작품에 대한 통찰을 게을리해서는 안 되네. 작품의 좋은 것과 나쁜 것을 식별해야 하고 자신의 기술을 하찮은 것에 낭비하는 일이 없도록 해야 하지."

이어 괴테는 말했다. "카를 마리아 폰 베버*20는 〈오이리안테〉를 작곡하지 말았어야 했어. 그리고 그는 즉시 그것은 아무 쓸모도 없는 소재라는 것을 알아차렸어야만 했지. 이러한 통찰은 어떠한 작곡가도 필수적인 기술로서 반드시 갖고 있어야 하는 것일세. 또한 화가도 대상을 구별할 수 있는 지식을 가지고 있어야 해. 화가는 자신의 전문분야에서 무엇을 그려야 하며, 무엇을 그려서는 안 되는가 하는 것을 반드시 알아 두어야 하네. 그러나 뭐니뭐니해도 결국 가장 훌륭한 기술은 자기를 한정시키고 고립시키는 일이야."

그러므로 그는 우리가 서로 가까이에서 지내는 전 기간을 통해 시종일관 내가 샛길로 빠져나가지 않게 주의를 주었고, 언제나 오로지 한가지 일에만 전심하도록 힘써주었다. 가령 내가 다소라도 자연과학에 손을 대려는 기색이 보이면 그는 언제나 그것을 그만두고 지금으로서는 문학에만 종사하라고 충고하곤 했다. 내가 읽으려 하는 어떤 책에 대해서도 그것이 내게 있어서 현재의 과정을 진전시키지 않는다는 것을 알게 되면, 그런 것은 실제적인 이득을 얻을 수 없으니 그만두는 것이 좋겠다고 말했다.

그는 어느 날 이렇게 말했다. "나는 본래의 전공분야에 속해 있지 않은 일에 너무나 많은 시간을 낭비했어. 나는 로페 데 베가*21가 해낸 창작작업을 생각하면 나의 문학작품의 창작의 양(量)은 아주 적다는 생각이 들어. 나는 나의 본래의 직업에 한층 더 전념했어야만 했네. 그리고 내가 그처럼 많은 시간

---

*20 마리아 폰 베버(1786~1826). 독일의 낭만파 오페라의 작곡가로, 〈오이리안테〉는 대본의 전부를 그랜드 오페라의 양식으로 작곡한 것이다.
*21 로페 데 베가(1562~1635). 스페인의 극작가로 무려 1500편 이상의 희극을 썼다고 한다. 스페인 연극의 완성자로 불린다.

을 광석연구에 바치지 않았더라면, 그리고 시간을 더 좋은 일에 바쳤더라면, 그야말로 다이아몬드같은 가장 아름다운 장식품을 얻을 수 있었을 것이야.”

같은 이유에서 그는 그의 친구인 마이어가 오로지 미술연구를 위해 그의 전 생애를 기울였고, 이로 인해 이 방면의 최고 권위로서 인정받기에 이른 것을 존경하고 칭찬했다.

“나도 젊어서부터 이 방면에 손을 댔다네” 하고 괴테는 말했다. “그리고 미술품의 관찰과 연구에 거의 반생을 기울였지만, 어떤 지점에 가서는 아무리 해 봐도 그에게 맞설 수 없었지. 그래서 나는 새 그림을 입수하면 즉시로 이 친구한테 보여 주지 않고, 그전에 우선 나 혼자서 그것을 천천히 감상하고 가능한 한 나의 안목을 높였지. 잘 그려진 부분과 잘못 그려진 데를 충분히 판별하고 난 뒤에야 그것을 마이어에게 보여 주었어. 물론 그가 보는 관점은 훨씬 날카로웠고, 여러 가지 관점에서 전혀 다른 참된 모습을 보여 주었네. 그러면 언제나 한 방면에 투철하여 위대한 사람이 된다는 것은 무엇을 의미하는가, 또 그렇게 되기 위해서는 무엇이 필요한가 하는 것을 나는 새삼 깨닫게 되었지. 마이어는 인류의 전세기에 걸친 미술 전반에 대한 출중한 안목을 가지고 있어.”

그렇다면 인간은 한 가지 일에만 몰두해야 한다는 것을 그처럼 절실하게 깨달았다고 하는 괴테 자신은, 어째서 그처럼 엄청나게 다방면의 일에 전 생애를 소비해야 했는지 묻고 싶어질 것이다.

여기에 대해 나는 이렇게 대답하고 싶다. 만약 괴테가 지금 이 세상에 태어나 문학적으로나 과학적으로도 벌써 높은 수준의 진보를 일궈낸 독일 국민의 모습을 발견했다면 다른 태도를 취했을 것이라고 말이다. 현재의 이 진보도 대부분은 그의 덕분이긴 하지만, 만약 그가 이것을 봤다면 틀림없이 그처럼 다방면적으로 손을 대지는 않았을 것이고 틀림없이 한가지의 전문분야에만 힘을 한정했을 것이다.

그러나 모든 분야에 걸쳐 탐구하고 이 지상의 사물을 파헤치는 일은 단지 그의 본성에 어울리는 일이었다. 뿐만 아니라 그가 확인한 것을 발표하는 것은 그 시대의 요청이기도 했다.

그가 이 세상에 출현했을 때에 그는 두 가지의 큰 유산을 물려받은 상태였다. 그것은 그의 앞을 가로막은 오류와 불완전이다. 그는 이것을 제거해야 했고, 이것 때문에 일생 동안 다방면의 활동에 몸 바치게 되었다.

만약 괴테가 뉴턴의 학설이 인간정신에 지극히 해로운 일대 오류라고 생각하지 않았더라면, 그는 실제로 〈색채론〉을 쓴다든지 하는 샛길로 빠져 들어가 다년간의 노력을 기울이지는 않았을 것이다! 그렇지만 그의 마음을 움직여 이 어둠 속에 그의 순수한 빛이 쏟아져 들어가게 한 것은 오류와 싸우려고 한 그의 진리에 대한 사랑이었다.

그의 〈식물의 변태설〉에 대해서도 역시 이와 같이 말할 수 있을 것이다. 우리는 오늘날 이 저서에 의해 과학적 방법의 한 전형을 배우기도 하지만, 괴테가 같은 시대의 사람들 가운데서 이미 이러한 목표를 향해 전진하는 사람을 보았다면 그는 틀림없이 이런 저작을 쓸 생각은 하지 않았을 것이다.

그뿐만 아니라 이것은 그의 문학 활동에도 들어맞는 것이다. 만약 〈빌헬름 마이스터〉와 같은 작품이 이미 독일에 존재하고 있었다면 괴테는 이런 대하소설을 썼을까? 그것은 아주 의문스러운 일이다. 사실 만약 이미 존재하고 있었다면, 그가 오로지 희곡 문학 쪽으로만 몸을 바쳤을 것이라고 장담할 수도 없다.

그가 오직 한 가지 방면에만 온갖 힘을 기울였을 경우, 얼마만큼 창작을 해냈을까, 또 어떠한 영향을 끼쳤을까 하는 것은 전혀 확인할 수 없는 일이다. 그러나 이것만은 확실하게 확언할 수 있다. 현명한 사람이 괴테의 전체를 바라본다면 그가 그와 같은 모든 것을 창작해 내지 않았으면 좋았을 것이라고 소망하지는 않을 것이다. 또한 그가 그런 일들을 성취한 것은 누가 뭐라고 해도 하느님의 뜻이 담겨 있었기 때문이라고 느낄 것이라는 사실을 말이다.

1825년 5월 12일 목요일
괴테는 메난드로스*22에 대해 아주 열광적으로 이야기를 했다.

＊22 메난드로스(기원전 342~290). 고대 그리스의 신희극 작가이다. 100여 편의 작품을 썼지만 현재에는 단편만이 남아 있다.

"소포클레스 외에 내가 이 사람만큼 좋아하는 사람은 없지. 그는 절대적으로 순수하고, 고귀하고, 위대하고, 명랑해. 그 우아함에 있어서는 그를 당할 수 없어. 그의 작품이 아주 적다는 것은 참으로 유감스러운 일이지만, 소수라는 이유로 그 작품들은 더욱 헤아릴 수 없을 만큼 가치가 있지. 재능이 있는 사람이라면 그에게서 배울 것이 아주 많을 걸세."

"다만 여기서 언제나 문제가 되는 것은" 하고 괴테는 계속했다. "우리가 배우기를 원하는 상대방이 우리의 성질에 적합한 사람인가 아닌가 하는 것이네. 가령 칼데론은 아주 위대했기 때문에 나는 그를 그처럼 높이 칭찬은 하지만, 좋은 점에서나 나쁜 점에서도 그에게서 아무런 영향을 받고 있지 않지. 그러나 그는 실러에게는 위험했을 것이고, 또한 실러는 어떻게 하면 좋았을지 갈피를 잡지 못했을 것이야. 그러므로 칼데론이 실러가 세상을 떠나간 뒤에야 비로소 독일에서 유행하게 되었다는 것은 다행한 일이지. 칼데론은 기교와 무대 기술면에 있어서 한없이 위대하지. 이와 반대로 실러는 의지력에 있어서 훨씬 탁월하고 진지하고 위대해. 만약 그가 이러한 장점을 상실하고 다른 점에서도 칼데론의 위대함에 도달하지 못하는 일을 겪었다면 난 몹시 유감스러웠을 것이야."

우리는 이야기를 몰리에르로 옮겨갔다. "몰리에르는" 하고 괴테는 말했다. "정말로 위대해. 누구나 그의 작품을 읽을 때마다 놀라움을 새롭게 하지. 그의 세계는 독자적이야. 그의 연극은 비극과 인접하고 있어서 어딘지 모르게 무서운 데가 있어. 아무나 함부로 그를 모방할 수 없지. 그의 〈수전노〉는 특히 걸작이며 높은 의미에서 비극적이지. 여기서는 아버지와 아들 사이의 상극을 그려 모든 경건의 울타리를 걷어 치워버리고 있네. 그러나 독일어의 번안에서는 아들을 친척으로 바꾸어 만들었기 때문에 그 효과가 너무 약해져서 말도 안 되게 되었지. 사람들은 죄악을 있는 그대로의 모습으로 나타내는 것을 두려워해. 하지만 그렇게 해서 무슨 소용이 있다는 말인가. 그리고 참을 수 없는 것 이외에 도대체 무엇이 비극적인 감동을 줄 수 있다는 말인가.

나는 몰리에르의 작품을 매년 두셋 정도 읽어. 이탈리아 대가의 동판화를 가끔 감상하는 것과 마찬가지야. 우리와 같은 소인들은 이처럼 위대한 것을 마음속에 간직해 둘 수 없기 때문일세. 그러므로 이따금 이런 것으로 되돌아가 그 인상을 마음속에 되살아나게 할 필요가 있네.

사람들은 곧잘 독창성이라는 말을 입에 올리곤 하는데, 이것은 무엇을 의미하는 것일까! 우리가 이 세상에 태어날 때부터 곧 이 세상은 우리에게 영향을 주기 시작하고, 이것은 죽을 때까지 계속된다네. 장소는 달라도 이것은 언제나 마찬가지야! 우리가 우리 자신의 것이라고 부르는 것은 기력과 정신력, 그리고 의지 이외에는 아무 것도 없어.—만약 내가 위대한 선구자와 동시대인들에게 힘입은 바 큰 것을 일일이 열거할 수 있다면, 남는 것은 아주 적을 것이야. 그러나 이때에 우리가 결코 간과할 수 없는 것은, 어느 외부의 중요한 인물의 영향을 받는 것이 우리 생애의 어떠한 시기였던가 하는 점일세.

레싱과 빙켈만 그리고 칸트*23는 모두 나의 연장자들이었고, 앞의 두 사람은 나의 청년기에, 마지막의 한 사람은 나의 노년기에 영향을 주었다는 것으로서 나에게 중대한 의의가 있었지.

또한 실러는 나보다 훨씬 젊었기 때문에 내가 이 세상에 권태감을 느끼기 시작했을 무렵에 가장 발랄하게 창작에 착수할 수 있었지. 마찬가지로 훔볼트 형제와 슐레겔 형제가 나의 눈앞에 등장하기 시작했다는 것은 아주 중요한 일이야. 이로 말미암아 나는 말로 표현할 수 없는 이득을 얻었네."

이렇게 그에게 영향을 끼친 중요한 사람들을 말한 뒤에, 담화는 그가 다른 사람에게 끼친 영향으로 옮겨졌다. 이리하여 나는 뷔르거*24에 대해 말하면서 그의 경우에는 순수한 자연적인 재능을 소유하고 있으면서도, 괴테로부터 영향을 받은 흔적을 전혀 찾아볼 수 없었기 때문에 좀 이상하게 생각된다고 말

---

*23 칸트(1724~1804). 독일 근세 철학의 아버지라고 불리는 그는 인식능력의 비판을 근본정신으로 하는 비판철학을 창립했다.

*24 뷔르거(1747~1794). 헤르더의 영향을 받아 민요와 민중적인 소재에 눈을 돌려 민중에게 시를 가장 가깝게 접근시켰다. 그는 독일 담시의 개척자이며 종래 선술집의 노래를 참다운 예술로 승화시킨 시인이라고 할 수 있다. 그의 불후의 명작인 담시 〈레노레〉는 독일을 넘어 멀리 유럽 다른 나라들에게까지 파급되어, 영국 시인 월터 스콧은 〈레노레〉를 영어로 번역하기도 하였다. 스탈 부인은 '독일론'에서 〈레노레〉를 가장 독일적인 담시라고 극찬하였는데, 당시까지 프랑스어로 번역되어 있지 않았던 그 시에 표출된 섬세한 부분을 프랑스어로 재현한다는 것은 정말로 어려울 것이라고 말하고 있다.

했다.

괴테는 말했다. "뷔르거는 재능면에서는 나와 비슷한 점이 있었지. 그러나 그의 윤리적인 교양의 나무는 전혀 다른 대지에 뿌리를 내리고 있었기 때문에 나와는 전혀 다른 방향으로 가 버렸네. 누구나 생성발전은 처음에 시작한 대로의 선을 더듬어 가는 법이지. 그리고 30대에서 〈슈닙스 부인〉과 같은 시를 쓴 사람이 나하고는 좀 거리가 먼 길로 간 것은 당연한 일이었어. 또한 그는 그의 유능한 재능을 통해 자기의 독자를 획득하고 있었고 또 그들을 충분히 만족시킬 수 있었기 때문에, 자기하고는 아무런 관계도 없는 동업자의 특성을 일부러 노력하여 몸에 걸칠 필요는 없었네."

"어디에서나" 괴테는 말을 계속했다. "우리는 오직 자기가 좋아하는 사람에게서만 배울 수 있지.—지금 현재 성장해 가고 있는 재능 있는 젊은 시인들이 이런 마음을 나에게 품고 있는 것을 가끔 발견할 수 있지만, 동시대의 사람들 가운데에서는 아주 드물게 보게 되네. 아니 그렇기는커녕 훌륭한 사람들 가운데서 나에게 전적으로 만족을 표시한 사람은 단 한사람도 거명할 수 없을 정도야. 〈베르테르〉가 나오자 그들은 곧바로 엄청난 비난의 화살을 쏟아 부어, 작품 전체에서 비난받지 않은 곳은 한 행도 남지 않았을 정도였지. 그러나 나를 아무리 비난했어도 아무 소용이 없었어. 왜냐하면 아무리 유명한 인물들이었다고 하더라도 그와 같은 두세 사람들의 주관적인 비평 같은 것은 대중의 지지에 의해 다시 정당하게 정정되었기 때문일세. 무릇 1백만 명의 독자를 기대할 수 없는 사람이라면 한 행이라고 하더라도 써서는 안 되네. 그런데 요 20년 이래로 세상 사람들은 실러하고 나하고를 비교하면서 어느 쪽이 더 위대한가 하는 논쟁을 벌이고 있어. 언제나 논쟁거리로 삼을 수 있는 사람 두셋을 가지고 있다는 것도 즐거운 일이지."

1825년 6월 11일 토요일

괴테는 오늘 식사 중에 바이런에 관한 파리 소령*25의 저서에 대해 여러 가지로 이야기를 했다. 그는 이 책을 극찬했다. "여기에는 바이런 경과 그의 견해

*25 바이런의 친구인 그는 1825년 〈바이런의 마지막 날들〉이라는 책을 출판했다.

가 한층 더 완전하고도 경쾌하게 그려져 있어, 이때까지 그에 대해 쓰여진 모든 것을 훨씬 뛰어넘고 있네."

"파리 소령은" 괴테는 계속했다. "바이런과 마찬가지로 아주 훌륭하고 아주 고귀한 인물임에 틀림없어. 자신의 친구를 그처럼 순수하게 이해하고 그처럼 완전하게 그려 낼 수 있었으니 말이야. 이 책의 어떤 부분의 표현은 나에게는 특별히 호감이 가고 쾌적하게 생각이 되네. 이것은 고대 그리스인의 책이나 플루타르코스와 같은 품위를 갖추고 있어. '고상한 경에게는' 하고 파리는 말하고 있네. '시민 계급을 장식하고 있는 도덕이 모두 결여되어 있었다. 그의 신분, 교육 그리고 생활 방식이 그것을 몸에 갖추는 데 지장을 주었다. 그런데 그에게 좋지 않게 말하는 비평가들은 모조리 중산계급 출신이다. 그들이 그들 계급의 장점으로 여기고 있는 것이 바이런에게 결여되어 있는 것을 비난하고 유감으로 생각하는 것은 당연한 것이지만, 이 선량한 사람들은 바이런이 높은 지위에 있었기 때문에 그들이 전혀 이해할 수 없는 업적을 내고 있다는 것은 알아차리지 못하고 있었다.' 어때, 재미있지 않은가?" 하고 괴테는 말했다. "이런 멋진 말은 우리가 보통 때에는 들을 수 없는 표현들이네."

나는 말했다. "이렇게 훌륭한 사람을 비난하는 소인배들을 일거에 무력화시키고 궤멸시켜버리자는 의견이 공공연하게 말해져서 기쁘게 생각합니다."

이어 우리는 세계사적 대상과 문학의 관계에 대해 이야기했다. 그리고 민족 간의 역사를 비교했을 때 시인에게 줄 수 있는 것이 많은 역사란 어떤 것인가에 대해 이야기했다.

괴테는 말했다. "시인은 특수한 것을 이해해야 하지만, 그것이 건전한 것이라면 그 속에 보편적인 것을 표현할 수가 있어. 영국의 역사는 문학적인 표현에는 안성맞춤이야. 왜냐하면 거기에는 훌륭하고 건전한, 또한 쉬지 않고 되풀이되는 보편적인 것이 나타나기 때문일세. 이와는 반대로 프랑스의 역사는 문학에는 어울리지 않네. 왜냐하면 그것은 다시는 되풀이되지 않는 한 시대를 그리고 있기 때문일세. 그러므로 이 국민의 문학은 그러한 시대에 기반을 두고 있는 이상, 단지 특수적인 것으로만 존재하여 시대와 더불어 낡은 것이 되어버리고 말지."

"현대의 프랑스 문학에 대해서는" 하고 괴테는 계속하여 말하였다. "전혀 판단을 내릴 수가 없네. 독일적인 것이 침투하여 그 속에서 발효를 일으키고 있어. 20년이 지나서야 비로소 그 결과를 알 수 있을 것이야."

이어 우리는 미학자에 대해 이야기했다. "그들은 시와 시인의 본질을 추상적으로 정의 내리려고 노력하지만 명확한 결론에는 도달하지 못하고 있네."

"무턱대고 정의를 내릴 필요는 없어" 하고 괴테는 말했다. "어떤 상황에 있더라도 생생하게 느끼는 감정을 잃지 않고, 이것을 표현할 수 있는 능력을 가진 자야말로 시인이 될 수 있는 것일세."

1825년 10월 15일 수요일

오늘밤 괴테는 유달리 기분이 좋은 듯했다. 또다시 그에게서 친히 여러 가지 중요한 사항을 들을 수 있었던 것은 기쁜 일이었다. 우리는 최근의 문학상황에 대해 의견을 나누었는데, 괴테는 다음과 같이 말했다.

"개개의 연구자와 작가의 성격적 결함이 우리 근대문학의 화근이지. 특히 비평에 있어서는 이런 결점이 이 세상에 해독을 끼치고 있네. 이런 성격의 결여가 진리 대신에 오류를 마구 뿌려대고, 또 그렇게 해서 생겨난 빈약한 진리가 우리에게 한층 더 크게 도움이 될 위대한 것을 빼앗아 가기 때문일세. 지금까지 세상 사람들은 루크레티아*26라든지 무치우스 스케볼라*27 같은 영웅정신을 그대로 믿어 왔고, 그 이야기를 듣고는 마음이 따뜻해짐과 동시에 큰 감동을 받곤 했네. 그러나 지금에 이르러 역사 비평같은 것이 나타나 그와 같은 인물은 실제로 존재하지도 않았으며, 그것은 단지 로마인들의 위대한 정신이 만들어낸 픽션이나 우화로 간주되어야 한다고 말했어. 그러나 이런 초라한 진실

---

*26 루크레티아(기원전 6세기). 로마의 정숙한 부인으로, 로마의 왕자에게 능욕을 당하자 남편에게 복수를 요구하고 자살한다. 이 사건은 제정 로마의 멸망과 공화제 성립에 계기가 되었다.

*27 스케볼라(기원전 6세기) 고대로마의 전설적인 인물로, 로마가 포위당하고 있을 때 적 에트루스 왕을 암살하려다 실패하였다. 포로가 되어 적 진지에서 심문을 받을 때에 그가 오른손을 불에 태워 그 용맹성을 보여 주자 에트루스 왕은 포위를 풀었고, 이 일로 왼쪽 손의 사나이로 불렸다고 한다.

을 듣는다고 해서 무슨 소용이 있다는 말인가! 만약 로마인이 이와 같은 것을 만들어 낼 만큼 위대했다고 하면, 우리는 적어도 그것을 믿을 만큼 위대해도 좋지 않은가 말일세.

나는 이때까지 13세기에 일어난 일대 사건을 언제나 흐뭇하게 생각하고 있었네. 그 당시 황제 프리드리히 2세는 로마 교황과 싸우고 있었기 때문에 북도이치는 공공연히 모든 적의 침입을 받고 있는 상황에 있었어. 아세아의 유목민도 쳐들어와서 슐레지아까지 진군하여 왔지. 그러나 리그니츠 공작이 일대 타격을 가해 그들을 공포심에 떨게 했네. 이어 그들은 메렌으로 방향을 돌렸지만 여기서도 슈테른베르크 백작에게 대패를 당했어. 그러므로 이 용감한 사람들은 오늘날까지도 나의 마음속에서 언제나 독일 국민을 구해낸 위대한 사람으로서 살아 있다네. 그러나 오늘날에 와서는 역사 비평이라는 것이 나타나, 그 영웅들은 전혀 무익하게 희생을 치른 것이라고 하네. 왜냐하면 그 당시에 이미 아세아의 군병은 귀환 명령을 받았기 때문에 그냥 내버려두어도 되돌아갔다는 것이야. 이로 말미암아 이제는 위대한 조국 존망의 사건도 그 힘을 잃고 파괴되고 말았네. 정말로 쓰디쓴 기분이지."

역사 비평가들에 대한 이러한 이야기를 한 뒤에 괴테는 또 다른 종류의 연구가와 문학자에 대해 이야기를 했다.

그는 말했다. "인간은 정말 불쌍하기 그지없는 존재이며 참으로 위대한 목적을 위해서는 거의 하잘것없는 존재라는 것을 깨닫게 된 것은, 자연과학 연구를 통해 그들을 고찰한 덕분일세. 그러나 대부분의 사람들에게는 과학도 단지 먹고 살기 위한 수단에 지나지 않는다는 것을 알게 되었네. 그리고 그들은 이것이 호구지책이 되기만 하면 아무리 오류라고 할지라도 신처럼 숭상하고 있는 것이야.

그리고 문학에서도 사정이 이것보다 더 좋을 수는 없어. 여기에서도 위대한 목적이라든지 진실되고 출중한 것에 대한 순수한 감각과, 이런 것의 옹호와 보급 등은 아주 드문 현상일세. 어떤 사람이 다른 사람을 감싸고 편을 든다고 하는 것도 결국은 자기도 그 답례로 감사함을 받고 두둔을 받기 위한 것이야. 게다가 그들은 참으로 위대한 것을 반격하고 앞장서서 이것을 세상으로부터 매장해 버리려고 하는데, 그렇게 하면 그들 자신이 그만큼 유명해진다고 생각한다네. 대다수가 이런 식이고, 소수의 걸출한 사람들도 있지만 별로 다를 것이 없네.

가령 뵈티거*28는 위대한 재능과 세계적인 박식을 소유하고 있었기 때문에 국민을 위해 큰 인물이 될 수 있었을 것이야. 그러나 성격의 결여 때문에 국민에게 비범한 영향을 끼치지 못했고, 자기 자신도 국민의 존경을 얻을 수 없었네.

우리에게는 레싱과 같은 인물이 절실하게 필요하네. 왜냐하면 이분은 무엇보다도 그의 성격과 확고한 입장으로 그처럼 위대했기 때문이야! 이 정도로 현명하고 교양이 있는 사람은 많겠지만 이런 성격을 가진 사람이 또 어디에 있겠는가!

많은 사람들이 정말로 재기 발랄하고 견식도 풍부하지. 그러나 이들은 동시에 허영심도 강해. 근시안적인 대중으로부터 재사라고 칭찬을 받기 위해 급급하지. 그들에게는 수치심도 겸손도 없고 신성한 것도 존재하지 않아.

그러므로 드 장리 부인이 볼테르의 방종과 후안무치에 반대한 것은 참으로 도리에 맞는 일이었어. 왜냐하면 모든 점에서 아무리 재기 발랄하다고 하더라도, 그것만으로는 이 세상에 아무런 도움이 되지 않으며 건설적이지도 못하기 때문일세. 그뿐 아니라 사람들을 어지럽히고 사람들이 의지하는 지주를 빼앗아가기 때문에 아주 해롭다고까지 말할 수 있네.

그리고 또 우리가 알고 있는 것은 도대체 무엇이란 말인가? 그리고 우리 기지의 모든 것을 합친다고 하더라도 도대체 어느 만큼의 일을 할 수 있다는 말인가!

인간이 세계의 여러 가지 수수께끼를 풀기 위해서 이 세상에 태어난 것은 아니지. 그러나 수수께끼의 발단이 어디에 있는가 탐구할 수는 있는 거야. 그러나 이것도 이해할 수 있는 범위 내에 머물러 있어야 하네.

---

*28 뵈티거(1760~1835). 1791년부터 1804년까지 바이마르의 고등학교 교장을 지냈고 나중에는 드레스덴 고대박물관의 감독장을 역임했다. 쓸데없이 고자질을 하는 성품 때문에 괴테와 실러의 호감을 잃었다.

우주의 활동을 측정한다는 것은 인간의 능력으로는 도저히 미치지 못하는 일이네. 삼라만상을 이해하려고 하는 것도 인간의 왜소한 입장을 생각하면 전혀 헛된 몸부림에 지나지 않지. 인간과 신의 이성은 서로 전혀 다른 것이기 때문이야.

인간에게 그런 자유를 인정하는 그 순간, 신의 전지전능은 끝장이 나는 것이지. 왜냐하면 신이 내가 이제부터 하려는 것을 알고 있다고 한다면, 나는 무슨 일이 있어도 신의 뜻대로 해야만 하기 때문일세.

이런 것은 우리는 거의 아무 것도 알지 못하며, 또한 신의 비밀에는 손을 대서는 안 된다는 것을 증거로 말하는 것이야. 그리고 우리는 한층 높은 금언도 이 세상에 도움이 되는 범위 내에서만 말해야 하네. 그 이외의 것은 우리의 가슴속에 간직하고 있으면 되는 것이지. 그래도 그것들은 구름 속에 숨어 있는 태양의 다정한 광선처럼 그 빛을 우리의 행동 위에 던져 주려고 할 것이고 또 사실 그럴 것일세."

1825년 12월 25일 일요일

오늘 저녁 6시에 괴테를 찾아갔다. 마침 혼자 있던 그와 나는 즐거운 시간을 보냈다.

괴테는 말했다. "나는 요 며칠 동안 여러 가지 많은 일로 성가시게 지냈네. 여기저기서 많은 좋은 기별을 받아 답례를 하는 데에 정신이 팔려 실제적인 일에는 손을 댈 수 없었어. 나의 작품 전집출판의 특허가 각 궁정에서 차례로 도착했다네. 그런데 각기 사정이 달랐기 때문에 매번 일일이 다른 답장을 써야 했어. 게다가 헤아릴 수 없이 많은 출판사로부터 신청을 받았기 때문에, 이것도 또한 잘 생각하여 처리를 하고 답장을 써서 보내지 않으면 안 되었네. 그뿐 아니지. 나의 기념 축제*29를 맞아 엄청난 숫자의 사람들로부터 호의를 받았기 때문에 사례의 답장을 썼어. 그러나 이 일은 아직 끝나지 않았네. 무슨 일이 있어도 속이 빈 형식적인 말은 늘어놓기 싫었고, 각각 예절에 맞고 경우

---

*29 1825년 11월 7일, 괴테가 바이마르에 온지 50년이 된 것을 축하하기 위해 바이마르 궁전에서 열린 기념식을 말한다.

에 상응하는 것을 쓰고 싶었네. 이제 겨우 자유의 몸이 되었기 때문에 이제 다시 담화라도 나누고 싶었지.

요 며칠 동안 생각난 것이 있어서 자네에게 그것을 전달하고 싶어. 우리가 하는 일은 모두 그 결과를 동반하게 마련이야. 그러나 구상을 짜고 옳은 일을 한 것이 반드시 좋은 결과를 가져온다는 보장은 없고, 그 반대의 경우가 반드시 나쁜 결과를 가져오는 것도 아닐세. 오히려 이따금 예상과는 정반대의 결과가 나올 때도 적지 않지.

나는 요 며칠 전에 출판사와의 상담에서 실수를 저질렀어. 그리고 나는 이 실수를 저지른 것이 분해서 견딜 수 없었네. 그런데 지금 와서는 사태가 일변해서, 그때에 실수했기 때문에 더 큰 실책을 하지 않아도 되는 결과가 되었어. 이런 일은 일생에 여러 번 되풀이되네. 그러므로 세상 물정에 밝은 사람은 이 사실을 알고 사태에 임해서 마음껏 대담하게 처신하게 되는 거야."

이 고찰은 처음 듣는 이야기였기 때문에 나의 관심을 끌었다. 이어 화제는 그의 다른 작품들에 이르러, 비가 〈알렉시스와 도라〉도 언급되었다.

"사람들은 이 시의 결말이 너무 정열적인 것을 비난하면서, 그와 같은 질투에서 오는 격정을 없애고 부드럽고 조용히 매듭짓는 것이 바람직하다고 했어. 그러나 나는 이러한 의견에 수긍할 수 없었네. 질투는 여기서는 밀접한 관련이 있는 감정으로, 사태의 형평상 당연히 일어나는 것이기 때문에, 그것이 없으면 이 작품에는 중요한 것이 결여되는 것이야. 나 자신도 실제로 어떤 청년을 알고 있는데, 그 청년은 정열적인 사랑에 빠져 금세 한 처녀의 마음을 차지했지만 바로 이렇게 외쳤어. '그러나 그녀는 나에게 했던 것과 똑같은 것을 다른 사나이에게도 하는 것이 아닐까?'라고."

나는 괴테가 한 말에 전적으로 찬성했다. 그리고 또한 이 비가는 그처럼 길지 않고 얼마 안 되는 분량인데도 가정환경이라든지 작중 인물의 생활전부가 눈앞에 펼쳐진 것처럼 묘사되어 있었다. 나는 이처럼 모든 것이 잘 쓰여져 있는 것은 드문 일이라고 말하고 "여기에 그려져 있는 것은 마치 당신이 실제로 체험한 것을 근거로 하여 펜을 든 것처럼 실감이 납니다"라고 말했다.

괴테는 말했다. "그렇게 생각된다면 기쁜 일일세. 그러나 세상에는 현실의 진상에 대한 상상력을 가지고 있는 사람이 아주 적네. 그들이 즐겨 꿈꾸는 것은 이상한 나라라든가 그 언저리의 풍물일세. 그것에 관한 어떤 개념을 가지고 있는 것이 아니고 오로지 공상력에 의지하여 기기괴괴하게 그려 내려고 하지.

그리고 또 반대로 철저하게 현실에만 달라붙으려고 하는 사람들이 있어. 이 사람들은 시라는 것을 전혀 모르기 때문에, 그들이 시에 대해 요구하는 것도 비좁고 답답하다네. 가령 그 중의 어떤 작자들은 이 비가에 대해 말하면서 알렉시스에게 소하물을 나르는 하인을 첨부하는 것이 좋겠다고 요구하고 있지. 그들은 그렇게 하면 시적이고 목가적인 정경이 완전히 깨져 버린다는 것은 전혀 알아차리지 못하네."

화제는 〈알렉시스와 도라〉에서 〈빌헬름 마이스터〉로 옮겨졌다.

"이상한 비평가도 있지" 하고 괴테는 계속했다. "이 대하소설에서 주인공이 너무 자주 좋지 못한 패거리들과 어울리는 것을 비난하고 있어. 그러나 나는 소위 좋지 못한 패거리들이라고 일컬어지는 사람들을 말하자면 그릇이라고 간주하고 있네. 즉 그 안에 좋은 동아리의 이야기를 담는 것이야. 이렇게 함으로써 그 작품 속에 문학적인 살 붙이기와 다양한 실체를 갖출 수 있게 되네. 만약 내가 좋은 동아리를, 역시 소위 말하는 좋은 동아리를 통해서만 그리려고 했다면 아무도 이 책을 읽어 주지 않았을 것이야.

〈빌헬름 마이스터〉는 언뜻 볼 때 대수롭지 않게 보이는 부분이라고 할지라도 그 근저에 언제나 어딘지 좀 고급스러운 의미를 내포하고 있어. 그러므로 이 책을 읽으려면 충분한 눈과 처세하는 지혜 그리고 통찰력을 갖추고, 미세한 것 속에서 위대한 것을 인지할 수 있는 혜안을 가지고 있어야 하네. 이런 혜안을 갖고 있지 않은 사람은 여기에 그려진 인생을 그대로의 인생으로서 보고 만족하고 있으면 좋은 것이야."

이어 괴테는 나에게 셰익스피어의 희곡 전부를 동판화로 만든 정말로 훌륭한 영국 화가의 작품을 보여주었다. 각 페이지마다 하나의 희곡을 6개의 작은 그림으로 나타냈고, 일일이 그 아래에 두셋의 시구를 써 놓았다. 그래서 희곡 하나하나의 근본개념과 중요한 장면을 한눈에 알 수 있었다. 이렇게 하여 모든 불멸의 비극과 희극이 마치 가장행렬처럼 내 마음속을 스쳐 지나갔다.

"이들 작은 그림을 다 훑어보고 있노라면 새삼스럽게 놀라게 되네!" 하고 괴테는 말했다. "그리고 셰익스피어가 얼마나 한없이 풍부하고 위대한가를 깨닫게 되지! 인간 생활의 어떠한 주제도 그의 펜 끝에 걸리지 않았던 것이 없고 그의 말로 표현되지 않았던 것도 없어! 그러면서도 그 모든 것은 얼마나 경쾌하고 자유롭게 취급되었는가!

셰익스피어에 대해서는 정말이지 말할 자격이 있는 사람이 없어. 어떠한 말을 해도 다 그에 미치지 못하네. 나는 〈빌헬름 마이스터〉 속에서 그에 대해 조금 언급하고는 있지만 그건 아무 축에도 못 든다네. 그는 절대로 단순한 극장 부속 작가는 아니야. 그는 전혀 무대를 생각하고 있지 않아. 무대는 그의 위대한 정신 앞에서는 너무나 좁지. 그뿐이겠는가. 눈에 보이는 이 세상 모든 것까지도 그에게는 너무 좁았어.

그는 너무나 풍부하고 너무나 거대하네. 창작하는 사람은 1년에 그의 작품을 하나 정도만 읽는 것이 좋아. 그 이상을 읽는 것은 멸망의 길을 걷는 것이야. 내가 〈괴츠 폰 베를리힝겐〉과 〈에그몬트〉를 써서 몸으로 그에게서 모면한 것은 잘한 일일세. 바이런이 그에게 깊은 존경을 나타내지 않고 독자적인 길을 걸어간 것은 타당한 일이었네. 많은 우수한 독일인들 중에도 그와 칼데론 때문에 망한 사람이 얼마나 많았던가!"

괴테는 말을 이어갔다. "셰익스피어는 황금사과를 은그릇에 담아 우리에게 내놓네. 그러나 우리는 그의 작품을 연구하고 겨우 이 은그릇을 손에 쥘 수는 있지만, 여기에 담을 수 있는 것은 감자에 불과하지. 이래서는 아무래도 모양이 좋지 않아."

나는 웃었고 이 멋진 비유를 즐겼다.

다음으로 괴테는 첼터의 편지를 읽어주었다. 거기에는 베를린에서의 〈맥베스〉 상연에 대해 쓰여 있었는데, 그는 음악과 이 희곡의 위대한 정신과 성격이 일치하지 않았다고 말하고 있었다. 또 이에 대한 첼터 자신의 여러 가지 의견을 자세히 피력하고 있었다. 그 편지는 괴테의 낭독에 의해 완전히 생기를 되찾았다. 그리고 괴테는 가끔 읽는 것을 중단하고 핵심을 찌르는 말을 한 곳을 하나하나 끄집어내어 나와 함께 즐거워했다.

괴테는 이 기회에 말했다. "나는 상연각본으로는 셰익스피어의 작품 중에서 〈맥베스〉를 가장 좋은 것이라고 생각하고 있네. 이 작품에서는 무대에 대한 배려가 구석 구석까지 미치고 있지. 그러나 그의 자유의 정신을 알려고 한다면 〈트로일러스와 크레시다〉를 읽어야 해. 이것은 〈일리아스〉의 소재를 그 나름대로의 수법으로 취급한 것이야."

화제가 바뀌어 바이런에 이르자, 특히 그가 셰익스피어의 순진한 쾌활성 때문에 손해를 보고 있다는 것과, 또한 여러 가지 부정적인 작품 때문에 이따금, 아니 대부분의 경우에 비난을 받고 있는 것에 대해 말했다. 괴테는 말했다. "만약 바이런이 국회에서 격렬한 연설을 되풀이하여 그의 마음속에 있는 모든 반항적인 것을 발산시킬 수 있는 기회를 가졌더라면, 그는 시인으로서 한층 더 순수해 질 수 있었을 것이야. 그러나 그는 국회에서 거의 연설을 할 기회가 없었기 때문에, 자국민에 대해서 품고 있었던 모든 반감을 완전히 가슴속에 접어두고 있었네. 거기에서 자기 자신을 해방시키기 위해 바이런은 그것을 시로 다듬어서 표현할 수밖에 없었어. 그러므로 나는 바이런의 부정적인 작품의 태반이 억압된 국회 연설에서 비롯된 것이라고 말하고 싶네. 그리고 이렇게 말해도 부당하다고 생각하지 않네."

우리는 이어 플라텐*30에 대해 이야기를 나눴다. 괴테는 그의 부정적인 경향에도 마찬가지로 동의할 수 없었다. 괴테는 말했다. "그가 많은 찬란한 특성을 가지고 있다는 것은 부정할 수 없어. 그러나 그에게 결여되어 있는 것은 사랑이야. 그는 독자와 동료인 시인들, 그리고 마찬가지로 자기 자신까지도 사랑하지 않아. 그러므로 그에게는 저 사도의 금언을 적용해도 좋을 것이야.

내가 인간의 여러 언어를 말하고
천사의 말까지 한다 하더라도
사랑이 없으면

---

*30 에커만은 〈괴테와의 대화〉의 초판에는 누구를 지칭하는지 밝히지 않았지만 오해를 살 것 같다는 것을 깨닫고, 나중에는 확실하게 플라텐의 이름을 올렸다.

셰익스피어의 〈맥베스〉 제1막 제3장

나는 울리는 징과

요란한 꽹과리와 다를 것이 없습니다.*31

　　요 며칠 전에도 나는 플라텐의 시를 읽고 그의 풍부한 재능을 인정하지 않을 수 없었네. 그러나 지금 말했듯이 그에게는 사랑이 없어. 그러므로 그는 당연히 기대해도 좋은 결과를 절대로 얻을 수 없네. 사람들은 그를 두려워 할 것이야. 그리고 그를 숭상하는 것은 기꺼이 그처럼 부정적이 되려고 하면서도 그만큼의 재능을 가지고 있지 않는 사람들일 것이야."

---

*31 신약성서 제13장 제1절에 나오는 구절이다.

1826년

1826년 1월 29일 일요일 저녁

독일의 일류 즉흥시인인 함부르크 태생의 볼프 박사[1]가 요 며칠 동안 이곳에 체류하면서, 일반에게 시연을 해 보여 그의 드문 재능을 널리 알렸다. 금요일 저녁에는 바이마르 궁정인들이 배석한 자리에서 수없이 많은 청중을 앞에 두고 화려하게 즉흥시를 읊었다. 그날 저녁 그는 괴테로부터 다음 날 정오에 집으로 와 달라는 초청을 받았다.

다음 날 볼프 박사가 정오에 괴테 앞에서 즉흥시를 읊은 뒤에 나는 그와 이야기를 나눴다. 그는 아주 기뻐하면서 괴테와의 시간은 자기의 일생에 신기원을 이룬 날이라고 말했다. 그는 괴테가 얼마 안 되는 말로 자신을 전혀 새로운 길로 인도해 주었다고 하면서, 자신에게 가한 괴테의 비평도 정곡을 찌르는 말이었다고 했다.

오늘 저녁 내가 괴테를 찾아갔을 때 화제는 곧 볼프 박사에게 미쳤다. "볼프 박사는 각하께서 좋은 충고를 해 주어서 아주 기뻐하고 있습니다"라고 나는 말했다.

"나는 그에게 솔직하게 말을 해 주었지" 하고 괴테는 말했다. "내 말이 그의 마음을 움직여 힘을 주었다면 그것은 아주 좋은 징후일세. 그는 정말로 대단한 재능을 가지고 있어. 거기에 대해서는 의문의 여지가 없네. 그러나 그는 현재 일반적으로 퍼져 있는 저 주관주의에 병들어 있어. 나는 이 점을 고쳐 주고 싶었네. 나는 그를 시험해 보려고 함부르크로의 귀환 길을 서술해 보라고 했지. 그는 즉석에서 이것을 정리하여, 그 자리에서 울림이 좋은 시구를 열거하면서 말을 하기 시작했네. 나는 이 말을 듣고 놀라지 않을 수 없었어. 그러

---

[1] 볼프 박사(1799~1851). 함부르크 출신으로 그 당시 이름을 날리던 즉흥시인이다.

나 나는 그를 칭찬할 수는 없었네. 그가 나에게 그려 보인 것은 함부르크로의 귀로가 아니었어. 그 시는 단지 한 아들이 부모나 친척 또는 친구에게 돌아가는 감정에 지나지 않았네. 그리고 그런 감정은 함부르크의 귀로에는 해당되지만, 이와 동시에 메르제부르크나 예나의 귀로에도 모두 해당되네. 그는 먼저 함부르크가 얼마나 출중하고 특색이 있는 도시인가를 알아야만 했어. 그가 대상을 알맞게 파악할 수 있다면, 또 그 작업을 단단히 마음을 먹고 할 생각이라면, 함부르크의 특별 묘사를 위해 얼마나 풍부한 자료가 제시되어 있는지를 알았어야 했다는 말일세!"

나는 이러한 주관적인 경향의 책임은 대중에게 있다고 말하면서, 언제나 대중은 감정적으로 흐른 부분에만 정해 놓고 박수를 보낸다고 말했다.

"그럴지도 모르지" 하고 괴테는 말했다. "그러나 대중에게 더 좋은 것을 제공하면 그들은 한층 더 만족할 걸세. 볼프와 같은 즉흥시인이 로마나 나폴리, 빈, 함부르크, 런던과 같은 대도시의 활기찬 생활을 박진감 있게, 또 독자가 눈으로 보는 것처럼 생생하게 그리면, 그것은 모든 사람들을 기뻐 날뛰게 하고 열광하게 만들 것임에 틀림없어. 그가 객관적인 길로 돌진한다면 이제는 안심이 되네. 그는 소질도 있어. 게다가 상상력이 없는 것도 아니야. 지금 당장 결심하고 감행하면 되는 것일세."

나는 말했다. "그것은 의외로 어렵지 않을까 생각됩니다. 그러려면 사고방식을 완전히 바꿔야 하기 때문입니다. 설사 그것이 잘되어 간다고 하더라도 창작을 할 때에 순간적인 정체가 일어날 것입니다. 그러므로 객관적인 파악이 자유자재로 되고, 제2의 천성이 되기까지는 오랜 훈련이 필요할 것입니다."

"물론" 하고 괴테는 대답했다. "이런 관행으로부터 벗어난다는 것은 대단한 일이지만 용기를 내고 빨리 결단을 내려야 하네. 이것은 마치 수영을 할 때에 물을 무섭게 생각하는 것과 마찬가지야. 재빨리 물 속으로 뛰어 들어가기만 하면 되는 것일세. 그렇게 하면 물 쪽이 우리의 뜻대로 되어 주는 것이야."

괴테는 계속했다. "노래를 배우려고 할 때 우리가 목청에 갖추고 태어난 소리는 어떤 소리라도 모두 쉽고 자연스럽게 낼 수 있네. 그러나 목청에 갖추고 있지 않은 소리는 처음에는 내기가 매우 어렵지. 그러나 가수가 되려면 그런 소리도 제것으로 만들지 않으면 안 되네. 어떠한 소리라도 자기 뜻대로 구사하지 않으면 안 되기 때문일세. 시인도 이와 마찬가지야. 오직 주관적인 감정을 표현하고 있는 동안은 시인이라고 할 수 없네. 외부 세계를 내 것으로 만들고 표현할 수 있을 때에야 비로소 시인인 것이야. 그렇게 되면 그는 무진장하고 언제나 새로울 수 있네. 이와는 반대로 주관적인 성격의 사람은 그 얼마 안 되는 내면을 곧 토로해 버려 결국 틀에 박혀서 자멸해 버리고 말지.

우리는 언제나 고대인의 연구를 화제에 올리네. 그러나 그것도 '현실세계를 직시하고 그것을 표현하도록 노력하라'고 말하고 있을 뿐이야. 왜냐하면 고대인들도 삶을 살아가며 그렇게 했기 때문일세."

괴테는 일어나서 방안을 왔다갔다했다. 그러는 동안 나는 그가 보통 원하는 대로 탁자 옆 나의 의자에 앉은 채로 있었다. 그는 한동안 난롯가에 서 있다가, 무슨 생각이 떠오른 듯 내 곁으로 다가와 손가락을 입술에 대고 다음과 같이 말했다.

"자네에게 말할 것이 있어. 그리고 자네는 그것에 관해 이제부터의 생애에서 여러 가지로 마음에 짚이는 데가 있을 것이야. 퇴보하고 해체하는 과정에 있는 시대는 모두 언제나 주관적인 것일세. 이와는 반대로 전진하고 있는 모든 시대에는 객관적인 경향이 있어. 우리가 살고 있는 현대는 어떤 방면에서도 후퇴하고 있지. 왜냐하면 주관적이기 때문이야. 이 사실은 오로지 문학에만 한정된 것은 아니네. 그림과 이 이외의 많은 다른 분야에 걸쳐서 이런 현상을 볼 수 있어. 이와는 반대로 모든 훌륭한 노력이란 것은 내면으로부터 외부 세계로 방향을 취하고 있네. 자네도 보아서 알겠지만, 진실로 노력과 전진을 목표로 하고 있는 모든 위대한 시대는 객관적인 성질을 띠고 있어."

이와 같이 언급된 말이 계기가 되어 여기에서 가장 함축성이 깊은 담화가 흘러나왔다. 그 중에서도 특히 15세기와 16세기의 위대한 시대가 돌이켜 생각되었다.

이어 담화는 연극으로 옮겨져 새로운 현상으로서 등장한 나약함과 감상적 침울함을 문제로 삼았다. "나는 지금 몰리에르를 읽고 마음의 위로를 받고 힘을 얻고 있습니다" 하고 나는 말했다. "이 시인의 〈수전노〉의 번역을 끝내고 지금은 〈마지못해 의사가 된 사람〉에 열중하고 있습니다. 몰리에르는 얼마나 위대하고 순수한 한 인간인가요!"—"그렇지" 하고 괴테는 말했다. "순수한 인간이지. 이것은 그의 비평으로 적절한 말이지. 그에게는 지금도 비뚤어진 데가 없고 뒤틀려진 데도 없어. 그러면서도 그는 그처럼 위대하네. 그는 그 시대의 풍습을 지배했어. 이와는 반대로 우리의 이플란트나 코체부는 그들이 속한 시대의 풍습에 지배를 당했네! 그 속으로 밀려들어가 붙잡혀 있었지. 몰리에르는 인간을 진실 그대로의 모습대로 그려냄으로써 인간을 징계할 수 있었네."

나는 말했다. "만약 몰리에르의 작품이 가장 순수한 형태로 무대에 올려질 수 있다면 나는 내 나름대로의 도움을 주겠습니다. 그러나 내가 볼 때 이러한 작품은 관객에게는 너무 강렬하고 노골적인 것 같습니다. 도에 지나치게 섬세한 것을 즐기는 이러한 일반적인 경향은, 일부 작가들의 소위 관념적인 문학 때문이 아닐는지요?"

"그렇지는 않지" 하고 괴테는 말했다. "그 원인은 사회 그 자체에 있네. 그리고 젊은 아가씨들이 극장이 무슨 소용이 있다는 말인가? 그들은 극장에 갈 것이 아니라 수도원으로 가야 하지. 극장은 이 세상의 물정을 잘 식별하고 있는 성인 남녀들의 것이야. 몰리에르가 글을 쓰고 있던 당시에 아가씨들은 수도원으로 갔네. 그래서 그는 이 아가씨들을 고려할 필요가 전혀 없었어.

그러나 지금에 와서는 우리의 젊은 아가씨들을 몰아내게 되면 곤란하지. 그리고 나약하기 그지없는 희곡들을 상연하는 것을 중지할 수도 없네. 그러므로 이러한 경향에 대해 올바르고 현명한 태도를 취하기 위해서는 나처럼 그런 것에는 개입하지 않는 것이 좋아.

실제로 극장에 관계하고 있을 당시 나는 정말로 마음으로부터 이 일에 흥미를 가졌었네. 무대 설비가 점점 더 좋아지는 것도 기쁜 일이야. 그리고 무대 상연에 있어서 나의 관심은 각본에 있었다기보다는 오히려 배우들이 자기가 맡은 부분을 훌륭하게 소화해 내는지 어떤지에 있었어. 나는 이것은 안되겠다고 생각한 점이 있으면 그것을 다음날 종이 쪽지에 써서 무대 감독에게 보냈네. 그렇게 하면 다음 상연 때에는 반드시 그 결점이 고쳐졌지. 그러나 지금은 극장에 실제로 영향력을 행사하는 입장에 있지 않기 때문에, 이제 이것은 나의 영역이 아니야. 불완전한 데가 있어도 그대로 놔 두는 수밖에 별 도리가 없네. 그것은 이제 나의 소관 사항에 속해 있지 않아.

읽어주십사 하면서 보내오는 희곡도 나에게는 두통거리야. 이들 젊은 독일 작가들은 쉬지 않고 비극을 보내지만, 내가 그것을 어떻게 할 수 있다는 말인가? 나는 우리나라의 희곡을 언제나 무대에 올릴 수 있을지 어떨지 판단하는 관점에서만 읽어 왔네. 그 이외의 다른 점에 있어서는 나는 관심이 없었어. 그러므로 나의 현재의 입장으로는 젊은 사람들의 희곡을 어떻게 해줄 수가 없다네. 읽어 주고는 이렇게 써서는 안 되는데 하고 생각한들 나 자신은 얻는 것이 아무것도 없어. 게다가 이미 완성된 작품이기에 젊은 작가들에게는 아무런 도움이 되지 않네. 인쇄된 각본이 아니라 그 각본의 계획을 보내온다면 그것을 쓰라든지, 쓰지 말라든지, 이렇게 쓰라든지, 저렇게 쓰라고 말할 수는 있지. 그런 것 같으면 다소나마 의미도 있을 것이고 도움이 될 수도 있을 거야!

그러므로 이런 모든 재난의 원인은 독일에서 교양이 극도로 보편화되어, 지금에 와서는 아무도 서투른 시를 쓰는 사람이 없다는 데 있네. 나한테 보내오는 젊은 작가들의 작품은 선배들의 그것에 비해 조금도 손색이 없어. 또한 그들은 격찬을 받은 선배들의 작품을 보고, 왜 자기의 작품은 칭찬을 받아서는 안 되는 것인지 이해할 수 없다고 생각하지. 그러나 그들을 치켜세우는 것은 금물이야. 지금으로서 이 정도의 재능의 소유자는 수백 명이나 되고, 한편으로는 아직 더 많이 해야 할 유익한 일들이 많기 때문에, 그와 같이 사람이 남아 돌아가는 일을 추진하는 것은 좋지 않네. 모든 사람을 누구보다도 앞질러 가는 단 한 사람이 있으면 그를 격려해 주는 것이 마땅한 일이지. 왜냐하면 오직 비범한 사람만이 이 세상에 도움을 주기 때문이야."

1826년 2월 16일 목요일

오늘 저녁 7시에 괴테를 찾아갔다. 그는 방에 혼자 있었다. 나는 테이블 쪽으로 가서 그의 곁에 앉았다. 그리고 어제 나는 페테르부르크를 여행 중인 웰링턴 공작을 여관에서 봤다고 보고했다.

괴테는 흥분해서 말했다. "그렇구나, 그는 과연 어떤 분이던가? 그에 대해서 말해 주기 바라네. 초상화하고 꼭 같던가?"

"그렇습니다" 하고 나는 말했다. "그렇지만 훨씬 더 훌륭하고 훨씬 특색이 있었습니다. 그분의 얼굴을 한번 보기만 하면 그의 초상화는 모두 무로 돌아갑니다. 그분을 단 한번만이라도 만나 보면 일생 잊을 수 없을 것입니다. 그에게서는 그와 같은 인상을 받습니다. 눈은 갈색이고 아주 밝게 빛났습니다. 그의 눈매에 감동을 받습니다. 그의 입은 닫혀 있을 때에도 뭔가 말을 하고 있습니다. 많은 것을 생각하고 가장 위대한 것을 경험하고, 지금은 이 세상 일에 관련해 쾌활하고도 온건하게 처신하면서 이제는 어떤 것으로부터도 괴로움을 받고 있지 않는 그런 모습이었습니다. 그는 나에게는 확고하고 강인한 저 다마스커스의 칼날과도 같았습니다.

외모로 볼 때에는 50대의 꼭대기에 올라선 것 같고, 자세가 좋고 날씬하며 너무 크지도 않았고 혈기에 차 있다기보다는 오히려 살이 빠져 있었습니다. 마차를 타고 막 떠나려고 하는 순간 그는 군중들 사이를 지나가면서, 조금 몸을 앞으로 구부리고 모자의 가장자리에 손가락을 대며 가볍게 인사하는 모습에서는 정말로 친밀한 정이 묻어 나왔습니다."

괴테는 나의 설명을 아주 흥미롭게 듣고 있었다. "이제 자네는 두 영웅 중의 한 사람을 만난 셈이야" 하고 괴테는 말했다. "그리고 이것은 상당히 의미 깊은 일이지." 우리는 나폴레옹으로 대화가 옮겨졌고, 나는 그를 보지 못한 것을 유감으로 생각했다. 괴테는 말했다. "그는 물론 만나 볼 가치가 있는 인물이지. 그 인물 속에 세계가 응축되어 있었네!"

"그는 이를 데 없이 위대한 사람으로 보였습니까?" 하고 나는 물었다. "그는 위대했어" 하고 괴테는 대답했다. "첫 눈에 그는 위대하다는 것을 알 수 있었지. 그 이상 무슨 말이 필요하겠나."

나는 괴테에게 아주 드문 시를 가져왔는데, 이 시에 관해서는 내가 요 며칠 전 어느 날 저녁에 그에게 이야기한 바 있었다. 이 시는 그 자신의 작품이지만 너무나도 오래전의 것이라 그로서도 이제는 기억해 낼 수 없을 정도였다. 이 시는 1766년 초 당시 프랑크푸르트에서 발간되고 있었던 〈지흐트바렌〉이라는 잡지에 실렸던 것으로, 괴테의 옛날 집 하인*²이 바이마르로 가지고 왔다. 그런 것이 그의 자손을 통해 나의 손 안에 들어온 것이다. 이것은 의심할 여지 없이 괴테가 자신의 작품이라고 인정한 시 중에서 가장 오래된 것이었다. 〈그리스도의 지옥행〉을 소재로 한 것이지만, 나의 주목을 끈 것은 저자가 아주 나이가 어렸음에도 불구하고 이 종교상의 관념법을 아주 익숙하게 잘 다루고 있다는 점이었다. 성향으로 볼 때는 클롭슈토크의 영향을 받고 있는 듯 하였으나, 만들어 낸 솜씨를 보면 이것은 전혀 이질적인 성질의 것이었다. 이것은 더 강렬하고, 더 자유롭고, 더 경쾌하고 한층 더 많은 에너지를 내포하고 있고, 글 솜씨도 훨씬 유창한 데가 있었다. 이것은 비상한 열정에서 힘차게 끓어오르는 그의 청년 시절을 생각나게 했다. 하지만 소재가 빈약했기 때문에 같은 속을 빙빙 돌고 있어 필요 이상으로 길어져 버린 것 같았다.

나는 괴테에게 완전히 누렇게 되어 겨우 이어 붙여져 있는 이 신문지를 내밀었다. 그는 이 시를 보자 다시 생각해 냈다. "이것은 아마 폰 클레텐베르크 양*³의 권고로 쓴 것일 거야. 표지에 요구에 응해서 썼음이라고 되어 있지. 게다가 이런 소재를 요구할 만한 사람은 그분밖에는 없어. 그 당시 나에게는 소재가 아주 빈약했기 때문에, 어떤 것이든지 내가 노래로 읊을 수 있다는 것만으로도 고마운 일이었지. 또 요 얼마 전에 그 당시의 시 하나가 내 수중에 들어왔네. 영어로 쓴 것이었지. 그 속에서 나는 시적 재료 부족을 한탄하고 있어. 우리 독일인은 사실 이 점에서는 불행하다네. 우리의 태고 역사는 너무나 확실하지 않지. 그 후에도 단지 하나의 왕가를 모시고 있었던 것이 아니기 때문에 일반 국민에게 공통된 흥미의 중심이 없어. 클롭슈토크는 헤르만*⁴을 시도해 보았지만 소재가 너무나 동떨어져 있어서 아무도 그것에 친밀감을 느끼지 못했고, 아무도 그가 의도한 바를 이해하지 못했네. 그 때문에 그가 그려낸 것

---

*2 필립 자이델을 말하는 것으로, 괴테는 그를 프랑크푸르트에서 바이마르로 데리고 왔다.

*3 폰 클레텐베르크 양(1723~1774). 괴테와 괴테의 어머니가 아주 가깝게 지냈던 경건주의 신앙가로, 그녀는 〈빌헬름 마이스터의 도제시대〉에 아름다운 영혼으로 등장한다.

*4 서기 9년에 로마군을 격파한 아르미니우스(서기전 18~서기 19)를 지칭한다. 클롭슈토크는 그를 소재로 하여 3편의 희곡 〈헤르만의 전쟁〉(1768) 〈헤르만의 군주들〉(1784) 그리고 〈헤르만의 시〉(1787)를 썼다.

은 아무런 영향을 줄 수 없었고 대중성도 획득할 수 없었네. 나는 〈괴츠 폰 베를리힝겐〉을 취급해서 일대 성공을 거두었지만, 그것은 실제로 나의 뼈의 뼈였고 나의 살의 살이었기에 그 재료만으로도 벌써 뛰어난 한 몫을 할 수 있었네.

그렇지만 이와는 반대로 〈베르테르〉나 〈파우스트〉의 경우엔 나는 새롭게 구상을 깊이 다듬지 않으면 안 되었지. 왜냐하면 전해져 내려온 소재는 대단한 것이 못 되었기 때문이야. 나는 악마와 마녀는 단 한번만 만들었을 뿐이지. 나는 나의 북방적 유산을 다 먹어치웠을 때에는 즐거운 기분이었네. 그래서 그리스인의 식탁으로 몸을 돌렸지만, 이곳에 수백 년 그리고 수천 년 이래로 얼마나 많은 걸작들이 존재하고 있는가를 지금만큼 확실하게 알고 있었다면, 나는 한 줄의 글도 쓰지 않고 뭔가 다른 일을 했을 것이야."

1826년 3월 26일 부활절 날에

괴테는 오늘 식사 중에 가장 쾌활하고 자애로운 기분에 젖어 있었다. 아주 귀중하기 그지없는 한 장의 종이가 오늘 그에게 도착했던 것이다. 즉 〈사다나펄러스 왕〉을 증정한다고 쓴 바이런 경의 자필 헌사였다. 식사 후 그는 이것을 우리에게 보여 주었다. 그러고는 바이런이 제노바에서 보낸 편지를 다시 돌려 달라고 하면서 그의 딸(괴테의 며느리)을 괴롭혔다.

"이쁘둥이 아가야, 너도 알지만" 하고 그는 말했다. "바이런과 나하고 관계되는 것은 이제 이것으로 모두 한군데에 모여지는 셈이야. 오늘은 놀랍게도 이 귀중한 한 장의 종이까지 도착했다. 그러므로 지금 모자라는 것이라고는 저 편지 이외에는 아무 것도 없어."

그렇지만 이 사랑스러운 바이런 숭배자는 이 편지를 내놓으려고 하지 않았다. 그녀는 말했다. "아버지께서는 그 편지를 일단 저한테 주셨습니다. 그러니 다시 돌려드릴 수 없습니다. 그렇지만 무슨 일이 있어도 바이런의 것을 함께 보관해 두고 싶으시다면, 오늘은 그 귀중한 한 장의 종이를 저한테 주십시오. 그렇게 해 주시면 제가 모든 것을 한데 모아 보관해 드리겠습니다." 괴테는 이렇게 하는 것은 더군다나 더 싫었다. 이 애교 있는 말다툼은 한동안 계속 되었지만, 드디어 좌중의 즐거운 대화 속에 녹아 들어가 버리고 말았다.

이어 우리들은 식탁에서 일어섰고 부인들도 2층으로 올라가 버리자, 나는 괴테와 단둘이 남게 되었다. 그는 서재에서 붉은 서류철을 꺼내와 나와 함께 창가로 가서 그것을 열어 보여 주었다. "이걸 보게" 하고 그는 말했다. "여기에 나와 바이런 경에 관한 것이 모두 모아져 있지. 여기에 리보르노에서 온 그의 편지가 있네. 이것은 그의 증정문의 사본이야. 이것은 나의 시이고, 여기에 있는 것은 메드윈의 대화집을 위해 내가 쓴 것이네. 그러고 보면 제노바에서 온 그 편지만이 빠져 있지만, 며늘아기는 아무리 하여도 그것을 돌려 주지 않는 구만."

이어 괴테는 오늘 바이런 경에 관한 일로 영국으로 와 달라는 간곡한 초대를 받았다고 이야기해 주었다. 그리고 그는 이것을 대단히 기쁘게 생각했고 감격했다고 말했다. 그의 마음은 그때에 바이런의 생각으로 가득 차 있었기 때문에, 바이런의 인품과 그의 작품 그리고 그의 재능에 대해 수없이 많은 흥미로운 이야기를 쏟아 냈다.

"영국인들은" 하고 그는 이렇게 말했다. "바이런에 대해 이러니 저러니 말이 많지만 그에 필적할 수 있는 시인이 없다는 것만은 확실해. 그는 다른 어떤 시인하고도 다르며 대부분의 시인보다도 훨씬 위대하지."

1826년 5월 15일 월요일

나는 괴테와 슈테판 쉬체*5에 대한 이야기를 했는데, 그는 이 사람에 대해 상당히 호의적으로 말했다.

"지난 주 내가 몸이 아팠을 때에 나는 그의 〈즐거운 시간에〉라는 작품을 읽었네" 하고 그는 말했다. "그 책은 대단히 재미있었어. 쉬체가 영국에서 태어났으면 신기원을 세웠을는지 모르지. 왜냐하면 그는 관찰과 서술의 재능은 갖고 있지만, 다만 인생의 진면목을 꿰뚫어보는 데에는 실패했기 때문이야."

---

*5 슈테판 쉬체(1771~1834). 바이마르의 추밀고문관이자 작가인 그는 〈즐거운 시간들〉(1821~1823)이라는 책을 써서 모든 사람들의 호감을 샀다.

1826년 6월 1일 목요일

괴테는 〈글로브〉 잡지[*6]에 대해 말했다. "이 잡지의 기고가들은 세상 물정에 밝은 사람들로 쾌활하고 명석하고 극도로 대담해. 비난을 하더라도 세련되고 예의가 바르지. 이와는 반대로 독일의 학자들은 언제나 자기와 똑같은 생각을 하지 못하는 사람은 미워하지 않으면 안 된다고 생각하고 있어. 나는 〈글로브〉를 가장 재미있는 잡지 중의 하나로 꼽고 있고, 또 그걸 읽지 않고는 못 견딘다네."

1826년 7월 26일 수요일

오늘 저녁 나는 괴테에게서 연극에 대해 여러 가지 의견을 들을 수 있는 행운을 가졌다. 나는 나의 친구 중 한 사람이 바이런의 〈포스카리 부자〉[*7]를 무대 위에 올리기 위해 윤색할 계획이라고 말해 보았다. 괴테는 그 성공을 의심했다.

"이것은 물론" 하고 그는 말했다. "누구나 손을 대 보고 싶어하는 작품이긴 하지. 어떤 희곡 작품을 읽고 큰 감동을 받으면, 우리는 그것을 상연해도 틀림없이 그렇게 될 것이라고 생각하고는 쉽게 성공할 것이라고 자부하네. 그러나 무대는 뭔가 독특한 것이야. 원래 작가가 무대를 염두에 둔 의도와 기교를 갖고 쓴 작품이 아니면 잘 될 수 없어. 그렇게 만들어진 작품도 상연하려고 하면 언제나 어딘지 어색하고 엇갈리는 것이 붙어 다니게 마련이야. 나는 〈괴츠 폰 베를리힝겐〉을 쓰기 위해서 얼마나 많은 고생을 했던가! 그러나 그것은 상연대본으로서는 잘 돼 있지 못하지. 너무 길었기 때문에 2부로 나누지 않으면 안 되었네. 그 가운데 후반부는 극적 효과를 올릴 수 있었지만, 전반부는 단지 서막으로만 보는 수밖에 없었지. 따라서 사건의 전말을 설명하기 위해 제 1부를 단 한번만 상연하고, 그 다음에 제 2부만을 되풀이하여 상연하게 되면 그

---

*6 1824년 파리에서 창간되어 셰익스피어와 낭만파를 옹호한 잡지이다. 그 당시 스위스의 작가인 슈타푸페르가 괴테의 희곡집을 프랑스어로 번역하자 앙페르가 〈글로브〉지에 그에 대한 비평문을 발표하였는데, 괴테는 이것을 자신이 발행하던 〈예술과 고대〉 제5권 제3호(1826)에 실으려고 하고 있었다.
*7 이 작품은 바이런의 다른 작품들 〈카인〉과 〈사다나팔루스〉와 함께 1817년에 출판되었다.

럭저럭 잘 되는지 모르지. 이와 비슷한 것을 〈발렌슈타인〉의 경우에도 말할 수 있을 것이야. 〈피콜로미니 부자〉는 되풀이할 필요가 없지만, 〈발렌슈타인의 죽음〉 쪽은 여러 번 상연해도 모두 보고 싶어한다네."

나는 무대 효과를 올릴 희곡작품을 쓰려면 어떤 요령을 체득해야 하는지 물었다.

"상식적이지 않으면 안 되지" 하고 괴테는 대답했다. "다시 말해 사건 하나 하나가 그 자체로서 의미를 가지고 있으면서, 한층 더 중요한 사건을 지향하지 않으면 안 되네. 몰리에르의 〈타르튀프〉는 이런 점에 있어서는 위대한 전형이야. 제 1장면만을 생각해 봐도 그 얼마나 멋진 서막인가! 벌써 막이 올라가는 순간부터 모든 것이 정말로 의미심장하고, 계속해서 한층 더 중요한 사건이 일어날 것이라고 예감하게 만들지. 레싱의 〈민나 폰 바른헬름〉의 서막도 훌륭한 것이야. 그러나 〈타르튀프〉의 서막은 이 세상에 오직 하나뿐인 걸작일세. 이런 것 중에서 가장 위대하고 가장 훌륭한 것이지."

우리의 화제는 칼데론의 희곡작품으로 옮겨졌다. "칼데론의 경우에는" 하고 괴테는 말했다. "자네도 알지만 무대적인 효과 면에서는 완벽하지. 그의 희곡 작품들은 전적으로 무대에는 적격이야. 그의 단 한 글자라도 무대 위의 효과를 겨냥하지 않는 것은 없어. 칼데론은 가장 세부에 이르는 것까지 깊이 이해하고 있었던 천재일세."

"셰익스피어의 희곡은 모두" 하고 나는 말했다. "반드시 그의 극장을 위해 쓰여진 것이라고 하지만, 그의 작품은 본래의 의미에서 볼 때 결코 상연대본이라고 말할 수 없다는 것이 좀 이상하다고 생각됩니다."

"셰익스피어는" 하고 괴테는 대답했다. "그의 작품을 자기 본성이 향하는 대로 썼던 것이야. 게다가 당시는 시대도 그랬고, 무대장치도 마찬가지로 조금도 그에게 강요하는 것이 없었네. 사람들은 셰익스피어가 자기 뜻대로 하는 그대로를 만족해 했지. 그렇지만 만약 마드리드의 궁정을 위해서라든지 루드비히 14세의 극장을 위해 펜을 들어야 했다면 아마 훨씬 엄격한 무대형식에 복종해야 했을 것이네. 그렇다고 해서 이것은 절대로 한탄할 일은 아니야. 왜냐하면 셰익스피어는 극작가로서 상실한 것을 넓은 의미에서 시인으로서 보충하고 있기 때문이지. 셰익스피어는 위대한 심리학자야. 그의 희곡 작품을 읽으면 인간의 마음을 움직이는 것을 배울 수 있어."

우리는 연극 지도를 훌륭하게 한다는 것이 얼마나 어려운 것인가 하는 것에 대해 이야기를 나누었다.

"이 경우에 어려운 것은" 하고 괴테는 말했다. "본질적이지 않는 것에는 구애 받지 않으면서도 높은 원칙에서 벗어나지 않도록 하는 것이네. 더 높은 원칙, 다시 말해 탁월한 비극, 가극 그리고 희극의 훌륭한 상연 목록을 만들어 두고, 이것을 지키고 확고한 것으로 생각해야 하는 것이 중요해. 그러나 본질적이지 않은 것도 계산에 넣어야 되네. 다시 말해 사람들이 보고 싶어하는 신작물을 연출하거나, 때로는 다른 곳에서 일하는 배우를 출연시켜 보여 주기도 하지. 이런 식으로 해야 관중을 샛길로 빠지지 않게 하고 쉬지 않고 자기의 상연 목록으로 되돌릴 수 있네. 오늘날에는 정말이지 좋은 희곡이 풍부하기 때문에, 그 방면의 전문가들이 좋은 상연 목록을 만드는 것은 훨씬 쉬운 일이야. 그러나 이것을 지켜나간다는 것은 훨씬 어려운 일이지.

내가 실러와 함께 극장 감독을 맡고 있을 때에 우리는 유리하게도 여름 내내 라우흐슈테트에서 상연할 수 있었지. 거기에는 훌륭한 작품 아니면 보려고 하지 않는 선택된 관객들이 있었기 때문에, 우리는 거기서 늘 일류 작품을 연습해 보고는 바이마르로 돌아와서 이곳에서 겨울 내내 여름 동안 흥행했던 것을 되풀이할 수 있었어. 게다가 바이마르의 관객은 우리의 연출을 신뢰하고 있었기 때문에, 그들이 전혀 알 수 없는 것을 상연할 때에도 그들은 우리가 하는 것에는 뭔가 한층 더 높은 의도가 숨어 있다고 확신해 주었지."

"90년대는" 하고 괴테는 계속했다. "내가 극장에 대해 흥미를 가지고 있었던 본래의 시대가 지나간 시기였어. 이제는 무대를 위해 글을 쓰는 것을 그만두고 오로지 서사시 쪽으로 방향 전환을 하려고 할 때였지. 그런데 실러가 이미 꺼져버린 나의 흥미를 다시 일깨워 주었어. 그러므로 그와 그의 일을 위해 나는 다시 극장일에 참여했네. 〈클라비고〉 시절에는 한 다스나 되는 희곡 작품을 쓰는 것도 나로서는 쉬운 일이었을 것이야. 재료에는 부족함이 없었고 창작도 쉬웠네. 1주일마다 작품 하나 정도는 쓸 수 있었는데, 그렇게 하지 못한 것이 지금에 와서 두고두고 나를 화나게 하는군."

1826년 11월 8일 수요일

괴테는 오늘도 또다시 바이런 경에 대해 감탄하면서 말했다. "그의 〈불구의 변용〉을 다시 한 번 읽어 봤는데, 그의 재능이 점점 더 위대하게 생각된다는 것을 말하지 않을 수 없네. 그가 그린 악마는 나의 메피스토펠레스에서 나온 것이기는 하지만, 모방의 흔적은 조금도 볼 수 없어. 모든 것이 전적으로 독창적이고 새롭고, 또 간결하고 씩씩하고 기지에 차 있네. 어디를 보나 나약한 데는 찾아볼 수 없고, 바늘 끝으로 찔러 생긴 것처럼 작은 점에도 우리는 그의 독창성과 정신이 집중되고 있음을 알게 되지. 그가 자신의 유일한 결점인 우울증적인 것과 부정적인 것을 배제했다면, 아마 셰익스피어나 고대의 위인들에 뒤지지 않을 만큼 위대해졌을 것이야."

내가 이 말에 납득이 가지 않는 태도를 취했기 때문에 괴테는 말했다. "글쎄, 내 말을 믿어도 되네. 그를 새롭게 연구하여 보고 점점 더 이렇게 말하지 않을 수 없으니까!"

얼마 전의 대화에서 괴테는 "바이런 경은 세상사에 대한 너무나 많은 경험을 가지고 있지" 하고 말했다. 나는 그의 이 말의 진의를 똑똑히 알아들을 수 없었지만 그때에는 다시 묻는 것을 삼갔다. 그리고 마음속으로만 몰래 생각해 보았다. 그러나 아무리 생각해 보아도 도저히 알 수 없었기 때문에, 나의 교양이 더 높아질 때까지 기다리든가, 혹시 좋은 기회가 생겨 이 비밀이 풀리기를 바라는 것 외에는 다른 도리가 없었다. 그런데 그 기회가 다음과 같이 우연히 찾아왔다. 극장에서 〈맥베스〉의 훌륭한 상연을 보고 일대 감동을 받은 밤이 있었다. 그 다음 날 낮에 바이런 경의 전집을 꺼내 그 중에서 〈베포〉를 읽었다. 〈맥베스〉와 비교했을 때 이것은 별다른 감명을 주지 못했지만 나는 그것을 읽어감에 따라 점차로 괴테가 한 말의 진의가 어디에 있는지 확실히 알 수 있었다.

〈맥베스〉 중에서 나에게 감동을 준 것은 셰익스피어의 위대하고 강렬하면서도 숭고한 정신이었다. 이것은 셰익스피어 자신 이외에는 다른 어떤 사람에게서도 찾아 낼 수 없는 것이다. 그것은 이 세상에 태어나면서 부여받은 높고 깊은 천성인 것이다. 이것이 그의 개성을 관통하여 그를 다른 누구보다도 눈에 띄게 하였고, 그는 이로 인해 위대한 작가가 되었던 것이다. 이 작품에 나타나 있는 세계 그리고 체험도 이 시적 정신에 순응하여 이야기되고 지배되고 있었다. 이 위대한 시인은 독자를 자유로이 자기의 몸 가까이에 끌어당겨 그의 고찰의 높이에까지 올려 세우는 것이다.

이와는 반대로 〈베포〉를 읽고 내가 느낀 것은 그 작품에서는 저주할 경험 세계가 우위를 차지하고 있다는 것이었다. 그리고 그것을 우리의 관능 앞으로 끌어내야 할 정신이, 말하자면 그 경험 세계와 유착하려고 하는 저의가 보인다는 것이었다. 재능이 풍부한 시인으로서의 타고난 위대하고 순수한 정신은 만날 수 없고, 시인의 사고 방식도 그와 같은 세계와의 빈번한 접촉을 통해 그것과 똑같이 성립된 것처럼 보였다. 시인은 고상하고 재기 발랄한 모든 세계인들과 똑같은 수준에 있는 것처럼 보였고, 조금도 이들보다 뛰어난 것처럼 보이지 않았다. 다만 그 위대한 묘사능력에 의해 그는 그들을 대신하여 말하고 있는 기관(機關)이 된 것처럼 생각되었다. 그러므로 〈베포〉를 읽고 괴테가 바이런 경이 세상사에 관해 너무나 많은 경험을 가지고 있다고 한 것은, 그가 현실을 우리 눈앞에 너무 많이 전개시켰다는 의미가 아닌 것이다. 그 말은 오히려 〈베포〉에서 그의 한층 더 높은 시적 천성이 침묵을 지키고 있는 것처럼, 아니 그것이 경험적 사고 방식에 의해 추방되어버린 것처럼 보였기 때문에 한 말인 것이다.

1826년 11월 29일 수요일

나는 바이런 경의 〈불구의 변용〉을 다 읽고, 이에 관해 식사가 끝난 뒤에 괴테와 이야기를 나눴다.

"어때, 내 말이 맞지 않든가?" 하고 그는 말했다. "제 1장면은 위대하지. 문학적으로 봐도 훌륭해. 그 뒤의 부분은 뿔뿔이 흩어져 드디어는 로마의 포위에까지 이르고 있지만, 이것은 문학적으로는 칭찬할 수는 없어. 다만 재기 발랄한 점은 인정하지 않을 수 없더라도 말이야."

"정말 그러합니다" 하고 나는 말했다. "그러나 존경심을 갖게 하는 대상이 아무것도 없다면 아무리 재기 발랄하더라도 예술이라고 말할 수는 없습니다."

괴테는 웃었다. "자네의 말에도 일리는 있지" 하고 그는 말했다. "시인은 세상 사람들이 원하는 이상으로 말을 많이 한다는 것을 시인하지 않을 수 없네. 시인은 진실을 말하지만 그것이 세상 사람들의 마음에 들지 않을 때도 있어. 오히려 시인이 입을 다무는 것이 더 바람직하다고 생각할는지 모르지. 이 세상에는 시인이 폭로하는 것보다는 숨겨 두는 것이 더 좋은 일들이 있으니까. 그러나 이것을 폭로하는 것이 바로 바이런의 성격이야. 그에게 다른 방도를 취하라고 말하는 것은 그를 죽여 버리는 것과 같은 일일세."

"그렇습니다" 하고 나는 말했다. "그는 최고도로 재기 발랄합니다. 가령 다음과 같은 시구는 정말로 핵심을 찌르고 있습니다.

　　　악마는 의외로 여러 번 진리를 말하지만
　　　무지한 청중들에게는 공염불이다."

"그것은 나의 메피스토펠레스가 어디에선가에서 말한 것과 꼭 마찬가지로 위대하고 자유분방한 언사일세."

"메피스토펠레스의 말이 나온 김에" 하고 괴테는 말을 이어갔다. "자네에게 좀 보여 줄 것이 있네. 쿠드레이가 파리에서 가져온 것이야. 자네는 이것을 어떻게 생각하나?"

그는 내 앞에 한 장의 석판화를 내놓았다. 거기에는 파우스트와 메피스토펠레스가 그레트헨을 감옥에서 구해 내려고 밤중에 두 마리의 말을 타고 사형장 옆을 훌쩍 날아 지나가는 장면이 그려져 있었다. 파우스트는 검정말을 타고 있다. 그 말은 전속력으로 달리고 있지만, 등에 태운 주인과 마찬가지로 교수대 아래의 망령들을 보고 무서워하는 모습이다. 두 사람은 전속력으로 마구 달리기 때문에 파우스트는 말에서 흔들려 떨어지지 않으려고 애를 쓰고 있다. 맞바람이 강해 그의 모자는 머리에서 벗겨져 턱 끈으로 이어진 채로 그의 뒤에 매달려 휘날리고 있다. 그는 겁을 먹고 무엇을 물어 보려는 듯이 얼굴을 메피스토펠레스에게 돌려 그의 말에 귀를 기울이고 있다. 메피스토펠레스는 조용히 말에 앉아 조금도 동요하는 기색이 없어 마치 고차원적인 존재 같기도 하다. 그가 타고 있는 말은 살아 있는 말이 아니다. 그는 살아 있는 것은 모두 좋아하지 않는다. 게다가 또 그것은 그에게는 필요 없는 것이다. 그가 원하기만 하면 생각하는 대로의 속력으로 말을 움직일 수 있기 때문이다. 그가 말을 타고 있는 것은 아무리 봐도 단지 뭔가 타고 있다는 것을 보여주기 위함일 뿐이다. 그러므로 그는 바로 가까운 목장에서 가죽만 달려 있는 짐승을 낚아채오기만 하면 그것으로 충분한 것이다. 그것은 밝은 색깔의 말로 새까만 밤중에도 인광을 발한다. 거기에는 말을 모는 고삐도 없고 말안장도 없다. 그런 것은 아예 필요 없다. 초지상적인 기수는 가볍게, 그리고 너절하게 말에 올라타서 파우스트 쪽을 향해 말을 하고 있다. 그에게는 맞바람의 현상은 존재하지 않는다. 그의 말도 아무것도 느끼지 못한다. 그의 머리털조차도 움직이지 않고 있다.

우리는 이 재치 있는 그림구도를 아주 유쾌하게 바라보았다. 괴테는 말했다. "정말 이처럼 나무랄 데 없을 만큼 완전무결하게 그려진 것은 처음 본다고 말하지 않을 수 없네. 여기에 또 하나 다른 그림이 있지. 이것은 어떻게 생각하나?"

그것은 아우에르바하의 지하술집에서 벌어진 요란한 술잔치의 장면을 그린 그림이었다. 전체의 핵심으로서 엎질러진 포도주가 불꽃이 되어 활활 타오르고 있었고, 술을 마시는 자들의 야수와 같은 술 기질이 가지각색으로 나타나는 가장 중요한 순간이 그려져 있었다. 모든 것이 정열과 흥분 그 자체이고 메피스토펠레스만은 전과 마찬가지로 유쾌하게 차분히 가라앉아 있다. 난폭한 욕설과 외침, 바로 옆에 서 있는 사나이의 살짝 빼든 칼도 그에게는 조금도 마음에 걸리지 않는다. 그는 테이블의 가장자리에 앉아 다리를 흔들거리고 있다. 그가 손가락을 한번 위로 들기만 하면 불꽃과 격정은 사라져 버린다.

이 멋진 그림을 바라보면 바라볼수록 점점 더 화가의 위대한 이해력을 알 수 있었다. 어떤 인물도 다른 인물과는 다르게 그렸고, 한 사람 한 사람의 움직임을 각각 다른 단계로 그리고 있었다.

그레트헨을 감옥에서 구해내려고 밤중에 말을 달리는 파우스트와 메피스토 〈파우스트〉 1부 4399~ 4404행, 들라크루아의 그림

"들라크루아*8 씨야말로" 하고 괴테는 말했다. "〈파우스트〉 속에서 적절한 자양분을 발견한 위대한 재능이야. 프랑스인들은 이 화가가 몹시 거친 면을 가지고 있다고 비난하고 있지만, 여기서는 그 점이 오히려 그에게는 도움이 되고 있지. 그가 〈파우스트〉 전부를 완성하는 날이 몹시 기다려지네. 특히 마녀의 부엌 장면과 브로켄산의 장면이 어떤 식으로 그려질지 기대가 크네. 그가 인생을 올바르게 경험했다는 것을 알 수 있지만, 파리와 같은 도시가 그 최고의 기회를 주었음에 틀림없어."

나는 이러한 그림들이 작품을 한층 더 잘 이해하는 데에 크게 공헌할 것이라고 말했다.

"그것은 말할 필요도 없네" 하고 괴테는 말했다. "이러한 화가의 상상력이 완전해지면 그럴수록, 그 자신이 생각한 장면 그대로가 우리의 마음에 새겨지듯

*8 들라크루아(1798~1863). 프랑스 화가인 그는 낭만파의 지도자이기도 하다. 괴테는 슈타푸페르가 번역한 〈파우스트〉 제1부 프랑스어 판에 삽입된 들라크루아의 석판화 연작을 보고 칭찬을 아끼지 않았다.

아우에르바하 지하 술집에서 술잔치 〈파우스트 1부〉 2291~2312행, 들라크루아의 그림

이 다가오는 것이네. 또한 고백하건대, 들라크루아 씨는 내가 만들어 낸 장면에서 나 자신의 표상을 능가하고 있어. 그러므로 모든 것이 더 한층 생생하게 나타나 독자들은 그것들이 자신들이 책을 읽고 상상할 수 있는 것을 넘어서고 있다는 것을 알게 되지!"

1826년 12월 11일 월요일
괴테는 매우 좋은 기분이었고 흥분상태에 있었다. "오늘 아침 알렉산더 폰 훔볼트*⁹가 나를 찾아와 몇 시간을 함께 지냈지" 하고 그는 나에게 아주 쾌

---

*9 알렉산더 폰 훔볼트(1769~1859), 자연과학 전반에 걸쳐 많은 업적을 남긴 그는 1799년~1804년 남미북부를 여행하고 광범한 관측과 관찰을 했다. 독일은 훔볼트를 기려 1925년 알렉산

활하게 말을 했다. "얼마나 훌륭 한 사람인가!—나는 그를 오래전 부터 알고 지냈지만 새삼스럽게 그에 대해 감탄하고 있네. 학식과 실제적인 지식면에 있어서 그와 어깨를 겨룰 수 있는 사람은 없 어. 이만큼 다방면에 걸쳐 박식한 사람은 여태껏 본 일이 없네! 우 리에게 마음의 보물을 마구 뿌려 대지. 그는 많은 파이프를 달고 있는 샘물과도 같아서 물을 받기 위해 우리는 다만 어디에든 용기

알렉산더 폰 훔볼트 데스노이어의 그림

를 놓기만 하면 돼. 그러면 쉬지 않고 상쾌한 물이 흘러나와 우리의 마음을 씻 어 준다네. 그는 이곳에서 며칠을 묵고 갈 것이지만, 나와 그 사이는 벌써 그와 함께 여러 해를 지내온 것 같은 기분이 들어."

1826년 12월 13일 수요일

식사 중에 부인들이 어떤 젊은 화가가 그린 초상화를 칭찬했다. 그리고 그 녀들은 덧붙여서 그 사람이 독학으로 수업을 했는데도 이 정도로 그린 것은 놀랄 만한 일이라는 것이었다. 독학으로 수업을 했다는 것은 특히 그의 그림 이 손 언저리의 묘사에 정확성이 결여되어 있고 어색하게 되어 있는 것에서 드 러나 있었다.

괴테는 말했다. "우리는 이 젊은 사람이 재능이 있다는 것을 알 수 있어. 그 러나 이 사람이 독학으로 수업을 했다고 해서 칭찬을 할 수만은 없고 오히 려 비난을 해야 마땅하네. 재능이 있다고 해서 자기 혼자에게만 의지하는 것 은 좋지 않아. 좋은 예술에 접하고 훌륭한 대가 밑에서 기량을 연마하지 않으

더 폰 훔볼트재단을 창설하고 세계의 젊고 훌륭한 학자와 과학자를 초빙하여, 독일학자들 과 함께 연구에 전념하게 하고 있다.

면 안 되지. 나는 요 얼마 전에 모차르트의 편지를 읽었는데 이런 것이 있었어. 그 편지는 그에게 작곡을 보내 온 어느 남작에게 보낸 것이야. '당신네 딜레탕트들에게 쓴 말을 좀 해야겠습니다. 당신네들에게서는 언제나 두 가지 공통점이 보입니다. 독자적인 사상을 가지고 있지 않기 때문에 다른 사람의 사상을 빌리든지, 독자적인 사상을 가지고 있을 때에는 그것을 자유자재로 잘 다루지 못하든지 두 가지 중의 어느 한쪽입니다.' 이것은 얼마나 멋진 생각인가? 모차르트가 음악에 대해 남긴 이 명언은 다른 모든 예술에도 적용되는 것이 아닐까?"

괴테는 계속해서 말했다. "레오나르도 다 빈치는 이렇게 말했네. '당신의 아들이 자기가 그리는 것을 명암에 의해 뚜렷하게 표면에 드러나게 하여, 보는 사람으로 하여금 자기도 모르게 손으로 잡아 보고 싶게 만들 정도의 감각을 가지고 있지 않다면 그에게는 재능이 없는 것입니다'라고.

또 레오나르도 다 빈치는 이렇게도 말했어. '당신의 아들이 원근법과 해부학을 완전히 습득한 뒤에 훌륭한 대가를 섬기도록 하십시오'라고."

"그렇지만, 현재" 하고 괴테는 말했다. "우리의 젊은 예술가들은 자기의 스승을 떠날 때가 되어서도, 거의 이 두 가지 중 어느 하나도 이해하지 못하고 있지. 이렇듯 세상은 많이 변해 버렸어."

괴테는 말을 계속했다. "우리 젊은 화가들에게 결여되어 있는 것은 정서와 정신이야. 그들의 구상에는 아무런 내용도 없고, 작품은 어떤 감명도 주지 못하고 있지. 그들은 칼을 그려도 베지 못하고 화살을 그려도 표적을 맞히지 못해. 그러므로 나는 이따금 모든 정신이 이 세상에서 사라져 버린 것이 아닌가 하는 생각이 드네."

"그렇지만" 하고 나는 말했다. "최근에 일어난 대전쟁이 이 정신을 북돋울 것 같이 생각됩니다만."

괴테는 말했다. "전쟁은 정신보다도 의지를, 예술적 정신보다도 정치적 정신을 더 많이 자극했네. 이와는 반대로 소박성과 감수성은 완전히 자취를 감추어 버렸어. 그러나 화가가 이 두 위대한 필수물 없이 어떻게 사람들에게 기쁨을 느끼게 할 수 있는 것을 그려낼 수 있겠는가!"

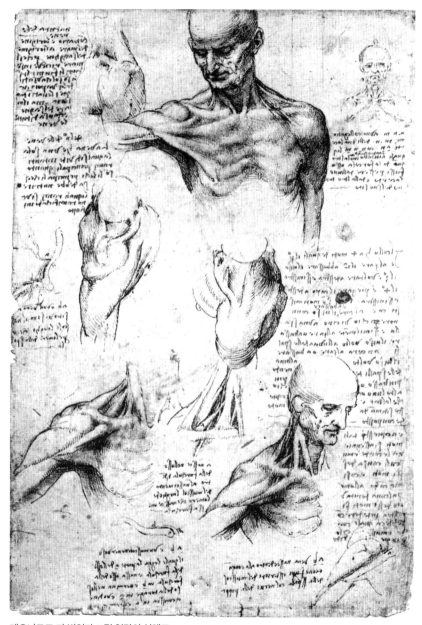

레오나르도 다 빈치가 그린 인간의 신체도

나는 요사이 그의 〈이탈리아 기행〉 중에서 코레지오*¹⁰의 그림에 대해 쓰여져 있는 데를 읽었다고 말했다. 그 그림은 이유(離乳)를 그린 것으로, 성모 마리아의 무릎에 안긴 어린 아기 그리스도가 어머니의 유방과 배(梨) 중 어느 쪽을 택할 것인가를 놓고 결단을 내리지 못하고 있는 광경이다.

"그렇지" 하고 괴테는 말했다. "그것은 사랑스러운 그림이야. 그 그림에는 정신과 순박함 그리고 감수성이 모두 잘 어우러져 있지. 그리고 저 성스러운 소재는 보편적인 인간상이야. 우리 모두 체험하게 되는 인생 행로의 한 단계를 상징하고 있지. 이러한 그림은 영원한 것이야. 그것은 인류의 가장 먼 옛날과 가장 먼 미래를 동시에 파악하고 있기 때문일세. 이와는 반대로 같은 그리스도라도, 만약 어린 아이들을 자기 곁에 오게 하는 그리스도를 그린다면, 그와 같은 그림은 정말로 보잘 것 없고 적어도 아무런 의미도 갖지 못하는 것으로 전락해 버릴 것이야."

"그런데 나도 이제는" 하고 괴테는 말했다. "독일의 화단을 50년 이상 보아 왔어. 아니 단지 보아 왔을 뿐만 아니라 내 쪽에서 이에 작용하려고 노력도 해 왔지. 그런데 지금에 와서 말할 수 있는 것은 현재의 모든 것에 거의 기대를 걸 수 없다는 것이야. 위대한 인재가 나타나야 하네. 이 시대의 모든 사람을 능가할 수 있을 정도로 우수한 사람 말이야. 그 수단은 모두 우리 눈앞에 있고, 길은 제시되어 있으며 그 궤도까지 깔려 있지. 게다가 지금은 피디아스의 조각 작품까지도 이 눈으로 볼 수 있지 않는가. 이것은 우리의 젊은 시절에는 꿈도 꿀 수 없는 일이었네. 이미 말한 대로 오늘에 이르러 필요한 것은 오직 위대한 재능이야. 그리고 그것도 얼마 안 있으면 나타날 것이라고 생각해. 어쩌면 그런 사람은 이미 요람 속에 있을지도 모르네. 그리고 자네는 아직 살아 있는 동안에 틀림없이 그 사람의 화려한 활동을 목격하게 될 것이야."

1826년 12월 20일 수요일

나는 어떤 발견을 하여 너무도 기뻤기 때문에 식사가 끝난 뒤에 그것을 괴테에게 이야기했다. 그것은 이런 것이었다. 나는 불이 켜진 양초를 보고, 불꽃

---

*10 코레지오(1494~1534). 이탈리아 화가로, 바로크 그림에 많은 영향을 끼쳤다.

아기 그리스도의 이유(離乳) 코레지오의 그림

아래의 투명한 부분이 하늘이 푸르게 보이는 것과 똑같은 현상을 나타내고
있는 것을 알아차렸다. 요컨대 하늘도 우리가 빛을 받는 불투명한 부분을 통
해 어두운 곳을 보기 때문에 푸르게 보이는 것이다.

　나는 괴테에게 이러한 양초의 현상을 알고 있는지, 그리고 〈색채론〉 속에 이
것을 썼는지 물었다. 괴테는 "물론 그랬지" 하고 말했다. 그는 〈색채론〉의 한 권
을 꺼내어 내가 본 모든 것을 서술하고 있는 몇 절을 읽어주었다. "이 현상을"
하고 그는 말했다. "자네가 내가 쓴 〈색채론〉과는 상관없이 알아냈다는 것은
정말로 가상한 일이야. 자네는 그것을 이해하였으니 그것은 자네의 소유물이
라고 할 수 있네. 게다가 자네는 거기에서 다른 현상으로 나아갈 발판을 붙잡
은 셈이야. 지금 곧 자네에게 새로운 현상을 보여 주지."

　아마 오후 4시경이었을 것이다. 하늘은 흐려 있고 해질 무렵이 가까웠다. 괴
테는 한 개의 양초에 불을 켜고 그것을 가지고 창문 옆 테이블이 있는 데로
갔다. 그는 양촛불을 한 장의 흰 종이 위에 놓고 그 옆에 작은 막대기 하나

를 세웠다. 그러자 양초 불빛의 앞은 막대기로 인해 외부 광선이 비치는 쪽으로 그림자가 생겼다. 괴테는 "자, 이 그림자를 어떻게 생각하는가?" 하고 말했다. 나는 "이 그림자는 푸른색입니다" 하고 대답했다. "여기서도 또 자네는 푸른색을 보게 되지" 하고 괴테는 말했다. "그러나 막대기의 반대 양초 쪽에서는 무엇이 보이는가?" "역시 여기도 그림자입니다." "무슨 색인가?" "붉은 빛이 도는 누런 색입니다" 하고 나는 대답했다. "그렇지만 어떻게 이런 이중 현상이 생기는 것입니까?" "그것이야말로 이제 자네가 풀어낼 일이지" 하고 괴테는 말했다. "잘 생각해서 알아내도록 해 보게. 풀 수 있겠지만 어려울 것이야. 이 문제를 스스로 푸는 것은 도저히 이룰 수 없다고 단념하기까지는 나의 〈색채론〉을 들여다봐서는 안 되네." 나는 아주 기쁜 마음으로 그렇게 할 것을 약속했다.

"양초의 아랫부분에 일어나는 현상은" 하고 괴테는 계속했다. "어두운 곳 앞에 투명한 밝은 부분이 생기면 푸른색이 생긴다는 것인데, 이번에는 이것을 더 확대해서 보여 주지." 괴테는 숟가락 하나를 집어 그 안에 알코올을 부어 불을 붙였다. 그러자 또다시 투명한 밝은 부분이 생겼고, 그것을 통해 어두운 데가 푸르게 보였다. 이 불붙고 있는 알코올을 밤의 어두움 쪽으로 돌리자 푸른색의 농도가 더욱 짙어졌다. 이것을 밝은 데로 돌리자 푸른색은 약해지기도 하고 완전히 사라져 버리기도 했다.

나는 이 현상을 보고 기뻤다. 괴테는 말했다. "이것이야말로 자연이 가지고 있는 위대함 그 자체이지. 자연은 이처럼 단순하다네. 자연은 참으로 가장 위대한 현상이기는 하지만 언제나 작은 것 속에 재현되기도 하지. 하늘이 푸르게 보이지? 이 법칙은 그대로 양초의 아랫부분에서 불붙고 있는 알코올에서도 나타나고, 배후에 꺼먼 산맥을 안고 있는 마을에서 떠오르는 밝게 비친 연기에서도 보이는 것이야."

"뉴턴파의 사람들은 이 지극히 단순한 현상을 어떻게 설명하고 있습니까?" 하고 나는 물어보았다. "자네는 그것까지 알 필요는 없네" 하고 괴테는 대답했다. "정말로 말 같잖은 이야기야. 우습기 짝이 없는 일에 관련을 맺으면 좋은 머리를 가진 사람까지도 심한 손상을 입는다는 것을 생각하지 못하고 있네. 자네는 뉴턴학파에 대해서는 신경을 쓰지 말도록 해요. 순수한 학설에 만족하고 있으면 되는 것이야. 그렇게 하는 것이 자네를 행복하게 해 줄 수 있지."

"잘못된 것에 관여한다는 것은" 하고 나는 말했다. "쓸모 없는 비극 작품을 받아들여 구석구석까지 모두 음미해 보고, 결국 약점을 드러내면서도 상연하지 않을 수 없게 되는 상황과 비슷할 것 같습니다. 그 경우에도 그처럼 기분 나쁘고 서글픈 심정이 될 테니까요."

"이런 경우 전적으로 그러하지" 하고 괴테는 말했다. "아무 필요 없는 일에 관여한다는 것은 좋지 않아. 나는 수학*[11]을 그에 상응하게 사용되고 있는 한에서는, 가장 고상하고 가장 유익한 학문으로서 존경하고 있지. 그러나 사람들은 이것을 그 범위 이외의 사물에까지 남용하려고 하여, 이 고상한 학문을 무의미한 것으로 만들어 버린다네. 모든 것이 오직 수학적으로 증명되어야만 비로소 존재한다는 듯이 말이야. 누군가가 자기 딸의 애정을 수학적으로 증명할 수 없어 믿을 수 없다고 한다면, 이것처럼 어이없는 일이 또 어디에 있겠는가! 딸의 지참금 같으면 수학적으로 증명할 수 있겠지만 딸의 애정을 증명하는 것은 불가능한 일이지. 또한 수학자들은 〈식물의 변태설〉*[12]을 발견하지 못했지! 나는 그것을 수학의 힘을 빌리지 않고 완성했어. 그러므로 수학자들은 이것을 시인하지 않으면 안 되었지. 색채론의 여러 현상을 이해하려면 순수한 지식과 건전한 두뇌만 있으면 충분하다는 것을 말이야. 그러나 이 두 가지를 구비한 사람은 생각 외로 드물어."

"색채론에 대해서 오늘날의 프랑스와 영국인은 어떤 입장입니까?" 하고 나는 물었다.

"두 국민 모두" 하고 괴테는 대답했다. "좋은 점도 있고 나쁜 점도 있지. 영국인의 좋은 점은 모든 것을 실제적으로 처리하고 있다는 거야. 그러나 이 사람들은 현학자들이야. 프랑스인들은 두뇌가 좋지. 그러나 무슨 일이든 실증적인 것을 원해. 만약 그렇지 않으면 그들은 그렇게 만들어 버리네. 그러나 그들의 색채론은 정도를 걷고 있어. 그들 중의 가장 뛰어난 사람은 거의 목적에 다가

---

*[11] 이것은 괴테가 루덴에게 '수학은 모든 것이 확실하고 진실된 모든 과학 중에서 제일의 것'이라고 말한 반면 리머에게는 '수학에 의해 다른 분야의 인식방법을 보충하려고 하는 것은 우스운 일'이라고 한 것에서도 드러나는 생각이다.

*[12] 괴테의 〈식물의 변태설〉의 원형이념은 근대의 진화론에의 교량 역할을 했다고 한다.

서고 있지. 그는 말하고 있네. '색채는 사물에 따라다니는 것이다. 왜냐하면 자연 속에는 산미(酸味)가 있는 것과 마찬가지로 색채에도 있기 때문이다'라고. 물론 이것만으로는 이 현상의 설명이 될 수는 없네. 그러나 그는 대상을 자연 속에 넣어 수학의 속박으로부터 해방시키고 있지."

베를린의 신문이 도착했다. 괴테는 앉아서 이것을 읽었다. 그는 나에게도 한 장을 넘겨주었다. 나는 연극 소식을 읽고, 그곳의 오페라 극장과 왕립극장에서도 이곳의 우리 극장과 마찬가지로 좋지 않은 연극을 상연하고 있음을 알 수 있었다.

"어떻게 하면 이런 것을 고칠 수 있을까" 하고 괴테는 말했다. "물론 영국이나 프랑스 그리고 스페인의 좋은 연극의 도움을 받아, 매일 밤 훌륭한 작품을 상연할 수 있는 멋진 레퍼토리를 편성하면 별 문제가 없지. 그렇지만 어떤 국민에게 언제나 좋은 작품만을 보려고 하는 욕구가 있다는 말인가? 아이스킬로스나 소포클레스 그리고 유리피데스가 글을 썼던 시대는 물론 오늘날과는 전혀 달랐지. 그 당시 사람들에게는 시대정신이 있었어. 그리고 그 사람들은 언제나 가장 위대하고 가장 좋은 것만을 보려고 했네. 그러나 오늘날과 같은 비참한 시대에 도대체 어디에 최선의 것에 대한 욕구가 있겠는가? 어디에 이것을 기꺼이 받아들이려는 기관이 있겠느냐 말일세."

괴테는 말을 계속했다. "사람들은 뭔가 신기한 것을 좋아하지! 베를린에서나 파리에서도 관객은 어디서나 마찬가지야. 파리에서는 매주 수없이 많은 신작이 쓰여져서 무대에 올려지네. 그래서 5개 내지 6개의 졸작들을 보고 난 뒤에라야 겨우 하나의 좋은 작품으로 보상을 받는 실정일세.

현재 독일 연극의 질을 향상시키는 유일한 방법은 외부 배우의 초빙 상연에 의존하는 것이야. 내가 지금도 극장 감독을 맡고 있다면, 겨울 내내 우수한 배우를 초빙하여 극을 상연시켰을 것일세. 이렇게 하면 여러 가지 좋은 작품이 되풀이하여 상연될 뿐만 아니라, 그 연기 쪽에도 관심이 향해지게 되네. 사람들에게는 비교 능력이 생길 수 있고 비판도 예리해지고 견식도 갖추어져, 초빙된 훌륭한 배우의 뛰어난 연기에 의해 우리 전속 배우들도 쉬지 않고 자극을 받아 서로 경쟁을 하게 될 것이야. 되풀이해 말하지만, 언제나 외부 배우의 초빙 상연을 계속 행하는 것이 좋아. 그러면 극장을 위해서나 관객을 위해서 거기에서 발생하는 이익이 얼마나 큰 것인지 알게 되어 자네들도 놀라게 될 것이야.

이제 자기 일을 잘 할 줄 아는 똑똑한 배우가 동시에 한 네 개의 극장 일을 도맡아하면서, 차례로 초빙 상연을 할 시대가 오리라고 생각하네. 그리고 확신하건대, 이런 배우는 하나의 극장 전속이 되기보다는 여러 개의 극장을 위해 일하는 것이 훨씬 좋을 것이야."

1826년 12월 27일 수요일

나는 집에서 청색과 황색의 그늘 현상에 대해 열심히 연구했다. 그것은 오랫동안 수수께끼로 남아 있었다. 그러나 쉬지 않고 꾸준히 관찰하는 사이에 단서를 잡을 수가 있어, 점차로 이 현상을 터득했음에 틀림없다는 것을 확신할 수 있게 되었다.

오늘 식탁에서 나는 괴테에게 수수께끼가 풀렸다고 말했다. "그건 대단한 일이야" 하고 괴테는 말했다. "식사 후에 나에게 설명해 주도록 해요." 나는 "오히려 종이에 쓰는 것이 좋겠습니다. 입으로 설명하게 되면 적절한 말이 잘 나오지 않기 때문입니다" 하고 말했다. "나중에 그것을 종이에 써도 좋겠지" 하고 괴테는 말했다. "그러나 오늘 우선 내 눈앞에서 해 보고 입으로 설명해 주게. 그렇게 하면 자네가 옳았는지 알 수 있어."

식사 후 아직 대낮처럼 밝았는데도 괴테는 물었다. "지금 실험할 수 있겠는가?" 나는 "안 됩니다" 하고 대답했다. "왜 안 된다는 말인가?" 나는 대답했다. "조금 더 어두워져야 비로소 촛불이 선명하게 그늘을 던지게 됩니다. 그래도 그 그늘을 비출 만큼의 밝은 햇살이 충분히 필요하긴 합니다만." "흠" 하고 괴테는 말했다. "그건 맞는 말이야."

황혼이 이제 겨우 시작되었다. 나는 괴테에게 지금이 제일 좋은 때라고 말했다. 그는 양초에 불을 붙이고 나에게 흰 종이 한 장과 작은 막대기를 넘겨주었다. "자, 자네의 실험과 강의를 들어보기로 하세" 하고 그는 말했다.

나는 불꽃을 창가의 테이블 위에 놓고 그 가까이에 종이를 놓았다. 그리고 작은 막대기를 햇빛과 촛불 사이에 있는 그 종이 한가운데 갔다 놓았다. 그러자 그 현상은 정말로 나무랄 데 없이 아름답게 나타났다. 촛불 쪽으로 향한 그늘은 선명한 황색이었고, 한편 창가로 향한 것은 완전한 청색으로 보였다.

괴테는 말했다. "우선 이 청색 그늘은 어떻게 해서 생기는 것인가?" "이것을 설명하기 전에" 하고 나는 말했다. "나는 이 두 현상이 생기는 근본 법칙을 설명하겠습니다."

"빛과 암흑은" 하고 나는 말했다. "색채가 아닙니다. 오히려 이것은 두 개의 극점입니다. 이 양자의 중간에 개재하여 색채가 발생하는 것입니다. 그러나 이것도 그 양자의 변화에 의해 생겨나는 것입니다.

빛과 암흑의 두 개의 극점에 접촉하여 생겨나는 것이 황색과 청색의 두 색채입니다. 황색은 불꽃을 흐리게 한 투명성을 통해 볼 때에 불꽃 가까이에 생기게 되며, 청색은 암흑을 밝은 투명성을 통해 볼 때 그 암흑 가까이에 생겨납니다."

나는 계속했다. "이제 현상 설명으로 들어간다면, 작은 막대기가 양초 불꽃의 힘에 의해 확실하게 드러나는 그림자를 던지고 있는 것이 보입니다. 이 그림자는 창문을 닫고 햇빛을 차단하면 아주 캄캄해져 버립니다. 그러나 창문을 열어 햇빛이 자유롭게 들어오면, 밝은 매개물을 형성하고 그것을 통해 그림자의 암흑을 보면 법칙에 따라 청색이 생깁니다." 괴테는 웃으면서 "그것은 청색 쪽이라는 말이겠지" 하고 말했다. "그렇다면 황색 그림자는 어떻게 설명할 것인가?"

"흐리게 한 불꽃 빛의 법칙에 의해서입니다" 하고 나는 대답했다. "타고 있는 양초가 흰 종이 위에 던지는 불꽃은 벌써 희미한 황색 빛을 담고 있습니다. 그러나 밖에서 쏟아져 들어오는 햇빛은 작은 막대기에서 양초의 불꽃 쪽으로 향해 하나의 약한 그림자를 던질 만큼의 강한 힘을 가지고 있습니다. 그 그림자는 그것이 닿는 한 양초의 불꽃을 엷게 하고, 이렇게 하여 법칙에 따라 황색 빛이 생깁니다. 그림자를 불꽃에 가능한 한 가깝게 하고 흐림을 약하게 하면 순수한 밝은 황색이 나타납니다. 그러나 이 그림자를 가능한 한 불꽃에서 멀리하고 흐림을 강하게 하면, 황색이 짙어지고 급기야는 붉은 기가 돌게 되어 결국 완전히 빨간색이 되어 버립니다."

괴테는 다시금 웃었지만 어딘지 잘 납득이 가지 않는다는 태도였다. "이 설명은 옳은 것이었습니까?" 하고 나는 물었다. "자네는 그 현상을 아주 올바르게 관찰했고 설명도 아주 잘해 주었어" 하고 괴테는 대답했다. "그러나 그것으로 해명이 되었다고 할 수는 없지. 자네는 설명을 잘했고 재치도 있었어. 그러나 옳게 증명했다고 말할 수는 없네."

"그렇다면 저를 도와주십시오" 하고 나는 말했다. "그리고 그 수수께끼를 풀어 주십시오. 나는 이제 더 이상 참을 수 없습니다." "그렇다면 내가 말을 해 주지" 하고 괴테는 말했다. "그러나 오늘은 안 돼. 또 이런 방법으로는 안 돼. 우선 자네에게 다른 현상을 보여 주지. 그렇게 하면 법칙은 일목 요연해질 것이야. 자네는 한고비만 더 넘기면 되네. 그렇지만 이런 방법으로는 이 이상 더 앞으로 나아갈 수 없지. 그러나 내가 하는 새로운 법칙을 이해하게 되면 자네는 전혀 다른 영역으로 인도되어 정말로 많은 것을 알게 될 것이야. 한번 다시 화창한 날 정오 때, 반시간 가량 일찍 식사하러 오도록 해요. 그때 자네에게 확실한 현상을 보여 주지. 그것을 보면 이 현상의 근저에 놓여 있는 법칙을 곧 알 수 있게 될 것이야."

괴테는 말을 계속했다. "자네가 색채에 대해 이만큼이나 흥미를 가지고 있다는 것은 아주 기쁜 일이야. 그것은 자네에게 이루 말할 수 없는 기쁨의 원천이 될 거라네."

저녁때 괴테의 곁을 떠난 뒤에도 그 현상에 대한 상념은 머리에서 떠나가지 않았다. 그래서 꿈속에서까지 그것과 씨름을 할 지경이었다. 그러나 이러한 상태로 그 이상은 더 알 수 없었고, 수수께끼의 해결을 향해 한 걸음도 더 나아갈 수 없었다.

"나는 자연과학 잡지에 투고하는 일을" 하고 괴테는 요 얼마 전에 이렇게 말했다. "서서히 진행하고 있네. 그건 내가 지금도 자연과학의 진보를 현저하게 촉진시키고 있다고 믿고 있기 때문이 아니라네. 오히려 그것을 통해 즐길 수 있는 기분 좋은 것들이 많기 때문이야. 자연을 상대로 하는 일은 정말로 가장 순수한 업종이지. 미학과 관련해서는 이제 누구하고도 교제를 한다든지, 편지

교환을 한다든지 하는 일을 생각하지 않고 있네. 사람들은 내가 〈헤르만과 도로테아〉에서 라인 강가의 어떤 도시를 무대로 삼고 있는가*¹³를 알고 싶어하네!—각자가 자기 나름대로 생각해서는 안 된다는 그런 식이지!—하지만 진상을 찾고 실상을 찾다보면 그 때문에 도리어 작품은 영 엉망이 되어 버리고 마는 거라네."

---

*13 괴테의 〈헤르만과 도로테아〉의 무대는 어디일까 하는 것이 한동안 독자들의 흥미의 대상이었다. 에커만도 그것을 알고 있어서, 그곳은 남독 프라이부르크 근방의 작은 마을 에멘딩겐이라고 했다.

1827년

1827년 1월 3일 수요일

오늘 식사 중에 캐닝*¹이 포르투갈의 옹호를 위해 행한 탁월한 연설이 화제에 올랐다.

괴테는 말했다. "어떤 사람들은 이 연설이 거칠었다고 말하고 있지만 나는 그런 말을 하는 사람들의 마음을 알 수 없어. 이런 사람들은 위대한 것에는 무조건 반대하는 버릇이 있지. 그것은 정정당당한 반대가 아니라 단지 불평일 뿐이야. 그들은 나폴레옹이 살아 활동하고 있을 때에는 나폴레옹을 미워했고 그를 비난하는 것으로 자신들의 울분을 쏟아냈지. 그러다가 나폴레옹이 물러가자 이번에는 신성동맹*²에 화살을 돌렸어. 그러나 그렇다고 해서 그들이 이 동맹 이상으로 위대하고 인류를 위해 이보다 더 많은 복지를 가져다주는 것을 고안해 낸 것도 아니야. 그리고 이번에는 캐닝의 차례. 포르투갈의 옹호를 위한 그의 연설은 위대한 자각의 산물이야. 그는 자신의 세력 범위와 그 지위의 위대함을 충분히 잘 알고 있네. 그가 자기 감정이 움직이는 대로 말한 것은 당연한 것이었어. 그렇지만 과격당 사람들은 그것을 이해할 수가 없는 거야. 우리같은 제3자에게는 위대하게 보이는 것도 그들에게는 조잡하게 비치지. 위대한 것은 그들의 마음에 들지 않는 것이지. 그들은 위대한 것을 존경할 소질을 갖고 있지 못하니까. 그래서 위대한 것을 참을 수가 없는 것이야."

---

*1 캐닝(1770~1827). 영국의 자유주의적 정치가이다.

*2 1815년 러시아의 황제 알렉산더 1세의 제창으로 러시아, 프러시아, 오스트리아 3국에 의해 성립됐고, 영국과 터키를 제외한 유럽의 모든 군주들이 참가했다. 그러나 그 당시 각국에서는 민주주의가 일기 시작하고 있었고, 1825년에 이르러 남미 여러 나라가 독립하고 1827년 그리스가 독립하자 이 동맹은 드디어 와해하기에 이른다.

1827년 1월 4일 목요일 저녁

괴테는 빅토르 위고*3의 시를 극구 칭찬했다. "그는 틀림없는 재능의 소유자일세. 독일 문학의 영향을 받고 있기도 하지. 그의 청년시대의 시는 유감스럽게도 고전파의 현학적인 취미에 의해 번거로움을 당했지만, 지금은 〈글로브〉의 동료들하고 손을 잡았기 때문에 아주 잘 돼가고 있다네. 나는 그를 만초니*4하고 비교하고 싶어. 그는 다분히 객관성을 가지고 있네. 나는 그가 라마르틴 씨*5나 델라빈 씨*6 같은 사람들과 마찬가지로 뛰어난 인물이라고 생각한다네. 그를 좀더 천천히 관찰하면 그와 비슷한 소장파 재원들의 기원을 알 수 있어. 그들은 더 말할 필요도 없이 그 당당한 수사학적 재사 샤토브리앙*7을 이어 받고 있네. 자네가 빅토르 위고의 글 솜씨를 알아보려면 나폴레옹에 관한 시 〈두개의 섬〉을 읽어 보면 되겠군."

괴테는 나에게 그 책을 내밀고는 난로가에 가서 섰다. 나는 그것을 받아들고 읽었다. "그 얼마나 탁월한 묘사인가?" 하고 괴테는 말했다. "자신의 테마를 얼마나 자유롭고 편안한 마음으로 취급하고 있느냔 말일세"라고 말하고 그는 다시 나한테로 다가왔다. "자, 이 부분을 한번 보게. 얼마나 아름다운가?" 그는 소나기구름을 읽었다. 구름을 뚫고 번개가 아래에서 위로 올라와 주인공을 치는 부분이다. "이것은 아름다워! 이러한 장면은 실제로도 있는 일이지. 우리가 산중 같은 데에 있다 보면 이따금 천둥이 발 밑에서 올라오고, 번개가 아래에서 위를 향해 달려오네."

나는 말했다. "프랑스인들은 시를 쓸 때 현실의 확고한 기반을 지키고 있는데, 나는 그 점을 보면 감탄하게 됩니다. 이런 시는 산문으로 번역을 해도 시의 본질적인 것은 그대로 남을 것입니다."

괴테는 말했다. "그건 프랑스 시인들의 견식이 넓기 때문이지. 이와는 반대

---

*3 빅토르 위고(1802~1885). 프랑스의 시인, 소설가, 극작가이다. 그는 고전주의에서 낭만주의로 옮겨간 이후 19세기 최고 작가 중 한 사람이 되었다.
*4 만초니(1785~1873). 괴테시대, 이탈리아 낭만파의 합창대장으로 알려져 있는 서정시인이다.
*5 라마르틴(1790~1869). 프랑스의 시인이자 정치가이다.
*6 델라빈(1793~1843). 〈파리아〉 비극의 작가이다.
*7 샤토브리앙(1768~1848). 프랑스의 문학자이자 정치가이다.

로, 독일의 바보들은 어떠한 재능도 견식에 의해 배양될 수 있고 그로써 비로소 그 힘을 충분히 발휘할 수 있는데도, 견식을 넓히려고 노력하면 재능을 상실하게 된다고 생각하고 있네. 그러나 우리는 이런 도당들을 그대로 내버려두기로 하세. 아무리 뭐라 하여도 소용없는 일이야. 그리고 참으로 재능이 있는 사람이면 틀림없이 자기의 갈 길을 찾을 수 있는 거라네. 현재 활동하고 있는 많은 젊은 시인들은 제대로 된 재능을 갖고 있지 않고 단지 그들의 무능을 드러내고 있을 뿐이고, 독일문학의 높은 수준에 자극받아 겨우 창작을 하고 있을 뿐이야."

"프랑스인들이" 괴테는 말을 계속했다. "현학 취미에서 빠져나와 한층 더 활달한 시의 영역으로 올라 왔다는 것은 별로 이상할 게 없는 일이야. 디드로*8와 그와 비슷한 생각을 가진 동료들은 벌써 혁명 이전부터 이 길을 개척하려고 노력했네. 그 후 혁명시대에도 그랬고, 나폴레옹 치하에서도 이 목적을 추구하는 것은 형편이 좋았어. 전쟁 중에는 본래의 시에 대한 관심이 땅에 떨어졌고, 그 때문에 한동안은 시의 여신에게서 등을 돌리고 지내긴 했지. 하지만 이 시기에 역시 자유사상가의 한 무리가 형성되었고, 이제 평화가 찾아와 마음의 여유를 되찾게 되자 훌륭한 인재들도 나타나게 되는 것이라네."

나는 괴테에게 고전파의 사람들도 저 탁월한 베랑제*9에게 반대하였는지 물었다. "베랑제가 쓴 시의 종류는" 하고 괴테는 말했다. "고풍스럽고 전통적인 것에 속해 있는 사람들에게는 낯익은 것이었어. 그러나 그는 여러 가지 점에서 선행자들보다 훨씬 자유롭게 행동을 했기 때문에 현학적인 당파들로부터는 적대시되고 있었네."

화제는 그림으로 옮겨져 고대풍에 물들어 있는 일파*10의 폐해에 대해 이야

---

*8 디드로(1713~1784). 계몽사상가를 동원하여 〈백과전서〉의 편집을 강행하여 프랑스혁명의 사상적 준비를 하였다.

*9 베랑제(1780~1857). 프랑스의 샹송작가. 그의 노래는 연애뿐만 아니라 애국적인 것에 이르는 다양한 소재를 테마로 삼아 많은 사람들에 의해 애창되었다. 괴테는 특히 그의 노래를 아주 높이 평가했다.

*10 오버벡과 코르넬리우스와 같은 화가들을 말하는 것으로, 괴테와 마이어는 〈새로운 독일의 종교적 애국적 예술〉이라는 논문 속에서 이들을 맹렬히 비난했다.

기했다. "자네는 이 길에 정통한 사람이 되려고 해서는 안 되네." 괴테는 말했다. "좌우간 자네에게 한 장의 그림을 보여 주도록 하지. 이것은 현존하고 있는 독일 최고 화가 중 한 사람이 그린 것인데, 이것을 보면 그가 예술의 최고 원리에 반대하는 중대한 과오를 범하고 있다는 것이 당장 자네 눈에 뜨일 거야. 부분적으로는 뛰어나게 잘 그려져 있지만 전체적으로 볼 때에는 어딘지 탐탁치 않다는 것을 자네도 알 수 있을 것일세.

자네는 이 그림을 어떻게 생각해야 할지 스스로도 알 수 없을 것이야. 그런데 그것은 이 그림을 그린 대가의 재능이 충분하지 못하기 때문이 아니. 그건 이 재능을 이끌고 있는 그의 정신이 여기저기 고대풍에 물들어 있는 화가들의 두뇌와 마찬가지로 완전히 흐려져 있기 때문이야. 그는 완벽한 대가들을 무시하고 불완전한 선배들을 모범으로 삼고 있어.

라파엘로와 그의 동시대 사람들은 편협한 작품을 깨부수고 자연과 자유를 향해 돌진해 나갔지. 그런데 현대의 미술가들은 이것을 고맙게 여기고 이 장점을 이용하여 그 훌륭한 길을 계속 걸어가려고 하지 않고, 다시금 본래의 고루한 상태로 되돌아가려고 하네. 이것은 너무나 어리석은 짓이야. 왜 이다지도 머리가 나쁜 것일까. 그들은 자신의 예술을 이끌고 나갈 확고한 기반을 갖고 있지 않기 때문에, 그것을 종교나 당파 속에서 찾으려고 하는 것이지. 이제 그들은 너무 약해진 나머지 이 두 개가 없으면 버티어 나갈 수가 없지."

"모든 예술에는" 하고 괴테는 말을 계속했다. "혈통이라는 것이 있네. 대가를 보면 언제나 그 대가가 그의 선임자의 장점을 이용했다는 것과, 바로 이점 때문에 위대해졌다는 것을 알 수 있어. 라파엘로와 같은 사람들도 자기의 힘만으로 훌쩍 대지에서 솟아 나온 것이 아니야. 그들은 고대의 것과 그들의 이전에 만들어진 최고의 것, 즉 걸작을 기반으로 삼고 있는 것일세. 만약 그 시대의 장점을 이용하지 않았다면 그들은 굉장한 사람이 되지 못했을 것이야."

화제는 독일의 옛날 시에 옮겨졌다. 나는 플레밍*¹¹에 대해 말을 꺼냈다. "플

---

* 11 플레밍(1609~1640). 30년 전쟁(1618~1648)으로 온 독일 국민이 비참한 상태에 처해 있을 때에 플레밍은 정서가 풍부한 시를 써서 대중들을 위로했다. 당시 그의 시는 신교의 찬송가에 많이 수록되었다.

레밍은" 하고 괴테는 말했다. "정말로 좀 산문적이고 서민적이긴 해도 훌륭한 재능의 소유자이지. 그러나 이제 그에게서 얻을 것은 없어." 그는 말을 계속했다. "이상한 일이네만 지금까지 내가 쓴 그 많은 시 중에서 어느 것 하나도 루터의 찬송가에 들어가서 좋을 만한 것이 없다네"라고 말했다. 나는 웃으면서 이 말에 동의했다. 그러나 나는 혼자 괴테의 이 이상한 말투에는 상상 외로 깊은 의미가 담겨 있을 것이라고 생각했다.

1827년 1월 12일 일요일 저녁

괴테의 저택에서 즐거운 저녁 음악회가 있었다. 그것은 에버바인 일가와 두세 명의 오케스트라 단원들이 함께 어울려 개최되었다. 소수의 청중 가운데는 신교관구 총감독 뢰르, 궁중 고문관 포겔*¹² 그리고 두세 명의 귀부인들이 있었다. 괴테가 유명한 젊은 작곡가*¹³의 4중주곡을 듣고 싶다고 했기 때문에, 첫 번째로 그것을 연주했다. 열두 살인 카를 에버바인이 그랜드 피아노를 연주해서 괴테의 마음을 대단히 기쁘게 했다. 또 실제로도 이 4중주는 어떤 점에서 보더라도 시종일관 훌륭하게 진행되었다.

괴테는 말했다. "기술과 악기 구조가 고도로 발달되어 있기 때문에 최신 작곡가들의 작품을 들으면 놀랄 뿐이야. 그들의 작업은 음악의 영역에 머물러 있는 것이 아니라 인간 감각의 수준을 넘어서 있어. 이런 것에 이제는 우리의 정신과 가슴이 따라가지 못하네. 자네는 어떻게 생각하는가? 나에게는 모든 것이 귀를 윙윙 울리고 그대로 지나갔을 뿐이야."

이 경우에는 나도 똑같다고 말했다. 괴테는 계속하여 "그러나 알레그로의 악곡에는 독특한 데가 있었어. 이것이 쉬지 않고 소용돌이와 회전을 일으켜, 브로켄산의 마녀들이 춤을 추는 것이 눈앞에 보이는 것 같았네. 그러므로 나는 이 이상한 음악에서 하나의 장면을 상상할 수 있게 된 셈이네" 하고 말했다.

---

*12 궁중고문관 포겔(1798~1864). 레바인 박사가 서거한 뒤 궁정주치의와 괴테 가족의 주치의를 겸하고 있던 의사이다.

*13 펠릭스 멘델스존(1809~1847)을 말하는 것이다. 바하의 〈마태수난곡〉이 1827년 3월 27일 처음으로 상연된 것도 멘델스존의 지휘에 의해서였다.

젊은 작곡가(멘델스존)

잠시 동안 담소와 다과로 휴식을 취하고 난 뒤에 괴테는 에버바인 부인에게 두세 가지 가요곡의 연주를 청했다. 그녀는 처음에 첼터가 작곡한 아름다운 가곡을 불렀다. 〈한밤중에〉*14는 가장 깊은 인상을 주었다. 괴테는 "이 가곡은 언제 들어도 아름답지. 이 멜로디 속에는 어딘지 영원한 것, 변함없는 그 무엇이 있어"라고 말했다. 이어 그녀는 막스 에버바인이 작곡한 〈해녀〉*15 중에서 두세 가지 노래를 불렀다. 〈마왕〉*16은 압도적인 박수를 받았다. 이어 소가곡 〈착한 어머님께 말했어요〉를 듣고, 모두들 이구동성으로 이것은 누가 작곡을 했더라도 이만큼 잘 해내지 못했을 것이라고 말했다. 괴테 자신도 자못 만족해하고 있었다.

이 멋진 밤 마지막에 에버바인 부인은 괴테의 간청을 받아들여 〈서동시집〉 중에서 두세 곡의 노래를 더 불렀다. 이것은 그녀의 남편이 작곡한 곡 중에서도 유명한 것이었다. 〈나는 유습의 매력을 빌리고 싶어〉*17 부분을 괴테는 유달리 마음에 들어했다. 그는 나에게 말했다. "에버바인은 이따금 예상 외의 솜씨를 보여주지." 또 그는 〈아, 그대의 비에 젖은 날개〉*18의 노래도 불러줄 것을 간청했고, 이것도 마찬가지로 사람들에게 매우 깊은 감동을 안겨주었다.

음악회가 끝난 뒤에 나는 한동안 괴테와 단둘이 남아 있었다. 그는 말했다.

---

*14 괴테가 자신의 시 중 특별히 사랑했던 작품으로, 그는 이 시를 1818년 2월 13일에 썼다.
*15 1781년에 에버바인이 작곡한 가창극이다.
*16 슈베르트의 〈마왕〉이 아닌 에버바인 작곡의 〈마왕〉을 말하는 것으로, 그 당시 악보가 인쇄되지 않아 전해지지 않고 있다.
*17 괴테의 〈서동시집〉 중 줄라이카 권에 실려 있는 것으로 여기에서 유습은 요셉을 말하는 것이다.
*18 역시 줄라이카 권에 나오는 것이다.

'독일 가곡(리트)의 왕'으로 불리는 슈베르트는 〈마왕〉을 18세 때 작곡했다.

"오늘밤 〈서동시집〉 중의 노래가 이제 나하고는 아무런 연관성이 없다는 것을 알았네. 그 속의 동양적인 것과 정열적인 것도 이제는 나의 내부에서 살아 있는 것을 그쳤네. 그것은 마치 길바닥에 벗어 던져버린 뱀의 허물과 같은 것이야. 이와는 반대로 〈한밤중에〉라는 노래는 나와의 연관성을 잃지 않고 있고, 아직도 나의 일부로서 나와 함께 계속 살아가고 있네.

나는 가끔 내 작품에 대해 전혀 기억해 낼 수 없을 때가 있어. 요전에도 나는 프랑스어로 된 작품을 읽었지. 그것을 읽으면서 생각했다네. 이 사람은 상당히 멋있는 말을 하는구나. 나로서도 이렇게밖에는 말할 수 없겠어. 그런데 더 자세히 들여다보니 그건 내 작품의 번역이 아니겠는가!"

1827년 1월 15일 월요일 저녁

지난 여름 괴테는 파우스트 제2부의 〈헬레나〉 장면을 완성하고 난 뒤 〈편력시대〉의 속편에 착수했다. 그는 이따금 나에게 이 작업의 진행 상태에 대해 말했다. "가지고 있는 재료를 다 잘 이용하기 위해 나는 첫 번째 부분을 전부 헤쳐놓고, 오래된 것과 새 것을 뒤섞어 두 개의 부분을 만들려고 한다네. 이번에 인쇄한 것을 모두 베껴두고 있어. 새로 가필할 부분에는 표시를 해 두고 서기가 그것을 베껴 놓으면, 내가 그 표시를 보고 받아쓰게 하네. 이렇게 하면 이 일은 틀림없이 막히지 않고 앞으로 나아가게 될 거야."

어떤 다른 날에는 이렇게도 말했다. "이번에는 〈편력시대〉의 인쇄된 부분을 모두 필사하게 했지. 내가 뭔가 더 써넣고 싶은 부분에는 푸른 종이를 끼워 놓았기 때문에 이제부터 손을 보는 일은 확실해졌어. 이제 일이 진행됨에 따라 이 푸른 부분이 점점 없어져 버릴 것을 생각하니 기쁘네."

2, 3주일 전에 나는 그의 비서[*19]에게서 그가 새로운 단편을 쓰고 있다는 말을 들었다. 그러므로 나는 저녁 방문을 삼가고 일주일에 한번 식사 때에 만나는 것만으로 만족했다.

그 단편은 요 얼마 전에 완성됐다. 그는 오늘밤 그 첫 번째 부분을 나에게 보여 주었다.

---

*19 요한 욘(1794~1854)을 지칭한다. 그는 1814년부터 1829년까지 괴테의 비서를 지냈다.

나는 기쁜 마음을 참으며, 모든 사람들이 죽은 호랑이를 에워싸고 있는데 문지기가 와서 사자는 위의 폐허 쪽에서 햇빛을 받으면서 드러누워 있다고 보고하는 중대한 장면까지 읽었다.

나는 모든 대상이 아주 명확하고, 미세한 부분에 이르기까지 잘 묘사되어 있는 것에 놀랐다. 사냥터로의 출발, 옛날 성터의 광경, 시장, 폐허로 이르는 들판의 길 등의 모든 것이 선명하게 눈앞에 떠오르듯 전개되어, 독자는 작가의 생각대로 그려진 것을 그대로 받아들이는 수밖에 없었다. 동시에 모든 것이 아주 확실하게 배려되어 있고 당당하게 쓰여져 있기 때문에, 읽으면서도 전혀 앞의 내용에 대한 예측을 할 수 없어 읽고 있는 부분의 앞은 한 줄도 내다볼 수 없었다.

"각하" 하고 나는 말했다. "이것은 틀림없이 아주 엄격한 도식에 따라 만드신 것 같습니다."

"물론, 그렇지" 하고 괴테는 말했다. "나는 이 재료를 이미 30년 전에 쓰려고 생각했네. 그리고 그 이래로 계속 머리에 넣어두고 있다가 이제서야 작업을 끝내게 되었어. 그런데 여기에는 묘한 사정이 있다네. 〈헤르만과 도로테아〉를 끝내고 나서, 그 당시 나는 이것을 서사시의 형식을 취해 6각운으로 만들어 보려고 상세한 도식을 짰었네. 그런데 이번에 작업을 하면서 이 오래된 소재에 다시 손대려고 했을 때 그 옛날 도식을 찾아 낼 수 없어서 할 수 없이 새로운 것을 만들었어. 사실 이번에는 전혀 다른 형식에 따랐지. 그런데 작업이 끝나고 나서 그 옛날 도식을 다시 찾아냈어. 그리고 나중에 찾아내어 잘 됐다고 생각했지. 왜냐하면 하마터면 그것에 현혹당할 뻔 했기 때문이야. 어떤 도식에 따른다 해도 사건의 줄거리와 전개 과정은 물론 달라지지 않지만 그 세부에 들어가면 전혀 다르지. 처음에는 전적으로 6각운의 서사시 형식으로 취급하려고 생각했기 때문에, 그렇게 했더라면 이런 산문적인 표현은 전혀 사용할 수 없었을 거야."

이야기는 그 내용으로 옮겨졌다. "아름다운 장면은" 하고 나는 말했다. "사지를 뻗고 죽어 있는 호랑이 옆으로 호노리오가 후작 부인을 마주하고 서 있는 부분입니다. 부인이 사내아이를 데리고 호소하듯 울면서 다가옵니다. 때마침

이 장소로 사냥을 나섰던 후작도 수행원들과 함께 이 이상한 모임에 달려옵니다. 이것은 틀림없이 멋진 그림이 될 것입니다. 그림으로 된 것을 보고 싶습니다."

괴테는 말했다. "확실히 이것은 아름다운 그림이 될 것이야. 그는 잠시 생각한 뒤에 말을 계속했다. "그렇지만 재료가 너무 많고 인물도 너무 많기 때문에, 화가에게는 빛과 그림자의 배치가 아주 어려운 문제가 될 것이야. 그러나 그 이전에 나온 부분, 즉 호노리오가 호랑이 위에 무릎을 꿇고 있고 후작 부인이 말 옆에서 그와 마주하고 서 있는 부분은 충분히 그림이 될 수 있지. 이것 같으면 성공할 것이야." 나는 괴테의 의견을 지당하다고 생각했다. 그리고 그에 덧붙여서 이 순간이야말로 원래 이 장면 전체의 핵심인 것이며 모든 것이 여기에 달려 있다고 말했다.

또한 내가 이것을 읽고 느낀 것은, 이 단편은 〈편력시대〉 중에서 볼 수 있는 다른 모든 것과는 전혀 다른 성질을 가지고 있다는 점이었다. 이것은 모두 외적 세계의 묘사이며, 모든 것이 사실적이기 때문이다. "자네 말이 맞아" 하고 괴테는 말했다. "내적 묘사는 거의 찾아볼 수 없지. 나의 다른 작품에는 남아 돌아갈 만큼 많지만."

"여기까지 읽고 무슨 일이 있어도 알고 싶은 것은" 하고 나는 말했다. "사자를 어떻게 길들일 작정인가 입니다. 저도 이것은 전혀 다른 방법을 취할 것이라고 예상을 해 봅니다. 그러나 어떤 방법을 취할 것인가 하는 것은 전혀 알 수 없습니다." "자네는 그것을 예상해 보려고 하지만 잘 되지는 않을 것이야" 하고 괴테는 말했다. "그리고 오늘은 자네에게 그것을 알려 주고 싶지 않아. 목요일 저녁에 이 마지막을 말해 주지. 그때까지는 사자를 햇빛 속에 누워 있게 놔두세."

나는 화제를 〈파우스트〉의 제2부, 특히 〈고전적 발푸르기스의 밤〉으로 돌렸다. 이것은 아직도 초안 그대로의 상태로 완성되지 못하고 있었는데, 괴테는 얼마 전에 이것을 그냥 이대로 인쇄시킬 작정이라고 말한 적이 있었다. 그에 대해 나는 괴테에게 그렇게 해서는 안 된다고 충고했다. 왜냐하면 일단 인쇄에 넘겨버리면 영원히 미완성으로 끝나게 되는 것이 아닐까 하고 걱정을 했기 때문이다. 괴테는 그 일이 있은 이후에 깊이 생각했던 모양으로, 곧바로 나한테 오더니 그 초안의 인쇄를 중지할 것을 결심했다고 말했다. "그것은 나에게는 참으로 기쁜 일입니다" 하고 나는 말했다. "이제 당신이 그것을 완성할 수 있을 것을 희망할 수 있겠군요." "3개월만 걸리면 완성할 수 있을 것이야. 그러나 그런 여가를 어디에서 얻는다는 말인가! 매일 할 일이 너무 많지. 완전히 이 세상을 떠나 고립하여 산다는 것은 어려운 일이야. 오늘 아침에는 대공께서 오셨고 내일 정오에는 대공비께서 오시기로 되어 있어. 이러한 방문을 나는 대단히 고맙게 생각하고 있네. 이것은 또 나의 생활을 아름답게 해 주기도 하지. 그러나 나는 이런 일로 말할 수 없이 신경을 쓰게 되네. 이렇게 신분이 높은 분들은 언제나 각별히 대접하여야 하고, 이에 알맞은 방법을 두루 생각하지 않으면 안 되지 않는가."

"그렇지만" 하고 나는 말했다. "당신은 작년 겨울에는 〈헬레나〉를 완성했습니다. 그리고 그때도 지금보다 번거로운 일들이 더 적은 것은 아니었습니다." "물론 그랬지" 하고 괴테는 말했다. "이번에도 일은 그때와 마찬가지일 것이고, 또 마찬가지로 잘 되어 가야지. 그렇지만 어려운 일이야."

"하지만 다행히도" 하고 나는 말했다. "각하는 이런 완성된 줄거리를 가지고 계시지 않습니까?" "줄거리는 돼 있지." 괴테는 말했다. "그러나 제일 어려운 것이 아직 남아 있네. 완성하는 일은 모두 운이 좋고 나쁘기에 달려 있어. 〈고전적 발푸르기스의 밤〉은 운(韻)에 맞춰 써야 하며 동시에 모든 것이 고대의 특색을 띠고 있지 않으면 안 되지. 거기다가 또 대화가 들어가야 해!" "그것은 줄거리 속에 함께 들어가 있지 않았던가요?" 하고 나는 말했다. "무엇을 쓸 것인가 하는 것은 물론 들어가 있지" 하고 괴테는 대답했다. "그러나 어떻게 쓸 것인가 하는 것은 아직 정해져 있지 않아. 그리고 생각해 봐요. 저 미쳐 날뛰는 밤의 모든 것을 무슨 말로 옮겨 써야 한다는 말인가! 또 파우스트는 명부의 여왕 프로세르피나의 마음을 움직여서 헬레나를 넘겨주도록 만들어야 하네. 프로세르피나가 눈물을 흘릴 만큼 감동적인 대사를 해야 하는데 도대체 그것을 어떤 말투로 써야 하겠는가!—이런 모든 것은 쉬운 일이 아닐세. 그리고 이것은 많은 운이 따라야 하지. 아니 거의 전부가 그 순간의 기분과 힘에 달려 있어."

1827년 1월 17일 수요일

최근 괴테의 기분이 이따금 좋지 않아서 그럴 때면 우리는 정원으로 향한 그의 서재에서 식사를 했다. 오늘은 또 〈우르비노의 방〉에 식사가 마련되어 나는 그것을 좋은 징후라고 생각했다. 내가 들어갔을 때에 괴테와 그의 아들이 있었다. 두 사람은 절친하고도 자못 소박하고 상냥하게 나를 맞아 주었다. 괴테 자신은 매우 기분이 좋아 보였는데, 그것은 그의 얼굴이 이를 데 없이 생기에 차 있는 것으로 드러나고 있었다. 바로 옆에 붙어 있는 〈천장의 방〉의 열려 있는 문 너머로 법무장관인 폰 뮐러 씨가 큰 동판화 위에 몸을 구부리고 있는 것이 보였다. 그는 곧 우리한테로 와서 인사를 했고 나는 명랑한 그와 식사 자리를 함께 하게 된 것을 기뻐했다. 젊은 괴테 부인은 아직 나타나지 않았지만 우리는 일단 식탁에 앉았다. 동판화가 화제에 올라 그것에 대한 칭찬이 뒤를 이었고, 괴테는 그것은 파리의 유명한 화가 제라르[20]의 작품으로 최근에 그로부터 선물로 받은 것이라고 설명했다. 그러고는 이에 덧붙여 말했다. "빨리 저쪽으로 가서 스프가 오기 전까지 두 눈을 크게 뜨고 감상하도록 해요."

나는 그의 소망에 따랐고 또 기쁜 마음으로 그렇게 했다. 이 놀랄 만한 작품을 눈앞에서 직접 볼 수 있어 기뻤고, 또한 화가가 그 그림을 괴테에게 존경의 표시로 바친다는 서명을 해놓은 것을 보고 마찬가지로 기뻤다. 그러나 그렇게 오래 감상하고 있을 수만은 없었다. 젊은 괴테 부인이 들어왔기 때문에 나는 급히 내 좌석으로 돌아왔다. 괴테는 말했다. "어떤가? 정말 대단하지 않나? 저기에 담겨진 풍부한 사상과 완전함을 모조리 끄집어내려면 며칠, 아니 몇 주일을 연구하지 않으면 안 되네. 조만간 다른 기회에 다시 보도록 하세."

식사 중에는 모두 활기에 차 있었다. 법무장관은 파리에 있는 어떤 유명한 사람의 편지 이야기를 했다. 그는 프랑스가 독일을 점령하고 있을 당시 이곳에 대사로서 머물면서 중책을 다했고, 그 이래로 바이마르와 계속 친교를 맺고 지내온 사람이라고 했다. 그는 대공과 괴테에 대해 회상하면서 천재와 최고 권력이 이처럼 친밀한 관계를 맺고 있는 바이마르는 행복한 곳이라고 찬양했다고 한다.

---

*20 제라르(1770~1837). 프랑스의 역사화가이자 초상화가이다.

젊은 괴테 부인의 담소에는 대단한 애교가 담겨 있었다. 화제는 두세 가지 쇼핑에 관한 것이었는데, 그 일로 그녀는 젊은 괴테를 놀려댔지만 정작 그는 그런 것에 대해서는 일체 상대하지 않았다. "예쁜 부인들이 너무 응석을 부리게 해서는 안 되지" 하고 괴테는 말했다. "그들은 자칫하면 앞뒤 분별없이 행동을 하기 때문이야. 나폴레옹이 아직 엘바섬에 있었을 때 부인용 장신구를 만드는 여자들로부터 지불 청구서를 받은 일이 있었어. 그러나 그는 이런 일에는 별로 선심을 쓰지 않았지. 그 이전에 그가 투일루리엥 궁에 있을 때의 일이라네. 어느 날 어떤 상인이 와서 황후 앞에 유행 중인 비싼 물건을 늘어놓았네. 그러나 나폴레옹은 이것을 사려는 기색을 전혀 보이지 않았어. 그래서 그는 이 정도의 물건을 황후에게 사드린다는 것은 사소한 일이라고 넌지시 말했지. 하지만 이 말을 들은 나폴레옹이 한마디 말도 꺼내지 않고 이 사나이를 무서운 눈으로 노려보았기 때문에, 그는 즉시 물건을 한데 모으고는 두 번 다시 모습을 나타내지 않았다고 하네."—"그것은 그의 집정관 시절의 일화인가요?" 하고 젊은 괴테 부인이 물었다. "아마 황제가 되고 난 후의 일일 것이야" 하고 괴테는 대답했다. "그렇지 않고서는 그의 눈매가 그렇게 무섭지 않았을 것이니까 말이야. 그 눈매가 무서워서 움츠러들어, 이제 목이 잘리지 않으면 총살당하지나 않을까 하고 생각한 그 사나이 생각을 하니 웃음이 나오는군."

우리는 이를 데 없이 기분이 좋아 나폴레옹에 대해 계속 이야기를 했다. 젊은 괴테가 말했다. "그의 모든 업적들을 담은 훌륭한 그림과 동판화를 한데 모아, 그것들을 큰방에 장식해 보고 싶습니다."—"그렇게 하려면 아주 큰방이 필요하겠지" 하고 괴테는 대답했다. "그렇지만 그림이 전부 들어갈 수는 없을 거야. 그만큼 그의 업적은 위대한 것이야."

법무장관은 루덴의 〈독일인의 역사〉*²¹를 화제에 올렸다. 그러자 놀라지 않을 수 없었다. 젊은 괴테가 이 책이 출판된 당시 신문 잡지들이 이 책을 비난했던 점에 대해, 그리고 이 저자가 살아 있던 당시의 국민적 감정과 여론에 대해 매우 솜씨 좋고 감명 깊은 해명을 했던 것이다. 우리는 나폴레옹 전쟁이 있

---

*21 예나대학의 역사학교수인 루덴(1780~1847)에 의해 쓰여진 〈독일민족사〉 12권은 당시 형성되기 시작한 대학의 학생조합에 큰 영향을 끼쳤다.

었던 결과로서, 비로소 시저의 전쟁 기록을 이해할 수 있었다는 결론에 도달했다. 괴테는 말했다. "이전에 시저의 책은 단지 학교에서의 연습문제에 지나지 않았지."

이야기는 독일의 고대 시대로부터 고딕 시대로 옮겨져 고딕풍으로 꾸민 책장 이야기가 나왔다. 이어 우리의 화제는 실내를 고대 독일식이나 고딕풍으로 꾸미며 그런 고풍스러운 시대의 분위기에 둘러싸여 살려고 하는 최근의 취향으로 옮겨졌다.

"집에 따라서 다르지" 하고 괴테는 말했다. "방 수가 아주 많고 그 가운데 두셋은 전혀 사용하지 않는 집이라든가, 1년 중에 단지 두세 번만 출입하는 방이 있는 집의 경우에는 이런 취향을 맛보는 것도 좋을 것이고, 고딕풍의 방을 만드는 것도 좋겠지. 파리의 판쿠크 부인*22이 중국 취미의 방을 만들고 있는 것과 마찬가지로 아주 좋은 일이야. 그렇지만 자기가 기거하는 방을 고풍의 이국적 환경으로 꾸민다는 것은 칭찬할 것이 못되지. 그것은 일년 내내 일종의 가장 무도회를 하고 있는 것과 같아. 그러므로 어떤 이유에서든 오래는 계속하지 못할 것이고, 만약 오랫동안 그렇게 해 놓는다면 나쁜 영향을 받게 될 것임에 틀림없어. 이러한 것은 우리가 살아 숨쉬고 있는 현시대하고는 조화를 이루지 못하는 것이며, 무의미하고 허망한 마음과 사고방식에서 오는 것이야. 자연히 그러한 마음도 그 속에서 더욱 강화될 뿐이지. 어떤 즐거운 겨울밤엔 터키인으로 분장하고 가장 무도회에 가는 것도 좋겠지만 일년 내내 이렇게 가장하고 지내고 싶다고 한다면, 이런 사람을 우리는 어떻게 생각해야 하겠는가? 그런 사람은 벌써 정신이 나간 사람 아니면 조만간에 미쳐버릴 소질을 충분히 가지고 있는 사람으로 여겨질 것이야."

우리는 실생활과 밀접하게 관계되는 문제에 대해 이런 핵심을 찌르는 괴테의 말에 그저 수긍할 뿐이었다. 그리고 그 자리에 있었던 사람들 중 누구도 괴테의 말에 해당되지 않았기 때문에, 우리는 이 말이 진리임을 유쾌한 기분으로 받아들였다.

이제 화제는 극장에 관한 것으로 옮겨졌고, 괴테는 내가 지난 월요일 저녁

---

*22 파리의 서적상인 부인이다.

에 자기 때문에 연극관람을 포기했다고 놀려댔다. "에커만이 이곳에 온 지도 벌써 3년이 되지" 하고 그는 모든 사람들을 향해 말했다. "그러나 나 때문에 연극관람을 단념한 것은 이번이 처음이야. 나는 이것을 그에게 깊이 감사해야 하지. 내 초대를 받고 그는 오겠다고 약속을 했지만, 나는 그가 정말 그 약속을 지킬 수 있으리라고는 생각도 못했네. 더욱이 6시 반을 알리는 종소리가 울렸을 때에도 보이지 안길래 그렇게 생각했지. 그뿐이겠는가. 오지 않았으면 나는 더 기뻐했을 것이야. 그럼 내가 '저 친구는 정말로 연극에 미쳤다. 이제 가장 사랑하는 친구마저도 돌보지 않을 만큼 병이 심해져 손쓸 도리가 없다'고 말할 수 있지 않았겠나. 그렇지만 내가 자네의 연극관람의 즐거움을 빼앗아간 보상만은 잘해준 셈이지! 그렇지 않은가? 내가 아주 소중한 것을 보여 주었잖은가?" 괴테의 이 말은 그가 새로 쓴 단편소설을 의미하는 것이었다.

이어 우리는 지난 주 토요일에 상연되었던 실러의 〈피에스코〉에 대해 이야기했다.

"나는 이 연극을 처음으로 봤습니다" 하고 나는 말했다. "나는 이 거칠기 그지없는 장면들을 어떻게 부드럽게 할 수 있는 방법은 없을까 하고 골똘히 생각해 봤습니다. 그러나 전체의 특색을 해치지 않고 그렇게 하는 것은 어려울 것 같습니다."

"자네의 말은 전적으로 옳았어. 그렇게는 안 되지" 하고 괴테는 대답했다. "실러는 이것에 대해 나하고 여러 번 이야기를 했어. 왜냐하면 그 자신도 이 초기의 작품들에 대해서는 만족해하지 않았거든. 그래서 우리 두 사람이 극장에 관계하고 있는 동안은 이것을 상연시키지 않았네. 그러나 좋은 각본의 부족을 겪던 우리는 이 난감한 초기의 세 작품을 상연목록에 넣으려고 했지. 그러나 아무리 해 보아도 그것이 잘 되지 않았어. 전체의 줄거리가 서로 뒤얽혀 실러 자신이 이 계획에 절망해 버렸지. 그래서 최초의 의도를 단념하고 그 작품은 그대로 내버려 두는 수밖에 없었다네."

"그건 유감스러운 일입니다" 하고 나는 말했다. "왜냐하면 모든 것이 거칠기는 하지만, 최근의 몇몇 새로운 비극작가의 연약하고 부드럽고 무리가 많고 부자연스러운 작품에 비교하면 천 배나 호감이 가는 작품이기 때문입니다. 뭐라고 해도 실러의 작품에는 언제나 위대한 정신과 성격이 들어 있습니다."

"나도 그렇게 말하고 싶네" 하고 괴테는 말했다. "실러는 자기가 생각하는 대로 행동을 했지. 그의 어떤 작품도 현대 작가가 쓴 최고의 작품을 훨씬 능가하고 있다는 것은 확실하네. 정말이지 실러는 손톱을 깎는 그런 일상적인 일도 이러한 사람들보다는 훨씬 잘했을 것이야."

우리들은 이런 지나친 비유에 웃음을 터뜨렸다.

"그러나 내가 아는 사람 가운데는" 하고 괴테는 말을 계속했다. "실러의 초기의 작품에 대해 전혀 만족해하지 않는 사람들도 있지. 어느 여름, 나는 어떤 온천장에서 물레방아간으로 가는 인기척이 드문 좁은 길을 걸어가고 있었지. 그 길에서 어떤 후작을 만났네. 바로 그때 우리 앞으로 밀가루 포대를 실은 여러 마리의 당나귀가 오고 있었기 때문에 우리들은 할 수 없이 함께 길 옆의 오두막으로 들어갔지. 이 후작의 타고난 성격 때문에 우리는 그 좁고 작은 방에서 곧장 신과 인간에 대한 심각한 대화에 빠졌는데, 이곳에서 이야기가 실러의 〈군도〉로 옮겨졌네. 후작은 이렇게 말했지. '만약에 내가 신이어서 이 세상을 창조하려는 그 순간에 실러가 그 세상에 〈군도〉를 내놓을 것이란 사실을 미리 알 수 있었다면, 나는 이 세상을 창조하지 않았을 것이다'라고." 우리는 웃지 않을 수 없었다. "자네는 어떻게 생각하는가?" 하고 괴테는 말했다. "이것은 증오의 정도가 너무 지나쳐서 아무래도 이해가 되지 않지."

"하지만 그와 같은 증오심은" 하고 나는 대답했다. "우리의 젊은이들, 특히 젊은 학생들에게서는 전혀 볼 수 없습니다. 실러나 다른 작가들의 훌륭한 원숙기 작품이 상연될 때에 젊은이나 학생들은 거의 극장에 가지 않고, 또 전혀 가지 않을 때도 있습니다. 하지만 실러의 〈군도〉나 〈피에스코〉가 상연되면 극장은 젊은 학생들만으로도 거의 만원을 이룹니다."

"그것은" 하고 괴테는 말했다. "50년 전이나 지금도 마찬가지고, 50년 후에도 변하지 않을 것이야. 젊은 사람이 쓴 것은 또한 젊은 사람들에 의해 가장 잘 받아들여질 것이야. 그러므로 세계의 문화나 좋은 취미가 아무리 진보했다고 하더라도 젊은이들이 이런 거친 시기를 벗어났다고 생각해서는 안 되는 것이지. 이 세계가 전체로서 아무리 진보했다고 하더라도 청년은 언제나 다시 처

실러의 〈군도〉 이 연극이 상연될 때면 으레 젊은이들로 만원을 이룬다.

음부터 시작하여야 하며, 개인으로서 세계 문화의 각 단계를 순서에 따라 경
험해야 하네. 나는 이제 이런 일로 안달복달하지 않게 되었어. 그리고 나는 이
미 오래전에 이런 시를 썼네.

　　　성 요한 축제의 산불을 꺼지게 하지 말고
　　　이 기쁨을 끊어지게 하지 말라!
　　　빗자루는 사용하면 닳아 없어지지만
　　　젊은이들은 쉬지 않고 다시 태어나는 법이거늘.*23

　나는 창가에 서서 바깥을 바라보기만 하면 되네. 빗자루는 길거리를 쓸고
있고 아이들은 여기저기에서 뛰놀고 있지. 이런 광경에서 그들은 다 소모되어
영원히 소멸을 되풀이하고는 다시 젊어지는 이 세계의 상징으로서 우리의 눈
앞에 전개되네. 그러므로 어린아이들의 놀이나 젊은이들의 유희는 이 세기에

---

*23 이 시는 처음 1804년 프롬만 일가의 야회에서 건배의 노래로 만들어진 것인데, 나중에 〈온
　화한 크세니엔〉에 수록되었다.

서 다음 세기로 인계되어 뿌리를 내리게 되지. 왜냐하면 훨씬 나이 먹은 노인들에게는 그들이 바보스럽게 생각될는지 모르지만 어린아이는 역시 어린아이이고, 이것은 어떤 시대에도 변하지 않는 것이야. 그러므로 성 요한 축제의 산불을 금지해서는 안 되며, 이 사랑스러운 어린 아이들의 즐거움을 해쳐서는 안 되지."

이런 담화와 비슷한 여러 가지 밝은 이야기를 나누고 있는 사이에 식사시간은 순식간에 지나갔다. 우리 젊은 사람들은 위층 방으로 올라갔고 법무장관은 괴테와 함께 남았다.

1827년 1월 18일 목요일 저녁

오늘 저녁 괴테는 나에게 예의 단편소설의 끝 부분을 보여 주겠다고 약속했다. 나는 6시 반에 그를 찾아갔다. 그는 편안한 그의 서재에 혼자 있었다. 내가 그의 탁자 옆에 앉아 바로 최근에 일어난 일들에 대한 이야기를 마치자 괴테는 자리에서 일어나 내가 읽고 싶어하던 단편소설의 마지막 원고를 넘겨주었다. "자, 결말을 읽어보게" 하고 그는 말했다. 나는 읽기 시작했다. 괴테는 그러는 사이에 방안 여기저기를 걷다가 가끔 난로 앞에 멈춰 섰다. 나는 보통 때와 마찬가지로 혼자 조용히 읽었다.

요전 날 밤에 읽은 원고는, 사자가 오래된 폐허의 둥근 성벽 바깥의 백년 묵은 너도밤나무 아래에서 햇빛을 쬐면서 누워 있는데, 사람들이 이것을 잡으려고 준비하는 데에서 끝나고 있었다. 후작은 사냥꾼들을 사자에게 보내려고 한다. 그러나 그때 어느 낯선 사람이 거친 수단을 취하지 않고서도 틀림없이 사자가 철근 우리 속으로 다시 들어가게 하겠다면서, 그의 사자를 가혹하게 대하지 말아줄 것을 간청한다. 그는 "이 어린아이가 피리의 감미로운 곡조에 맞춰 사랑스러운 노래를 부르면서 이 일을 수행할 것입니다"라고 말한다. 후작은 그의 간청을 받아들이고 필요한 예방조치를 취하도록 지시한 뒤에, 그의 부하들과 함께 말을 타고 시내로 되돌아간다. 호노리오는 한 떼의 사냥꾼들과 함께 만일 사자가 내려오는 경우, 불을 붙여 위협하여 되돌려 보내려고 좁은 길목을 막아버렸다. 어머니와 어린 아이는 성의 수위가 안내하는 대로 폐허를 따라 위로 올라간다. 그 반대쪽 둥근 벽에 사자가 가로 누워 있었던 것이다.

이 맹수를 성의 안뜰로 유인하는 것이 그 목적이다. 어머니와 성의 수위는 절반이 무너져 내린 기사 홀에 몸을 숨긴다. 어린아이만이 성의 안뜰에 있는 어두운 벽의 구멍을 지나 사자 곁으로 다가간다. 기대에 찬 고요가 사방으로 퍼진다. 어린아이가 어떻게 될 것인가는 아무도 알 수 없다. 그가 부는 피리 소리가 멈춘다. 성의 수위는 어린아이와 함께 가지 않았던 것에 마음의 가책을 받는다. 어머니는 조용히 앉아 있다. 드디어 피리 소리가 다시금 들려온다. 그 소리가 점점 가까워지더니 어린 아이가 벽 구멍을 지나 다시 성의 안뜰로 들어간다. 그들은 한번 안뜰 한가운데를 돌아간다. 이어 어린아이가 햇빛을 비치는 곳에 가서 앉자, 사자도 조용히 그 옆에 누워 한쪽 앞발을 아이의 무릎 위에 올려놓는다. 가시 하나가 박혀 있었던 것이다. 어린아이는 그것을 잡아 빼고 목에 두른 비단수건을 풀어 사자의 앞발을 묶어 준다.

어머니와 성의 수위는 위에 있는 기사 홀에서 이 모든 광경을 바라보면서 이를 데 없는 안도의 기쁨을 느낀다. 사자는 안전하게 길들여졌고 어린아이는 이 맹수의 마음을 진정시키기 위해 피리의 곡조에 맞추어 여러 가지 사랑스럽고 천진난만한 노래를 불려준다. 이렇게 어린 아이가 다음과 같은 시를 노래 부르는 데에서 단편소설은 끝을 맺는다.

> 이렇듯 착한 아이들을
> 성스러운 천사는 가꾸어 주고
> 못된 마음을 막고
> 착한 행동으로 부추켜 준다
> 이렇게 온유한 마음씨와 노래의 가락은
> 밀림의 사나운 왕도
> 어린아이의 연약한 무릎 위로
> 굳게 맺어준다.

나는 감동 없이 이 결말의 줄거리를 읽을 수 없었다. 그렇지만 나는 이것을 어떻게 말해야 할지 알 수 없었다. 정말 놀랍게도 어딘지 불만족스러운 데가 있었던 것이다. 나에게 이 결말은 너무나 쓸쓸하고 너무나 인상적이고 너무나 서정적이었다. 그리고 적어도 두세 명의 다른 인물들을 등장시켜 전체를 매듭짓는 것이 이 마지막에 훨씬 넓은 폭을 부여하는 것이 아닌가 하고 생각했다.

괴테는 내가 품고 있는 의혹을 알아차리고 나를 납득시키려고 노력하였다. "만약 내가 마지막에 가서 다른 인물 두셋을 다시 등장시키면 그 마지막은 산문적이 되어 버릴 것이야. 그리고 일체의 결말이 나 있는데 그 사람들을 어떻게 움직이고 어떻게 말하도록 해야 한다는 말인가? 후작은 부하들과 함께 말을 타고 도움을 필요로 하는 시내로 갔지. 거기서는 그의 조력을 필요로 하는 일이 있겠지. 호노리오는 사자가 위험하지 않다고 듣자마자 사냥꾼들을 데리고 돌아올 것이야. 그리고 사람들은 곧 거리에서 우리를 가지고 와 사자를 그 속에 다시 몰아 넣을 것이네. 이것은 다 예상할 수 있는 것이며 자세하게 말할 필요가 없지. 그렇게 하면 산문적이 되어 버릴 테니까 말야."

"그러나 이상적이고 서정적인 결말이 필요했고 또 자연적으로 그렇게 되지 않으면 안 되었지. 왜냐하면 사나이의 감정적인 말 자체가 벌써 시적인 산문이라서 그 뒤에는 점진적인 상승이 필요했기 때문이야. 그래서 나는 결말을 서정시, 아니 노래 그 자체까지 빌려 높여가지 않으면 안 되었던 것이야."

"이 단편소설의 진행은 비유적으로" 하고 괴테는 말을 계속했다. "뿌리에서 움터 나오는 녹색의 식물을 생각해 보면 될 것이야. 그것은 얼마 안 있어 꼿꼿한 줄기에서 원기 왕성하고 푸른 잎을 키워 사방으로 넓히고, 꽃을 피우고 급기야는 종말을 고하고 말지.—꽃은 뜻하지 않게 갑자기 핀 것이고, 꼭 거기에 있을 필요가 없었던 것이네. 그런데 푸른 나뭇잎의 무리는 오로지 꽃을 위해서만 존재하였던 것이고, 만약 꽃이 없었다면 구태여 존재할 필요는 없었을 것이야."

나는 이 말을 듣고 마음도 가벼워졌고 미망에서 깨어난 기분이었다. 그리고 이 불가사의한 구상의 훌륭한 점이 나의 마음을 움직이기 시작했다.

괴테는 계속했다. "제어할 수 없는 것, 극복할 수 없는 것을 완력으로 누르지 않고 애정과 경건한 마음씨를 갖고 대하면, 왕왕 더 좋은 결과를 가져올 수 있다는 것을 보여주는 것이 이 단편소설의 사명이지. 그리고 이 아름다운 목표를 어린아이와 사자로 나타내려고 글을 써 내려갔던 것이야. 그리고 이를 표현하기 위한 현실적인 구성에 따라 푸른 나뭇잎들로 이야기에 살을 붙인 것이네. 따라서 그런 살 붙이기는 오직 이 이상을 위해 존재하는 것이며, 오직 이이상 때문에 가치가 있는 것이지. 그렇지 않다면 현실이라는 것 그 자체로 무슨 가치가 있다는 말인가? 우리는 현실이 있는 그대로의 모습으로 그려져 있는 것을 보면 기쁨을 느끼게 되며, 어떤 사물에 대해서는 더 명확한 지식을 얻을 수도 있지. 그러나 우리의 한 단계 더 높은 성질에게 허락된 참된 혜택은 시인의 가슴속에서 솟아나온 이상 속에서만 존재하는 것일세."

괴테가 얼마나 정곡을 찌르는 말을 하였는가를 나는 절실히 느꼈다. 왜냐하면 그 소설의 결말이 준 감동이 계속 마음속에 남아서, 나는 오랫동안 느끼지 못한 아주 경건한 기분에 젖어 들었기 때문이다. 이렇게 상당한 나이에도 이처럼 아름다운 것을 계속 쓸 수 있는 것은 분명 이 시인의 감정이 정말로 순수하고 절실하기 때문일 것이라고 나는 생각했다. 나는 나의 이 생각을 괴테에게 말하지 않을 수 없었다. 이런 비길 데 없는 작품이 지금 탄생한 것은 기쁜 일이었다.

괴테는 말했다. "자네가 만족하니 나도 기쁘네. 나 자신이 30년 동안 마음속에 가지고 다녔던 재료로부터 이제 겨우 해방이 되었으니 기쁜 일이야. 실러와 훔볼트에게 그 당시 이 계획을 말했더니 그들은 단념하는 것이 좋겠다고 말했어. 그 계획 속에 무엇이 숨어 있는지를 알지 못했기 때문이지. 게다가 오직 자기만이 스스로 가진 재료에 얼마만큼의 매력을 줄 수 있는지 아는 법이야. 그러므로 무엇을 쓰려고 마음먹었다면 아무에게도 그에 관해 물어서는 안 되지. 실러가 〈발렌슈타인〉을 쓰기 전에 나에게 그것을 써야 할지 말아야 할지 물었다면, 나는 틀림없이 쓰지 않는 것이 좋겠다고 말했을 것이야. 왜냐하면 나로서는 그와 같은 재료에서 그처럼 훌륭한 희곡이 창조되리라고는 생각할 수도 없었기 때문이지. 실러는 이 재료를 6각운의 시형으로 취급하는 것을 반대하고 있었어. 나는 그 당시 〈헤르만과 도로테아〉를 쓰고 난 뒤였기 때문에 이시 형식을 선호했지만, 그는 각운이 있는 8행의 시련형을 권했네. 그런데 보는 바와 같이 나는 이 작품을 산문으로 썼고, 이것은 더할 나위 없이 잘 됐지. 이 경우에는 주변의 세밀한 묘사가 가장 중요한 일이기 때문에, 그런 운문 형식에 따라 썼더라면 바람직하게 되지 못했을 것이야. 또한 처음에는 완전히 현실적이었다가 마지막에 가서는 전적으로 이상적인 성격을 띠는 단편소설은 산문으로 일관하는 것이 가장 좋아. 또 노래 삽입도 지금 보면 세련된 것이지. 이 작품은 6각운의 시형이나 8행의 운(韻)으로 만들었다면 이렇게 잘 되지 못했을 것이야.”

그것들은 그 이외의 독립된 단편과 〈편력시대〉의 단편소설로 이야기가 옮겨져, 각기 독자적인 성격과 색조를 띠고 있어 서로 다르다는 것이 지적되었다.

“어떻게 해서 이렇게 되었는지를” 하고 괴테는 말했다. “자네에게 설명하지. 나는 일을 시작했을 때에 화가의 수법을 따라서 했네. 화가는 대상 여하에 따라 어떤 색채는 피하고, 또 그것과는 반대되는 다른 색채를 우세하게 사용하지. 가령 아침 풍경을 그릴 때 화가는 주로 푸른색을 팔레트에 놓고 쓰고 황색은 거의 사용하지 않네. 이와는 반대로 저녁을 그릴 때에는 황색을 많이 쓰지만 푸른색은 거의 전혀 사용하지 않아. 이와 비슷한 방법으로 나의 여러 문학작품이 탄생했지. 그러므로 이러한 작품 속에 각각 다른 특징이 나타나 있다고 한다면 여기에 그 원인이 있는 것이야.”

나는 이것이 매우 현명한 원칙으로 생각되고, 괴테가 이것을 내게 가르쳐 준 것이 기뻤다.

이어 나는 특히 이 최근의 단편소설에서 지방 풍경을 세부에 걸쳐 자세히 묘사한 것에 대해 감탄하지 않을 수 없었다.

괴테는 말했다. “나는 한번도 창작 목적을 위해 자연을 관찰한 일은 없었네. 그러나 젊었을 때 풍경화를 그렸고, 훗날에는 자연과학 연구에 종사했던 관계로 나에게는 쉬지 않고 자연의 대상물을 자세히 관찰하는 버릇이 생겼지. 그래서 자연의 미세한 부분에 이르기까지 점점 정통하게 되어, 시인으로서 글을 쓸 때에도 내 생각대로 썼고, 그러면서도 좀처럼 진실에 어긋나는 일이 없었어. 실러에게는 이러한 자연 관찰이 없었지. 그의 〈텔〉 속에는 스위스의 지방 풍경이 있지만 그것은 전부 내가 그에게 말해 준 것이야. 그렇지만 그는 나의 말만 듣고 그처럼 현실성이 있는 작품을 써 낼 수 있었던 참으로 총명한 사람이었지."

담화는 이제는 완전히 실러에게로 향했고, 괴테는 다음과 같이 계속했다.

"실러의 본질적 창조력은 이상(理想) 속에 있었지. 그리고 이 점에 있어서는 독일문학뿐만 아니라 다른 어떤 나라의 문학에서도 그에게 맞설 사람을 아마 찾을 수 없을 것이야. 바이런 경이 가지고 있는 거의 모든 것을 실러도 가지고 있었어. 그러나 바이런 경은 세상을 보는 안목에 있어서는 실러를 능가하고 있지. 나는 실러가 바이런 경의 작품을 읽고 지냈으면 얼마나 좋았을까 하고 생각한다네. 그는 자기와 이처럼 비슷한 인물에 대해 뭐라고 말했을까? 그의 반응을 보는 것은 정말로 흥미진진한 일이었을 것이야. 바이런이 실러 생존 중에 혹시 책을 출판했었던가?"

나는 그런 일은 없었다고 했지만 확실하게 단언할 수는 없었다. 그러므로 괴테는 백과사전을 꺼내 바이런 항목을 읽으면서, 그 사이 여러 가지로 생각난 것을 첨가해 말해주는 것을 잊지 않았다. 바이런 경은 1807년 이전에는 책 출판하지 않았기 때문에, 실러는 그의 책을 한 권도 읽지 않았다는 것을 알 수 있었다.

"실러의 모든 작품에는" 하고 괴테는 계속했다. "일관적으로 자유의 이념이 흐르고 있지. 그리고 이 이념은 실러가 교양을 넓히고 변해감에 따라 다른 면모를 취하게 되네. 그를 괴롭혀 창작을 하게끔 영향을 끼친 것은 그의 청년 시절에는 육체적인 자유였고, 말년에는 관념적인 자유였지.

자유라는 것은 정말로 묘한 것이야. 누구나 스스로 만족해하고 자기 분수를 분별하고 있으면 자유는 쉽게 얻을 수 있지. 그런데 자유가 남아돌아 갈 정도로 있어도, 이것을 사용하지 않으면 무슨 소용이 있다는 말인가! 이 방과 서로 이웃하고 있는 방을 보게. 열려 있는 문으로 나의 침대도 보이지. 두 방 다 넓지 않고 게다가 여러 가지 일용품, 책, 원고 그리고 미술품 같은 것으로 가득 차 있네. 그러나 나에게는 이것으로 충분하지. 겨울 내내 여기서 지내느라고 앞쪽 방에는 거의 발을 들여놓지 않았어. 그러니 내가 넓은 집을 가지고 있고 한 방에서 다른 방으로 들어가는 자유를 가지고 있다고 해도, 그 사용의 필요성이 없다면 그런 건 아무 소용이 없는 것이지!

인간은 건강하게 살고 자기 직업에 충실할 수 있을 만큼의 자유가 있으면 그것으로 충분한 것이야. 그리고 이만큼의 자유는 누구나 쉽게 가질 수 있는 것이지. 하지만 우리 모두는 일정한 조건을 충족시켜야만 자유로울 수 있어. 시민도 그가 태어난 신분에 의해 신이 제시한 자신의 한계를 지키기만 하면 귀족과 마찬가지로 자유이네. 귀족도 왕후와 마찬가지로 자유지. 그들은 궁정에서 단지 얼마 안 되는 의식을 따르기만 하면 왕후와 같은 심정으로 있을 수 있어. 우리의 위에 있는 것을 인정하지 않는 것이 아니라, 우리 위에 존재하는 것을 존경하는 것이 우리를 자유롭게 할 수 있다네. 왜냐하면 우리는 그런 존경을 통해 우리 자신을 그 존재가 있는 곳까지 높일 수 있기 때문이야. 또 그러한 존경은 우리들도 가슴속에 높은 품격을 가지고 있으며, 그들과 동등한 것이 될 수 있는 가치가 있다는 것을 분명하게 보여 주는 것이라네. 나는 여행 중에 북방 독일 상인들을 곧잘 만났는데, 그들은 무례하게도 나하고 식탁을 함께 했기 때문에 나와 동등하다고 생각하는 듯했네. 하지만 그건 아무 소용이 없는 일이야. 그러나 그들이 나를 존중하고 어떻게 접대하는지 알고 있었다면 그것으로 나하고 동등하게 될 수 있었겠지.

이런 육체적인 자유가 청년 시절에 실러에게 그처럼 심한 고통을 안겨 준 것은 물론 일부분은 그의 정신적인 자질에 기인하는 것이기는 하지만, 그 대부분은 그가 육군 사관학교에서 겪지 않을 수 없었던 압박 때문이야.

그러나 성숙기에 와서 육체적인 자유가 충분히 주어지기에 이르렀을 때 그는 관념적인 자유 추구로 옮겨갔지. 그리고 이 관념이 그를 죽였다고 해도 과언이 아니야. 다시 말해 그는 이 관념 때문에 자기의 육체에 그 체력을 너무도 무시한 요구를 부과했던 것이지.

대공은 실러가 이곳 바이마르로 정착하게 되었을 때 그에게 1천 탈러의 연금을 주기로 했네. 그리고 만약 그가 병으로 일을 할 수 없을 경우에는 그 배의 금액을 지불할 것을 제의했지만, 실러는 이 마지막 부분을 거절했고 절대로 이것을 이용하려고 하지 않았지.

그는 '나는 재능이 있기 때문에 나 스스로 자신을 도울 수 있다'고 말했네.

그러나 훗날 그의 가족수가 늘어남에 따라 그는 생존을 위해 매년 두 개의 희곡작품을 써야만 했어. 그리고 그것을 완성하기 위해 그는 건강이 썩 좋지 않을 때에도 밤낮을 가리지 않고 일을 하지 않으면 안 되었지. 그는 언제 어떠한 때라도 자기의 재능을 자기의 의지에 따르게 하고 자기 마음대로 해 보일 작정이었네.

실러는 절대로 과음하지 않았고 철저히 절제를 지키는 사나이였네. 그러나 몸이 쇠약해질 때면 적은 양의 리큐어나 이와 비슷한 알코올 음료를 마셔 정력을 높이려고 했지. 그러나 이것이 그의 건강을 망쳤고, 또 그의 창작력까지도 해치게 되었네.

식자들이 그의 작품에 대해 이러쿵저러쿵 비난하는 것은 여기에 그 원인이 있다고 생각하네. 그 사람들이 좋지 않다고 말하는 부분은 모두 내 나름대로 말한다면 병리학적인 부분이라고 부르고 싶어. 요컨대 그가 그런 부분을 썼던 시기는 올바르고 참된 모티브를 발견할 만큼의 활력이 부족한 때였던 거지. 나는 저 지상명령(至上命令)*24에 깊은 존경을 표시하고 있고 거기에서부터 많은 훌륭한 것이 생겨 나온다는 것도 알고 있지. 그러나 그것을 함부로 써서는 안 되지. 그렇지 않으면 이 이상적 자유의 이념도 좋은 결과를 초래할 수 없기 때문이야."

이런 흥미 있는 이야기와 이것과 유사한 바이런 경의 이야기, 유명한 독일의 문학자들*25의 이야기가 나왔다. 특히 실러는 코체부가 상당히 뛰어난 작품을 쓰기 때문에 그를 제일 좋아했다는 등의 이야기를 하는 중에 저녁시간은 빨리 지나가 버렸다. 내가 집으로 가려고 할 때 괴테는 나에게 그 새로운 단편소설을 주면서 집에서 다시 한 번 조용히 음미해 주었으면 좋겠다고 말했다.

1827년 1월 21일 일요일 저녁

나는 오늘 저녁 7시 반에 괴테를 방문해 1시간 가량 머물렀다. 그는 나에게

---

*24 칸트의 〈판단력 비판〉(1790)을 말하는 것에서 인용한 것이다. 칸트는 이 책에서 인간 행위의 규범과 이상을 규명하고 실천적 형이상학을 수립했다.
*25 슐레겔 형제를 말한다.

게이 양*26의 프랑스어 시집 신간을 보여 주면서 그녀의 시를 칭찬했다. "프랑스인들은 점점 진보하고 있어. 그들은 충분히 주목받을 가치가 있지. 나는 현대 프랑스 문학의 상황을 정확하게 통달하려고 노력하고 있는데, 가능하면 이에 대한 의견도 발표해 보려고 하고 있어. 나의 가장 큰 흥미를 끈 것은 우리나라에서는 훨씬 전부터 일반화 되어버린 요소들이, 비로소 그들에게 영향을 주기 시작했다는 것이야. 물론 평범한 지능의 소유자들은 언제나 자신의 시대에 얽매여 그 시대에 흐르고 있는 요소를 마음의 양식으로 삼고 살아가게 되지. 그들 사이에서는 최근 경건 정신의 풍조가 엿보이는데, 이런 그 모든 상황이 우리와 똑같아. 그런 면에서도 그들 쪽이 다소 우아하고 재치 있게 보인다는 차이뿐이지."

"그러나 각하는 베랑제나 〈클라라 가줄〉의 작가*27를 어떻게 생각하십니까?"

"이 사람들은 특별한 존재지" 하고 괴테는 말했다. "그들은 위대한 재능의 소유자들이야. 그들은 자기 속에 단단한 기초를 가지고 있기 때문에 그 시대에 유행하고 있는 사고에 초연한 태도를 취할 수 있지."

"그 말을 듣고 나니 대단히 기쁩니다" 하고 나는 말했다. "왜냐하면 정말이지 나는 이 두 사람에 대해 거의 같은 감정을 가지고 있었기 때문입니다."

대화는 프랑스문학에서 독일 문학으로 옮겨졌다. "그런데 자네에게 보여줄 것이 있어" 하고 괴테는 말했다. "그것은 자네에게도 흥미로울 것이라고 생각하네. 자네 앞에 있는 두 개의 책 중의 하나를 집어주게. 자네는 졸거*28를 알고 있는가?"

"네, 물론입니다" 하고 나는 대답했다. "그뿐이겠습니까? 나는 이 사람을 아주 좋아합니다. 그가 번역한 소포클레스를 가지고 있는데, 이 번역과 그 서문을 읽고 오래전부터 그를 높이 평가하고 있었습니다."

"자네도 알고 있겠지만 그는 몇 년 전에 죽었어" 하고 괴테는 말했다. "그리

---

*26 게이(1804~1855). 1824년에 〈시적수상〉을 발표하고 유명해진 프랑스의 작가로 이후 유명언론인 지라르댕과 결혼한다.

*27 메리메(1803~1870)는 1825년에 처녀작으로서 이 작품을 발표했다.

*28 졸거(1780~1819). 베를린대학 교수로 낭만주의의 미학자이다.

고 지금 그의 유고와 편지를 모은
것이 출판되어 있네. 그가 플라
톤의 대화 형식으로 쓴 철학적인
논문은 그렇게 잘 된 것은 아니
야. 그러나 그의 편지는 대단한 것
이지. 그 가운데 티크에게 〈친화
력〉에 관해 보낸 것이 하나 있다
네. 이것을 자네에게 꼭 읽어주어
야 하겠어. 이 소설에 대해 이 이
상 더 훌륭한 견해를 피력하는 것
은 그렇게 쉬운 일이 아니기 때문
이야."

〈친화력〉에 나오는 유복한 남작 에두아르트

괴테는 나에게 그 훌륭한 논고를 들려주었고 우리는 이것에 대해 순차적으
로 논했다. 그의 위대한 성격을 증명하기에 충분한 견해와 그의 철저한 추론
과 결론이 정연하게 구성되어 있는 것에 우리는 감탄했다. 졸거는 〈친화력〉에
서 일어나는 사건이 모든 인물의 천성에서 비롯된 것을 인정하고 있지만, 에두
아르트의 성격은 비난하고 있었다.

"그가 에두아르트를 좋지 않게 생각하는 것을 부당한 처사라고 할 수만은
없네" 하고 괴테는 말했다. "나 역시 그를 좋게 생각하지 않아. 그러나 나는 사
건을 나타내기 위해 그를 그렇게 만들지 않을 수 없었지. 좌우간 이 인물은 많
은 진실성을 가지고 있네. 왜냐하면 에두아르트와 같은 상류계급 사람들은 흔
히 고귀한 성격 대신 제멋대로의 행동만을 보여주기 때문이지.

졸거는 다른 어떤 사람보다도 건축가를 높이 평가하고 있어. 왜냐하면 이
소설의 다른 인물들은 모두 사랑에 빠지고 나약함을 드러내고 있지만, 이 사
람만은 유일하게 굳세고 자유로우며 활달하게 행동하기 때문이야. 또한 그가
가진 성격의 장점은 그가 다른 인물들이 범하는 과오에 빠지지 않는 점에 있
는 것이 아니라, 작가가 그를 과오에 빠질 수 없을 만큼 위대한 인물로 묘사한
점에 있다고 하였네."

이러한 평에 우리는 기뻐했다. "이것은 사실 대단한 명언이지" 하고 괴테는 말했다.

"나도 역시 건축가의 성격이 아주 훌륭하고 사랑스러운 것이라고 생각하고 있었습니다. 그러나 그가 그 본성으로 사랑의 갈등에 말려들어갈 수 없었다는 점이 바로 그의 장점이 된다는 사실은 전혀 깨닫지 못했습니다."

"그 점에 대해서 놀랄 필요는 없어" 하고 괴테는 말했다. "왜냐하면 나 자신도 그것을 썼을 당시에는 그렇게 생각하지 않았네. 그러나 졸거의 말이 맞아. 확실히 이 인물에게는 그런 점이 있지."

"이 논문은" 하고 괴테는 말을 계속했다. "벌써 1809년에 쓰여졌지. 그러므로 그때 〈친화력〉에 관해 이처럼 호의적인 말을 들을 수 있었으면 나도 기뻤을 거라네. 그 당시나 그 이후에도 저 소설에 대해서 기분 좋은 말을 해 주는 사람은 별로 없었거든.

졸거는 이 편지에서도 알 수 있듯이 나에게 대단한 호의를 가지고 있었지. 그는 어떤 편지에서 자신이 나에게 소포클레스를 증정하였건만 아무런 답장도 받지 못했다고 한탄을 하고 있네. 아 정말이지! 나에게도 사정이 있었으니 그것은 이상하게 생각할 일은 아니지. 나는 많은 사람들로부터 선물을 받는 높은 분들을 알고 있네. 그들은 모든 사람들에게 답장을 보내기 위해 일정한 서식과 틀에 박힌 말을 만들어 두었다가 백 통 이상의 편지를 발송하지. 편지 내용은 모두 똑같고 상투적인 문구로 일관하고 있어. 그러나 이런 것은 나의 성미에는 맞지 않네. 만약 누구에게나 그때그때의 사항에 따라 적절하고 독특한 말을 할 수 없다면, 나는 차라리 전혀 쓰고 싶지가 않았어. 꾸며대는 상투어에는 아무런 가치가 없다고 생각했기 때문이라네. 그런데 그것이 내가 기꺼이 답장을 쓰고 싶었던 많은 훌륭한 사람들에게 아무런 회신을 드리지 못하는 결과가 되어 버렸어. 내 사정이 어떤 것인가. 매일같이 사방팔방으로부터 얼마나 많은 증정본이 들어오는지 자네도 잘 알고 있지. 그러므로 모두에게 형식적일지라도 일일이 답장을 쓴다고 하면 일생이 걸려도 끝내지 못할 것이네. 그러나 졸거에게는 정말로 못할 짓을 했네. 그는 너무나 훌륭했기 때문에 다른 많은 사람을 제쳐놓고서라도 친밀한 편지를 써 보냈어야 마땅했지."

나는 집에서 되풀이하여 읽고 있는 그의 단편소설 쪽으로 화제를 돌렸다. "첫 번째 부분은 발단에 지나지 않기 때문에 거기에는 필요 이상의 것은 나타나 있지 않습니다. 그러면서도 그것이 아주 우아하게 쓰여져 있기 때문에, 다른 부분을 위해 쓰여진 것 같이 생각되지 않고 오히려 독립되어 있어 그것만으로도 가치가 있는 것으로 생각됩니다."

괴테는 말했다. "그렇게 생각한다면 고마운 일이네. 그러나 아직 손을 대지 않으면 안 되는 곳이 한 군데 있지. 올바른 발단의 법칙에 따라 나는 이 동물의 임자를 재빨리 책머리 쪽에 등장시키지 않으면 안 되네. 또 후작부인과 숙부가 말을 타고 노점 옆을 지나갈 때, 사람들이 후작 부인에게 자신들의 노점을 방문해 주는 영광을 베풀어 달라고 간청하도록 해야겠어." "물론이지요" 하고 나는 말했다. "말씀하신 대로입니다. 다른 것이 모두 발단에서 암시되어 있기 때문에 이 사람들도 그렇게 해야 합니다. 그들은 언제나 금전에 구애받고 있기 때문에 분명히 후작 부인이 그냥 지나가게 놔두지는 않을 것입니다."

"보다시피" 하고 괴테는 말했다. "이런 일은 대체로 완성되었다고 하더라도 개별적인 것에 있어서는 여전히 손을 대야 할 데가 있는 법이지."

이어 괴테는 요사이 그를 자주 방문하여 그의 작품 몇 편을 번역하고 싶다고 하는 어떤 외국인에 대해 말했다. "그는 착한 사람이야. 그러나 문학적인 면에 있어서는 순전히 딜레탕트인 것 같아. 왜냐하면 아직 독일어도 제대로 하지 못하면서 벌써 번역에 대해서 얘기하고, 책 속에 어떤 초상화를 넣을 것인지 말하고 있기 때문이지. 이런 일에 으레 있는 여러 가지 어려운 문제에 대해서는 아랑곳하지 않고, 언제나 해내지 못할 일을 계획하는 이것이야말로 호사가의 본성일세."

1827년 1월 29일 목요일 저녁

단편소설의 원고와 베랑제의 책을 가지고 7시 반경에 괴테를 찾아갔다. 마침 소레 씨가 와서 프랑스의 신문학에 대해서 괴테와 이야기를 나누고 있었다. 나는 흥미를 갖고 경청하였다. 그러다가 최근에 재능이 있는 사람들이 들릴*29에게서 좋은 시를 쓰는 방법을 많이 배우고 있다는 것이 화제에 올랐다. 제네바 태생인 소레 씨의 독일어는 그렇게 유창하지는 못했지만 괴테가 프랑스어를 상당히 거침없이 잘 구사했기 때문에 대화는 프랑스어로 계속되었고, 내가 끼어 들 때에만 그저 드문드문 독일어를 섞었다. 나는 호주머니에서 베랑제의 책을 꺼내 괴테에게 건네주었다. 괴테는 이 멋진 노래를 다시 한 번 읽고 싶다고 말했다. 이 시집의 권두에 나와 있는 초상을 보고 소레 씨는 베랑제의 실물과 비슷하지 않다고 말했다. 괴테는 아름다운 장정본을 손에 들고 기뻐했다. "이들 노래는 완벽해. 특히 반복적으로 연속하는 환호성의 노랫소리를 첨가해 생각하면 이런 종류의 작품으로는 걸작이라고 할 수 있지. 그렇게 하지 않아도 이들 노래는 이미 가요로서는 너무나 엄숙하고 너무나 기지에 차 있고, 그리고 너무나 격언시 풍이야. 나는 베랑제를 읽으면 호라티우스나 하피스가 생각난다네. 이 두 사람 역시 자기 시대를 초월하여 그 풍속의 타락을 조롱하며 우롱하듯 표현했기 때문이지. 베랑제는 그의 시대환경에 대해 같은 태도를 취하고 있네. 그러나 그는 낮은 계급 출신이기 때문에 방탕한 것, 야비한 것을 그토록 미워하지는 않지. 그래서 그는 일종의 애착을 갖고 이런 것을 취급하고 있어."

이처럼 베랑제 그리고 다른 최근의 프랑스 시인에 대해 여러 가지 이야기를 한 뒤에 소레 씨는 궁정으로 돌아갔고, 나는 괴테와 단둘이 남게 되었다.

그의 책상 위에는 봉인된 소포 하나가 있었다. 괴테는 그 위에 손을 올려놓았다. "이게 뭐라고 생각하는가?" 하고 그는 말했다.

"이건 〈헬레나〉*30야. 코타에서 인쇄하기 위해 보내는 것이야." 나는 이 말을 듣고 뭐라 표현할 수 없는 이 순간의 의의를 온몸으로 느꼈다. 그것은 마치 앞으로 어떤 운명을 체험하게 될지 아무도 모르는, 새로 만들어진 배가 처음으로 큰 바다로 나아가는 것을 지켜보는 것과 같은 순간이었다. 한 위대한 거장이 심혈을 기울인 작품이 이제야 이 세상으로 나가려고 한다. 그리고 이 작품

---

*29 들릴(1738~1813). 프랑스의 시인으로, 그의 작품 중 유명한 것으로는 교훈시 〈정원들〉이 있다.
*30 이 장면의 완성은 곧 〈파우스트〉 제2부 제3막의 완성을 의미한다.

은 오랜 세월에 걸쳐 영향을 끼칠 것이고 갖가지 운명을 빚어낼 것이며, 그것을 체험하여 갈 것이다.

괴테는 말했다. "나는 오늘에 이르기까지 이것을 그 세부에 걸쳐 손질하고 수정하였네. 그러나 이제는 바람직한 상태로 정리가 다 됐어. 그리고 지금 이것을 우편으로 보내고, 완전히 해방된 심정으로 다른 일에 착수할 수 있게 되었으니 이제는 기쁘기만 하네!─독일문화도 이제는 믿어지지 않을 만큼 높은 수준이 되었어. 이젠 이런 작품이 언제까지나 이해되지 않고 영향을 끼치지도 못할 것이라고 두려워할 필요가 없기 때문에 안심할 수 있지."

"〈헬레나〉 속에는 고대의 모든 것이 담겨져 있습니다." 내가 말하자 괴테가 대답했다. "그렇고 말고. 언어학자들은 연구할 거리를 많이 발견하게 될 것이야."

내가 다시 말했다. "나는 고대 부분에 대해서는 걱정하지 않습니다. 왜냐하면 아주 자세하게 세부에 걸쳐 쓰여져 어떤 부분도 철저하게 묘사되어 있으니, 일일이 말해야 할 부분은 이미 충분히 서술되어 있기 때문입니다. 그러나 현대의 낭만적인 부분은 아주 난해합니다. 그 배후에는 세계사의 절반이 숨겨져 있으니까요. 이렇게 소재는 아주 방대한데도 그 취급은 암시에 머물러 있어서, 독자들에게 아주 큰 부담이 될 것입니다."

"그래도" 괴테는 말했다. "모든 것이 구체적인 것이기 때문에 극장에서 상연되는 경우엔 누구라도 충분히 이해할 것이야. 나는 그 이상의 것을 원하지 않아. 다만 많은 관객들이 이 광경을 보고 기뻐하기만 하면 그것으로 좋은 것이지. 전문가라면 그 부분에 깊은 의미가 담겨 있다는 것을 놓치지 않을 것이야. 이것은 〈마술피리〉나 다른 경우에도 마찬가지지."

나는 말했다. "이 희곡은 비극으로 시작되지만 오페라로 끝나고 있기 때문에 틀림없이 무대에서 지금까지와는 다른 인상을 줄 것입니다. 그러나 이러한 인물들의 위대함을 연기하고 고상한 말과 시구를 말한다는 것은 쉬운 일이 아닐 것입니다."

"제 1부에서는" 하고 괴테는 말했다. "일류의 비극 배우가 필요하네. 나중의 오페라 부분 역시 일류의 남성 가수와 여성 가수가 맡아서 해야지.─헬레나

역은 혼자만으로는 안 되고 훌륭한 두 사람의 여류 예술가가 맡아서 해야 하네. 왜냐하면 여류 음악가가 음악적 자질과 동시에 비극 여배우로서의 훌륭한 재능을 겸비한다는 것은 극히 드문 일이기 때문이야."

"전체적으로" 하고 나는 말했다. "무대 장치나 무대 의상은 아주 화려하고 다채로운 것이 될 것입니다. 더 말할 필요도 없이 나는 이것이 무대에 올려지는 것을 기쁜 마음으로 고대하고 있습니다. 다만 정말로 훌륭한 작곡가가 그것을 작곡해 줄 수 있다면 좋겠습니다!"

"그것은 역시" 하고 괴테는 말했다. "마이어베어*³¹처럼 오랫동안 이탈리아에서 생활하여, 독일 기질과 이탈리아적인 양식을 결합시킬 수 있는 사람이라야 할 것이야. 틀림없이 그런 사람을 발견할 수 있을 거라고 믿는다네. 나는 오직 이 일에서 해방되어 기쁠 뿐이야. 합창대*³²가 다시 저승으로 내려가지 않고, 밝은 대지에서 자연 속으로 몸을 던지려 하는 착상에 대해서는 사실 나도 자부하는 바일세."

"이것은 영생을 새롭게 양식화한 것이라고 하겠습니다"라고 나는 말했다.

"그런데" 하고 괴테가 말했다. "그 단편소설은 어떻게 되었는가?"

"여기 가지고 왔습니다. 다시 한 번 읽고 보니 각하가 계획한 변경은 실행하지 않는 것이 좋겠습니다. 그 사람들이 살해된 호랑이 옆에 전혀 미지의 새로운 인물로서 전혀 색다른 이상한 복장과 거동으로 처음 등장하여, 자기들이 호랑이의 사육주라고 알리는 것은 대단한 효과가 있습니다. 그러나 만약 그 이전의 발단 속에 그들을 등장시켜 버리면 이 효과는 완전히 약해질, 아니 없어져 버릴 것입니다."

"자네 말이 맞아" 하고 괴테는 말했다. "그대로 놔두는 것이 좋겠어. 두말할 것 없이 전적으로 자네 말이 맞아. 처음에도 그 사람들을 등장시키지 않겠다는 구상이 서 있었을 것이야. 그렇지 않았다면 그들을 빠뜨리지는 않았을 테니까 말이야. 이해를 도우려고 그런 변경을 생각한 것인데, 그것이 하마터면

---

*31 마이어베어(1791~1864). 첼터의 제자로 오페라 작곡가이다. 1816년부터 1824년까지 이탈리아로 가서 로시니 밑에서 그의 오페라 양식을 습득했다.

*32 〈헬레나〉에 등장하는 합창대를 형성하고 있는 소녀들은 영원히 활동하는 자연계를 이루고 있는 원소(땅, 물, 불, 바람)로 다시 돌아간다.

실수가 될 뻔했네. 그러나 이것은 주목할 만한 미학상의 한 예라고 할 수 있겠구만. 우리에게 규칙을 깨더라도 실수를 피하지 않으면 안 된다는 것을 보여주었으니 말일세."

이어서 단편소설에 어떤 표제를 붙여야 할 것인가 하는 것이 화제에 올랐다. 우리는 서로 여러 가지 제안을 해 봤지만 그 중 어떤 것은 처음 쪽에 맞고 다른 것은 마지막 쪽에 맞고 하는 식이었기 때문에, 전체에 꼭 들어맞는 것은 하나도 찾아낼 수 없었다.

"이렇게 하면 어떻겠는가" 하고 괴테는 말했다. "이것을 〈노벨레〉라고 불러보는 거야. '노벨레'란 다름 아닌 이때까지 없었던 사건을 담는 것을 의미한다네. 이것이 본래의 개념이지. 독일에는 〈노벨레〉라는 표제를 붙인 것이 많이 있지만, 그것들은 전혀 '노벨레'가 아니야. 단지 이야기 또는 뭐라고 이름을 붙여도 괜찮은 것이지. 전대미문의 사건이라는 본래의 의미에서 볼 때에는 〈친화력〉도 '노벨레'라고 할 수 있겠군."

"우리가 골똘히 생각해 보면" 하고 나는 말했다. "시는 언제나 표제 없이 탄생하는 것입니다. 그리고 그것이 없어도 상관없는 것이기 때문에, 표제는 전적으로 관계가 없다고 생각해도 좋겠습니다."

"표제 같은 건 아무 관계가 없지" 하고 괴테는 말했다. "고대시에는 표제 같은 건 전혀 붙어 있지 않다네. 시에 표제를 붙이는 것은 근대인의 습관이야. 고대인의 시에도 훨씬 후에 와서 근대인들이 표제를 붙였던 것이지. 그러나 이 습관도 필요에서 생긴 것이야. 문학이 보급됨에 따라 작품명을 부르게 되었고 서로 구별을 짓지 않으면 안 되게 되었으니까 말일세."

"여기에" 하고 괴테는 말했다. "좀 색다른 것이 있지. 읽어 보게." 이 말과 함께 그는 게르하르트 씨[*33]가 번역한 세르비아의 시를 넘겨주었다. 나는 그것을 읽고 아주 기분이 좋았다. 왜냐하면 그 시는 대단히 아름다웠고 그 번역은 간단 명료했으며, 내용 또한 쉽게 관조할 수 있었기 때문이다. 그것에는 〈감옥의 열쇠〉라는 제목이 붙어 있었다. 줄거리의 진행 솜씨는 더할 나위 없이 좋았다.

[*33] 게르하르트 씨(1780~1858). 바이마르의 상인이자 시인인 그는 세르비아의 민요와 영웅가요 집을 독일어로 번역했다.

그러나 결말이 갑자기 끊어지듯 끝나 있었기 때문에 어딘지 좀 불만족스러웠다.

괴테는 말했다. "바로 그것이 아름다운 점이지. 이것으로 가슴속에 가시가 남고, 독자의 상상력이 자극되어 어떻게 될 것인가 하고 자기 스스로 상상하게 되기 때문이야. 결말을 훌륭한 비극의 재료 그대로 남겨 놓고 있는데, 이것은 지금까지 여러 곳에서 사용된 방법이지. 이것과는 달리 이 속에 담고 있는 것은 정말로 새롭고 아름다운 것이야. 그리고 이런 취급 방법은 상당히 현명한 것일세. 시인은 오직 이것만 묘사하는 데에 그치고, 다른 것은 독자에게 맡기고 있으니까 말이야. 역자 게르하르트는 이 시를 잡지 〈예술과 고대〉에 발표하고 싶어하지만 너무 길어. 그 대신 그에게 부탁하여 이 세 개의 시를 받았는데, 이것들을 다음 호에 발표하려고 생각하고 있네. 자네는 이 시들을 어떻게 생각하나. 자, 들어 보게."

이렇게 말하면서 괴테는 우선 젊은 아가씨를 사랑하고 있는 노인의 노래, 다음으로 여자들의 술잔치 노래, 그리고 마지막으로 힘찬 노래 〈춤을 춰 보여 다오, 테오도르여〉를 읽었다.

우리는 게르하르트 씨를 칭찬하지 않을 수 없었다. 그는 시의 각 절과 후렴을 정말로 훌륭하게 소화하였고, 그 특색을 잃지 않고 모든 것을 부드럽고도 완전하게 마무리하고 있었다. 괴테는 말했다. "이것을 보면 게르하르트와 같이 기교상의 뛰어난 재능을 가진 사람이 훈련을 쌓으면 어떤 결과를 가져올 수 있는지 알 수 있지. 또한 그가 학자적인 직업이 아니라 현실적인 생활에 종사하고 있었던 것이 좋은 결과를 초래했어. 게다가 그는 영국이나 다른 나라들을 자주 여행하고 있지. 그러므로 현실과 접촉하는 그의 감각은 이 나라의 학구적인 젊은 시인을 훨씬 능가하고 있네. 만약 그가 언제나 훌륭한 전승에 의거해서 단지 번역에만 전념한다면 괜찮은 작품을 산출할 것임에 틀림없지. 하지만 이와는 반대로 창작에 손을 대게 되면 그건 정말로 고생스럽고 어려운 일이 될 거야."

이와 관련하여 우리나라의 젊은 현대 작가들의 작품을 여러 가지로 관찰하여 보았지만 그들이 훌륭한 산문을 쓴 적은 거의 없다는 이야기가 나왔다.

"이유는 아주 간단하지" 하고 괴테는 말했다. "산문을 쓰려면 어떤 알맹이 있는 것을 가지고 있어야 해. 그러나 알맹이를 가지고 있지 않은 사람이라도 시구나 운을 맞출 수는 있지. 시는 어떤 말이 다른 말을 불러 결국 엔간한 것이 탄생하네. 거기에 내용이 있는 것은 없지만 내용이 있을 법한 것을 만들 수는 있으니까 말일세. 그러나 산문은 이와는 다르지. 이것이 그 이유라네."

1827년 1월 31일 수요일

괴테와 함께 식사를 했다. "요사이 자네를 만나지 않는 동안" 하고 괴테는 말했다. "여러 가지 책을 많이 읽었지. 그중엔 특히 중국 소설도 한 권 있다네. 아직도 읽고 있긴 하지만, 이것은 정말로 주목할 만한 작품 같아."

"중국 소설을요?" 하고 나는 말했다. "그것은 틀림없이 아주 색다르겠지요?"

"우리가 생각하는 것처럼 그렇게 다른 점은 없네" 하고 괴테는 말했다. "이 사람들이 생각하는 것, 행동하는 것 그리고 느끼는 것은 거의 우리와 똑같아. 그래서 곧 그들도 우리와 같다는 것을 느끼게 되네. 다만 그들에게는 모든 것이 한층 더 명쾌하고 순수하고 그리고 윤리적이지. 그들은 모든 것이 이성적이고 시민적이면서도 또 격정적이야. 그러나 시적인 비약은 볼 수 없어. 그러므로 나의 〈헤르만과 도로테아〉나 리처드슨의 영국소설과 비슷한 점이 많지. 그런데 한 가지 다른 점은 그들에게 외적자연과 인간의 영상이 언제나 공존하고 있다는 것일세. 연못에서는 쉬지 않고 금붕어가 철벙거리며 소리를 내는 것이 들리네. 나뭇가지 위에서는 새가 쉬지 않고 지저귀는 소리가 들리고, 대낮은 언제나 명랑하니 양지바르고 밤은 언제나 맑게 개어 있지. 달 이야기가 자주 나오지만 그 때문에 주위의 풍경이 변하지는 않지. 월광은 낮과 마찬가지로 밝게 그려져 있어. 집의 내부는 그 나라의 그림에서 볼 수 있듯이 깔끔하고 사랑스럽지. 가령 '나는 사랑스러운 처녀들의 웃음소리를 들었다. 보았더니 그들은 아름다운 등의자에 앉아 있었다.' 어떤가 자네, 이 말을 듣고 곧 가장 사랑스러운 정경을 마음속에 떠올리게 되지 않았는가. 등의자라고 하면 우리는 곧잘 아주 경쾌하고 우아한 기분이 되기 마련이니까 말일세. 그리고 헤아릴 수 없이 많은 전설들이 이 이야기 속에 같이 들어 있네. 그것들은 마치 격언처럼 사용되고 있지. 가령 한 소녀를 묘사해서 다리가 경쾌하고 부드러워 꽃 위에 올라타고 몸을 흔들어도 그 꽃이 부러지지 않을 정도라고 하고 있네. 또한 한 젊은 사나이는 품행이 단정하고 용감했기 때문에 나이 30세에 황제와 말을 나누는 영광을 가졌다는 설화도 있어. 또한 서로 극진히 사랑하는 두 사람의 설화도 있는데, 그들은 오랫동안 교제하고 지내면서도 아주 조심성이 있게 처신하고 있지. 한번은 그 두 사람이 할 수 없이 한 방에서 밤을 지내게 되었는데도, 그들은 서로 이야기를 나누면서 밤이 밝아오는 것을 기다려 손 한 번 잡지 않았다고 되어 있어. 이렇게 윤리적으로 예의 바른 전설이 수없이 많지. 모든 일에 걸쳐 이처럼 엄격하게 절도를 지켰기 때문에 중국은 수천 년에 걸쳐 유지되어 왔고 앞으로도 오래 존속할 수 있을 것이야.”

“이 중국의 소설과 놀랄 만큼 현저하게 대조를 이루고 있는 것은” 하고 괴테는 계속했다. “베랑제의 가요이지. 이 작품의 거의 모든 것이 비윤리적이고 방종한 소재로 성립되어 있기 때문에, 베랑제와 같은 위대한 작가가 이런 소재를 취급하지 않았더라면 지극히 혐오스러운 것이 되었을 것이야. 하지만 그의 뛰어난 역량 덕분에 이것은 읽을 수 있는 작품이 되었어. 아니 그뿐이겠는가, 오히려 우아한 것이 되었지. 그런데 자네는 어떻게 생각하고 있는가. 중국 시인이 사용하고 있는 소재가 이렇게 윤리적이고, 프랑스의 현대 일류시인이 쓰는 소재는 그 정반대라는 사실은 지극히 주목할 만한 일이 아니겠는가?”

“베랑제와 같은 재능을 가진 사람은 윤리적인 소재를 어떻게 취급해야 할지 몰랐을 것입니다.”

“자네 말이 옳아” 하고 괴테는 말했다. “바로 그의 시대가 광기를 부리고 있었기 때문에, 베랑제의 타고난 좋은 천성이 더욱 드러나고 꽃을 피운 것이지.”

“그렇지만” 하고 나는 말했다. “이 중국소설은 그 나라의 최고 걸 작중의 하나가 아닐까요?”

“절대로 그렇지 않네” 하고 괴테는 말했다. “중국인들은 이 정도의 것은 수천 개나 가지고 있지. 우리 조상들이 아직 숲 속에서 원시 생활을 하고 있을 때부터 벌써 그들은 이런 걸 쓰고 있었던 거라네.”

괴테는 말을 계속했다. “시는 인류의 공유재산이라는 것, 또한 어느 시대 어디에서도 수없이 많은 인간들이 있는 곳에서 탄생하고 있다는 것을 나는 요사이 더욱더 확실하게 깨닫게 된다네. 어떤 시인이 다른 시인보다 어느 정도 더 좋은 것을 창작했다고 하더라도, 그것은 다른 작품들보다 좀 더 오래 표면에 떠 있을 뿐으로 그 이상의 의미를 가질 수는 없는 것이야. 그러므로 폰 마티손 씨*³⁴처럼 자기가 스스로 위대하다고 생각해서는 안 되지. 나 역시도 내 자신이 위대하다고 생각해서는 안 될 테지. 오히려 시적 재능이라는 것은 그렇게 희귀한 것이 아니고, 또 좋은 시를 썼다고 해서 자부할 만한 특별한 이유가 조금도 없다는 것을 마음속 깊이 새겨두어야 하지. 그러나 사실 우리 독일인들은 우리 자신의 환경과 같은 좁은 시야에서 빠져나가지 못하면 아주 쉽게 현학적인 자만에 빠지게 되지. 그러므로 나는 즐겨 다른 나라 국민에게 눈을 돌리고 있고, 또 누구에게나 그렇게 할 것을 권하고 있어. 오늘날에는 국민문학이란 것이 큰 의미가 없어. 이제는 세계문학*³⁵의 시대가 시작되고 있지. 그러므로 우리 각자는 이런 시대의 도래 촉진을 위해 노력을 다하지 않으면 안 되네. 그러나 우리가 외국문학을 존중할 때에도 특별한 것에 집착하여 그것을 모범으로 삼아서는 안 된다네. 우리는 중국의 작품을 모범이라고 여긴다든가 세르비아의 것, 혹은 칼데론의 것, 혹은 니벨룽겐을 모범이라고 생각해서는 안 되는 것이야. 모범을 찾아 나서야 한다면 우리는 언제나 고대 그리스인으로 거슬러 올라가야 하지. 그들의 작품 속에는 언제나 아름다운 인간이 그려져 있어. 그 외의 모든 것은 역사적으로 고찰하고, 가능한 한 그중에서 좋은 것들을 내 것으로 섭취하면 되는 것이야.”

나는 괴테가 이처럼 중대한 문제를 연이어 이야기하는 것을 듣고 기뻐했다.

---

*34 폰 마티손(1761~1831). 교사로서 극장지배인 그리고 도서관장을 역임하였고, 많은 시를 썼다. 특히 베토벤은 그의 시 〈아델라이데〉를 작곡하여 불멸의 독일 가곡 중 하나로 만들었다.

*35 지금은 세계문학의 시대다. 괴테의 청년시절에는 영국의 셰익스피어와 프랑스의 볼테르가 그에게 막대한 영향을 끼쳤다. 그러나 오늘날에 와서는 괴테 자신이 외국의 젊은 작가들에게 그와 같은 영향을 주고 있고, 외국 작가들은 그를 스승으로 섬기고 있었다. 그러한 때에 세계문학 시대가 시작하고 있음을 깨닫고 있던 괴테는, 당시 프랑스, 영국 그리고 독일 작가와 지식인들 사이에서 진행되고 있던 돈독한 관계를 계속 촉진해 나가야 한다는 것을 강조하고 있다.

집 앞을 지나가는 썰매의 방울 소리가 우리를 창가로 유인했다. 우리는 이날 아침 벨베데레로 향해 떠나간 대행렬이 다시 돌아오는 것을 기다리고 있었다. 괴테는 그 사이에 유익한 이야기를 계속했다. 알렉산더 만초니에 대한 말이 나왔다. 괴테는 나에게 라인하르트 백작이 얼마 전에 파리에서 그를 만났다고 이야기해 주었다. 백작에 의하면 그는 유명한 작가로서 사교계에서 인기가 대단했고, 지금은 밀라노 근교의 자기 영지에서 가족과 어머니와 함께 행복하게 지내고 있다고 했다.

괴테가 말했다. "다만 아쉬운 것은 만초니가 자기가 얼마나 훌륭한 시인인지, 또 그러한 시인으로서 어떠한 권리가 주어지고 있는지를 스스로 이해하지 못하고 있다는 것이지. 역사를 너무 존경한 나머지 자기 작품에 즐겨 주석을 달려고 하고 있어. 이렇게 함으로써 그는 역사의 하나하나 사실마다 자기가 얼마나 충실하였는가를 증명하려 하고 있지. 그러나 그가 그리고 있는 사실은 역사적이지만, 그가 그리는 인물은 그렇지가 않아. 이것은 나의 〈토아스〉나 〈이피게니에〉도 마찬가지야. 자기가 묘사하고 있는 역사상의 인물을 알고 있는 시인은 없었지. 그러나 설사 그를 알고 있었다고 하더라도 그 인물을 작품으로 살린다는 것은 어려운 일이야. 시인은 자기가 올리고자 하는 효과를 분별하여, 여기에 따라 여러 인물들의 성질을 조절해 가지 않으면 안 되네. 내가 만약 에그몬트를 역사에서 전하는 대로 어린아이가 한 열두 명쯤 달린 아버지로 그렸다면, 그의 부족하고 멍청한 행동은 사리에 어긋나는 것으로 보였을 것이야. 그러므로 나는 그의 행동과 나의 창작상의 의도를 한층 더 잘 조화시키기 위해 또 하나의 에그몬트를 창작하지 않으면 안 되었지. 이것이 클레르헨이 말한 대로 '나의 에그몬트'인 것이네.

또한 만약 시인이 그저 역사가가 쓴 역사를 그대로 되풀이하여 글을 써야 한다면, 도대체 시인은 무슨 필요가 있다는 말인가! 시인은 한 걸음 더 나아가 가능한 더 고상하고 더 훌륭한 것을 창작해야 하지. 소포클레스가 그려낸 여러 인물들은 모두 이 위대한 시인의 고매한 영혼을 담고 있어. 이것은 셰익스피어의 여러 인물들이 셰익스피어의 정신을 짊어지고 있는 것과 마찬가지야. 그리고 이것은 옳은 것이며 마땅히 그래야 하지. 그뿐만 아니라 셰익스피어는 한 걸음 더 나아가 그의 로마인들을 영국인으로 만들고 있지만, 이것도 또한 당연한 일이지. 그렇게 하지 않았더라면 그의 국민들은 그를 이해하지 못했을 것이야."

"이런 점에 있어서도" 괴테는 말을 계속했다. "그리스인은 정말로 위대했지. 그들은 시인이 역사적 사실에 충실하였는가보다는 역사적인 사실을 어떻게 취급하였는가를 더 중요시했어. 다행히도 우리는 오늘날 〈필록테테스〉*36를 둘러싸고 있는 훌륭한 예증을 볼 수 있네. 세 사람의 위대한 비극작가는 한결같이 이 주제를 취급하고 있지. 소포클레스가 맨 마지막으로 다루었지만 그의 것이 제일 훌륭한 것이었네. 다행히도 이 시인의 훌륭한 희곡작품은 원래대로 우리에게 전해 내려오고 있지. 이와는 반대로 아이스킬로스와 유리피에스의 〈필록테테스〉는 단편만이 발견되었지만, 그것만으로도 그들이 각각 이 주제를 어떻게 다루었는지 충분히 알아낼 수 있네. 만약 나에게 틈이 생기면 이 희곡작품들을 복원하고 싶다네. 유리피에스의 〈파에톤〉을 복원해 본 일도 있고, 또*37 이런 일은 결코 나에게 불유쾌하고 무익한 것이 아닐 거야.

이 주제에 있어서 문제는 아주 간단하네. 즉 필록테테스를 활과 함께 렘노스섬에서 데리고 돌아오는 것을 그리면 되는 거지. 어떠한 방법을 써서 이것을 해낼 것인가 하는 것이 시인의 몫이야. 이 점에서 시인 각자는 구상력의 솜씨를 보여줄 수 있고, 또한 누구보다도 자기가 뛰어나다는 것을 보여 줄 수 있네. 오디세우스가 그를 데리고 와야 하겠지. 그러나 그가 필록테테스에게 자신의 정체를 알려도 좋을 것인가 안 될 것인가, 또는 누군지를 알아차리지 못하게 하려면 어떻게 해야 할 것인가? 오디세우스 혼자서 가야 할 것인가, 그렇지 않으면 누군가와 함께 가야 하는 것인가? 또 그렇다면 누가 그와 함

---

*36 필록테테스는 아버지에게서 물려받은 활과 화살을 가지고 트로이 원정에 참가했으나, 뱀에게 물려 심한 악취를 풍기게 된다. 그러자 동료들은 그를 렘노스 섬에 내버려두고 떠나버린다. 하지만 트로이의 함락은 필록테테스의 활과 화살에 의해서만 가능하다는 예언이 내려지자 오디세우스가 다시 그를 찾아 트로이로 데려왔고, 그는 그 활과 화살로 트로이 왕을 사살한다.
*37 괴테는 1823년 '유리피데스의 비극 〈파에톤〉의 단편의 원상복구를 시도하면서'라는 논문을 발표했다.

께 갈 것인가? 아이스킬로스의 작품에서는 동반자가 알려져 있지 않지만 유리피테스의 작품에서는 디오메드이고, 소포클레스의 작품에서는 아킬레스의 아들이지. 또한 필록테테스를 어떤 환경 속에 놓을 것인가? 그 섬에 사람이 살고 있는 것으로 할 것인가, 그렇지 않으면 무인도로 할 것인가? 그리고 만약 사람이 살고 있다고 한다면 어떤 동정심이 많은 자가 그를 보살펴 준 것으로 할 것인가, 아니면 말 것인가? 이 외에도 수없이 많은 사항들이 있지만 시인은 이 모든 것에 그의 재량을 발휘하여 하나를 선택하고 다른 것은 버려야 하네. 그 여하에 따라, 한쪽이 다른 쪽보다 비교하여 한층 더 높은 예지를 가졌음을 나타낼 수 있는 것이지. 이 점은 매우 중요한 것으로 현대의 시인들도 이것을 배워야 해. 어떤 주제가 이미 취급되어 있는지도 알아야 하지. 또 멀리 남국과 북국에서 일어난 보기 드문 사건은 없는가, 혹시 그런 곳에서 일어난 야만적이면서도 단순한 일들이 감명을 주는 소재가 될 수 있는 것은 아닌가 고민해야 하는 걸세. 그러나 단순한 주제를 훌륭하게 취급하고 이것이 제구실을 할 수 있는 것으로 마무리하기 위해서는 위대한 정신과 재능이 필요하지. 그러나 이런 것이 현재에는 결여되어 있네."

썰매가 지나갔기 때문에 우리는 다시 창가로 다가갔다. 그러나 그것은 우리가 은근히 기다리고 있는 벨베데레에서 오는 행렬이 아니었다. 우리는 계속 두서없이 이것저것 이야기하면서 노닥거렸다. 이어 나는 예의 단편소설은 어떻게 됐는가 하고 물었다.

"요즘 나는 그것에는 손을 대지 않고 있네" 하고 그는 말했다. "그러나 발단 부분에서 한 군데에만 더 손을 대보려고 하네. 말을 탄 후작 부인이 오두막집 옆을 지나갈 때, 사자가 으르렁거리는 것이 좋겠지. 그렇게 하면 다소나마 이 맹수가 얼마나 무서운 존재인가 하는 것을 알아차리게 할 수 있을 테니까 말이야."

"아주 좋은 생각입니다" 하고 나는 말했다. "그것은 발단 자체로서 분명 필연적인 제자리를 얻고 있을 뿐만 아니라, 앞으로 전개되는 모든 것에 상당히 큰 효과를 미칠 수 있기 때문입니다. 지금까지는 사자가 너무나 유순해서 야성적인 면모를 조금도 나타내고 있지 않습니다. 그러나 사자가 으르렁거리게 되면 적어도 독자들은 그 무서움을 예감할 것입니다. 또 그후 어린아이의 피리 소리에 따라 유순하게 되는 것이기 때문에, 이것은 한층 더 큰 효과를 올리는 것이 될 것입니다."

"이런 식으로 바꾸거나 고치는 것도" 하고 괴테는 말했다. "연달아 생각이 떠올라 불완전한 것을 완전한 것으로 승화시켜 가는 경우에는 옳은 방법이지. 그러나 빈틈없이 잘 돼 있는 것을 문제삼아 다시 고친다든지 여러모로 만지작거리는 사람이 있네. 가령 월터 스콧은 나의 〈미뇽〉을 그렇게 했지. 그는 그녀의 모든 특색을 지워 버렸고, 게다가 귀머거리와 벙어리로 만들어 버렸어. 그러니 나로선 그런 식으로 바꾸어 버리면 칭찬할 수가 없네."

1827년 2월 1일 목요일 저녁

괴테는 나에게 프러시아의 황태자가 대공과 함께 그를 방문했다고 말해 주었다. "프러시아의 왕자 칼과 빌헬름 두 분도 오늘 아침에 오셨지. 황태자는 대공과 함께 약 3시간 가량 있으면서 여러 가지 이야기를 하셨어. 나는 이 젊은 황태자의 정신과 취미, 지식 그리고 사고 방식 등 모든 것을 높이 평가하게 되었네."

괴테는 〈색채론〉의 한 권을 자기 앞에 내놓았다. 그는 말했다. "아직도 자네에게 색채의 음영 현상에 대한 답을 해 주지 않았지. 그러나 이 현상에는 여러 가지로 전제가 필요하며 여러 가지 다른 것과도 연관이 있기 때문에, 오늘도 전체를 간추린 설명을 하려고 하지는 않겠네. 그것보다는 우리가 밤에 함께 만날 때를 이용하여 이 색채론을 함께 읽는 것이 좋을 것 같아. 그렇게 하면 우리들의 이야기 주제도 확실해질 것이고, 자네 자신도 모르는 사이에 학설 전체를 터득할 수 있게 될 것이기 때문일세. 일단 나에게서 전달된 것은 자네 속에서 생명을 가지고 다시 생산적인 지식이 될 것이야. 그렇게 되면 이 학문도 곧 자네의 소유물이 될 것이네. 자 이제 제 1장을 읽어 보도록 하게."

이렇게 말하면서 괴테는 내 앞에 펼쳐진 책을 갖다 놓았다. 나는 그가 나를 위해 베푼 이 호의를 아주 고맙게 생각했다. 나는 생리학적 색채의 처음 제 1

장을 읽었다.

"자네도 알다시피" 하고 괴테는 말했다. "우리의 가슴속에 없는 것은 동시에 우리의 밖에도 없지. 그리고 외부의 세계가 색채를 가지고 있듯이 우리의 눈에도 색채가 있네. 이 학문에서는 무엇보다 객관과 주관의 엄격한 구분이 중요하기 때문에, 나는 당연히 무엇보다 눈에 속하는 색채부터 시작했지.*38 그리고 우리가 색채를 지각할 때 이것이 실제로 우리의 외부에 실존하는 것인가 그렇지 않으면 눈 스스로가 만들어 내는 단순한 가상인가, 이것을 정확하게 구별하기 위함이었지. 그러므로 우선 모든 지각과 관찰이 일어나는 기관을 처리함으로써 이 학문의 강독을 올바르게 끝냈다고 생각하네."

나는 더 나아가 색채의 요구에 관한 흥미 있는 항목까지 읽어 나갔다. 여기에서는 눈은 변화를 요구한다고 설명하고 있었다. 다시 말해 눈은 결코 한 가지 색채에만 머물러 있는 것을 좋아하지 않고 곧 다른 색채를 요구한다는 것이다. 그리고 그 요구는 그 색채가 실제로 존재하지 않을 때에는 스스로 그 색을 만들어 내려고 할 정도로 아주 강렬한 것이라고 써 있었다.

또한 이것은 자연 전체를 관통하고 있는 일대 원칙인 것이며, 모든 생명과 모든 삶의 기쁨은 여기에 의거하고 있다고 말하고 있었다. "이것은" 하고 괴테는 말했다. "단지 모든 감각에 있어서만 그런 것이 아니라, 우리의 한 단계 높은 정신적인 활동에 있어서도 해당되는 것이야. 그러나 눈은 특수한 감각기관이기 때문에, 이 변화를 요구하는 법칙*39은 특히 색채에 뚜렷하게 나타난다네. 그래서 색채의 경우에는 특히 확실하게 우리에게 의식되는 것이지. 우리의 마음을 매우 흐뭇하게 해 주는 여러 가지 무용이 있는데, 그 음악 속에 장조와 단조가 서로 교대하면서 나타나기 때문이야. 이와는 반대로 단지 장조만으로 또는 단조만으로 이루어진 무용은 곧 싫증을 느끼게 되네."

"이와 똑같은 법칙이" 하고 나는 말했다. "훌륭한 양식의 기초가 되고 있는 것 같습니다. 그런 양식은 지금 막 사용한 음악을 다시 쓰는 것을 무슨 일이

---

*38 괴테는 〈색채론〉의 첫머리에, 야코브 뵈메(1575~1625)의 말 '눈이 태양을 갖고 있지 않았다면 우리는 어떻게 빛을 볼 수 있다는 말인가…'을 적고 있다.

*39 〈색채론〉 제38절에 나오는 내용이다.

있어도 피합니다. 만약 극장에서 이 법칙을 잘 이용하게 되면 아주 이로운 점이 많을 것입니다. 특히 비극에서 한 음조가 아무런 변화 없이 한결같이 계속되면 짓눌리는 것같이 답답하고 진절머리가 날 것입니다. 또한 비극을 상연할 때에 오케스트라가 막간에 슬프고 우울한 음악을 들려주면 참을 수 없는 기분이 되어 그저 도망쳐 나오고 싶을 것입니다."

"아마" 하고 괴테는 말했다. "셰익스피어가 비극 짬짬이 짜 넣은 명랑한 장면들은 이런 변화를 요구하는 법칙에 의거한 것일 것이야. 그러나 이것은 그리스인의 한층 더 숭고한 비극에는 적용되지 않는 것 같아. 오히려 그리스의 것에는 일종의 일괄적인 흐름이 전체를 관통하고 있지."

"그리스의 비극은" 하고 나는 말했다. "그렇게 길지 않기 때문에 같은 음조로 관철되어 있어도 지루하지 않습니다. 게다가 또 합창과 대화가 번갈아 가면서 나타나고, 숭고한 정신이라고 하더라도 지루한 감을 주는 그러한 종류의 것은 아닙니다. 왜냐하면 언제나 일종의 억센 현실성이 그 밑바닥에 깔려 있고, 그것은 언제나 밝은 성질을 가지고 있기 때문입니다."

"자네가 말한 대로일 것이야" 하고 괴테는 말했다. "이 그리스 비극이 변화를 요구하는 보편적인 법칙에 어느 정도까지 따라가고 있는지 하는 것은 한번 연구해볼 가치가 있을 것이야. 이제 자네도 모든 것이 서로 관련되어 있다는 것, 그래서 색채론의 한 법칙까지도 그리스 비극의 연구에 사용될 수 있다는 것을 알 수 있을 것이야. 그러면서도 우리가 삼가야 할 것은 이러한 법칙을 함부로 남용하여, 기타 여러 가지 것에 기반으로 삼으려고 하는 일이야. 그것보다는 오히려 이것을 단지 유례 또는 예증으로 사용하고 응용하는 것이 한층 더 안전하지."

우리는 괴테가 〈색채론〉을 강의한 방법에 대해 이야기를 했다. 그는 강의를 할 때에 모든 것을 여러 개의 근본법칙에서 이끌어 내어 개개의 현상을 언제나 그 원리로 환원했는데, 이로 말미암아 이해하기가 쉬웠고 정신적으로도 큰 이득을 가져 왔다는 것이다.

괴테는 말했다. "그 점에서는 자네가 나를 칭찬해도 괜찮다고 할 수 있지. 그러나 이 방법은 마음을 흐트러트리지 않고 사물의 근저를 파악할 능력이 있는 학도가 아니면 소용없다네. 두세 명의 정말로 훌륭한 사람들이*40 나의 색채론에 전념했지만, 불행하게도 그들은 올바른 길로 나아가지 않고 어느새 샛길로 빠져 버렸지. 늘 대상물을 주시해야 하는데 그들은 무슨 생각이 일어나면 그것을 쫓아가 버린다네. 그러나 머리가 좋고 동시에 진리 탐구를 지향하는 사람은 언제나 틀림없이 훌륭한 일을 성취할 수 있을 것이야."

우리는 한층 더 훌륭한 학설이 발견된 뒤에도 아직도 여전히 뉴턴의 학설을 계속 지지하고 있는 교수들에 대해 이야기했다. "그게 크게 이상한 일은 아니지" 하고 괴테는 말했다. "이런 사람들은 여전히 계속하여 오류를 범할 것이야. 왜냐하면 그들은 오류로 생계를 보증 받고 있기 때문이지. 그렇지 않으면 학설을 바꿔야 할 것이니, 이것은 그들에게는 보통 일이 아닐걸세."

"그렇지만" 하고 나는 말했다. "그들의 학설이 근본적으로 그릇된 것이라면 어떻게 그것을 진리라고 실험으로 증명할 수 있다는 말입니까?"

"그들은 진리를 증명하지 못하고 있지" 하고 괴테는 말했다. "또한 그렇게 하는 것이 그들의 목적도 아니고 말이야. 오히려 그들은 오직 그들의 의견을 증명하기만 하면 되는 것이지. 그 때문에 진리를 명백하게 한다든지, 자신들의 학설이 박약한 근거를 가지고 있다는 점을 드러내는 모든 실험을 비밀로 부치고 있어.

그리고 또 학생들도 그렇다네. 도대체 그들 중의 누가 진리탐구를 목표로 삼고 있을까? 그들 역시 보통 인간으로서 세상 사물에 대해 보고 들은 것을 경험적으로 지껄일 수 있기만 하면, 그것으로 충분히 만족하고 있어. 그것이 전부이지. 대체로 인간이란 기묘한 성질을 가지고 있어서, 호수가 얼어붙으면 곧장 수백 명이 우르르 몰려가 그 미끄러운 표면 위에서 서로 희롱한다네. 그러나 호수의 깊이가 어느 정도이며, 얼음 아래에는 어떤 종류의 물고기들이 이쪽 저쪽으로 헤엄쳐 다니고 있는지 연구해 보려고 생각하는 자는 그중 한 사람도 없어.

니부르*41는 이번에 로마와 카르타고 사이에 맺어졌던 통상조약을 발견했지.

---

*40 철학자 레오폴트 폰 헤닝, 생리학자 요하네스 뮐러, 그리고 쇼펜하우어를 말하는 것이다.
*41 니부르(1776~1831), 근대 비판적 역사학의 창시자이다.

이것은 상당히 오래전 시대의 것인데, 이것에 의해 로마 민족의 초기 상태에 관해 리비우스*⁴²가 쓴 역사는 모두 만들어 낸 이야기에 지나지 않는다는 것을 알게 되었어. 이 조약에 의해 로마는 벌써 훨씬 이전부터 리비우스의 저서에 나타나 있는 것보다 아주 높은 문화 수준에 도달해 있었다는 것이 확실해졌기 때문이지. 그러나 이 통상조약의 발견이 지금까지의 로마역사 교수법에 일대 개혁을 가져왔을 것이라고 믿는다면 그것은 잘못된 생각이야. 내가 아까 예를 들어 말한 저 얼어붙은 호수를 생각해 보면 되지. 인간이란 그런 것이야. 나는 그들을 너무나 잘 알고 있는데, 인간은 그와 같은 것이고 결코 그 이외의 다른 것이 아닐세."

"그렇지만" 하고 나는 말했다. "당신이 〈색채론〉을 쓴 것을 후회하실 필요는 없습니다. 왜냐하면 당신은 이것으로 이 훌륭한 학문에 확고한 체제를 수립하였을 뿐만 아니라, 우리가 이것과 유사한 대상을 취급할 때에 언제나 모범으로 삼을 수 있는 과학적인 취급 방법의 한 전형을 제시했기 때문입니다."

"나는 절대로 후회하지 않아" 하고 괴테는 말했다. "비록 이 일에 반평생의 노고를 바쳤다고 하더라도 말일세. 만약 내가 이것을 쓰지 않았더라면 여섯 편 이상이나 되는 비극작품을 쓸 수 있었을는지 모르겠지만, 그저 그것뿐이야. 비극 쪽은 나의 뒤를 이어 받을 사람이 충분히 나타날 것이야.

그리고 자네 말도 옳아. 나도 이 취급 방법이 좋다고 생각하고 있어. 그 속에는 방법이 있지. 같은 방법으로 나는 음향론*⁴³도 썼어. 또한 나의 〈식물의 변태설〉도 같은 직관과 연역방법에 의거하여 성립된 것이야.

나의 〈식물의 변태설〉은 독특한 방식으로 생겨난 것이지. 나의 이 발견은 허셜*⁴⁴의 경우와 비슷하네. 요컨대 허셜은 너무나 가난했기 때문에 망원경을 살 수가 없어서 할 수 없이 자기 스스로 만들었지. 그러나 이것이 그에게 행운을 갖다 주었어. 왜냐하면 그가 만든 망원경은 다른 모든 것을 뛰어넘는 우수

*42 리비우스(기원전 59~서기 17). 로마의 역사가이다.
*43 괴테는 첼터와의 서신(1808년 4월~6월 22일)에서 음악적인 하모니는 인간의 귀에 의한 것인가 아니면 단순히 현(弦)의 수학적 구분으로 주어지는 것인가를 논하면서, 음악가의 귀에 의한 구분이 옳은 것이라고 말하고 있다.
*44 허셜(1738~1822). 영국의 천문학자로 자기가 만든 망원경으로 천왕성을 발견했다.

한 것이었기에, 그는 이것을 사용하여 그 위대한 발견을 성취할 수 있었거든. 나는 식물학에 경험적인 길을 택해 들어갔어. 지금도 잘 기억하고 있는데, 성(性)의 형성에 대한 학설이 너무나도 장황했기 때문에 나는 도저히 그것을 이해해 볼 용기가 생기지 않았던 거야. 나는 이 일에 자극을 받아 독자적인 방법으로 사리를 탐구하여 모든 식물에 구별 없이 공통된 것을 찾아내려 했고, 이렇게 하여 변태의 법칙을 발견하기에 이르렀지.

그런데 식물학을 개개의 대상에 따라 계속 연구한다는 것은 나의 본분을 벗어나는 일이었네. 그런 일은 나보다 훨씬 앞서가고 있는 다른 사람들에게 맡기면 되는 것이지. 나에게 중요한 것은 개개의 현상을 일반적인 근본원칙으로 환원시키는 것이었네.

이와 마찬가지로 광물학도 나에게는 이중적인 관점에서 흥미가 있었을 뿐이지. 첫째로는 그것이 실제적인 큰 이익을 가져오기 때문이며, 둘째로는 그 속에서 원시세계 형성의 증거를 발견하기 위함이었어. 이 후자의 것에 베르너*45의 학설이 희망을 갖게 했지. 그러나 이제 그 훌륭한 사람이 죽고 난 뒤 이 학문이 극도의 혼란에 빠져버린 이후에는, 나는 그분에게 이 이상의 더 공적인 연관을 갖지 않고 혼자서 조용히 나의 신념을 견지하고 있네.

〈색채론〉 가운데에서 아직도 내가 해야 할 긴급한 일로 남은 것은 무지개의 형성이지. 이것은 대단히 어려운 문제이지만 풀릴 것이라고 희망을 가지고 생각하고 있어. 그런 관계로 이제 자네와 함께 다시 〈색채론〉을 통독하는 것이 기쁘네. 특히 이 문제에 대한 자네의 관심 때문에 모든 것에 새로운 자극을 받게 되었어."

괴테는 말을 계속했다. "나는 자연과학을 거의 모든 분야에 걸쳐 연구했지. 그러나 나는 연구 방향을 언제나 내 가까이에 존재하고 있고 직접 5관을 통해서 지각할 수 있는 그런 대상에 한정했어. 그런 관계로 나는 절대로 천문학에는 손을 대려고 하지 않았지. 천문학에서 감각은 이제 도움이 되지 않는 것이야. 그뿐만 아니라 이 분야는 기계나 계산 그리고 역학의 도움을 받지 않으면

---

*45 베르너(1750~1817). 프라이부르크 대학의 지질광물학자. 여기서는 그의 수성설(水成說)을 말하는 것이다.

안 되고, 또 전 생애를 필요로 하는 것이어서 내가 할 일은 아니었다네.

그러나 내가 살아온 길목에서 만난 여러 가지 대상에 대해 어느 정도나마 업적을 올릴 수 있었던 것은, 때마침 내가 자연계에서 다른 어떤 시대보다도 풍부하게 위대한 발견이 이루어진 시대를 살았기 때문이야. 그래, 사실 그것이 큰 도움이 되었지. 벌써 어린아이 때에 나는 프랭클린의 전기 학설*⁴⁶을 만났다네. 그는 이 법칙을 그 당시에 막 발견했었지. 이렇게 나의 전 생애를 통해 오늘 이 시간에 이르기까지 위대한 발견이 연달아 일어났네. 이로써 나는 일찍부터 자연에 눈을 돌리게 되었을 뿐만 아니라, 그 이후에도 그것에 쉬지 않고 각별한 관심을 가지고 살아왔지.

내가 그 길을 개척했다고 할 수 있는 분야도 오늘날에는 나 자신이 예상할 수 없을 만큼 일대진보를 거듭하고 있네. 이것을 보면, 아침놀을 맞이하러 앞으로 걸어가다가 태양이 떠오르자 그 현란한 광채에 깜짝 놀라 움츠러들고 마는 사람과 같은 기분이 되어버리지."

이 기회에 괴테는 독일인들 가운데서 카루스,*⁴⁷ 달톤*⁴⁸ 그리고 쾨니히스베르크의 마이어*⁴⁹의 이름을 대면서 칭찬을 아끼지 않았다.

"제발 사람들이" 하고 괴테는 말했다. "올바른 것이 발견되고 난 뒤에 또다시 이것을 뒤집어엎는다든지, 또는 그 빛을 잃게 한다든지 하지만 않는다면 나는 그것으로 만족해할 텐데 말이야. 왜냐하면 인류에게는 한 세대에서 다음 세대로 계승할 수 있는 의욕적인 것이 필요하기 때문이지. 만약 이 의욕적인 것이 올바르고 동시에 진실된 것이라면 정말로 좋을 것이야. 이런 관점에서 일단 자연과학에서 실상이 규명되고, 이어 올바른 것이 굳게 지켜지고 이해될 수 있는 범위의 모든 것이 성취되고 난 뒤에, 사람들이 또다시 월권 행위를 자행하지 않으면 그것으로 나는 기뻐. 그러나 인간이란 가만히 있지 못하고 어느 사이에 또다시 혼란에 빠져 들어가 버리게 되지.

---

*46 프랭클린(1706~1790). 미국의 정치가로 피뢰침의 발명자이다.
*47 카루스(1789~1869). 비교해부학자, 철학자 그리고 미술가인 그는 괴테와 친한 사이였다.
*48 달톤(1772~1840). 본 대학의 고고학·미술사 교수이다.
*49 마이어(1791~1858). 쾨니히스베르크 대학의 식물학교수인 그는 괴테의 '식물 변태설'의 신봉자였다.

이런 식으로 사람들은 지금 모세의 5서의 근본을 흔들어 위태롭게 하고 있지. 그리고 만약 이 부정적인 비평이 해독을 끼치고 있다면 그것은 종교상의 문제가 되어 버리지. 왜냐하면 종교에서는 모든 것이 신앙에 기초를 두고 있어서, 만약 우리가 한번 신앙을 잃게 되면 두 번 다시 그것을 되찾을 수가 없기 때문이야.

시의 경우에는 부정적인 비평이 그다지 해롭지 않아. 볼프는 호메로스를 파괴했어. 그러나 그는 호메로스의 작품에는 조금도 해를 끼칠 수 없었지. 왜냐하면 이 작품은 발할라의 영웅들처럼 기적적인 힘을 가지고 있어서, 아침에는 토막토막 잘려도 정오에는 다시 완전히 건강한 사지를 갖추고 식탁으로 향하는 것과 같았기 때문이야."

괴테는 최고로 기분이 좋았다. 이리하여 나는 다시금 그에게서 이처럼 귀중한 말을 들을 수 있어서 기뻤다.

"우리는 오직" 하고 괴테는 말했다. "조용히 올바른 길을 계속 걸어가고, 남은 남대로 그들의 길을 가게 하면 되는 것이지. 이것이 최선이야."

1827년 2월 7일 수요일

괴테는 오늘 레싱에게 불만을 품고 그에게 부당한 요구를 하고 있는 일부의 비평가들을 비난했다.

"사람들은" 하고 그는 말했다. "레싱의 희곡작품들을 고대인들의 작품과 비교하면서 빈약하고 초라하기 그지없다고 말하지만, 그것이 무슨 의미가 있다는 말인가!—오히려 그의 작품에 더 좋은 소재를 제공해 주지 못한 빈약하기 짝이 없는 시대를 살아야만 했다는 점에서 이 위대한 인물을 동정해야 하는 것이지!—그가 이렇다 할 더 좋은 소재를 찾지 못했기 때문에, 희곡작품 〈민나 폰 바른헬름〉 속에서 할 수 없이 작센과 프러시아의 싸움을 다루게 되었다는 것을 동정해야 하지 않겠나!—게다가 그가 쉬지 않고 논쟁을 일삼았고, 또 그렇게 하지 않을 수 없었던 것은 그가 살았던 시대가 나빴기 때문이지. 그는 〈에밀리아 갈로티〉에서는 군주들에게, 〈나탄〉에서는 성직자들에게 품었던 원한을 드러냈다네."

1827년 2월 16일 금요일

나는 괴테에게 요즈음 빙켈만의 〈그리스 예술의 모방에 관해서〉라는 논문을 읽었다고 말하면서, 그 당시 빙켈만은 이 문제를 완전히 이해하지 못하고 있었다는 인상을 받았다고 했다.

"확실히 자네가 말한 대로야" 하고 괴테는 말했다. "가끔 그는 손으로 더듬어서 찾지. 그러나 그가 위대한 것은 그의 손 더듬거림이 언제나 그 무언가를 가리켜 보

빙켈만, 마론의 그림

이고 있기 때문이라네. 그는 콜럼버스와 비슷하지. 콜럼버스는 신세계를 아직 발견하지 못했을 때에도 벌써 그 존재를 마음속으로 예감하고 있었어. 우리는 그의 글을 읽으면 아무것도 배우는 것은 없지만, 그 무언가를 얻게 되지."

"마이어는 이것보다는 훨씬 앞질러 나가서 미술 감식의 절정에 도달했네.

그의 〈미술사〉*50는 불후의 작품이지. 그러나 만약 그가 청년 시대에 빙켈만에게서 견식을 양성받고 그 길을 따라 전진하지 않았다면, 이렇게 되지는 못했을 것이야. 그러므로 우리는 여기에서 위대한 선구자의 작업이 얼마나 큰 도움을 주며, 또 이런 사람을 잘 이용하면 얼마나 큰 이득을 얻을 수 있는가를 새삼스럽게 알 수 있게 되지."

1827년 4월 11일 수요일

오늘 정오 1시에 괴테를 찾아갔다. 그에게서 식사 전에 마차를 타고 함께 산책을 하자는 초청을 받았던 것이다. 우리는 에어푸르트로 향하는 가도를 마차로 달렸다. 날씨는 아주 쾌청했고 양쪽 길 옆에 뻗은 곡식 밭은 상쾌한 녹색을 띠고 있어 보는 눈을 즐겁게 해 주었다. 괴테는 싹트는 이른 봄처럼 밝고 젊

---

*50 괴테는 마이어가 저술한 〈그리스인의 조형미술의 역사〉(3권)를 과대평가하고 있다.

어 보였다. 그러나 그의 말에는 연륜이 쌓인 예지가 담겨 있었다.

"언제나 되풀이하여 말하는 바이지만" 하고 그는 시작했다. "만약 단순하지 않으면 세계는 지속되지 못할 것이야. 이 메마른 땅은 벌써 수천 년 이래로 경작되고 있지만 땅의 기력은 언제나 동일하지. 얼마 안 되는 비와 얼마 안 되는 햇빛만 있으면 봄이 올 때마다 다시 푸릇푸릇해지지 않는가 말일세." 나는 이 말에 대답할 수도 또 덧붙일 수도 없었다. 괴테는 점점 더 푸르러지는 밭 위를 둘러보았다. 이어 또 나한테 몸을 돌려 다른 이야기를 계속했다.

"나는 요사이 보기 드문 좋은 책을 읽었네. 그건 〈야코비와 그의 친구들의 서간집〉*⁵¹인데, 아주 주목할 만한 책일세. 자네도 이것을 꼭 읽는 것이 좋을 것이야. 무언가를 배우기 위해서가 아니라, 오늘날에는 아무도 잘 모르는 그 당시의 문화와 문학 상태를 알아보기 위해서이지. 어느 정도의 중요한 인물들은 전부 등장하고 있네. 그러나 방향이 같다든가 공통된 관심사를 가지고 있다든가 하는 흔적은 전혀 발견할 수 없지. 각자는 제각기 완전히 고립되어 자기 길을 걸어가면서, 남의 노력에는 조금도 관여하지 않아. 그 사람들은 나에게는 마치 당구의 공과 같이 보인다네. 푸른 당구대 위를 정처 없이 뒤범벅이 되어 달리면서 서로 전혀 남을 돌보지 않아. 서로 닿기만 하면 이번에는 서로 더 멀리 떨어져 굴러가 버리지."

나는 이 딱 들어맞는 비유에 웃지 않을 수 없었다. 서로 편지를 주고받는 사람들이 누구냐고 물었다. 괴테는 그 이름을 대면서 그 사람들 하나하나의 특별한 점을 가르쳐 주었다.

"야코비는 원래 타고난 외교관이었지. 날씬한 체격에 미남이었어. 그 고상한 풍채를 갖추고 있었으니 공사로서는 안성맞춤의 적임자였을 것이야. 하지만 시인과 철학자로서는 그 어느 쪽으로도 부족했지.

그와 나와의 관계는 좀 색다른 것이었어. 나의 경향에는 흥미를 가지지 않았고 또 전혀 인정해 주지도 않았지만, 개인적으로는 나에게 호의를 가지고 있

─────────
*51 괴테와 야코비(1743~1819)는 1774년 라인강 여행 중 서로 만나 아주 친한 사이가 되었다. 그러다가 괴테가 바이마르로 온 이후, 야코비가 형이상학적인 관점으로 기울어 두 사람 사이는 멀어져 갔다.

었지. 그러므로 우리 사이가 더 가깝게 맺어지려면 우정이라는 것이 필요했네. 이와는 반대로 나와 실러와의 관계는 둘도 없는 것이었지. 우리는 공통의 노력 속에서 멋지게 결합되어 있었기 때문에, 이른바 특별한 우정 같은 것은 전혀 필요하지 않았지."

나는 이 서간집 속에 레싱도 나타나는지 물었다. "나오지 않아" 하고 괴테는 말했다. "그러나 헤르더와 빌란트는 나온다네. 헤르더는 이런 서간문의 왕래를 좋아하지 않았지. 또 그는 고자세였기 때문에 이런 무의미한 것에는 싫증을 느꼈음에 틀림없어. 하만 또한 이런 사람들을 대할 때 스스로에 대한 자부심을 갖고 있었지.

빌란트는 언제나처럼 이 서간문에서도 쾌활하고 마음이 편하다네. 어떠한 경우에도 특정 견해에 치우치지 않고, 아주 교묘하게 모든 것을 받아들이고 있거든. 그는 하나의 갈대와도 같이 여러 가지 의견이 바람 부는 대로 이쪽 저쪽으로 왔다갔다하지만, 그 뿌리는 언제나 확실하게 한군데로 뻗고 있었어.

나와 빌란트와의 관계는 언제나 아주 순조로웠어. 그가 나하고만 접촉하고 있었던 처음 한동안은 특히 그러했지. 그의 작은 단편들은 나의 권고로 쓴 것이었네. 그러나 헤르더가 바이마르로 왔을 때 빌란트는 나하고는 서먹서먹해졌지. 헤르더가 나에게서 그를 빼앗아 가버렸기 때문이라네. 헤르더의 인간적인 매력은 정말로 대단한 것이었거든."

마차는 방향을 돌려 귀로에 올랐다. 동쪽 하늘에서는 여러 가지 모양의 비구름이 뒤범벅이 되어 달리고 있었다. "이런 구름은" 하고 나는 말했다. "어느 순간에라도 비를 몰고 올 것 같습니다. 그러나 만약 청우계가 위로 올라가면 이 구름도 다시 개이지 않을까요?"

"물론이지" 하고 괴테는 말했다. "이 구름들은 섬유를 감는 막대기에 실이 감기듯이 하늘 위로 사라져 버릴 것이야. 이처럼 나의 청우계에 대한 신뢰는 아주 강하지. 그렇지, 내가 항상 주장하는 지론이기도 하지만, 저 페테르부르크에 대홍수가 있던 날 밤에 만약 청우계가 상승했더라면 그 물결은 밀려오지 않았을 것이라고 생각하네.

나의 아들은 달이 기후에 영향을 주고 있다고 생각하고 있어. 그리고 자네도 아마 그렇게 생각하겠지만, 그것을 일률적으로 나쁘게만 볼 수는 없지. 왜냐하면 달은 아주 중요한 천체이기 때문에 이것이 이 지구에 결정적인 영향을 미치지 않는다고 생각할 수는 없기 때문일세! 그러나 기후의 변화, 다시 말해 청우계 눈금의 오르내림은 달의 변화에 의해 생기는 것이 아니라 순전히 지구의 영향 때문이지.

나는 지구를, 비유적으로 말한다면 쉬지 않고 대기를 들이마시고 또 내쉬는 것을 영위하는 위대한 생물이라고 생각하고 있지. 지구가 숨을 쉰다, 그러면 지구가 대기를 몸 가까이로 끌어당긴다, 그리고 그것은 지구의 표면 가까이에 다가와 굳어져 구름이 되고 비가 된다. 나는 이 상태를 물의 긍정이라고 부른다네. 이 상태가 무제한 계속되면 지구는 물에 잠기게 되지. 그러나 지구는 이런 상태를 그냥 놔두지는 않지. 지구는 다시 숨을 내쉬고 수증기를 위로 향해 내보내네. 그러면 수증기는 높은 대기권의 모든 공간에 퍼져 희박해지고, 급기야는 햇빛이 모든 구석구석까지 비칠 뿐만 아니라 무한정한 공간의 영원한 암흑까지도 청정한 푸른 하늘로 맑게 개는 거야. 이러한 대기의 상태를 나는 물의 부정이라고 부르고 있지. 앞의 경우에는 물이 단지 위에서 아래로 내려올 뿐으로 지구상의 습기도 증발하지 않고 건조하지도 않아. 하지만 두 번째 상태에서는 습기가 위에서 아래로 내려오지 않을 뿐만 아니라 지구 전체의 수분까지 발산되어 상승해 버리기 때문에 이 상태가 무제한적으로 계속되면 지구는 햇빛을 받지 못하고 메말라 없어질 위험에 빠지게 되지."

괴테가 이렇게 중요한 문제에 대해 이야기했고, 나는 매우 주의 깊게 들었다.

"사실 이 문제는 아주 단순하지" 하고 그는 계속했다. "나는 이렇게 단순한 것, 명확한 것에 전념하면서 따라가고 있다네. 이렇게 하면서 간간이 나타나는 샛길로 빠지지 않도록 하고 있지. 청우계의 상승, 이것은 건조와 동풍이야. 청우계의 하강, 이것은 습기와 서풍이지. 이것이 내가 믿고 있는 근본 법칙이야. 이따금 청우계가 올라가고 동풍이 불 때에 습기 찬 안개가 떠돌고 있다든지, 서쪽에서 바람이 불어오는데도 푸른 하늘이 보인다든지 하더라도 나는 이에 별로 개의치 않는다네. 이런 경우에는 즉석에서 쉽게 이해할 수 없는 많은 부

수 현상이 존재하고 있는 것으로 이해하고, 나의 지배적인 법칙에 신념을 굽히지 않는 거지.

자네가 앞으로 일생동안 지켜나갔으면 하는 것을 말해 주지. 이 자연 속에는 우리에게 도달 가능한 것과 도달이 불가능한 것이 있어. 그러니 이 두 가지를 잘 식별하여 충분히 생각하고 그것을 존중해 나가야 한다는 것일세. 어떤 경우에도 이것을 분별할 수만 있다면 자기 몸을 구할 수 있네. 그렇기는 하지만 어느 점에서 일이 끝나고 어느 점에서 시작하는가를 알아낸다는 것은 언제나 정말로 어려운 일이지. 이것을 알지 못하는 사람은 전혀 진리로 다가가지 못하고, 일생 동안을 도달할 수 없는 것 때문에 괴로워할 것이야. 그러나 이것을 아는 현명한 사람은 도달 가능한 것에서 몸을 떼지 않고, 그 범위 내에서 모든 방면으로 진출하여 자기의 생각을 확립하여 가는 거지. 이렇게 하면서 이 길을 걸어가면 오히려 도달 불가능한 것에 한 발자국 앞으로 다가섰다고 할 수 있을 것이야. 물론 이런 경우에도 우리는 결국 많은 사물에 단지 어느 정도까지만 접근할 수 있다는 것, 그리고 자연의 배후에는 언제나 미해결의 문제가 남아 있으며, 이것을 탐지해 낸다는 것은 인간의 능력으로는 미치지 못하는 일이라는 것을 인정하지 않을 수 없다고 하더라도 말이야.”

이런 이야기를 하고 있는 사이에 우리의 마차는 다시 시내로 들어왔다. 대화는 두서없는 사항으로 옮겨졌지만, 그의 저 심오한 견해는 아직도 내 가슴 속에서 사라지지 않는다.

우리의 귀가가 너무 빨랐기 때문에 식탁에 앉기 전까지는 아직 시간의 여유가 있었다. 그러므로 괴테는 그전에 나에게 루벤스의 풍경화 한 점을 보여 주었다. 그런데 이것은 여름의 황혼 그림이었다. 그림의 앞쪽 왼편으로는 집으로 가고있는 농부의 모습이 보이고, 한가운데에는 한 떼의 양들이 목동의 뒤를 따라 마을로 향하고 있었다. 오른편 안쪽에는 건초를 실은 마차가 있고, 그 주위에서는 일하는 사람들이 그곳에 열심히 건초를 채워 넣고 있었다. 그 옆에서는 마차에서 풀려난 말이 풀을 뜯고 있었다. 다음으로 좀 떨어진 풀밭과 덤불 속에서 여러 마리의 암말들이 새끼 말과 함께 여기저기서 풀을 뜯고 있었다. 생각건대 이 말들은 밤에도 밖에서 자게 될 것이었다. 갖가지 마을과 한 도

시가 그림의 밝은 지평선을 경계짓고 있는데, 여기에서는 활동과 안식의 개념이 더할 나위 없이 우아하게 표현되어 있었다.

전체적으로 볼 때 자못 아주 생생했고 부분적인 묘사도 참으로 충실했기 때문에, 루벤스의 이 그림은 자연을 그린 것일 거라고 나는 나의 의견을 말했다.

"결코 그렇지는 않아" 하고 괴테는 말했다. "이러한 완벽한 그림은 도저히 자연 속에서는 볼 수 없어. 이 구도는 이 대가가 지닌 시적 정신의 산물이라네. 위대한 루벤스는 자연의 전부를 머릿속에 담아 두었다가, 그 미세한 부분에 이르기까지 자유자재로 다룰 수 있는 비상한 기억력을 가지고 있었지. 그러므로 그림의 전체와 각 부분은 진실된 일치가 생기고, 또 그것을 보는 사람들은 모든 것이 자연 그대로의 묘사라고 생각하게 되지. 오늘날 이런 풍경화는 이제 전혀 볼 수 없지. 이와 같은 느낌을 표현하는 법, 또 이러한 자연의 관점은 이제 완전히 흔적이 끊겨져 버렸어. 현대의 화가에게는 시가 결여되어 있기 때문이지.

거기다가 현대의 재능 있는 화가들은 자신만을 의지하고 있네. 그들을 미술의 비경으로 인도해 줄 살아 있는 거장이 없어. 물론 죽은 사람으로부터도 뭔가를 배울 수는 있을 것이야. 그러나 이미 밝혀진 대로 어떤 대가의 생각이나 그림 그리는 방법을 깊이 파고들려고 하지 않고, 오히려 부분 부분의 모방에만 그치고 있지."

마침 젊은 괴테 부부가 들어와서 우리는 식탁에 가서 앉았다. 우리는 즐겁게 요사이 일어나는 일상적인 일들로 대화를 주고받았다. 도중에 극장과 무도회 그리고 궁정 이야기도 이것저것 오갔다. 그러나 얼마 안 있어 화제는 다시 더 진지한 사항으로 빠져 들어가게 되었다. 이리하여 우리 모두는 영국의 종교학을 중심으로 이야기에 열중했다.

"기독교의 모든 연관성을 이해하기 위해서는" 하고 괴테는 말했다. "자네들도 나와 마찬가지로" 한 50년 정도 교회사를 연구했어야 하네. 그런데 이슬람교도들이 자녀들의 종교 교육을 시작할 때에 사용하는 교리는 정말로 흥미롭지. 그들은 우선 젊은이들에게 인간에게는 전능한 신에 의해 이미 규정된 것

풍경화 루벤스의 그림

이 있어, 그것 이외에는 아무 것도 일어나지 않는다는 굳은 신념을 종교의 기초로서 갖게 하지. 이리하여 그들은 일생 동안 그것으로 마음과 몸을 무장하고 편안하게 지내면서 그 이상의 것은 원하지 않는다네."

"나는 이 교리가 참된 것인가 아니면 그릇된 것인가, 유익한 것인가, 해로운 것인가에 대해 깊이 파고들 생각은 없네. 그러나 이런 신앙은 우리가 직접 가르침을 받지 않는다고 하더라도 우리의 가슴속에는 존재하고 있는 것이야. 병사들은 전쟁터에서 자신의 이름이 적혀져 있지 않은 총알은 자기를 명중하지 않는다고 믿네. 그리고 사실 이런 절박하고 위험한 순간에 어떻게 이런 신념도 없이 용감하고 쾌활하게 행동할 수 있겠는가! 기독교의 신앙 교리에는 우리 하나님 아버지의 의지 없이는 단 한 마리의 참새가 지붕 위에서 떨어지는 일도 없다고 되어 있다네. 이것도 같은 원천에서 유래하고 있어. 또 신은 가장 미천한 것에게까지도 눈을 떼지 않고 있으며, 신의 의지와 허락 없이는 아무것도 일어나지 않는다는 섭리를 암시하고 있지.

다음으로 이슬람교도들은 철학 교육에는 어떠한 교리도 그 반대를 주장할 수 있다는 것으로 시작하고 있네. 이리하여 그들은 어떤 주장을 제출하고, 이에 반대되는 학설을 발견하고 진술하는 작업을 과제로 내주어 젊은이들의 정신을 연마하지. 여기에서 사고와 변론에 관한 비상한 숙련을 하게 되는 것임에 틀림없어.

그렇지만 제출된 명제에 대한 반대설이 주장되고 난 뒤에는 이 양자 중의 어느 쪽이 참된 것인가 하는 의문이 생기지. 그러나 결코 이 의문 속에 머물러 있을 수는 없어. 그래서 그 당사자는 정신을 채찍질하여 한층 더 엄정한 탐구와 음미로 향하게 되네. 이렇게 하여 이것이 완전한 방법으로 행해질 때, 거기에서 확신이 생기고 완전히 안심할 수 있게 되는 것일세.

자네는 이 교리에 아무런 결함이 없다는 것, 우리의 체계를 가지고도 이 이상은 더 나갈 수 없다는 것, 또한 어느 누구도 이 이상 더 앞으로 나가는 것은 불가능하다는 것을 알 수 있겠지.”

“그 말을 듣고” 하고 나는 말했다. “고대 그리스인들을 생각하게 되었습니다. 그들의 철학상의 교육법은 이것과 거의 비슷한 것이었음에 틀림없습니다. 이것은 그리스 비극에 나타나 있습니다. 그 줄거리의 경과를 꿰뚫고 있는 비극의 본질은 시종일관 모순의 충돌에 뿌리를 두고 있습니다. 항상 한쪽에서 상대방을 향해 어떤 것을 주장하면, 그 상대도 그것과 동등하게 현명한 반박을 하며 대답하고 있습니다.”

“자네 말이 전적으로 옳아” 하고 괴테는 말했다. “그렇게 해서 관객과 독자의 가슴속에 의문이 일어나게 한다고 할 수 있지. 그리고 마지막엔 윤리적인 것을 돕는 운명의 힘을 통해 확신에 도달하게 되는 거야.”

우리는 식탁에서 일어났다. 괴테는 말을 계속하기 위해 나를 데리고 정원으로 내려갔다.

“레싱에 있어서 주목할 점은” 하고 나는 말했다. “그 이론적 저술, 가령 〈라오콘〉에서 결코 직선적으로 해결점에 돌진하지 않고 마지막으로 일종의 확신으로 도달하기 전에 우선 하나의 의견과 그 반대설, 그리고 의문을 통해 언제나 우리를 저 철학적인 방면으로 인도한다는 것입니다. 우리는 위대한 견해와 위대한 진리를 얻는다기보다는 사고와 탐구 방법을 깨닫습니다. 그것이 우리 자신의 사고를 자극하고 우리를 생산적으로 만듭니다.”

“자네 말이 맞아” 하고 괴테는 말했다. “레싱은 만약 신이 그에게 진리를 주

독일 근대문학의 선구자 레싱(좌) 그는 〈라오콘〉에서 조형예술과 문학의 상위점과 본질을 자세히 논하고 있다. 이 라오콘 군상(우)은 기원전 1세기 고대 그리스에서 제작된 것으로 로마 바티칸 교황청이 소장하고 있다.

겠다고 해도 그 선물을 거절하고 오히려 스스로 진리를 탐구하는 노력 쪽을 택하겠다고 말했다고 하네. 이슬람교도들의 저 철학적인 체계는 우리 자신과 다른 민족의 정신적인 덕성이 어떤 단계에 있는가를 알기 위한 가장 적절한 척도이지.

레싱은 논쟁을 좋아하는 성격 때문에 즐겨 모순과 의문의 범위 속에 몸을 두었어. 구별을 짓는 것이 그의 본업이었지. 그리고 이 일에는 그의 위대한 이해력이 굉장한 힘이 되었네. 하지만 나 자신은 이것과는 전혀 다르지. 나는 결코 모순과 관련을 맺지 않았네. 나는 의문이 생겨도 마음속에서 조화가 이루어지도록 노력하였고 다만 거기에서 발견한 결과만을 사람들에게 말하곤 했어."

나는 괴테에게 근대의 철학자 중에서 누가 가장 훌륭하다고 생각하는지 물었다.

"칸트가 가장 훌륭하지. 이것은 의문의 여지가 없는 일이야. 그의 학설은 쉬지 않고 계속 영향을 끼치고 있음이 증명되었고, 그는 우리 현대 독일 문화에 가장 깊이 침투한 인물이기도 하네. 자네가 칸트를 읽지 않았다고 하더라도 그는 자네에게도 영향을 주고 있지. 칸트를 지금 새삼스럽게 읽을 필요는 없어. 자네는 그것을 읽고 얻을 수 있는 것만큼을 이미 갖추고 있지. 만약 이제부터 언제라도 자네가 그의 저서를 읽고 싶다면 나는 〈판단력 비판〉을 권하고 싶네. 그는 수사학을 멋지게 취급하고 있지. 문학도 꽤 좋지만 조형 미술에 대해서만은 어딘지 모르게 부족하고."

"각하는 전에 칸트와 개인적인 접촉이 있었습니까?" 하고 나는 물었다.

"아니, 없었지" 하고 괴테는 말했다. "칸트는 나에게 전혀 주의를 기울이지 않았어. 그러나 나는 타고난 성미로 그와 같은 길을 걸어갔어. 나의 〈식물의 변태설〉은 칸트의 설을 알기 이전에 쓴 것이지만, 그 정신은 그의 학설과 전적으로 일치하고 있지. 주관과 객관의 구별, 더 나아가 모든 피조물은 그 자체를 위해 존재한다는 것, 가령 코르크나무가 성장하는 것은 우리가 이것을 병마개로 사용하기 위해서가 아니라는 생각, 이런 것은 칸트와 나의 공통된 것이었고, 이 점에서 그와 일치한 것을 나는 기쁘게 생각했지. 나중에 나는 〈실험론〉*52을 썼지만, 이것은 주관과 객관의 비판 그리고 이 양자의 조화라고 볼 수 있을 것이야.

실러는 언제나 내가 칸트 철학을 연구하면 안 된다고 말렸어. 그의 입버릇처럼 칸트는 나에게 아무런 도움이 되지 않는다고 했네. 이와는 반대로 실러 자신은 칸트를 열심히 연구했지. 나도 역시 연구를 했는데, 얻는 것이 없었던 것은 아니었어."

우리는 이런 이야기를 하면서 정원을 이쪽저쪽으로 걸어다녔다. 그러는 사이 구름이 짙어지더니 빗방울이 떨어지기 시작했기 때문에 할 수 없이 집으로 돌아왔고, 집에서 한동안 말을 계속했다.

1827년 6월 20일 수요일
다섯 사람을 위한 가족적인 식탁이 준비되어 있었다. 바깥은 아주 더운 날

---

*52 괴테는 1792년 '주관과 객관의 매개자로서의 실험'이라는 논문을 써서 1823년에 〈형태학을 위해서〉의 제2권 제1장에 처음으로 발표했다.

씌였지만 방에는 사람이 없어 서
늘했기 때문에 아주 기분이 좋았
다. 나는 식탁 옆에 있는 넓은 방
으로 들어갔다. 거기에는 줄무늬
로 짜여진 융단이 바닥에 깔려
있었고 거대한 주노의 흉상이 안
치되어 있었다. 내가 혼자서 이리
저리 걷고 있자, 얼마 안 있어 괴
테가 서재에서 나와 그 방으로 들
어왔다. 그는 부드럽고 정성스럽
게 나를 맞아 말을 건네주었다.
괴테는 창가에 있는 의자에 앉으
면서 "자네도 의자에 앉지 그래"
하고 말했다. "내 옆으로 오게. 사

현대 독일 문화에 가장 깊이 침투한 철학자 칸트

람들이 들어올 때까지 이야기를 좀 나누지. 자네가 나하고 있을 때 슈테른베
르크 백작*53과 인사를 하게 되어 기쁘네. 그런데 그 사람은 다시 떠나 버렸어.
그래서 이제 나도 본래의 평정으로 돌아와서 다시 일을 할 수 있지."

"백작의 인물 됨됨이는 아주 감명 깊게 생각되었습니다. 그리고 이에 못지않
게 학식도 훌륭했습니다. 그의 대화는 어느 방향이든 자기 뜻대로 옮겨져 막
히지 않았는데, 그 모든 이야기는 아주 손쉽고 철저하면서도 신중했습니다."

"그렇고 말고"하고 괴테는 말했다. "그는 정말 중요한 인물이야. 독일에서의
영향 범위가 대단히 넓고 교분 관계도 두텁지. 식물학자로서 그는 그의 〈지하
식물〉지로 전 유럽에 알려져 있어. 또 광물학자로서도 아주 유명하네. 자네는
그의 경력을 알고 있는가?"

"아뇨" 하고 나는 대답했다. "그렇지만 그에 대해서 알고 싶습니다. 그가 백

---

*53 슈테른베르크 백작(1761~1838). 정치인으로서 한동안 레겐스부르크 주교관을 관장하다가,
1810년에 은퇴하였다. 이후로는 보헤미아에 있는 자기의 영지에서 식물학 연구에 전념했다.
1822년 괴테는 그를 마리엔바트 온천장에서 만나 친교를 맺게 되었고, 그는 이해 19일 동
안 바이마르에 머물렀다.

작이고 사교가인 동시에 다방면에 걸쳐 깊이 있는 학자라고 생각했습니다. 그가 어떤 사람인지 궁금합니다. 그에 대해 말씀해 주시겠습니까?" 이어 괴테가 말하기를, 백작은 어렸을 때에 신부가 되기로 정해져서 로마에서 공부를 시작했지만, 그 후 오스트리아가 약속했던 어떤 특전을 취소했기 때문에 나폴리로 갔다는 것이었다. 괴테는 그 이후의 이야기로 깊이 들어가 재미있고도 희한하기 그지없는 그의 생애를 자세히 말해 주었다. 그것은 괴테 자신이 쓴 〈편력시대〉에 견줄 수 있는 그런 종류의 것이지만, 그 이야기를 여기에서 되풀이하는 것은 합당하지 않다고 생각한다. 나는 그 이야기를 듣고 아주 기뻤고 진심으로 괴테에게 고마워했다. 이어 화제는 보헤미아의 학교와 그 위대한 장점, 특히 그 철저한 미학적 교육으로 옮겨졌다.

그러는 사이 젊은 괴테 부부와 울리케 폰 P. 양*54이 들어왔기 때문에 우리는 식탁으로 가서 앉았다. 화제는 쾌활하게 다방면에 걸쳐 교환됐지만, 특히 북방 독일의 몇몇 도시에서 볼 수 있는 광신자들의 이야기가 여러 번 되풀이되어 도마에 올랐다. 이 경건과 신도들의 제각기 분리된 행동 때문에, 가족 전체가 서로 불화를 자초해 뿔뿔이 헤어진다는 이야기가 나왔다. 나도 이것과 비슷한 경우를 겪었다고 이야기했다. 하마터면 어느 훌륭한 친구를 잃을 뻔했던 것이다. 그가 나를 도저히 개종시킬 수는 없었던 것이 이유였다.

"이 친구에게는" 하고 나는 말했다. "어떠한 공적도 또 어떠한 선행도, 아무 소용이 없었습니다. 인간은 오직 그리스도의 자비에 매달려야만 신의 은총을 얻을 수 있다는 신앙으로 완전히 굳어져 있었습니다."

"이것과 비슷한 것을" 하고 젊은 괴테 부인도 말했다. "어떤 친구가 나한테 말한 적이 있어요. 그러나 나는 아직도 착한 행동과 자비라는 것이 어떤 의미를 가지고 있는 것인지 모르겠어요."

"오늘날 이 세상에 널리 퍼져 논의되고 있는 이런 모든 것들은" 하고 괴테가 말했다. "단지 혼합물에 지나지 않네. 그러나 자네들 중 아무도 어째서 이렇게 되었는지는 모르고 있네. 내가 자네들에게 말해 주지. 인간은 착한 일을 행해야 한다는 가르침, 즉 인간은 선행과 유산 그리고 희사물에 의해 죄의 사함을

---

*54 젊은 괴테 부인 오틸리에의 여동생을 말한다.

받고 이로 말미암아 신의 은총을 받는다는 것이 가톨릭의 가르침이야. 그러나 종교개혁론자는 이에 반대하고 이를 배척하고, 인간은 자기 혼자의 힘으로 그리스도의 공적을 인정하고 신의 은총에 참여할 수 있도록 노력해야 한다고 주장했어. 그리고 이것이 나아가서는 선행으로 인도된다는 가르침을 세웠지. 원래 가톨릭과 종교개혁론자들의 갈등은 이러한 견해차에서 유래된 것이었어. 그러나 오늘날에는 모든 것이 뒤섞여서 아무도 그 근본 내력을 알지 못하지."

나는 입밖에 내지는 않았지만 마음속에 떠오르는 것이 있었다. 고대 이래로 종교문제에 대한 여러 가지 이론에 의해 사람들은 둘로 갈라져서 서로 적으로 변했고, 게다가 저 인류 최초의 살인은 신의 숭배 방법의 차이에서 초래된 것이라는 게 생각난 것이다. 나는 최근에 바이런의 〈카인〉을 읽었다는 것을 알리고, 특히 제 3막과 학살의 모티브에 감탄했다고 말했다.

"물론 그렇지" 하고 괴테는 대답했다. "그 모티브는 정말 일품이야! 이 세상에서 두 번 다시 볼 수 없는 참으로 아름다운 것이지."

나는 말했다. "〈카인〉은 처음에는 영국에서 금지되었지만 지금은 누구나 읽을 수 있지요. 여행 중의 젊은 영국인들은 대개 바이런 전집을 휴대하고 있습니다."

"그런 금지 조치 같은 것은 어리석은 짓이야" 하고 괴테는 말했다. "왜냐하면 결국 〈카인〉 전체를 관통하고 있는 것은 영국 주교 자신들이 가르치고 있는 것에 지나지 않기 때문이지."

법무장관이 들어와 우리와 나란히 식탁에 앉았다. 그러자 괴테의 손자인 발터와 볼프강이 연달아 뛰어들어왔다. 볼프는 법무장관에게 매달렸다. "볼프야," 괴테가 말했다. "법무장관님에게 왕녀님*55과 슈테른베르크 백작이 써준 너의 기념 수첩을 보여드리도록 해." 볼프는 뛰어가서 곧장 그 수첩을 갖고 돌아왔다. 법무장관은 왕녀의 초상화와 그 옆에 쓰여진 괴테의 시를 바라보고 있었다. 그는 그 수첩을 넘겨 첼터의 제명을 발견하고 그것을 소리 높여 읽었다. '순종하는 법을 배우라!' 괴테는 웃으면서 말했다. "이것이야말로 유일하게 이성

---

*55 카를 아우구스트의 차녀로 1827년 7월 26일에 프러시아의 카를 황태자와 결혼했다. 괴테의 손자인 볼프강(1820~1883)은 그 당시 일곱 살이었다.

적인 말이지. 이 기념 수첩에 쓰여져 있는 모든 말 중에서 그렇지. 첼터는 언제나 당당하고 믿음직스러워!—나는 지금 리머와 함께 그의 편지를 통독하고 있는데, 내가 정말로 소중한 것을 간직하고 있다는 생각이 든다네. 특히 그가 여행 중에 보내온 편지는 대단히 가치 있는 것이지. 그는 훌륭한 건축가이고 음악가였기 때문에, 어디에서나 훌륭한 대상물을 발견할 수 있는 이점을 가지고 있었어. 어떤 도시로 가도 건축물들이 그의 앞에 서서 그에게 스스로의 장단점을 말해 주지. 그리고 음악 협회는 그를 그들의 중심부로 끌어들여, 이 거장에게 그 장점과 단점을 보여주네. 만약 속기사가 그와 음악학도들과 나누는 대화를 속기한다면, 그다운 독자적인 것이 생겨날 것이야. 왜냐하면 이러한 점에 있어서 첼터는 천재였고 위대했고, 언제나 급소를 찔렀기 때문일세."

1827년 7월 5일 목요일

오늘 저녁때에 나는 공원에서 마차 산책을 마치고 돌아오는 괴테를 만났다. 그는 지나가면서 손을 흔들며 나한테 와달라고 했다. 그래서 나는 곧 빠른 걸음으로 바꿔 그의 댁으로 향했다. 때마침 토목국장인 쿠드레이가 와 있었다. 괴테가 마차에서 내렸고 우리는 함께 계단으로 올라가 소위 〈유노의 방〉의 둥근 테이블 앞에 앉았다. 한동안 이야기를 하고 있는데 법무장관도 들어와 자리를 함께 했다.

담화는 정치적인 문제로 옮겨졌다. 그래서 웰링턴이 페테르부르크에 사절로 갔다는 것과 그로 말미암아 예상되는 결말, 카포디스트리아스*56에 의해 지연되는 그리스의 해방, 콘스탄티노플에서의 터키인의 옛날 일들이 화제에 올랐다. 특히 앙기앵 공작*57과 그의 제압, 또 그 밖의 일들, 그리고 시대를 거슬러 올라가 나폴레옹 치하에서 발생했던 경솔한 혁명적 행동에 대해 여러 가지 이야기가 있었다.

그 후 훨씬 평화스러운 것으로 대화가 바뀌어 오스만슈테트에 있는 빌란트

---

*56 카포디스트리아스(1776~1831). 1827년 새로 탄생한 그리스공화국의 대통령으로 선출되었지만 1831년 살해당했다.
*57 앙기앵공작(1772~1804). 1789년 프랑스혁명이 일어났을 때 국외로 망명했으나, 나중에 나폴레옹의 명령으로 체포되어 처형되었다.

의 묘가 우리 담화의 중심 대상이 되었다. 토목국장인 쿠드레이는 묘지의 철책을 만들었다고 말했다. 종이 조각에 철책 그림을 그리면서, 그때의 의향을 설명해 주었다.

법무장관과 쿠드레이가 가고 나서 괴테는 나에게 조금만 더 있어 달라고 했다. "나는 꽤 오래 살았기 때문에" 하고 그는 말했다. "조각상이나 기념비의 이야기를 들으면 언제나 이상한 기분이 되어 버리지. 아무리 공을 세운 인물을 위해 세워지는 조각상이라고 하더라도, 장차 전쟁이 일어났을 경우에 그것이 뒤집혀지고 때려 부서지는 광경을 마음속으로 떠올리지 않을 수 없어. 쿠드레이가 빌란트의 묘지에 철책을 두른다는 말을 들었을 때, 나는 벌써 그것이 기병들이 타는 말의 발굽에 박힌 편자가 돼버리는 것이 언뜻 눈앞에 보였지. 내가 이런 말을 하는 것은 이것과 비슷한 경우를 이미 프랑크푸르트에서 보았기 때문이야. 게다가 또 빌란트의 묘의 위치는 일름강에 너무 가까이에 있지. 일름강은 굴절이 급하기 때문에 거의 백년이 못 가서 강기슭을 침식해 버릴 것이고, 그렇게 되면 강물은 유해에까지 밀어닥치게 될 것이야."

우리는 완전히 좋은 기분이 되어 이 세상 사물의 끔찍한 무상함을 이야기하면서 흥겨워했다. 이어 쿠드레이의 겨냥도를 다시 손에 잡고 영국제 연필로 그린 이 섬세하면서도 힘 있는 필치에 감탄했다. 그는 생각하는 바를 조금도 남기지 않고 종이 위에 그려 놓았다.

화제는 스케치로 바뀌었다. 그러자 괴테는 나에게 한 이탈리아 거장이 그린 아주 훌륭한 작품을 하나 보여 주었다.*58 성전 안에서 소년 예수가 학자들에게 둘러싸여 있는 그림이었다. 그것과 함께 이 그림을 기초로 하여 만든 하나의 동판화를 보여 주었다. 그것은 스케치에 의해 일어나는 모든 경우에 대한 가지각색의 관찰을 촉구하게 만들었다.

"최근 아주 기쁜 일이 있었지" 하고 괴테는 말했다. "그건 대가들의 훌륭한 스케치를 싼값으로 많이 살 수 있었다는 거야. 이런 그림은 아주 귀한 것일세. 이건 단지 화가의 정신적인 의향을 나타내고 있을 뿐만 아니라, 더 나아가 화가가 이것을 창조한 찰나에 품고 있었던 기분 속에 우리가 직접 빠져 들어갈

---

*58 여기서 언급하고 있는 것은 이탈리아 거장의 작품이 아니고 렘브란트의 동판화이다.

수 있게 하기 때문이지. 성전 안에서의 소년 예수를 그린 그림을 보면, 모든 필치에서 화가의 마음속에 있는 위대한 명석함과 밝고도 조용한 확실성이 드러나고 있어. 그림을 보고 있노라면 흐뭇한 기분이 되지. 또한 조형예술에는 위대한 장점이 있어. 그건 전적으로 객관적인 것이기 때문에, 우리를 격렬하게 흥분시키지 않고 끌어들이는 힘을 가지고 있지. 이런 작품은 우리에게 전혀 호소하는 바가 없든가 아니면 아주 확실하게 이야기를 해 오지. 이와는 반대로 시는 훨씬 막연한 인상을 주고 감정을 마구 북돋우지만, 듣는 사람의 성질과 능력에 따라 각각 다른 느낌을 준다네."

"최근에" 하고 나는 말했다. "나는 영국의 훌륭한 소설가인 스몰릿*⁵⁹이 쓴 〈로데리크 랜덤〉을 읽었습니다만, 아주 좋은 스케치를 본 것과 비슷한 인상을 받았습니다. 묘사가 직접적이고 감상적인 것으로 기울어진 흔적은 전혀 발견되지 않고 오히려 현실의 실생활이 있는 그대로 펼쳐지고 있기 때문에, 이따금 과도하게 불쾌하고 혐오스러운 부분이 있기는 하지만 전체적으로는 쉬지 않고 밝은 인상을 주어 정말로 확고한 현실성을 갖추고 있습니다."

"나도 〈로데리크 랜덤〉에 대한 칭찬을 여러 번 들었네" 하고 괴테는 말했다. "그리고 자네의 말도 사실이라고 생각하지. 그러나 나는 아직 그것을 읽지 않았어. 자네는 존슨이 쓴 〈라셀러스〉*⁶⁰를 알고 있는가? 그것도 꼭 한 번 읽고 느낀 바를 나한테 들려 주도록 하게." 나는 그렇게 하겠다고 약속했다.

"바이런 경의 작품 중에서도" 하고 나는 말했다. "완전히 직접적으로 묘사하고, 순수하게 대상을 제시하는 것을 종종 만나게 됩니다. 그것은 훌륭한 화가의 직접적인 스케치와는 다른 수법이기는 하지만, 마찬가지로 우리의 마음속 깊숙이 자리잡고 있는 정서를 자극합니다. 특히 〈돈 주안〉에는 그런 구절이 아주 많습니다."

"그렇고 말고" 하고 괴테는 말했다. "그런 점에서 바이런 경은 위대하지. 그

---

*59 스몰릿(1721~1771). 스코틀랜드의 소설가로 영문학계에서 가장 뛰어난 유머 작가 중 한 사람이다.

*60 영국의 시인 겸 평론가 존슨(1709~1784)의 작품. 정확한 제목은 〈아비시니아의 왕자 라셀러스 이야기〉(1759)이며, 이 소설은 선구적으로 낭만주의의 특징을 갖추고 있었다고 평가되고 있다.

성전 안에서의 소년 예수

의 묘사는 즉흥적이라고 할 만큼 가볍게 갈겨 쓴 듯 경쾌한 현실성을 구비하고 있네. 〈돈 주안〉에 대해서 나는 거의 아는 바가 없지만, 그가 쓴 다른 시 속에는 그런 장면이 있다는 것을 기억하지. 특히 하나의 돛이 보일락말락하는 바다의 장면은 정말로 멋지지. 그러므로 그 시를 읽으면 우리도 불어오는 짠 바닷바람을 흠뻑 받는 그런 기분이 되어 버리네."

"그의 〈돈 주안〉 속에서도" 하고 나는 말했다. "특히 런던 도시의 묘사를 보면 경탄하지 않을 수 없습니다. 그가 가볍게 전개하고 있는 시를 읽노라면 런던을 눈앞에 보고 있는 것이 아닌가 하는 착각을 하게 됩니다. 그리고 이 경우 그는 대상이 시적인가 아닌가 하는 것에는 전혀 신경을 쓰지 않고, 이발소의 창문 앞에 걸려있는 곱슬머리의 가발이나 가로등에 기름을 넣고 있는 사나이들에 이르기까지 자기 눈에 비치는 모든 것을 있는 그대로 묘사하고 있습니다."

"우리 독일의 미학자들은" 하고 괴테는 말했다. "어떤 대상이 시적인가 그렇지 않은가에 대해 열심히 논의하고 있지. 이것도 어떤 점에서는 그렇게 잘못된 것은 아니야. 그러나 궁극적으로는 시인이 그것을 적절하게 사용하는 방법을 체득하고 있으면, 현실의 어떠한 대상이라고 하더라도 시적이지 않은 것은 하나도 없지."

"정말로 옳은 말씀입니다" 하고 나는 말했다. "정말 간절하게 원하건대, 이와 같은 견해가 일반에게도 통하는 신조가 되었으면 좋겠습니다." 이어 우리들은 〈포스카리 부자〉에 대해 이야기를 했다. 이때에 나는 바이런은 아주 훌륭한 여성을 그려냈다고 말했다.

"그가 그려내는 여성들은" 하고 괴테는 말했다. "훌륭하지. 또한 여성만이 우리 근대인의 손에 남겨진, 우리의 이상적인 것을 쏟아 넣을 수 있는 유일한 그릇이야. 남성들에게는 이제는 더 이상 손을 쓸 수 없어. 〈아킬레스〉와 〈오디세우스〉 속에서 호메로스는 각각 최고의 인간과 최고의 현자에 대한 모든 것을 이미 다 그려버리고 말았네."

나는 말했다. "그런데 〈포스카리〉에서는 고문의 격심한 아픔이 쉴새없이 나오기 때문에 좀 마음에 걸립니다. 이 작품을 완성하기까지 이처럼 애달픈 재료를 가슴에 담고 있었을 텐데, 어떻게 그런 상태로 그 오랜 시간을 살아갈 수 있었는지 도저히 이해할 수 없습니다."

"그런 것이 바이런다운 본질이었지" 하고 괴테는 말했다. "그는 영원히 자신을 괴롭히는 사람이었네. 자네가 그의 작품의 모든 것을 보아서 알 수 있듯이, 이런 제목이 그가 좋아하는 테마야. 이런 테마 가운데 밝은 것은 거의 하나도 없지. 그러나 〈포스카리〉만 해도 묘사는 얼마나 멋진 것인가?"

"정말로 뛰어납니다" 하고 나는 말했다. "말 한마디 한마디가 굳세고 중요하고 그리고 핵심을 찌르고 있습니다. 나는 바이런의 작품 중에서 단 한 행도 약한 것은 찾지 못했습니다. 언제나 그는 출렁거리는 바닷물 속에서 갓 나온 것처럼 윤이 나고 싱싱해서 창조적인 원동력이 넘치는 것처럼 생각됩니다."

"전적으로 자네가 말한 대로야" 하고 괴테는 말했다. "정말로 그렇지."

"그의 작품을 읽으면 읽을수록" 하고 나는 계속했다. "그의 재능의 위대함에 놀라게 될 뿐입니다. 그러므로 당신이 〈헬레나〉*61 속에서 그를 위해 사랑의 불후의 기념비*62를 세웠다는 것은 지극히 당연한 일이었다고 생각합니다."

"현대 문학의 대표자로서" 하고 괴테는 말했다. "바이런 이외의 다른 사람을 내세운다는 것은 나로서는 생각할 수 없는 일이었네. 그가 금세기 최고의 재능의 소유자라는 것은 의심의 여지가 없는 사실이기 때문이지. 게다가 그는 고대적이지 않고 낭만적이지도 않아. 그야말로 현대 그 자체와 같은 인물이야. 그러한 인물이 나에게는 반드시 필요했던 것일세. 그에 더하여 그 만족할 줄 모르는 성격과 전투적인 기질 때문에, 그는 여기에 딱 들어맞는 인물이었지. 그런 성격 때문에 그는 결국 미솔롱기*63에서 생을 마감했던 것이었어. 바이런에 관한 논문을 쓴다는 것은 마음이 편하지 않고 상책도 아니지만, 이

---

*61 〈파우스트〉 제2부 제3막 8488~10038에서 헬레나가 출현하여 사라지기까지의 장면을 말하는 것이다.
*62 헬레나와 파우스트 사이에서 태어난 오이포리온(여기서는 바이런을 의미한다)은 부모의 절대적인 만류에도 막무가내로 양쪽어깨에 날개를 달고 하늘로 날아 올라가다가 죽고 만다. 여기서 말하는 오이포리온에 대한 애도의 노래는, 다름아닌 그리스의 독립전쟁에 참가하다가 죽고 마는 바이런의 무한한 용기에 대한 괴테의 찬양인 것이다.
*63 중부 그리스에 위치한 지역으로, 이곳에서 그리스군은 터키군에 대항하여 완강히 싸웠다. 1824년 바이런이 사망한 곳도 바로 여기이다.

따금 그에게 경의를 표하고 개개의 점에서 그를 언급하는 일은 앞으로도 계속해 나갈 것이야."

이야기가 일단 〈헬레나〉에 미치자 괴테는 다음과 같이 말을 이어갔다. "나는 이 결말을" 하고 괴테는 말했다. "전에는 전혀 다른 것으로 하려고 마음먹고, 여러 가지 고안을 짰었네. 한때는 제법 잘되어 나가기도 했지. 그러나 이런 이야기는 자네에게 털어놓고 싶지는 않네. 그 후에 바이런 경과 미솔롱기의 사건으로 지금과 같은 결말이 떠올라 다른 고안들은 모두 포기해 버렸어. 그러나 자네도 알아차렸겠지만, 합창대*⁶⁴가 만가를 부르는 것은 그 역할에서 전혀 빗나가고 있는 거야. 이때까지 합창대는 변함없이 고대적인 것을 유지해 왔고, 또 더군다나 그 소녀적인 성격을 절대로 잃어버리지 않았지. 그런데 여기서는 갑자기 엄숙하고 내성적이고 또 종전에는 전혀 생각하지 않았고, 생각조차 할 수 없었던 그런 것을 입 밖에 내고 있으니 말이야."

나는 말했다. "물론 나도 그것을 알아차렸습니다. 그러나 이중의 그림자를 가지고 있는 루벤스의 풍경화를 보고 난 이후, 허구라는 개념을 알게 되어 그 뒤에는 그런 것에 매혹당하지 않게 되었습니다. 그러한 모순은 매우 사소한 것입니다. 이것을 통해 도달하는 더 고차원적인 것에 비하면 아무 문제도 되지 않습니다. 좌우간 이 노래는 반드시 불려져야 했고, 다른 합창대가 그 자리에 없었기 때문에 소녀들이 부르지 않으면 안 되었던 것입니다."

"내가 알고 싶은 것은" 하고 괴테는 웃으면서 말했다. "독일 비평가들이 여기에 대해서 뭐라고 말할 것인가 하는 것이야. 그들이 이런 기준을 초월할 만한 자유정신과 대담성을 충분히 가지고 있을까 그것이 궁금한 것이지. 프랑스인들 같으면 이성이 방해가 될 것이야. 그들은 이해력이 접근할 수 없는, 또 접근하여서는 안 되는 독자적인 법칙을 상상력이 갖고 있다는 것에 생각이 미치지 못할 것이야. 만약 이성이 영원히 해결할 수 없는 것을 우리가 상상력에 의해 만들어 낼 수 없다면, 필경 상상력이라는 것도 별로 대단한 것은 못되는 것이지. 이것이 시와 산문의 분기점인 것으로, 산문에서는 언제나 이성이 주인인 것처럼 행세하지만, 그래도 별 지장이 없고 또 그렇게 하지 않으면 안 되지."

*64 〈파우스트〉 제2부 제3막 9908 이하에서 합창대가 애도의 노래를 부른다.

나는 이 의미심장한 말을 듣고 기뻤고 이것을 마음에 새겨 두었다. 곧 10시가 가까이 되었기 때문에 나는 집으로 돌아갈 준비를 하였다. 우리는 촛불을 켜지 않고 앉아 있었다. 밝게 갠 여름밤 하늘이 북쪽의 에터스베르크로부터 훤히 비쳐오고 있었다.

1827년 7월 9일 월요일 저녁

괴테는 혼자서 슈토쉬의 수집품*65에서 본을 떠서 만든 석고 복제를 바라보고 있는 중이었다.

"베를린에 있는 어떤 친절한 사람이 이 모든 수집품을 나에게 보여주고 싶다면서 보내 주었네. 나는 이 미술품의 대부분을 이미 알고 있었지만, 이번에는 빙켈만이 분류한 저 교육적인 정리의 순서에 따라서 보고 있지. 그리고 또 나 혼자만의 것으로는 의문이 생길 경우, 그가 쓴 것을 이용하여 그의 의견을 따라 가고 있네."

우리가 한동안 말을 하고 있는 사이에 법무장관이 들어와 자리를 함께 했다. 그는 여러 가지 신문 기사에 대해 말해 주었다. 그 중에서도 한 동물원의 수위가 사자의 고기를 먹고 싶어, 사자 한 마리를 죽이고 그 많은 부분을 요리했다는 이야기가 있었다. "그 말은 좀 이상한데" 하고 괴테는 말했다. "그가 왜 원숭이를 택하지 않았을까 궁금하군. 원숭이의 고기는 아주 부드럽고 맛이 좋다고 하던데." 우리는 이런 짐승의 볼썽사나운 점에 대해 말했고, 또 이 종족이 인간과 비슷하면 할수록 점점 더 불쾌한 기분이 든다는 것에 대해 이야기했다. "나로서는 이해할 수 없습니다" 하고 법무장관은 말했다. "후작과 같은 신분의 사람들이 어떻게 이런 동물을 옆에 두고 태연할 수 있는 것인지 말입니다. 물론 틀림없이 꽤 즐거운 일이 있을는지도 모르겠습니다만."

그러자 괴테가 말했다. "천만의 말씀, 후작같은 사람들은 늘 싫어하는 사람들에게 괴로움을 당하기 때문에, 그보다 더 싫어하는 짐승을 사육하여 그러한 불쾌한 인상을 씻어 없애는 약으로 삼고 있는 것이야. 우리들에게는 원숭이

---

*65 슈토쉬(1691~1757). 원래 이 남작이 소유하고 있던 각석의 수집품은 1770년에 프리드리히 대왕한테로 넘어가 버리고 말았다.

나 앵무새가 외쳐대는 소리가 정말로 불쾌한 느낌을 주지. 왜냐하면 이 동물들을 보면 그들에게 어울리지 않는 환경 속에서 살고 있다는 생각이 들기 때문이야. 그렇지만 우리가 코끼리의 등에 올라타고 야자수나무 그늘을 지나갈 때 보이는 원숭이나 앵무새는 그 환경에 지극히 어울리는 것이지. 아니 그뿐이겠는가. 틀림없이 더할 나위 없이 만족스럽게 생각될 것이야. 그러나 앞에서 말한 대로 귀족들이 귀찮은 것을 내쫓기 위해 더 귀찮은 것을 사용하는 것도 수긍할 수 있는 일이지."

내가 말했다. "아마 당신은 이제 잊고 계시겠지만 여기서 다음과 같은 시구 하나가 생각났습니다."

> 인간들이 짐승처럼 돼 갈 때면
> 차라리 짐승을 방 안으로 끌고 들어와 보라.
> 밉살스러운 심정도 누그러질 것이다.
> 어차피 우리는 아담의 후예인즉.*66

괴테는 웃었다. "그렇지, 그 말이 맞아. 거친 것은 한층 더 거친 것으로만 내쫓을 수 있지. 아주 젊었을 때 일어난 일이지만 아직도 기억하고 있어. 그때에는 귀족 중에서도 아직 철면피 같은 사람들을 이따금 보았었지. 어떤 훌륭한 사람들의 회식 석상이었어. 부인들도 앉아 있는 데 어떤 돈 많은 귀족이 야비한 말을 해서, 그 말을 듣고 있어야만 했던 모든 사람들이 분노를 일으키게 되었지. 그런데 아무도 그 사람 눈앞에서는 뭐라고 말할 수 없는 처지었어. 그러자 그를 마주보고 앉아 있었던 어떤 대담하고 훌륭한 사람이 다른 방법을 택해 소리높여 무례하기 그지없는 말을 해댔기 때문에 거기에 있던 모든 사람들은 물론이고, 야비한 말을 한 자까지도 깜짝 놀라버리고 말았지. 이리하여 그 사나이도 제정신으로 돌아가 두 번 다시는 입을 열지 않았어. 이 순간부터 이야기는 우아하고 즐거운 방향으로 흘러 모든 사람들을 기쁘게 해 주었지. 그리고 사람들은 이 대담한 신사의 전례 없는 과감한 행동이 효과를 발휘한 것

---

*66 이 시는 괴테의 시집 〈격언식으로〉(1815년) 속에 있는 것이다.

을 생각하고는 마음속으로 감사를 아끼지 않았네."

이러한 유쾌한 일화를 들으며 흥겹게 즐긴 뒤에 법무장관은 화제를 파리의 정부당과 야당 사이의 근황으로 돌렸다. 그때 그는 어떤 아주 용감한 민주 당원이 법정에서 자기 변호를 위해 장관들에게 행한 힘찬 연설을 거의 한 글자도 빠뜨리지 않고 암송했다. 그것을 듣고 우리는 새삼스럽게 법무장관의 비상한 기억력에 감탄했다. 그 사건과 특히 출판제한법*67에 관해 괴테와 법무장관 사이에 여러 가지 논의가 오고갔다. 이것은 내용이 풍부한 주제였다. 이때 괴테는 언제나처럼 온건한 귀족주의자로 행동했지만, 그의 친구인 법무장관은 늘 그렇듯이 서민 쪽의 입장을 두둔하고 있는 것처럼 보였다.

"나는 프랑스인에 대해서는 어떤 점에서도 걱정을 하지 않았지" 하고 괴테는 말했다. "그들은 세계사적인 견지에서 볼 때 상당히 높은 위치를 차지하고 있기 때문에, 어떤 방법을 쓰더라도 그들의 정신을 압박할 수는 없네. 제한법도 그 제한이 본질적인 것에는 접촉하지 않고, 단지 개인에 대해서만 행해진다면 좋은 효과를 올릴 수 있을 것이야. 반대당이라는 것도 아무런 구속을 받지 않으면 생기를 잃게 되지. 그러나 제한을 받게 되면 그들은 무슨 일이 있어도 영리해지네. 그리고 이것이 대단한 이득을 가져다 주지. 스스로의 의견이 정말로 올바른 경우에는 이것을 솔직하게 드러내 놓고 표출하는 것도 허락되고, 또 그렇게 하는 것이 타당한 것이야. 그러나 당파라는 것은 그것이 당파라는 바로 그 이유 때문에 완전히 옳다고는 할 수 없지. 따라서 당파에는 직접적인 표현 방법이 적합한 것으로, 이 점에서 옛날부터 프랑스인들은 위대한 모범을 보여주고 있네. 내가 하인에게 솔직하게 '한스, 내 장화를 벗겨주게!'라고 말하면 그것으로 충분히 내 의사가 통할 수 있지. 그러나 친구에게 이런 일을 시키려고 할 때면 그렇게 직접적으로 말할 수는 없지. 기분 좋고 나긋나긋한 말을 동원하여 상대방이 기꺼이 해 줄 수 있도록 마음을 움직이지 않으면 안 되지. 뭔가를 강요하는 것은 정신을 번뜩이게 만들어. 이런 이유에서 나는 출판의 자유에까지 제한을 둔다는 것을 오히려 나쁘다고 생각하지 않네. 프랑스인

---

*67 프랑스에서는 나폴레옹이 몰락한 후에 복귀한 부르봉왕가에 의해, 1827년 6월 24일에 출판제한법이 강화되었다.

은 지금까지 가장 총명한 군민이라고 칭찬을 받아왔고 그 명예를 욕보이지 않고 지내왔어. 그리고 우리 독일인들은 자기의 의견을 솔직하게 말해 버리는 경향이 있지만, 완곡하게 표현하는 데에까지는 아직도 도달하지 못하고 있지."

"파리의 여러 당파들이" 하고 괴테는 말을 계속 했다. "만약 한층 더 관대하고 자유롭게, 더 서로가 이해하고 지낸다면, 그들은 지금보다는 더 위대해질 것이야. 세계사적 견지에서 볼 때 프랑스인들은 영국인들보다 한층 더 높은 단계에 있지. 영국인들의 국회는 서로 대립 항쟁하는 강한 세력으로 형성되어 있어 서로 그 힘을 악화시키고 있어. 그러므로 개인의 위대한 견해를 관철시킨다는 것은 상당히 어려운 일이지. 캐닝과 같은 위대한 정치가에 대해 여러 가지 불평이 쏟아지는 경우만 봐도 잘 알 수 있다네."

우리는 가려고 일어섰다. 그러나 괴테는 정말로 원기 왕성했기 때문에, 한동안을 서서 이야기를 계속했다. 그런 후 그는 우리를 다정한 모습으로 떠나보냈다. 우리는 걸어가면서 괴테에 대해 여러 가지로 이야기했다. 특히 우리는 반대당이라는 것도 아무런 구속을 받지 않으면 생기를 잃게 된다는 괴테의 말을 되풀이하여 입에 담으면서 음미했다.

1827년 7월 15일 일요일

나는 오늘밤 8시가 지나서 그를 찾아갔다. 그는 마침 일름 강가에 있는 정원에서 돌아와 있었다. "저기에 놓여 있는 것을 좀 보게!" 하고 그는 말했다. "3권으로 되어 있는 장편소설인데, 누구의 것이라고 생각하는가? 만초니의 것이야!" 나는 그 책을 쳐다보았다. 아주 아름다운 장정이었고, 책 안겉장에는 괴테에게 드리는 헌사가 적혀 있었다.

"만초니는 정말이지 부지런합니다" 하고 나는 말했다.

"그렇지, 열심히 하고 있지" 하고 괴테는 말했다. "만초니의 것으로는" 하고 나는 말했다. "나폴레옹에의 송시를 읽었을 뿐입니다. 요사이 그것을 다시 당신이 번역한 것으로 읽고 아주 감탄했습니다. 구절 하나하나가 한 폭의 그림이었습니다."—"자네가 말한 대로야" 하고 괴테는 말했다. "저 송시는 걸작이지. 그러나 독일에서는 아무도 이것을 주목하는 사람이 없었어. 전혀 그런 것이 없다는 듯이 그냥 지나가 버리고 말았지. 그러나 이것은 이 제목으로 취급한 것 중에서는 가장 훌륭한 작품일세."

괴테는 내가 방 안으로 들어갔을 때에 열심히 읽고 있었던 영국 신문을 계속 읽었다. 나는 칼라일*68이 번역한 독일소설 한 권을 손에 쥐었는데, 거기에는 무제우스*69와 푸케*70가 들어 있었다. 우리나라의 문학에 정통한 이 영국인은 번역한 작품 앞에 언제나 서문을 달아 원작자의 생애와 비평을 첨가하고 있었다. 나는 푸케에 관한 서문을 읽어 보았다. 그의 생애가 재기 발랄하면서도 모든 면에서 빈틈없이 그려져 있었다. 또 이 호감이 가는 작가를 고찰하는 비평적 관점이 그의 문학적인 공적에 대한 깊은 이해와 조용하면서도 부드러운 통찰력을 갖추고 있다는 것을 알고 나는 정말 기뻤다. 이어 이 총명한 영국인은 푸케를 한 성악가의 목소리에 비교하면서, 그 소리는 그렇게 위대한 성량을 갖고 있지 않고 음조도 얼마 안 되지만, 얼마 안 되는 그것이 가장 좋고 아름다운 울림을 갖고 있다고 말했다. 그런 다음 그는 자신의 의견을 표현하기 위해 교회제도를 빌려 비유하면서, 푸케는 문학 사원에서 주교나 제 1급의 성직자의 지위를 차지하고 있는 것이 아니라 오히려 부사제의 일에 만족하고 있다고 하였다. 그러나 이 평범한 직책에 만족하고 있지만 그는 이 직무를 정말로 잘 수행하고 있다는 것이다.

내가 이것을 읽고 있는 사이에 괴테는 그의 안쪽 방으로 들어갔다. 그가 하인을 내게 보내 잠시 와 달라고 해서 나는 그렇게 했다. "한동안 여기에 있어 줬으면 좋겠어" 하고 그는 말했다. "우리 이야기를 좀 나누도록 하세. 지금 막 소포클레스의 번역본이 도착했어. 읽기 좋고 번역도 잘 되어 있는 것 같아. 언

---

*68 칼라일(1795~1881). 영국 스코틀랜드 출신 철학자이며 문학사가인 그는 독일 관념 철학과 독일문학을 연구하기 시작하여, 얼마 안 있어 실러의 전기(1825년)를 썼다. 또 괴테의 〈빌헬름 마이스터의 도제시대〉를 1824년에서 1827년에 걸쳐 영어로 번역하여 정열적으로 독일 문학을 영국에 소개했다. 괴테는 생전에 칼라일과 서신을 교환한 것으로 알려져 있다.

*69 무제우스(1735~1787). 바이마르 고등학교 교수이자 소설가이다.

*70 푸케(1777~1843). 그의 작품 〈운디네〉(1811)는 칼라일에 의해 영어로 번역되어 독일 국경을 넘어 온 세계에 알려지게 되었다. 지금도 널리 읽히고 있는 이 작품은 물의 요정에 대한 이야기로 독일낭만주의 문학의 걸작 중 하나이다. 이 동화적 소설은 호프만에 의해 오페라로 작곡되어, 1816년에 상연되었다.

제 한번 졸거의 것하고 비교해 보려고 생각하고 있지. 그런데 칼라일에 대해서는 어떻게 생각하나?" 나는 푸케에 대해서 쓴 칼라일의 글을 읽었다고 말했다. "그 문장은 정말로 훌륭하지 않은가?" 하고 괴테는 말했다. "그렇지, 바다 너머 저쪽에도 현명한 사람들이 있어서 우리에 대해 알고 있고, 우리의 진가를 인정해 주고 있어."

"그건 그렇고," 하고 괴테는 말했다. "우리 독일인 중 다른 분야에서도 머리 좋은 사람들이 없는 것은 아니지. 나는 〈베를린 연감〉*⁷¹에서 슐로서*⁷²에 관한 어느 역사가의 평론을 읽었는데, 이것은 매우 탁월한 것이었어. 거기에는 하인리히 레오*⁷³라는 서명이 들어 있었는데, 이 이름을 아직 들어본 적이 없기 때문에 반드시 문의해서 알아봐야 해. 프랑스인들은 역사 방면에서는 확고한 지위를 차지하고 있다고 할 수 있지. 그런데 그는 그들을 훨씬 앞지르고 있네. 프랑스인들은 사실에 너무 집착해서 관념적인 것을 경시하고 있지. 그러나 독일인은 이 점에 있어서는 완전히 자유롭다네. 레오는 인도의 엄격한 계급제도에 대해서 가장 뛰어난 견해를 가지고 있지. 사람들은 귀족주의와 민주주의에 대해 이러니저러니 말하지만 사실 문제는 아주 간단한 것이야. 우리가 아무것도 소유하고 있지 않거나, 소유물을 조용히 즐기는 것을 알지 못하는 젊은 시절에는 민주당이야. 그러나 오랜 세월을 거쳐 재산을 모으면, 이것을 안전하게 지키려고 할 뿐만 아니라, 우리 자손들이 편안히 즐겁게 지낼 수 있도록 유산을 물려주려고 하지. 그러므로 우리는 청년 시대에는 어떤 다른 생각에 물들지만, 노인이 되면 예외 없이 귀족주의자가 되지. 레오는 이 점을 아주 총명하게 서술했네.

미학 분야에 있어서 독일인들은 확실히 가장 뒤떨어져 있지. 그러므로 우리에게 칼라일과 같은 인물이 등장하는 것을 보려면 상당한 기간을 더 기다려야 할 것이야. 그러나 이제 프랑스인과 영국인 그리고 독일인 사이의 교류가

---

*71 괴테도 자신의 글을 기고하곤 했던 그 당시 가장 훌륭한 정기간행잡지이다.
*72 슐로서(1776~1861). 하이델베르크의 역사학자이다. 괴테는 그가 1826년에 발표한 〈고대문화사의 세계사적 전망〉을 아주 호의적으로 평가했다.
*73 하인리히 레오(1799~1879). 베를린의 독일 역사 교수인 그는 1827년 어떤 학술잡지에서 슐로서의 이 책에 대해서 논평하였다.

한층 더 밀접해져 서로 보완할 수 있는 시대가 되었어. 그리고 이것은 정말로 바람직한 일이네. 이것은 세계 문학의 출현과 더불어 그 발전에 일대 이익을 가져올 것이야. 칼라일은 실러의 전기를 썼고, 독일인으로서도 좀처럼 따라갈 수 없는 그런 비평을 내리고 있지. 그러나 우리들도 셰익스피어나 바이런에 통달하고 있어, 그 가치 있는 공적을 영국인들 자신들보다도 더 잘 평가할 줄 안다고 할 수 있을 것이야."

1827년 7월 18일 수요일

"자네에게 알려야 할 일이 있어" 하고 괴테는 오늘 식탁에서 처음으로 이렇게 말했다. "만초니의 소설은 우리가 알고 있는 한 같은 장르의 어떤 작품보다 우수하지. 그의 작품을 내면적으로 보면 그 모든 것이 이 시인의 정신에서 흘러나온 것이어서 전적으로 완전하다고 말할 수밖에 없어. 그리고 그 외면적인 것에 있어서도 지방색이라든지 이와 비슷한 모든 것의 묘사가 이 위대한 내면적인 특색에 비교하여 조금도 손색이 없지. 이것은 대단한 것이야." 나는 이 말을 듣고 놀랐고 동시에 기뻤다. "이것을 읽었을 때의 인상은" 하고 괴테는 계속했다. "쉬지 않고 감동에서 경탄으로, 경탄에서 감동으로 옮겨지는 식이야. 그래서 우리가 이 두 가지의 위대한 작용으로부터 몸을 뺀다는 것은 전혀 불가능하지. 이 이상은 쓸 수 없을 것이라고 생각되네. 이 소설을 읽으면 비로소 만초니의 진가를 확실히 알 수 있지. 그는 이 작품에서 그의 완벽한 내면성을 나타내고 있어. 이것은 그의 희곡작품에서는 발전할 기회를 얻지 못했던 것이지. 나는 이번에 이것을 읽고 난 직후 월터 스콧이 최고 걸작, 가령 아직도 읽지 않고 있는 〈웨이버리〉라도 읽고 그 위대한 영국작가와 만초니를 비교해 보려고 생각하고 있다네. 만초니의 내면적 교양은 이 작품에서 다른 어떤 것과도 비교할 수 없을 만큼 고상하게 나타나고 있지. 이것은 완전히 무르익은 과일과 같은 기쁨을 주지. 그리고 개개의 취급과 묘사는 이탈리아의 하늘과도 같이 맑게 개어 있어."

"그에게도 감상주의의 흔적이 있습니까?" 하고 나는 물었다. "전혀 그런 것은 없지" 하고 괴테는 말했다. "그에게는 정은 있지만 감상주의는 전혀 없어.

어떤 장면도 남성적이고 순수하지. 오늘은 이 이상 더 덧붙일 말이 없어. 아직은 제 1권을 읽고 있는 중이니까 얼마 안 가서 여러 가지 이야기를 들려 주도록 하지."

1827년 7월 21일 토요일

오늘 저녁 그의 방으로 들어갔을 때, 그가 만초니의 소설을 읽고 있는 것을 보았다. "이제 제 3권으로 들어갔지" 하고 말하면서 그는 책을 옆에 내려놓았다. "그리고 여러 가지 새로운 생각이 떠올랐어. 자네도 알고 있듯이 아리스토텔레스*74는 비극이 훌륭한 작품이 되려면 공포심을 불러일으키지 않으면 안 된다고 말하고 있네. 이 말은 비극뿐만 아니라 나아가 많은 다른 문학에도 해당되는 것이지. 그러한 원칙이 지켜지는 것은 나의 〈신과 무희〉 속에서도 볼 수 있을 것이고, 훌륭한 희극이라면 어떤 작품에서도 발견할 수 있을 것이야. 줄거리가 얽히고 설킬 때에도 그렇지. 그뿐만 아니라 〈제복을 입은 7인의 소녀〉*75 속에서도 찾아낼 수 있네. 장난삼아 던진 농담도, 착한 아가씨들을 대상으로 했을 경우에는 어떤 결과를 초래할지 예측할 수 없는 것이야. 이 공포의 성질은 두 가지 종류로 나눌 수 있지. 그것은 육체적인 공포와 정신적인 불안이야. 후자의 감정은 등장 인물에게 도덕적인 재앙이 밀어 닥쳐서 지금 당장이라도 그를 덮치려고 하는 것을 볼 때에 우리 가슴속에서 끓어오르는 감정이야. 가령 〈친화력〉에서 그것을 볼 수 있지. 그러나 육체적인 공포는 등장인물이 육체적인 위험에 처하게 되었을 때, 이것을 읽는 독자 또는 이것을 극장에서 구경하는 관객의 마음속에 생기는 것이지. 가령 〈갈레선의 노예들〉*76이나 〈마탄의 사수〉*77의 경우가 그것일세. 그뿐이겠는가. 늑대가 사는 골짜기의 장

---

*74 아리스토텔레스(기원전 384~322). 괴테가 여기에서 자세히 말하고 있듯이, 아리스토텔레스의 비극의 요체는 육체적인 공포 또는 정신적인 불안감을 녹여서 관객들로부터 경탄, 다시 말해 자연적인 공감을 불러일으켜 그들에게 마음의 정화를 느끼게 하는 것이다.

*75 프랑스의 앙줄리(1787~1838)의 작품으로, 이 익살극은 1825년 12월 26일 이래로 바이마르에서 되풀이하여 상연되었다. 에커만은 이 제목으로 시까지 썼다.

*76 추밀고문관인 빈클러가 쓴 이 신파극은 1824년 5월 31일 이래로 바이마르의 연극목록에 수록되었다.

*77 베버(1786~1826)가 작곡한 〈마탄의 사수〉 제2막에 나오는 늑대들이 사는 계곡 장면을 말

면은 이것을 보고 있는 사람 모두에게 육체적인 공포뿐만 아니라 '이제 다 틀렸다'는 절망감을 안겨 주지.

그런데 만초니는 이런 공포를 잘 이용하여 그야말로 놀랄 만한 성공을 거두고 있어. 그는 공포를 녹여서 감동으로 바꾸고, 더 나아가 이 감정을 경탄에까지 이르게 하네. 공포의 감정은 늘 재료에 따라다니는 것으로 어떠한 독자의 마음속에서도 생기는 것이지. 그러나 경탄은 작가가 개개의 장면에서 탁월한 필치를 종횡으로 발휘해야 생기는 것으로, 이것을 꿰뚫어 볼 수 있는 능력의 혜택인 것이라네. 자네는 이런 미학론을 어떻게 생각하지?—만약 내가 훨씬 젊었다면, 만초니의 작품처럼 엄청난 분량의 것은 아니더라도 뭔가를 이 이론에 따라 썼을 것이야.

그건 그렇고, 내가 지금 절실하게 기다리고 있는 것은 이 소설에 대한 〈글로브〉지 사람들의 의견이지. 그들은 현명한 사람들이기 때문에 이 작품의 훌륭한 점을 인정할 것이야. 게다가 이 작품 전체의 경향은 이들 자유주의자들의 물레방아에 부어 넣을 수 있는 안성맞춤의 물인 것일세. 물론 만초니는 아주 절도 있는 태도를 취하고 있기는 하지만 말이야. 그러나 프랑스인들은 우리들과 달리 어떤 작품을 순수한 애착을 갖고 받아들이는 일이 드물지. 그들은 저자의 입장에 순응하려고 하지 않고 오히려 언제나 자기의 성질에 맞지 않는 것을 찾아내, 최대의 걸작을 향해서도 이 저자는 이렇게 해서는 안 되는 것이었다고 말한다네."

괴테는 이어 이 소설에서 두세 부분을 언급하며 이 작가가 어떤 정신을 갖고 썼는가를 설명해 주었다. 그러고 나서 괴테는 말을 계속했다. "만초니의 이 작품에 위대한 탁월성을 부여하고 있는 것은 다음의 네 가지 점이지. 첫째로 그는 걸출한 역사가라는 것이야. 이로 말미암아 이 작품은 위대한 위엄과 설득력을 갖고 있지. 이것은 보통 독자가 소설이라는 이름 하에 생각하는 것과는 아주 다른 것이네. 두 번째로 그에게 유리하게 작용한 것은 가톨릭 종교이지. 이것에서부터 여러 가지 시적 양식을 갖춘 장면이 생겨 나오고 있어. 만약 그가 신교도였으면 이렇게 하지는 못했을 것이야. 그리고 세 번째로는 이 작가

한다.

가 혁명의 알력 때문에 적잖게 괴로움을 당했다는 점이야. 이것이 그의 작품에 도움을 주고 있어. 만초니 자신이 직접 그 일에 연루된 적은 없다고 하더라도, 그의 친구들은 그에 관계했고 급기야 몇 사람은 그 때문에 죽고 말았네. 그리고 마지막 네 번째로 이 소설에 행운을 갖다준 것은 사건이 코모 호수 부근의 매력적인 지방에서 전개되고 있다는 점이지. 이 지방의 인상은 청년기 이래로 이 시인의 가슴에 아로새겨져 있었기 때문에 그는 이 지방의 곳곳을 속속들이 알고 있었거든. 이런 점에서 이 작품의 위대한 주요 가치, 즉 풍토 묘사의 명확성과 놀랄 만한 면밀성이 생겼다는 것이네."

1827년 7월 23일 월요일

오늘 저녁 8시경에 괴테 댁을 찾아가 안부를 물었더니 그는 아직 일름 강가에 있는 정원에서 돌아오지 않았다고 하였다. 그래서 그를 맞이하러 그곳까지 갔더니 그는 공원의 서늘한 보리수나무 그늘밑 의자에 앉아 있었다. 그의 옆에는 손자인 볼프강도 있었다.

괴테는 내가 온 것을 기뻐하며 나에게 눈짓으로 자기 옆에 와서 앉으라고 했다. 그리고 서로 인사를 나누자마자 괴테는 다시금 만초니 이야기로 말을 돌렸다.

"요전에 자네한테 말했지만" 하고 괴테는 말을 시작했다. "이 작가는 역사가라는 것 때문에 이 소설에서 덕을 보고 있지. 그러나 이번에 제 3권을 읽었더니 그 역사가라는 것이 시인으로서의 본분을 방해하고 있다네. 만초니 씨는 갑자기 시인의 옷을 벗어 던지고 한동안 완전히 적나라한 역사가로서 출현하고 있어. 그리고 이것이 나타나는 것은 전쟁이라든지 기근의 고통, 그리고 흑사병의 만연을 서술할 때이지. 이런 종류의 것은 그 자체로서도 꺼림칙한 것이야. 그러므로 건조한 연대기 같은 필치로 세부에 걸쳐 구석구석까지 이런 것을 묘사하게 되면 참을 수 없게 되어 버리지. 독일에서 이 책을 번역할 때에는 이런 결점을 피하도록 해야 해. 전쟁과 기근의 고통을 서술한 부분과 흑사병 서술의 3분의 2를 생략하고, 작중인물의 행동에 관계되는 부분만을 남기면 되네. 만약 충고할 수 있는 친구가 만초니의 옆에 있다면 이런 실책은 쉽게 피할 수 있을 것이야. 그러나 그는 역사가로서 사실에 대한 부분을 너무나 중시해 왔지. 이것은 그가 희곡작품을 쓸 때 그를 괴롭혀 온 것이기도 했지만, 그때는 이런 역사적인 여분의 재료를 주석으로 처리함으로써 난관을 벗어날 수 있었을 것이야. 그러나 이번에 그는 이런 타개 방법을 알지 못했고 또한 역사적인 재료를 버릴 수도 없었지. 이것은 대단히 주의해야 할 점이기도 하네. 그러나 소설의 인물들이 다시 등장하게 되면 시인이 다시 화려하게 나타나, 또다시 언제나처럼 우리의 경탄을 불러일으키기는 한다네."

우리는 일어나 발걸음을 집 쪽으로 옮겼다.

괴테는 말을 계속 했다. "만초니처럼 경탄할 만큼 소설의 구상을 멋지게 세울 줄 아는 시인이 어째서 한순간만이나마 시 정신을 거역하는 그런 일을 할 수 있는 것인지 도저히 이해할 수 없을 것이야. 그러나 사실은 아주 간단하지. 그것은 이렇다네.

만초니는 실러와 마찬가지로 타고난 시인이야. 그러나 우리의 시대는 시인 자신을 에워싼 인간 생활 속에서 이용할 수 있는 자연을 찾아낼 수 없을 정도로 타락해 있지. 그러므로 자기 개발을 위해 실러는 두 가지의 위대한 것, 즉 철학과 역사를 붙잡으려고 했어. 그런데 만초니는 단지 역사만을 택했지. 실러의 〈발렌슈타인〉은 같은 종류의 작품 중에서는 따로 어깨를 겨룰만한 것이 없을 만큼 위대하네. 그러나 바로 이 두 개의 힘찬 기둥, 즉 역사와 철학은 이 작품 여기저기에서 오히려 장애물이 되어 시의 순수한 흐름을 가로막고 있지. 마찬가지로 만초니는 역사의 과중한 중압에 짓눌려 고통을 받고 있어."

"각하의 말씀은" 하고 나는 말했다. "나에게는 너무나 중대한 것입니다. 이런 말씀을 들을 수 있어 정말 행복합니다."

"만초니는 우리에게 좋은 생각을 할 수 있게 도와주지." 괴테가 이렇게 자신의 생각을 계속하여 말하려고 할 때 법무장관이 그의 집 정원 문 쪽으로 맞이하러 왔다. 따라서 대화는 도중에서 끊어졌다. 법무장관은 언제나 환영받는 손님으로서 우리와 함께 어울렸다. 이어 우리는 괴테를 모시고 작은 계단을 올라가 흉상이 있는 방을 지나 가늘고 긴 응접실로 들어갔다. 거기에는 커튼이 내려져 있었고 창가의 식탁에는 두 개의 등불이 켜져 있었다. 우리는 식탁에 둘러앉았다. 괴테와 법무장관 사이에서는 다른 이야기들이 오고 갔다.

1827년 9월 24일 월요일

괴테와 함께 베르카로 가기로 했다. 8시가 지나고 얼마 안 있어 우리는 마차로 달렸다. 아침은 정말 맑게 개어 있었다. 처음에는 산으로 들어서는 길이어서 자연 속에서 구경할 만한 것이라고는 전혀 찾아 볼 수 없었기 때문에 괴테는 문학에 대한 이야기를 했다. 얼마 전에 독일의 어느 유명 시인*⁷⁸이 바이마르를 지나가면서 괴테에게 자기의 기념수첩을 보여 주었다는 것이다. "그 속에 쓰여진 글들이 모두 얼마나 나약하기 그지없는 것이었는지 자네는 상상조차 할 수 없을 것이야" 하고 괴테는 말했다. "시인들이 모두 병에 걸려 버려 그들은 이 세상이 마치 온통 병원인 것처럼 시를 쓰고 있어. 너나 할 것 없이 이세상은 괴롭고 슬퍼서 저쪽 세상의 즐거움에 대해서만 이야기를 하고 있지. 그렇지 않아도 모든 사람이 불만을 털어놓으면서 다른 사람에게 한층 더한 불만을 부추기고 있는데 말일세. 이것은 정말이지 문학의 남용이야. 문학이란 원래 인생의 사사로운 불화를 달래고 사람들이 이 세상과 저마다의 처지에 만족할 수 있도록 하기 위해 존재하는 것이지. 그렇지만 오늘의 세대는 모든 진정한 힘을 두려워하고, 오직 나약한 것에만 매달려 지내면서 이것을 문학적인 것이라고 생각하고 있어." 괴테는 계속했다. "가장 알맞은 말을 찾아냈네. 이렇게 말하면 저 신사분들은 분개하겠지만, 나는 그들의 시를 '병원 문학'이라고 부를 것이야. 이것과 반대되는 것으로는 참된 튀르타이오스적인 문학*⁷⁹이 있지. 이것은 사람들에게 군가를 부를 기운뿐만 아니라, 더 나아가 인생과의 싸움을 견디어 낼 수 있는 용기를 주는 것일세."

나는 괴테의 말에 전적으로 동의를 표시했다. 마차 안의 우리 발 밑에는 두 개의 손잡이가 달린 갈대 바구니가 있었는데, 그것이 나의 눈길을 끌었다. 괴테는 말했다. "이것은 내가 마리엔바트에서 가져온 것이야. 그곳에는 이런 바구

*78 빌헬름 뮐러(1794~1827)를 말하는 것이다. 그는 슈베르트의 가곡집인 〈아름다운 물레방아간 아가씨〉와 〈겨울나그네〉를 쓴 시인으로 세계적으로 알려지게 되었다.
*79 튀르타이오스(기원전 7세기). 그는 전쟁에서 망하게 된 스파르타군에게 용기를 북돋우는 노래를 만들어 주었고, 이러한 격려로 스파르타군은 드디어 적을 물리칠 수 있었다.

니가 갖가지 크기로 있지. 이것을 사용하는 데에 익숙해져 나는 이제 이 바구니 없이는 여행길에 나설 수 없게 되어 버렸어. 이 안에 아무것도 없을 때에는 접어놓으면 되네. 그러면 별로 자리를 차지하지 않지. 물건이 들어가면 사방으로 퍼지기 때문에 예상외로 많은 것을 가득 채워넣을 수 있네. 부드럽고 구부리기 쉬우면서도 아주 질기고 튼튼하지. 그러므로 아무리 무거운 것이라도 넣어서 나를 수 있어."

"이것은 아주 미술적이고 고풍스럽게 보입니다" 하고 나는 말했다.

"자네 말이 맞아" 하고 괴테는 말했다. "고대의 양식에 가깝지. 왜냐하면 이것은 아주 합리적이고 목적에 알맞을 뿐만 아니라, 또 아주 단순하고 호감이 가는 모양을 하고 있기 때문이야. 그러므로 이것은 완성미의 절정에 있다고도 말할 수 있네. 내가 보헤미아의 산지대로 광물 채집을 갔을 때에도 이것이 큰 도움이 됐어. 지금 이 속에는 우리의 아침 식사가 들어 있지. 만약 쇠망치를 가지고 있다면 오늘도 틀림없이 이곳저곳을 두들겨 암석 조각을 채취해서 이 바구니에 가득 담아 집으로 가지고 갈 것이야."

우리는 고지대로 올라가 언덕 쪽을 자유롭게 바라볼 수 있었다. 언덕 너머에는 베르카가 있었다. 조금 왼쪽으로 헤츠부르크로 이어지는 골짜기가 보였다. 그곳은 일름강의 반대쪽 기슭에 해당되었는데 거기에는 산 하나가 가로놓여 있었다. 그 산은 우리들에게 그늘진 쪽을 보이고 있었지만 일름 골짜기에 자욱히 낀 아지랑이 때문인지 나의 눈에는 푸르게 비쳤다. 나는 망원경으로 그곳을 바라보았다. 그러자 그 푸르름은 보고 있는 동안에 차츰 엷어져 갔다. 나는 괴테에게 이것을 말했다. "이걸 보니 순수 객관적인 색채에 있어서도 주관이 큰 역할을 하고 있다는 것을 알겠습니다. 시력이 약하면 흐린 것이 심해지고, 반대로 시력이 강하면 흐릿함이 없어지든지 아니면 적어도 그것이 한층 더 약화됩니다."

"자네의 의견은 전적으로 옳은 것이야" 하고 괴테는 말했다. "그뿐만이 아니라 좋은 망원경을 가지고 보면 가장 멀리에 있는 산맥의 색채도 없어져 버리지. 빌란트는 이것을 정말 잘 알고 있었네. 그는 곧잘 '사람들이 오직 즐거운 기분에 잠겨 있을 때에만 그들을 즐겁게 해 줄 수 있다'라고 말했기 때문이야."

우리는 이 말의 분명한 의미를 느끼고 웃었다.

얼마 안 있어 우리는 작은 골짜기로 내려갔다. 길은 지붕이 달린 나무다리 위를 지나가게 돼 있었다. 그 아래로는 보통 헤츠부르크 쪽으로 흘러 내려가는 빗물이 냇바닥을 채우고 있었지만 지금은 바싹 말라 있었다. 도로 인부들이 다리의 양쪽에서 붉은 사석 몇 개를 잘라내어 그것을 쌓아올리고 있었다. 이것이 괴테의 눈길을 끌었다. 다리를 지나 조금 더 가서 길은 서서히 언덕을 따라 올라갔다. 여행자들은 이 길을 넘어 베르카로 간다. 괴테는 마차를 세웠다. "여기서 잠시 동안 내려 보세" 하고 그는 말했다. "들에서 간단하게 아침 식사를 때우도록 하지." 우리는 내려서 주위를 둘러보았다. 길바닥에는 흔히 볼 수 있는 네모꼴로 쌓아올린 돌이 있었다. 하인은 그 위에 냅킨을 깔았다. 그가 마차에서 갈대로 만든 바구니를 가지고 오자 괴테는 그 안에서 꺼낸 흰빵과 구운 자고새를 잘라 그 절반을 나에게 넘겨주었다.

나는 선 채로 여기저기를 걸어 다니면서 먹었고, 괴테는 쌓아올린 돌의 한 모퉁이에 걸터앉았다. 돌에는 아직도 밤이슬이 배어 있었다. 나는 그 찬 기운이 괴테의 몸에 좋지 않을 거란 생각에 걱정이 되어 주의를 드렸다. 그러나 그가 괜찮다고 힘차게 대답했기 때문에 안심했다. 이것은 그가 마음에 힘을 느끼고 있다는 새로운 징조라고 생각되었다. 그러는 사이에 하인이 마차에서 포도주 병을 갖고 왔다.

괴테가 말했다. "내 친구 쉬체는 매주 도망가다시피 하면서 시골로 소풍을 떠나는데 이건 지당한 일이야. 우리도 그를 모범으로 삼기로 하지. 날씨가 어느 정도 개어 있기만 하면 이제부터는 자주 소풍을 가도록 하세." 이렇게 확언을 하는 것을 듣고 나는 기뻤다.

그 후 나는 괴테와 베르카에서, 또 한번은 톤도르프에서 아주 드문 하루를 보냈다. 그는 그칠 줄 모르고 예지에 찬 이야기를 들려 주었다. 그는 그 당시 본격적으로 쓰기 시작한 〈파우스트〉 제2부에 대해서도 여러 가지 생각을 말해 주었지만, 나는 일기장에 그가 이야기해 준 것 가운데 겨우 서문 정도만 써 둔 것을 두고두고 유감으로 생각하는 바이다.

제2부
(1828~1832)

1828년

1828년 6월 15일 일요일

우리가 식탁에 앉고 얼마 안 있어 자이델 씨[1]가 티롤 사람들을 데리고 들어왔다. 가수들은 정원으로 향한 방으로 들어와서 앉았다. 그 방의 문은 활짝 열려져 있었기 때문에 우리 쪽에서, 잘 볼 수 있었고, 그 정도 거리에서는 그들이 부르는 노래도 충분히 감상할 수 있었다. 자이델 씨는 식탁에 둘러앉은 우리한테로 와서 앉았다. 쾌활한 티롤인들의 노래와 요들[2]은 우리 젊은 사람들을 즐겁게 해주었다. 울리케 양과 나는 특히 〈꽃다발과 그대〉와 〈그대는 내 가슴속에〉[3]가 마음에 들었기 때문에, 그 가사를 갖고 싶다고 부탁했다. 그러나 괴테는 기뻐서 어찌 할 바를 모르는 우리들만큼은 마음이 들떠 있는 것 같지 않았다.

"버찌나 딸기의 맛은" 하고 그는 말했다. "어린아이들이나 참새들에게 물어봐야 하지."[4] 노래 사이사이에 티롤인들은 일종의 현악기인 치터와 명랑한 음색의 가로피리의 반주에 맞춰 여러 가지 티롤 민속무용을 보여 주었다.

괴테의 아들이 바깥으로 불려나갔다가 티롤인들을 돌려보냈다. 그는 다시 우리들의 식탁에 와서 앉았다. 우리들은 〈오베론〉[5]에 대해 말을 나누었다. 이

---

*1 자이델(1795~1855). 오스트리아의 티롤 주 출신 배우로 1822년 이래로 바이마르에서 배우로 지내고 있다.
*2 알프스 지방의 주민들 사이에서 불리는 특수한 민요로, 가슴 소리와 가성을 섞어 부르는 노래이다.
*3 그 당시 널리 퍼져 사람들 입에 오르내린 가요곡이다.
*4 괴테의 격언조의 시집에서 이와 비슷한 말이 등장한다.
*5 독일의 오페라 작곡가인 카를 마리아 폰 베버(1786~1826)가 작곡한 오페라. 그는 영국 런던의 코벤트 가든의 지배인에게 의뢰를 받고, 영어로 된 대본인 〈오베론〉을 오페라로 작곡하였다. 이 작품은 1826년 런던에서 그의 지휘로 초연되어 호평을 받았다고 한다.

가극을 관람할 때 굉장한 숫자의 사람들이 사방에서 밀려왔기 때문에, 정오가 되자 한 장의 입장권도 남지 않았다고 하였다. 괴테의 아들이 식사를 마치고 말했다. "아버지, 이제는 식탁에서 일어나도록 합시다! 모든 신사숙녀들은 조금이라도 빨리 극장으로 가고 싶어하는 것 같습니다." 괴테는 이렇게 서두르는 것을 이해할 수 없다는 태도였다. 이제 겨우 4시가 아닌가. 그러나 그는 아들의 말을 따라 고분고분 식탁에서 일어섰다. 우리는 각자의 방으로 돌아갔다. 그런데 자이델 씨가 나하고 두세 사람들이 있는 데로 다가와서 목소리를 낮추고 슬퍼하는 얼굴로 말했다. "극장관람은 취소됐습니다. 오늘은 이제 무대상연이 없습니다. 대공께서 돌아가셨습니다! 베를린 여행에서 이곳 바이마르로 돌아오시는 도중에 세상을 떠나셨습니다."*6

삽시간에 놀라움이 우리들 사이로 퍼졌다. 괴테가 들어왔다. 우리는 아무 일도 없었다는 듯이 대수롭지 않은 말을 주고받았다.

괴테는 나와 함께 창가로 다가가서 티롤인들과 극장에 대해서 이야기를 했다. "오늘은 나의 특별석으로 가도록 하지" 하고 그는 말했다. "6시까지는 아직 시간이 있으니 다른 친구들은 그냥 놔두고 내 곁에 있어 줘. 우리 좀 수다를 떨어 보세." 괴테의 아들은 방금 전에 부고를 가져온 법무장관이 방으로 돌아오기 전에, 아버지에게 그 소식이 전해질까 두려워 모여 있는 사람들을 내보내려고 했다.

괴테는 아들이 이상하게도 다그치는 것을 보고 그 속내를 알 수 없어 기분이 좋지 않은 것 같았다. "이제 커피라도 마셔야 할 것 아닌가" 하고 그는 말했다. "이제 겨우 4시가 되었지 않은가!" 하고 그는 다시 말했다. 나도 모자를 집었다. "아니, 자네도 갈 작정인가?" 하고 괴테는 말하면서 나를 이상하다는 듯이 쳐다보았다. "네! 에커만 씨도 극장으로 가기 전에 뭐 좀 할 일이 있답니다" 하고 젊은 괴테가 말했다. 이에 나도 "네, 할 일이 좀 있습니다" 하고 말했다. "그렇다면 가야지" 하고 괴테는 의아스러운 듯이 머리를 흔들면서 말하였다. "그렇지만 자네들 모두 오늘은 좀 이상하군."

---

*6 카를 아우구스트 대공은 베를린에서 바이마르로 돌아오는 도중 1828년 6월 14일 구라디치에서 세상을 떠났다. 괴테가 그를 마지막으로 본 것은 지난 5월 28일이었다.

괴테를 방문한 카를 아우구스트 대공(1783~1828)

우리들은 울리케 양과 함께 위에 있는 방으로 갔다. 그러나 괴테의 아들은 아버지에게 그 슬픈 소식을 알려드리기 위해 아래층에 남았다.

그 후 저녁 늦게 나는 괴테를 만났다. 그의 방으로 들어가기 전에 벌써 그의 탄식 소리와 큰소리로 하는 혼잣말을 들을 수 있었다. 그는 자신의 현재 생활에 메꿀 수 없는 틈이 생긴 것을 느끼고 있는 것 같았다. 어떤 위로의 말도 거절하고 일체 귀를 기울이려고 하지 않았다. "나는" 하고 그는 말했다. "내가 그분보다는 먼저 갈 것이라고 생각하고 있었지. 그러나 신은 자기가 좋다고 생각하는 것을 행하는 법이야. 그러니 죽음을 안고 살아가는 불쌍한 우리 인간으로서는 살아 있는 동안만은 착한 마음으로, 그리고 고통을 참고 견디면서 머리를 꼿꼿이 쳐들고 사는 길밖에 다른 도리가 없지."

대공모*7는 대공의 서거 소식을 빌헬름스탈의 피서지에서 들었고, 대공의 공자들은 러시아에서 들었다. 얼마 안 있어 괴테는 도른부르크*8로 향했다.

나날이 겪는 슬픈 인상에서 벗어나 새로운 환경 속에서 신선한 활동력을 회복하려는 것이었다. 다행히도 그는 한 프랑스인으로부터 학술상의 중요한 자극을 받고*9 새롭게 식물학 연구에 빠져들게 되었다. 그 연구에는 그와 같은 시골 체류가 아주 유익한 것이었다. 집 밖으로 한 발짝 나가면 줄기가 뒤엉킨 포도나무와 싹이 돋기 시작한 꽃 등 풍부한 식물들이 그를 에워싸고 있었다.

나는 그의 며느리와 손자들을 동반하고 그곳을 두세 번 찾아갔다. 그는 정말로 행복해 보였고, 자신의 현재 상황과 성(城)과 정원의 멋진 상태를 쉴 새 없이 되풀이하여 칭찬하였다. 그리고 실제로 그렇게 높은 곳에서 창문을 통해 내려다보는 광경은 넋을 잃을 정도였다. 아래쪽에는 다양하니 생생한 산골짜기가 있다. 그리고 그 골짜기의 목장 속을 잘레강이 구불구불 길게 이어져 흐르고 있었다. 반대로 동쪽에는 울창한 언덕이 있었고, 그것을 넘어 저 멀리로 바라보면 낮에는 슬쩍 지나가 멀리 사라져 버리는 소나기를 볼 수 있었다. 그곳은 밤에는 동방의 별무리를 또한 아침에는 해돋이를 바라보는 데 특별히 알맞은 장소일 것이라는 생각이 들었다.

"나는 이곳에서" 하고 괴테는 말했다. "낮이나 밤이나 즐겁게 지내고 있지. 이따금 동이 트기 전에 눈을 뜨고 창문을 열고 뒹굴면서, 막 모인 아름다운 3개의 유성*10과 점점 늘어만 가는 아침놀을 즐긴다네. 그리고 하루 내내 집 밖에서 지내면서 포도의 덩굴하고 정신적인 대화를 나누네. 그 덩굴은 색다르고 멋진 이야기를 들려주곤 하지. 시도 다시 쓰기 시작했는데,*11 이것도 괜찮

---

*7 1775년 이래로 카를 아우구스트 부인이었던 루이제 대공비(1757~1830)를 말하는 것이다.

*8 이곳에는 절벽 위에 3개의 성이 있었는데, 이 도른부르크 성 90미터 아래로는 잘레강이 굽이쳐 흐르고 있었다. 이곳에는 아름답고 풍부한 식물공원이 형성되어 있었으며, 괴테는 카를 아우구스트 대공이 서거한 후 여기에서 1828년 7월 7일부터 9월 11일까지 머물렀다.

*9 당시 괴테는 소레로 하여금 자신이 쓴 〈식물의 변태〉를 프랑스어로 번역하게 하려고 마음먹고 있던 상태여서, 스위스 제네바의 식물학자인 칸돌(1778~1841)의 균제설에 대해서도 관심을 가졌다.

*10 목성, 금성 그리고 화성을 가리키는 것이다.

*11 괴테는 도른부르크에 와 있는 동안 〈떠오르는 둥근달에게〉, 〈아침일찍, 골짜기와 산 그리

괴테가 휴식을 취한 도른부르크 성. 아래로는 잘레강이 보인다.

은 것 같아. 할 수만 있다면 언제나 이런 상태로 계속 지내고 싶다네."

1828년 9월 11일 목요일

오늘 2시, 이를 데 없이 맑게 갠 날씨에 괴테는 도른부르크에서 돌아왔다. 그는 원기 왕성했고 얼굴은 햇볕에 타서 검게 변해 있었다. 우리는 얼마 안 있어 식탁에 둘러앉았다. 그 방은 직접 정원을 마주하고 있었고 문은 활짝 열려 있었다. 그는 자신이 받았던 갖가지 방문과 선물에 대해 말했다. 그리고 줄곧 가벼운 농담을 하며 즐거워하는 것 같았다. 그러나 더 깊이 살펴보면, 여러 가지 인간관계와 배려와 요구 같은 것에 에워싸이는 옛날 환경으로 되돌아온 사람이 느끼는, 일종의 거북한 심정을 씻어낼 수는 없는 것 같았다.

이제 겨우 첫 번째 식사 접시가 돌려졌을 때에 대공비에게서 사자가 왔다. 괴테의 귀환을 기쁘게 생각한다고 하면서, 다음 화요일에 그가 방문하는 것을 즐겁게 기다리겠다는 전갈이었다.

대공이 돌아가신 뒤에 괴테는 군주 일가의 아무하고도 만나지 않았다. 사실 그는 대공모하고는 쉬지 않고 편지교환을 하였기 때문에, 이 불행에 대해서는 격의 없이 충분히 이야기를 나눴다. 그러나 이번에는 친히 서로 만난 일

고 정원에서는〉〈은빛 대낮은〉과 같은 몇 편의 시를 썼다.

이 눈앞에 다가오고 있다. 이것은 서로간에 필경 슬픈 마음의 동요를 일으키게 될 것이고, 이것을 예상할 때 다소 마음이 불안해질 것이다. 그리고 괴테는 아직 새로운 군주를 만나 인사도 드리지 못했다. 이런 모든 일들이 그가 당면해야 하는 의무인 것이었다. 이것은 위대한 사교가인 그를 곤혹스럽게 만드는 일은 아니라고 하더라도, 언제나 천성의 방향을 따라 자기의 직업에 충실히 살아가고 싶어하는 시인으로서의 그에게는 분명 번거로운 일이었다.

여기에 더하여 여러 인사들의 방문이 그를 기다리고 있었다. 마침 저명한 자연과학자들의 회합이 베를린에서 거행될 예정이어서 많은 유명한 인사들의 왕래가 빈번했는데, 바이마르를 통과하는 사람들 중의 일부가 괴테를 만나고 싶다고 알려왔기 때문이다.

이렇듯 여러 주일 동안 정상궤도를 벗어나야 하는 번거로움, 여기에다 행하지 않으면 안 되는 아주 중요한 분들의 방문맞이, 이에 따르는 여러 가지 불유쾌한 일들, 이러한 일체의 일들은 그의 마음속을 파고들어, 그가 다시 자기 집 문지방에 발을 들여놓고 여러 방을 지나는 동안 유령처럼 직감되었음에 틀림없었다.

그러나 이런 모든 절박한 일들이 그에게 한층 더 귀찮게 느껴지게 하는 한 가지 사정이 있었는데, 나는 그것을 언급하지 않을 수 없다. 그는 그의 전집 5권을 크리스마스까지는 인쇄에 넘기지 않으면 안 되었던 것이다. 여기에는 〈편력시대〉도 들어가기로 되어 있었다. 이것은 전에는 한 권으로 돼 있었던 소설이었는데, 괴테는 이것을 전부 다시 쓰기로 하고는 옛날 것에 여러 가지 새로운 부분을 합쳐서 신판은 3권물로 할 작정이었다. 이 때문에 이번에 특히 손을 많이 보았지만 아직도 써넣을 데가 아주 많았다. 이 원고는 여러 군데에 공백이 있었다. 이제부터 그것을 메꿔야 할 판이었다. 또한 개정판이 독자들에게 끌어 모은 것 같은 인상을 주지 않기 위해서는 교묘한 연결을 생각해 내지 않으면 안 되었다. 그런데 원고 중에는 아주 중요한 단편(斷片)이면서도 처음 시작이 없기도 하고, 마지막 부분이 결여되어 있는 것도 있었다. 이렇게 전 3권 모두 아직 더 써넣을 곳이 많은 상태였고, 게다가 이 중요한 책은 호감이 가고 우아한 것이 되도록 만들어야 하는 작품이었던 것이다.

괴테는 금년 봄에 나에게 이 원고를 넘기면서 통독하도록 일렀다. 그 당시 우리는 이 중요한 사항에 대해 열심히 이야기를 나눴고 편지를 교환하기도 했다. 나는 그에게 이번 여름 전부를 이 작품의 완성에 바치고, 그 동안에는 다른 일에 일체 손대지 말 것을 말했다. 그 자신도 역시 그 필요성을 납득하고는 그렇게 할 결의를 굳히기도 했다. 그러나 그 후 대공이 돌아가셨다. 괴테는 그로 인해 일대 타격을 받았다. 아주 쾌청한 마음씨와 침착하고 조용한 기분을 필요로 하는 창작은 당분간 생각조차 할 수 없게 되었다. 오로지 이 타격을 감내하고 다시 회복하는 것을 기다릴 수밖에 없었던 것이다.

그러나 이제 가을이 시작되었다. 그리고 그와 함께 도른부르크에서 다시 바이마르로 돌아온 괴테는, 자기 방으로 들어왔을 때 자신의 머릿속에 이제 이 〈편력시대〉를 완성해야겠다는 생각이 강하게 떠오르는 것을 분명히 느꼈을 것이다. 그런데 이 작품의 완성에는 겨우 2,3개월의 짧은 여유만이 허락되어 있었던 것이다. 하지만 그의 눈앞에서는 갖가지 번거로운 일들이 머리를 쳐들고 있어, 그가 조용히 집필에 전념하는 것을 방해하고 있었다. 그는 이것과 싸우지 않으면 안 되었다.

따라서 나는 괴테가 식탁에서 명랑한 농담을 하고 있었지만, 그 근저에는 초조함이 깃들고 있다는 것을 알 수 있었다.

이러한 사정을 언급하는 이유는, 사실 괴테의 어떤 말하고 밀접한 관계가 있다. 이 말은 나에게는 아주 특이하다고 생각되지만, 자못 그의 입장과 그의 독특한 본질에는 들어맞는 것이기도 했다. 그러므로 나는 이것에 대해 말하려고 한다.

오스나부뤽의 아베켄 교수[*12]는 8월 28일[*13] 이전의 어느 날 나에게 소포를 보내왔다. 그 소포 속에는 괴테의 탄생일에 좋은 시간을 봐서 그것을 괴테에게 전해달라는 의뢰문이 함께 들어 있었다. 그것은 실러에 관한 기념품으로 틀림없이 괴테에게 기쁨을 줄 것이라는 것이었다.

[*12] 아베켄(1780~1866)교수. 오스나부뤽 고등학교 교장을 지낸 그는 실러의 아들들의 가정교사였다.
[*13] 이날은 괴테의 탄생일이다.

오늘 식사할 때에 괴테가 자신의 탄생일에 도른부르크로부터 받은 여러 가지 선물 이야기를 하여, 나는 그에게 아베켄의 소포 속에는 무엇이 들어 있었는지 물었다.

"그것은 희귀한 선물이었어" 하고 괴테는 말했다. "그것은 나에게는 많은 기쁨을 안겨주었네. 실러가 초대를 받아 갔던 집에서 함께 차를 마신 사랑스러운 여성*14이 그의 말을 정성스럽게 받아 쓴 것이지. 그녀는 그것을 훌륭히 청취하고 충실하게 사본했더군. 이렇게 오랜 시간이 지난 지금에 와서는 이것이 아주 귀중한 읽을거리가 되었네. 이것을 읽으면 곧장 그때의 세계로 들어가게 되지. 그 세계는 수천 개의 다른 의미심장한 일들과 함께 지나가 사라져 버렸지만, 다행히도 이 경우만은 생생하게 종이 위에 옮겨진 한 장면으로 놓여 있기 때문이지.

실러는 여기서도 언제나처럼 저 숭고한 인간됨됨이를 완전하게 나타내 주고 있네. 그는 남과 함께 차를 마실 때에도 마치 국정을 다루는 곳에 앉아 있는 것처럼 정말로 당당했어. 아무것에도 구애받지 않았고, 아무것에도 속박 받지 않았지. 아무것도 그의 사상이 비상하는 것을 저하시키지 못했네. 그의 가슴 속에 살아 움직이고 있는 위대한 견식은 아무런 거리낌없이 언제나 자유롭게 흘러나왔지. 그야말로 그는 참다운 인간이었어. 인간은 모름지기 모두 그와 같아야 하네!—그렇건만 우리 다른 사람들은 왜 그런지 언제나 구애감을 느끼고 우리 주위에 있는 인물들과 사물의 영향을 받고 있지. 차를 마실 때에 보통 은수저가 따라 나오는데 뜻밖에 금수저가 따라나오면 그 수저 때문에 마음이 흔들리게 되네. 이런 식으로 오만 가지 일에 신경을 쓰다보면 마음도 마비되어 버려 우리 천성이 갖고 있는 위대한 것을 자유롭게 발휘하지 못하게 되지. 우리는 외부 세계의 사물의 노예일세. 그리고 사물이 우리를 위축시키거나 자유롭게 팽창할 수 있게 해 주는 것에 따라, 우리는 보잘것없는 인간으로 보이기도 하고 훌륭한 사람으로 보이기도 하지."

괴테는 말을 끊었다. 그러자 다른 화제가 끼어 들었다. 그러나 나는 내 마음

---

*14 아베켄 교수의 부인 크리스티아네 폰 부름프를 지칭하는 것으로, 그녀는 실러 부인하고는 친척 사이였다.

속을 뒤흔들어 놓은 그의 진귀한 한마디 한마디를 마음속 깊이 되새겼다.

1828년 10월 1일 수요일

큰 기업의 우두머리이며 동시에 자연과학, 특히 광물학 애호가인 클레펠트의 헤닝하우젠이 오늘 괴테의 댁에서 식사를 함께 했다. 큰 여행과 연구로 다방면에 걸쳐 박식한 그는 베를린의 자연과학자 회합에 출석했다가 집으로 돌아가는 길이었다. 그러므로 대화 중에는 회합에서 논의된 사항, 특히 광물학에 관한 많은 이야기가 나왔다.

또한 화성론에 대한 이야기도 있었다. 그리고 자연을 연구하고 정설과 가설에 이르는 수단과 방법에 대해서도 언급이 있었다. 이때 위대한 자연과학자들의 말이 나와 아리스토텔레스도 화제에 올랐다. 괴테는 그에 대해 다음과 같이 말했다.

"아리스토텔레스는 어떠한 근대학자보다 더 우수하게 자연을 보고 있었지. 그러나 그는 의견을 하나로 정리하는 일에 너무나 성급했어. 만약 우리가 자연에서 무언가를 쟁취하려면 서서히 시간을 들여 자연을 탐구하지 않으면 안되지.

나는 내가 자연과학적인 대상을 연구하고 어떤 생각에 도달한다고 하더라도, 자연이 그것을 곧 승인해 줄 것이라고는 생각하지 않았네. 오히려 나는 관찰과 실험을 통해 자연을 추정했지. 그러다가 때로 자연이 나의 생각을 호의적으로 증명해 주면 그것으로 만족해했어. 그렇지 않은 경우에도 자연은 내가 그것을 실증하는 것을 더 즐거워하는 것처럼 생각되었다네."

1828년 10월 3일 금요일

오늘 점심식사 때에 괴테와 푸케의 〈바르트부르크의 노래 경연대회〉에 대해 이야기했다. 나는 이 책을 괴테의 권유에 따라 읽었던 것이다. 이 작품에 관한 우리의 일치된 의견은, 이 시인은 한평생을 고대 독일연구에 힘썼지만 결국 거기에서 아무런 교양도 얻을 수 없었던 것이다.

"고대 독일의 암흑시대는" 하고 괴테는 말했다. "세르비아의 노래나 이와 유사한 야만인의 민요와 마찬가지로 대체로 우리에게 도움이 되지 않아. 그런 것을 읽으면 한동안은 흥미를 가질 수 있지만 곧 열정이 식어 버리게 되지. 대체로 인간은 자신의 열정과 운명을 통해 충분히 음울해져 있어. 그러니 구태여 야만스런 원시시대의 암흑에까지 접촉할 필요는 없네. 인간에게 필요한 것은 밝고 쾌활한 것이기 때문에, 이러한 사람들의 예술과 문학의 시대에 눈을 돌리지 않으면 안 되지. 이러한 시대에 살았던 탁월한 사람들의 교양은 완벽의 극치를 이루고 있었네. 그들은 스스로를 충실하게 했을 뿐만 아니라 한 걸음 더 나아가 자신들의 문화적 혜택을 우리와 같은 후세 사람들에게까지도 쏟아 부을 수 있는 힘을 가지고 있었어.

자네가 푸케의 장점을 알고 싶으면 그의 〈운디네〉를 읽어 보게. 이것은 정말로 크디큰 사랑을 받아 마땅한 작품이야. 물론 이것은 자료가 아주 좋지. 그렇지만 이 시인이 이 자료에 포함된 모든 것을 남김없이 잘 다루었다고 할 수는 없네. 그러나 〈운디네〉는 좋은 작품이야. 틀림없이 자네의 마음에 들 것일세."

"최근의 독일문학에는 호의를 가질 수 없습니다" 하고 나는 말했다. "나는 볼테르를 읽고 나서 이제는 에곤 에버르트*¹⁵의 시를 읽고 있습니다. 볼테르를 접한 것은 이번이 처음이었습니다. 그가 여러 사람들에게 보낸 짧은 시를 통해 그를 알게 되었는데, 그것은 지금까지 그가 쓴 것 중에서도 최상의 작품에 속할 것이라고 생각합니다. 다음으로 푸케를 읽었습니다만, 별로 좋다고 생각되지는 않았습니다. 또 월터 콧의 〈퍼드의 아름다운 소녀〉를 탐독했습니다. 이 위대한 작가의 작품 역시 처음으로 읽는 것이었지요. 그런데 이것을 도중에 그만두고 당신의 말씀에 따라 〈바르트부르크의 노래 경연대회〉에 손을 댔습니다."

"그런 위대한 외국작가에게까지" 하고 괴테는 말했다. "근대 독일작가가 상대가 되지 않는다는 것은 더 말할 나위가 없지. 그러나 자네가 국내외 모든 것에 정통하게 되고, 시인이 필요로 하는 높은 세계적인 교양이 어디에서 오는 것인가를 분별하게 되었다면 다행한 일이야."

---

*15 에곤 에버르트(1801~1882). 보헤미아의 시인이다. 괴테는 그가 1829년에 출간한 국민적 영웅 서사시인 〈불라스타〉를 그의 〈예술과 고대〉지 제6권 제1호(1827)에서 높이 평가하고 있다.

젊은 괴테 부인이 들어와 우리는 모두 식탁에 앉았다.

"그런데 말이야"하고 괴테는 쾌활하게 말을 계속했다. "월터 스콧의 〈퍼드의 아름다운 소녀〉는 괜찮지!—완전무결해! 정말 대단한 수완이야! 전체적으로 기초가 확실하고 글자 하나하나가 핵심을 찌르는 말을 하지. 회화와 묘사 모두가 얼마나 자세하고 또 얼마나 훌륭한가! 그가 그려내는 장면과 상황들은 테니어스*¹⁶의 그림과도 같네. 전체의 배치는 예술의 극치를 보여주고 있고 개개의 인물은 생생한 진실을 말하고 있네. 끝손질은 예술가적인 사랑이 미세한 점에까지 미치고 있지. 그러므로 한 행도 소홀한 데가 없어. 자네는 지금 어디까지 읽었는가?"

"내가 읽고 있는 곳은"하고 나는 말했다. "헨리 스미스가 아름다운 치터 연주가 소녀를 데리고 집으로 가려고 거리의 우회로를 지나가다가, 모자 제조인 프라우드퓌트와 약제사 두위닝을 만나 매우 난감해하는 부분입니다."

"그렇지"하고 괴테는 말했다. "그 장면은 아주 좋지! 완고하고 정직한 대장장이가 결국 이상한 소녀와 함께 강아지까지 돌보게 되는 장면은 어떠한 소설에서도 볼 수 없는 위대한 필치라네. 이것은 인간의 성격을 잘 알고, 또 깊고도 깊은 비밀을 꿰뚫어 보는 사람이 아니면 만들어 낼 수 없는 것이야."

"월터 스콧이"하고 나는 말했다. "여주인공의 아버지를 손장갑 제조인으로 내세우고, 그 아버지가 고지대에 사는 사람들과 가죽 거래를 하면서 오래전부터 사귀어 온 것으로 설정한 것은 참으로 멋진 착상입니다. 정말로 칭찬할 만합니다."

"그렇고말고"하고 괴테는 말했다. "그것이 으뜸가는 특색이지. 거기에서 전권을 통해 아주 안성맞춤의 관계와 상황이 생기네. 게다가 이로 말미암아 모든 것에 현실적인 초석이 부여되고 확고한 진실미가 갖추어지지. 월터 스콧이 그려 내는 것은 어떤 경우에도 아주 확실하고 명확해. 이것은 현실 세계에 대한 넓은 견식에서 온 것이야. 일생을 통해 연구와 관찰을 쌓고 가장 중요한 사건을 매일같이 탐구해야 비로소 성취할 수 있는 것이지. 게다가 그의 재능은 위대하고 그 본질은 포괄적이거든!—자네는 시인들을 가수의 육성에 비교한 영

---

*16 테니어스(1610~1690). 네덜란드의 풍경화가이다.

국의 비평가*¹⁷를 기억하고 있는가? 그는 어떤 사람들은 좋은 음성을 어느 정도 발휘할 수 있는데 비해, 또 다른 사람들은 높고 깊은 소리를 전반에 걸쳐 자유자재로 구사한다고 하였지. 이런 후자에 속하는 작가가 월터 스콧이네. 저 〈퍼드의 아름다운 소녀〉 속에는 그의 견식과 재능이 미치지 못하는 듯 보이는 서투른 장면이 하나도 없어. 그는 소재를 모든 관점에서 소화하고 있네. 국왕, 친왕, 황태자, 성직자의 우두머리, 귀족, 시 의원, 시민, 수공업자, 고지대 주민 등 이 모든 사람들이 한결같이 확고한 필치로 그려져 있고 진실미를 띠고 있어."

"영국인들은" 하고 젊은 괴테 부인은 말했다. "등장 인물 중 특히 헨리 스미스를 마음에 들어한다지요. 그리고 월터 스콧 자신도 그를 그 책의 주인공으로 삼고 있는 것 같고 말이에요. 내가 좋아하는 것은 그가 아니라 황태자이지만요."

"황태자는" 하고 나는 말했다. "아주 난폭하긴 해도 그런 대로 사랑스러운 데가 있습니다. 그리고 그는 다른 모든 사람과 마찬가지로 나무랄 데 없이 완벽하게 그려져 있습니다."

"그가 말에 올라 탄 채로" 하고 괴테는 말했다. "키스를 하기 위해 치터를 연주하는 아름다운 소녀를 들어 올리려고 하는 부분이 있는데, 그건 정말로 대담한 영국인의 기질이야. 그러나 자네 부인들이 한쪽만을 편드는 것은 좋지 않네. 자네들은 책을 읽을 때면 언제나 거기에서 마음의 영양분을 찾으려고 하고, 사랑할 수 있는 주인공을 찾아내려고 하지! 그러나 그것은 참된 독서법이 아니야. 중요한 것은 어떤 인물이 좋다든지, 이런 성격이 마음에 들었다든지 하는 문제가 아니고, 그 책의 내용이 마음에 들었는지 그렇지 않았는지 하는 것이거든."

"우리 여자들은 좀 그렇지요, 사랑하는 아버님" 하고 젊은 괴테 부인은 상체를 식단 위로 내밀면서 괴테의 손을 잡았다. "그래, 하지만 자네들의 사랑스러움을 감안해서 좋을 대로 봐 주는 수밖에" 하고 괴테는 말했다.

그는 옆에 있던 〈글로브〉지의 최근호를 집었다. 그러는 사이 나는 젊은 괴

---

*17 영국의 비평가 토마스 칼라일을 말한다.

테 부인하고 내가 극장에서 알게 된 젊은 영국인에 대해 말했다.

"〈글로브〉지의 동인들은 모두 참으로 훌륭하기도 하지"하고 괴테는 다시금 열을 올려 말하기 시작했다. "그들은 날이 갈수록 위대하고 훌륭해져 모두가 마음을 한군데로 챙기고 있어. 이것은 독일에서는 도저히 생각조차 할 수 없는 일이야. 독일에서는 이런 종류의 잡지를 내는 일이 전적으로 불가능하지. 우리는 모두 따로따로 흩어져서 일을 하기 때문에 일치단결이란 생각할 수도 없어. 누구나 자기의 지방, 자기의 거리, 그뿐만 아니라 자기 일만을 생각하네. 그래서 우리가 일종의 보편적인 교양으로 도달하는 일은 아직도 먼 일이야."

1828년 10월 7일 화요일

오늘 식탁에는 아주 명랑한 패들이 모였다. 바이마르의 친구들 외에 뮌헨의 폰 마르티우스 씨[18]도 있었다. 그는 괴테의 옆에 앉아 있었는데, 베를린에서 회의를 끝내고 집으로 돌아가는 길에 들른 것이었다. 여러 가지 이야기들이 오고갔다. 그리고 이따금 나누는 농담도 신바람이 났다. 괴테는 유달리 기분이 좋아 말을 많이 했다. 극장 이야기가 나와, 최근의 가극인 로시니의 〈모세〉[19]가 큰 화젯거리가 되었다. 사람들은 이 주제가 좋지 않다고 했다. 그리고 그 음악에 대해서는 찬반이 반반씩이었다. 괴테는 다음과 같이 말했다.

"나는 자네들이 말하는 것을 이해할 수 없어. 어떻게 주제와 음악을 떼어놓고 각각 별도로 즐길 수 있다는 말인가? 자네들은 주제는 좋지 않다고 무시하면서 음악만은 훌륭하다고, 그걸 따로 떼서 즐길 수 있다고 말하고 있네. 그런 자네들의 생리구조는 도대체 어떻게 되어 있을까 정말 궁금할 뿐이야. 한편으로는 사물을 강하게 감수하는 눈이 재미도 없는 대상물에 괴로워하고 있는데, 어떻게 다른 한편으로 기분 좋은 음악을 듣고 황홀해할 수 있다는 말인가. 사실 자네들이 논의하고 있는 이 〈모세〉는 난센스야. 거기에는 자네

---

*18 폰 마르티우스(1794~1868). 뮌헨식물원 관장인 그는 브라질 탐험에 참가하기도 하였으며 식물의 나선형 경향에 대해 연구하였다. 이것에 자극받은 괴테는 그의 프랑스어판 〈식물의 변태〉에 마르티우스의 '식물의 나선형 영향에 대해서'라는 논문을 싣고 있다.

*19 로시니(1792~1868)의 작품. 〈이집트의 모세〉라는 제목으로 1818년에 작곡되었다가 26년 개작되었다.

들도 이론이 없을 것이야. 막이 오르면 곧 모두가 서서 기도를 드리고 있지!—이것은 정말로 어울리지 않아. '그대, 기도를 드리려면 작은 방으로 가서 문을 닫으라.'는 말이 있지 않던가. 그런데 극장에서 기도를 드린다니 그런 것은 금물이야.

만약 내가 모세를 쓴다면 이 연극의 처음부터 전혀 다른 것으로 만들걸세. 처음에는 이스라엘 백성들이 이집트 대관의 폭정으로 무서운 강제노동에 신음하고 있는 모습을 보일 것이야. 이렇게 하면 나중에 모세가 그의 백성을 그 증오스런 압박으로부터 해방시킨 공적이 얼마나 큰 것인지 한층 더 뚜렷하게 나타나게 되지."

괴테는 이런 식으로 아주 명쾌하게 이 가극 전체의 각 장면과 각 막을 빼놓지 않고 하나하나 조립하여 나갔다. 그는 줄곧 재기 발랄했고 생기에 차 있었으며, 그 주제의 역사적 의의를 잊지 않았다. 그리고 이것을 듣는 모든 사람들은 기뻐서 눈을 크게 뜨지 않을 수 없었다. 그의 사상의 흐름은 그칠 줄을 몰랐고 우리는 밝고 풍부한 그의 구상력에 경탄하지 않을 수 없었다. 괴테가 모든 것을 순식간에 말해 버렸기 때문에 나는 그것을 머릿속에 꼭 담아 둘 수는 없었다. 하지만 괴테가 오랜 암흑 뒤에 찾아 온 광명을 맞이하는 이스라엘인들의 기쁨을 표현하기 위해 등장시킨 춤 장면만은 나의 기억에 남아 있다.

화제는 바뀌어 모세로부터 노아의 홍수로 거슬러 올라갔다. 그리고 이 이야기는 얼마 안 있어 그 재기 넘치는 그 자연과학자들을 자극하여, 화제는 박물학적 고찰 쪽으로 방향을 잡았다.

"아라라트*20에서" 하고 폰 마르티우스 씨는 말했다. "노아의 방주의 파편 화석이 발견되었다는 말이 있는데, 최초의 인류의 두개골 화석이 발견되지 않는 것이 납득이 가지 않습니다."

이 말을 계기로 하여 이와 비슷한 이야기가 나와 우리는 어째서 이 지구상에는 흑인, 갈색 인종, 황색 그리고 백인과 같은 여러 종류의 인종이 살고 있는가를 논했다. 그리고 인간 모두가 인간의 유일 조상인 아담과 이브 부부의 혈

---

*20 아르메니아의 고원지대를 말한다.

통을 이어 받고 있다고 생각하는 것이 타당한가 또는 그렇지 않은가 하는 문제에 직면했다.

폰 마르티우스 씨는 성서의 기록을 긍정하는 자연과학자의 입장에서, 자연은 그 생산을 경제적으로 운영하는 것이라는 학설에 의해 그것을 확증하려고 했다.

이에 괴테가 말했다. "이 학설에는 반대하지 않으면 안 되겠어. 나는 오히려 자연이 언제나 풍요로우며 오히려 낭비적인 것을 마다하지 않는다고 생각하고 있지. 그러므로 이런 의미에서 자연이 빈약한 단 한 쌍의 부부만을 창조했다고는 생각할 수 없네. 마음껏 10쌍, 아니 100쌍의 인간을 창조했다고 한다면 나에게는 그것이 훨씬 자연의 이치에 맞는 얘기지.

왜냐하면 이 지구가 성숙한 어느 시기에 도달하면 물이 빠지고 건조한 토지가 충분히 녹화되어 버리네. 그때에 인간 생성이 시작되는 것이지. 그리고 전능한 신의 힘에 의해 토지가 허용되는 한 도처에서 인간이 발생하네. 그리고 도처에서라고 했지만 아마 처음에는 고지대였을 것이야. 나는 이렇게 해석하는 것이 타당하다고 생각하네. 그러나 인간이 어떻게 해서 발생했는가 하는 것을 꼬치꼬치 캐는 것은 소용없는 일이야. 이 세상에는 풀기 어려운 문제에 열중하여 더 좋은 일을 못하는 사람들이 있는데, 이런 것은 그런 사람들에게 맡겨 버리면 되는 것이지."

"나 또한" 하고 폰 마르티우스 씨는 좀 얼버무리듯 말했다. "자연과학자로서는 각하의 의견에 기꺼이 승복하려고 생각합니다. 그러나 선량한 그리스도 교도로서는 그 의견을 인정하는 것에는 당혹감을 느끼지 않을 수 없습니다. 그것은 어딘지 성서의 말씀하고는 일치하지 않기 때문입니다."

"성서에는" 하고 괴테는 말했다. "확실하게 6일째 되던 날에 신은 인간 형상의 부부 한 쌍을 창조했다고 말하고 있지. 그러나 성서가 우리에게 전하고 있는 신의 말을 적어 넣은, 그 지혜의 혜택을 받은 사람들은 우선 선택된 그들 자신의 민족만을 염두에 두고 있었어. 그러므로 우리도 이 종족에게 아담의 후예로서 명예를 부여하는 데에는 아무런 이의가 없지. 그러나 우리같이 다른 민족들은 흑인과 라플란드 사람들, 그리고 우리들보다 늘씬하고 아름다운 사람들과 마찬가지로 틀림없이 다른 조상을 가지고 있었을 것이야. 왜냐하면 친애하는 여러분들도 틀림없이 시인할 것이지만, 우리는 아담의 직계 자손들하고는 여러 가지 점에서 구별이 되지. 특히 돈 문제에 있어서 그들은 우리보다 한 수 우위에 있다네."

우리는 크게 웃었다. 대화는 여러 가지로 바뀌었다. 괴테는 폰 마르티우스에 반대하여 그 외에 많은 중요한 발언을 했다. 그것은 농담의 모습을 띠고 있었지만 그 근저에는 깊은 내용을 담고 있었다.

식사가 끝난 뒤에 프러시아의 장관인 폰 요르단 씨가 방문했기에 우리는 옆방으로 물러갔다.

1828년 10월 8일 수요일

티크는 그의 부인과 두 따님[21] 그리고 핑켄슈타인 백작 부인[22]과 함께 라인 여행에서 돌아오는 길에, 오늘 괴테 댁에서 식사를 함께 하기로 되어 있었다. 나는 이분들을 대기실에서 만났다. 티크는 아주 건강해 보였다. 라인 지방의 수욕(水浴)이 좋은 효과를 발휘한 것처럼 생각되었다. 나는 기회를 봐서 그에게 월터 스콧의 소설을 처음으로 읽었다는 것, 그리고 이 작가의 비범한 재능에 깊은 기쁨을 느끼고 있다는 것을 말했다. 그러자 티크가 말했다. "나는 최근에 나온 그 소설은 아직 못 읽었습니다. 그리고 그것이 스콧의 작품 중에서 최상의 것인지 어떤지는 의심스럽습니다. 물론 이 작가는 아주 유능하기 때문에 어느 방면으로 들어가더라도, 독자가 그의 작품을 하나라도 접하게 되면 어느 것이든 감탄하지 않을 수 없습니다. 그는 정말로 훌륭합니다."

괴틀링 교수[23]가 들어왔다. 그는 이탈리아 여행에서 몰라보게 달라져서 돌아왔다. 나는 그와 다시 만나는 것이 아주 기뻤기 때문에 그를 창가로 데리고 가서 이야기를 주고받았다.

─────────────

*21 아그네스와 도로테아를 말하는 것으로, 도로테아는 아우구스트 슐레겔의 셰익스피어 완역을 보충, 완성시켰다.
*22 프러시아의 왕 프리드리히 2세 시절 재상을 지낸 핑켄슈타인 백작의 미망인으로 그녀는 티크와 매우 가깝게 지냈다.
*23 괴틀링(1793~1869). 예나대학 문헌학 교수인 그는 대학도서관장을 지냈다.

"로마로!" 하고 그는 말했다. "로마로 반드시 가야 합니다. 어엿한 사람이 되려면 말입니다! 대단한 도시입니다! 훌륭한 생활입니다! 하나의 세계입니다!—우리 성질의 모든 단점은 우리가 독일에만 있는 한 몰아낼 수 없습니다. 그러나 로마에 한 발짝 발을 들여놓는 순간 우리는 달라집니다. 그리고 우리는 이 환경처럼 위대하게 된 것을 느낍니다."

"그러면 어째서 로마에 더 오래 머무르지 않았습니까?" 하고 나는 물었다.

"돈과 휴가가" 하고 그는 대답했다. "다 끝난 것입니다. 아름다운 이탈리아를 뒤로 하고 다시 알프스에 발을 들여놓았을 때에는 정말 이상한 기분이었습니다."

괴테가 와서 거기에 있던 모든 분들에게 인사를 했다. 그는 티크와 그의 가족과 여러 가지 이야기를 나누었고, 이어 백작 부인에게 팔을 내밀어 식탁으로 안내했다. 우리도 그 뒤를 따라 남녀 순으로 식탁에 가서 앉았다. 담화는 이것저것 허물없는 것이었으나 그 내용은 분명하게 기억에 남아 있지는 않다.

식사가 끝난 뒤에 올덴부르크의 왕자들이 내방을 알려왔다. 우리 일동은 2층으로 올라가 젊은 괴테 부인 방으로 갔다. 거기에서 아그네스 티크 양이 그랜드 피아노 앞에 앉아 〈들녘을 조용히 살금살금 지나면〉[24]이라는 아름다운 시를 노래했다. 그녀는 그것을 멋진 알토 목소리로, 마치 그 정경 속에 있는 것처럼 노래를 불러 완전히 독특하고 잊을 수 없는 인상을 주었다.

1828년 10월 9일 목요일

오늘 정오에 나는 괴테와 젊은 괴테 부인과 함께 세 사람만의 식사를 했다. 먼저 화제에 올랐던 것이 다시 계속하여 되풀이되는 일은 흔히 있는 법인데, 오늘도 그러한 경우가 생겼다. 로시니의 〈모세〉가 다시 화제에 올랐던 것이다. 우리는 곧 그저께 보였던 괴테의 명쾌한 구상력을 생각해 냈다.

이어 괴테가 말했다. "나는 절반 농담과 장난치는 기분으로 〈모세〉에 대해 말한 것이라 이제는 다 잊어버렸네. 그런 것은 무의식 중에 일어나는 것이기 때문이지. 그러나 가극을 즐겁게 관람하는 것은 주제와 음악 양자가 서로 일

---

[24] 이것은 괴테가 1776년에 발표한 〈사냥꾼의 저녁 노래〉이다.

치하여 보조를 맞추어 갈 때에만 가능한 일이야. 만약 자네들이 나보고 어떤 가극을 좋게 보느냐고 묻는다면, 나는 저 〈물지게꾼〉*²⁵을 들고 싶네. 이 작품은 음악 없이 그대로 상연해도 될 만큼 더할 나위 없이 좋은 것으로, 보고만 있어도 즐거운 가극이지. 작곡가들이 대본이 얼마나 중요한가를 이해하지 못한다든지, 아니면 그들을 위해 협력을 아끼지 않고 좋은 작품을 만들려는 그런 전문적인 시인이 존재하지 않는다든지 하는 것이 문제야. 만약 〈마탄의 사수〉가 그처럼 좋은 주제가 아니었다면, 아무리 음악이 좋았더라도 그 오페라가 지금 끌어들이고 있는 것과 같은 많은 관람객들을 동원하지는 못했을 것이야. 그러므로 킨트 씨*²⁶에게도 적잖은 경의를 표시하지 않으면 안 되지."

이 문제에 대해 계속 여러 가지 이야기가 있었지만 화제는 괴틀링 교수와 그의 이탈리아 여행으로 옮겨졌다.

"나는 저 착한 사람이" 하고 괴테는 말했다. "이탈리아에 대해 그처럼 열성적으로 말하는 것을 나쁘게 생각하지 않네. 나 자신도 그런 기분이 들었기 때문이야. 그렇지, 이렇게 말할 수 있어. 나는 로마에 있을 때에만 정말로 인간답게 느꼈다고. 그처럼 높은 감정도, 그와 같은 행복감도 그 후에는 다시는 느끼지 못했네. 로마 체류에 비교하면 그 뒤로부터의 일들은 결코 그 정도로 즐겁지 않았어.

그러나 이제 이런 우울한 이야기는 그만두도록 해야지"라고 말하고 조금 있다가 괴테는 다시 계속했다. "자네 그 〈퍼드의 아름다운 소녀〉는 여전히 읽고 있는가? 어디까지 읽었는가? 자네의 의견을 한번 들려주게."

"천천히 읽고 있습니다" 하고 나는 말했다. "프라우드퓌트가 헨리 스미스의 무장을 몸에 걸치고 그의 걸음걸이와 휘파람 부는 모양까지 흉내내다가 살해되어, 다음날 퍼드시의 길거리에서 시민들에 의해 발견되었지요. 그리고 그의 시체를 헨리 스미스로 오인한 시 전체가 일대 소동을 일으키는 장면까지 읽었습니다."

---

*25 이탈리아의 작곡가인 케루비니(1760~1842)의 오페라를 말하는 것이다.
*26 킨트(1768~1843). 베버의 〈마탄의 사수〉 대본을 쓴 작가. 괴테는 그 오페라가 그처럼 일대 성공을 거두는 것은 주제가 좋은 대본을 제공한 작가의 덕분이기도 하다는 의미로 이 말을 하였다.

"그렇지" 하고 괴테는 말했다. "그 장면은 대단하네. 그것은 가장 훌륭한 장면 중의 하나이지."

"여기까지 읽고 내가 특히 놀란 것은" 하고 나는 말을 계속했다. "월터 스콧이 얼마나 비범한 재능의 소유자인가 하는 점 때문입니다. 그는 헝클어진 상황을 아주 산뜻하게 풀어주고 있습니다. 모든 것을 여러 집단으로 굳혀 한 장 한 장 조용한 그림처럼 갈라놓고 있어, 마치 우리가 여러 곳에서 동시에 일어난 사건을 천상에서 한꺼번에 내려다볼 수 있는 전지전능한 하느님이 된 것 같은 인상을 주고 있지요."

"대체로" 하고 괴테는 말했다. "월터 스콧은 예술에 대한 이해력이 아주 탁월해. 그러므로 우리들처럼 작품을 어떻게 구성할 것인가에 특별한 주의를 쏟는 사람들은 그의 작품에 이중의 흥미와 관심을 가지게 되고, 또 거기에서 가장 뛰어난 이득을 얻게 되네. 계속 앞의 것을 읽어보면 알게 되지만 제 3부로 가게 되면 제 1급의 기법을 만나게 되지. 자네는 추밀원에서 왕자가 반란을 일으킨 고지대 주민들이 서로 싸워 죽도록 만드는 교묘한 제안을 하는 부분을 벌써 읽었을 테지. 또 부활절 직전의 일요일에 서로 적대시하고 있는 양쪽 고지대 주민들이 30인 대 30인으로 생사를 건 싸움을 하기 위해 퍼드로 내려오기로 한 것도 봤을 거야. 그런데 월터 스콧이 교묘한 복선을 깔고 싸움이 있는 당일 한쪽 당에 한 사람의 결원이 생기게 하고, 또 이 결원을 메우기 위해 투사 속에 주인공인 헨리 스미스를 끌어들이는 수법은 정말로 감탄을 금할 수 없이 훌륭한 것이야. 줄거리의 진행 솜씨는 이 이상 가는 것이 없지. 자네도 여기까지 읽으면 감탄하게 될 것이야.

그리고 〈퍼드의 아름다운 소녀〉를 끝내면 곧 〈웨이벌리〉를 읽도록 하게. 이걸 보면 곧 작가가 여기서는 완전히 다른 관점에 서 있다는 것을 알 수 있을 거야. 그러면서도 이 작품은 그러한 관점에 서 있는 것으로는 세계에 그 유례를 찾아볼 수 없는 최고의 것임이 분명하네. 물론 이것은 〈퍼드의 아름다운 소녀〉를 쓴 같은 작가의 작품이야. 그러나 이 작품의 창작은 그가 당시 일반적인 명성을 이제 겨우 획득했을 때 이루어졌기 때문에, 그는 그것에 마냥 온갖 힘을 들였고 단 한 줄도 소홀히 하지 않았네. 이와는 반대로 〈퍼드의 아름다운 소녀〉의 필치는 대담하지. 작가는 이때에 벌써 확고한 독자들을 보유하고 있었기 때문에 상당히 자유롭게 행동을 하고 있어. 〈웨이벌리〉를 읽은 사람은 어째서 지금까지도 월터 스콧이 스스로 이 작품의 작가임을 자랑으로 삼고 있는가를 쉽게 알 수 있네. 왜냐하면 이 작품에서 그는 실력을 최대한 발휘하고 있기 때문이야. 그리고 그 이후에 쓰여진 것으로는 이 처녀 출판소설을 뛰어넘거나 그것에 필적할 수 있을 만한 것이 없기 때문이기도 하고 말일세."

1828년 10월 9일 목요일

오늘 저녁, 티크를 위해 젊은 괴테 부인 방에서 아주 즐거운 다과회가 베풀어졌다. 나는 메뎀 백작 부부와 처음으로 인사를 나누었다. 백작 부인은 낮에 괴테와 면담을 했는데, 그 인상 때문에 아직도 충심으로 행복감에 젖어 있다고 말했다. 백작은 특히 〈파우스트〉와 그 속편에 흥미를 가지고 있어서, 이것에 대해 나하고 한동안 열심히 이야기를 나눴다. 사람들은 티크에게 뭔가를 좀 낭독해 달라고 부탁했고 그도 이 간청을 받아들였다. 일동은 곧 멀리 떨어진 방으로 가서 넓은 원을 그리며 의자에 자리를 잡고, 또 소파에 기대앉아 편안하게 경청할 준비를 했다. 이어 티크가 〈클라비고〉를 읽었다.

나는 이 희곡 작품을 여러 번 읽고 이미 감동을 받은 상태였다. 그러나 지금 이 작품은 전혀 새롭게 다가왔다. 나는 지금까지 전혀 경험해 본 일이 없는 힘을 느꼈다. 마치 극장에서 듣고 있는 것과 같은 느낌이었다. 아니 그보다 더 좋았다. 개개의 인물과 장면은 한층 더 완벽하게 느껴졌다. 어떤 역도 명배우가 연기하고 있는 것 같은 인상을 주었다.

티크가 남성의 힘과 정열이 넘쳐나는 장면, 이성으로 일관되어 있는 조용하고 명랑한 장면, 또 괴로운 연애의 순간이 드러나는 장면 중에서 어떤 부분을 더 잘 낭독했는지는 간단하게 말할 수 없다. 그러나 괴로운 사랑의 장면을 낭독할 때 그는 완전히 독특한 방법을 구사했다. 마리와 클라비고 사이에 벌어진 이 장면은 아직도 내 귓가에 울리고 있다. 숨이 막히는 가슴, 끊어지면서 떨리는 목소리, 더듬거리고 절반 숨이 막히는 듯한 말과 음색, 눈물이 섞여 나오는 뜨거운 호흡, 한숨소리 이런 것들이 모두 뚜렷이 눈앞에 떠올라 절대로 잊을 수가 없다. 그걸 듣고 있던 사람은 모두 정신을 잃고 영혼까지 빼앗겨 버렸다. 불꽃이 약하게 깜박이고 있었지만 그것에 신경을 쓰는 사람들은 한 사람도 없었고, 조금만 소리를 내도 방해가 되지 않을까 하고 아무도 등불의 심지를 잘라 내려고 하지 않았다. 부인들의 눈에서 쉴 사이 없이 넘쳐 나오는 눈물은 이 각본이 주는 깊은 감동의 증거이며 또 낭독자와 시인에게 바쳐진 진심 어린 공물이었다.

티크는 낭독이 끝나자 이마의 땀을 닦으면서 일어섰다. 그러나 그의 낭독을 듣고 있던 사람들은 여전히 몸이 묶여 있는 듯이 의자에서 떠나려고 하지 않았다. 모두 영혼을 관통하는 듯한 감동을 받고 아직껏 그것에 깊이 사로잡혀, 모두에게 그 멋진 감동을 느끼게 한 사람에게 뭐라고 감사해야 할지 적절한 말을 찾지 못하고 있었다.

차츰 차츰 모든 사람들은 다시 제정신을 차리고 일어서서 명랑하게 이야기를 나누고 뒤섞였다. 이어 우리는 작은 접시에 야식이 준비되어 있는 옆방으로 갔다.

괴테는 오늘 저녁에 집에 없었다. 그러나 그의 정신과 그의 기억은 여기에 있는 모든 사람들의 마음에 생생하게 살아 있었다. 그는 티크에게 사과의 편지를 보냈고, 티크의 딸인 아그네스와 도로테아에게는 자신의 초상화가 들어 있는 두 개의 빨간 리본이 달린 브로치를 보내왔다. 이에 젊은 괴테 부인은 그것을 손수 작은 훈장처럼 아가씨들의 가슴에 달아 주었다.

1828년 10월 10일 금요일

〈포레인 레뷰〉지의 발행인인 런던의 윌리엄 프레이저 씨가 오늘 아침 나에게 그 잡지의 제 3호 2부를 보내왔다. 오늘 정오에 나는 그 한 부를 괴테에게 보냈다.

나는 다시금 즐거운 식사에 초대 받았다. 이 회식은 티크와 백작 부인을 위해 베풀어진 것으로, 이 두 사람은 괴테와 여러 친구들의 간청을 받아들여 체류를 하루 더 연장하였다. 그 외의 가족들은 벌써 아침 중에 드레스덴을 향해 여행길을 떠났다.

식탁에서 특히 화제에 오른 것은 영국문학, 주로 월터 스콧이었다. 그때에 티크는 여러 가지 말을 하였는데, 그 중 하나가 그가 10년 전에 〈웨이베리〉 한 부를 처음으로 독일에 들여왔다고 한 것이었다.

1828년 10월 11일 토요일

앞서 언급한 프레이저 씨의 〈포레인 레뷰〉지에는 중요하고 흥미 있는 논문들이 실려 있었다. 그런데 그 가운데 괴테에 관해 칼라일이 쓴 가치 있는 논문이 있었기 때문에 나는 오늘 아침 그것을 숙독했다. 식사시간에는 아직 좀 일렀지만, 나는 다른 손님들이 도착하기 전에 이것에 대해 괴테와 이야기를 하려고 정오에 떠났다.

내가 희망한 대로 그는 아직 혼자서 손님을 기다리고 있었다. 꺼먼 연미복에 별 모양의 훈장을 단 차림새였다. 나는 그가 이런 복장을 한 것을 보는 것이 아주 기뻤다. 오늘 그는 유달리 젊고 쾌활하게 보였다. 우리는 곧 공통의 관심사에 대해 이야기를 하기 시작했다. 괴테도 나와 마찬가지로 오늘 아침에 그 칼라일의 논문을 읽었다고 했다. 이리하여 우리는 이 외국인의 노력에 대해 여러 가지 찬사의 말을 나누게 되었다.

"이전에는" 하고 괴테는 말했다. "스코틀랜드 사람들은 현학적이고 옹졸했는데 이제는 진지하고도 철저하게 변하고 있어 다행이야. 수년 전만 하더라도 에든버러 사람들*27이 나의 작품에 대해 어떤 취급을 했는가? 하지만 지금 독일 문학을 위해 전력을 다한 칼라일의 공적을 보게. 난 그저 그들이 더 좋은 것을 향해 얼마나 현저한 진보 발전을 이룩하였는가를 보고 놀라울 뿐이네."

"칼라일에 대해서는" 하고 나는 말했다. "무엇보다도 그의 경향의 기초를 이루고 있는 정신과 성격에 경의를 표하지 않을 수 없습니다. 그의 관심사는 자기 국민의 문화입니다. 그러므로 외국의 문학 작품을 자기 국민에게 소개하려고 할 때에도 그가 문제삼는 것은 작가의 기술이라기보다는 그러한 작품을 통해 얻을 수 있는 윤리적 교양의 높이입니다."

"자네 말대로야" 하고 괴테는 말했다. "그는 이런 정신에서 평론을 행했고,

---

*27 〈에든버러 평론〉의 편집자들은 1816년에 〈시와 진실〉을 심하게 비난했다.

이것은 독특한 가치이기도 하지. 그뿐만 아니라 그는 참으로 진지하다네! 또 우리 독일문화에 대한 그의 연구 태도는 어떤가! 그는 우리 문학에 대해서 우리 자신들보다도 더 훤히 잘 알고 있지. 적어도 우리가 영국인에 대해 쓴 연구 정도로는 아무리 해도 그를 따를 수 없어."

"이 논문은" 하고 나는 말했다. "불과 같은 열정이 보이고, 어조도 강합니다. 이것으로 볼 때 영국에는 극복하지 않으면 안 될 편견과 모순이 많다는 것을 알 수 있습니다. 특히 〈빌헬름 마이스터〉는 악의에 찬 비평과 졸렬한 번역 때문에 오해를 받고 있습니다. 이것에 항의하는 칼라일의 태도는 참으로 훌륭합니다. 참된 귀부인은 〈마이스터〉를 읽지 말라는 어리석기 짝이 없는 욕설에 반대하여 아주 명쾌하게 도전하고 있지요. 프러시아의 전 여왕*²⁸을 예로 들면서, 그녀는 이 책을 손에서 놓지 않았다는 것, 그리고 그녀야말로 그 당시 일류부인 중의 한 사람이었다는 것을 적고 있습니다."

식사에 초빙된 여러 손님들이 들어오자 괴테는 인사를 했다. 그리고 그가 다시금 나한테로 주의를 돌렸기 때문에 나는 말을 계속했다.

"더 말할 필요는 없지만" 하고 나는 말했다. "칼라일은 〈마이스터〉를 연구하여 이 책의 참된 가치를 충분히 알고 있는 것 같습니다. 그리고 그 때문에 이 책을 일반에게 보급하여 모든 교양 있는 사람들이 이 책에서처럼 이익과 즐거움을 얻기를 간절히 원했을 것입니다."

괴테는 이 말에 대답하기 위해 나를 창가로 데리고 갔다.

"사랑하는 친구," 하고 괴테는 말했다. "자네에게 은밀히 말해 줄 것이 있어. 이것은 곧 이제부터 여러 가지 경우에 자네의 편을 들어주고, 일생을 살아가는 데 있어 자네에게 도움을 줄 것이야. 나의 작품들은 속(俗)된 인기를 얻지는 못할 것이야. 그렇게 하려고 노력하는 사람은 잘못된 것이지. 나의 작품들은 군중을 위해 쓴 것이 아니고 오로지 나와 선호하고 추구하는 것이 비슷하며 같은 경향으로 가려는 얼마 안 되는 사람들을 위해서 쓴 것이라네."

그는 계속 말을 하려고 했지만 젊은 부인이 다가와서 말을 거는 바람에 그의 말은 중단되었다. 나는 다른 사람들이 있는 곳으로 갔다. 이어 얼마 안 있

---

*28 루이제 폰 프러시아(1776~1810)를 말하는 것으로 빌헬름 3세의 왕비이다.

어 우리는 식탁에 앉았다.

나는 식사 중에 나누었던 말은 한 가지도 기억하지 못한다. 그 전에 괴테가 한 말이 나의 마음에서 떠나지 않아 오직 그것만을 열심히 생각하고 있었기 때문이다.

'물론이지' 하고 나는 생각했다. '사실 그와 같은 작가, 그의 높은 정신, 그처럼 한없이 스케일이 큰 천성의 사람이 어떻게 유행할 수 있겠는가! 그의 작품의 작은 부분도 유행하지는 못할 것이다! 쾌활한 친구나 사랑에 빠진 소녀들이 부르는 그의 노래 한 곡도 다른 사람들을 위해 쓴 것이 아니니까.

또 잘 생각해 보면 비범한 것은 모두 그런 것이 아닐까? 모차르트가 대중적인 인기를 끌 것인가? 또 라파엘로가 그렇게 될 것인가?—이처럼 세상 사람들은 언제나 무진장한 정신 생활의 위대한 샘물을 훔쳐먹는 것과 같은 태도만을 보이고 있는 것은 아닐까? 다시 말해 우리는 한동안 우리에게 영양분이 높은 것을 제공해 주는 것을 사용할 수 있는데도, 그 중에서 이따금 얼마 안 되는 것만을 취하며 만족해하고 있는지도 모른다.

'그렇다!' 나는 계속 생각했다. '괴테가 말하는 대로인 것이다! 그만큼 스케일이 크면 대중적이 될 수 없는 것이다. 그의 작품들은 오로지 같은 것을 찾고 같은 방향으로 가고 있는 얼마 안 되는 사람들을 위해서만 존재하는 것이다.

그의 작품들은 대체로 볼 때, 세계와 인류의 깊고 깊은 곳으로 파고들어 그 길을 따라 가려고 하는 관찰자들을 위한 것이다.—그의 작품들은 시인의 마음에서 우러나오는 희열과 슬픔을 받아들여, 그것들을 정열적으로 누리려고 하는 한 사람 한 사람을 위해 존재하는 것이다.—그의 작품들은 자신을 표현하려면 어떻게 해야 하는가, 그리고 대상의 예술적인 취급방법은 무엇인가를 배우려고 하는 젊은 시인들을 위해 있는 것이다.—그의 작품들은 어떤 원리에 의거하여 판단할 것인가, 어떻게 하면 평론을 흥미롭고 품격이 있는 것으로 만들어 독자들이 기쁜 마음으로 읽게 할 수 있을 것인가 고민하며, 그 모범을 찾는 비평가들을 위해 있는 것이다.—그의 작품들은 미술가를 위해 존재하는 것이다. 왜냐하면 그의 작품을 읽으면 일반적으로는 정신을 계발할 수 있고, 특수하게는 어떤 주제가 예술적인 가치가 있는가, 또 어떤 것을 그려야 하며 어떤 것을 그려서는 안 되는가를 배울 수 있기 때문이다.—그의 작품들은 자연과학자를 위해서 존재하는 것이기도 하다. 그의 작품들은 자연과학자들에 의해 발견된 위대한 법칙들을 전수할 뿐만 아니라, 자연의 비밀과 통하려 하는 훌륭한 정신의 소유자는 어떻게 자연을 취급해야 할 것인지 그 방법을 가르쳐 주기 때문이다.

이렇게 학문과 예술의 길에 정진하고 있는 사람들은 모두 그의 작품이라는 음식으로 듬뿍 채워진 식탁의 손님으로서 초대를 받고 와서, 그 영향을 보고 그의 작품이야말로 그들이 끊임없이 떠올렸던 위대한 빛과 생명의 공통적인 샘물임을 알게 된다.

식사 시간 내내 내 머릿속에는 이러한 생각들이 맴돌았다. 나는 많은 여러 사람들을 떠올렸다. 그 교양의 대부분을 괴테의 덕분으로 갖추게 된 많은 훌륭한 미술가, 자연과학자, 시인 그리고 비평가들을 생각했다. 또 괴테를 주시하고 그의 정신을 모범으로 하여 행동하고 있는 재기 발랄한 이탈리아인, 프랑스인 그리고 영국인들을 생각했다.

그 사이에도 주위의 사람들은 쾌활하게 농담을 하기도 하고 지껄이기도 하면서 진수성찬에 열중하고 있었다. 나도 한패가 되어 가끔 말을 하기도 했지만 내 마음은 전혀 거기에 없었다. 그때 어떤 부인이 나에게 말을 걸어 왔는데, 아마 내가 얼간이 같은 대답을 했던 모양이다. 나는 놀림을 당했다.

"에커만은 그대로 놔두도록 하게" 하고 괴테는 말했다. "그는 극장에 있을 때를 빼놓고는 언제나 마음이 어딘가에 가 있지."

그러자 사람들은 나를 웃음거리로 삼았다. 그러나 나는 불쾌하지 않았다. 오늘 나는 특별히 행복했다. 많은 불가사의한 섭리에 의해, 내가 한 인물—바로 방금 전 내 마음속 깊이 그 위대함이 느껴졌고, 지금 내 눈앞에서 친히 그이를 데 없이 밝은 모습을 보여 주고 있는—과의 친교와 은근한 관계를 즐기는 얼마 안 되는 사람들의 무리 속에 들어갈 수 있었던 것에 감사했다.

식후에 비스켓과 아름다운 포도가 나왔다. 포도는 먼 곳에서 온 것이었다. 괴테는 그것이 어디에서 온 것인지를 비밀에 부치고 있었다. 그는 그것을 갈라 그 중에서도 제일 잘 익은 것을 테이블 너머 나한테로 넘겨주었다. "나의 친구여, 이 감미로운 것을 먹고 마음껏 즐기게." 이에 나는 괴테의 손에서 받은 포도를 맛보았다. 그리고 그때야말로 나의 몸과 마음이 완전히 그의 곁에 가까이 있다는 것을 느꼈다.

사람들의 화제는 극장으로 옮겨졌고 볼프의 공적 이야기가 나와, 이 우수한 예술가가 얼마나 많이 착한 일을 했는가에 대해 말했다.

괴테가 말했다. "이곳의 옛날 배우들이 나에게서 여러 가지를 배운 것은 분명한 사실이지. 그러나 참다운 의미에서 나의 제자라고 할 수 있는 것은 볼프뿐이야. 그가 얼마나 단단히 나의 원리를 터득하고 나의 의도대로 잘 움직였는가를 곧잘 말하지만, 그 예를 하나 말해 볼까.

어느 날 나는 어떤 이유로 볼프에게 매우 심하게 화를 낸 일이 있었지. 그리고 얼마 안 있어 그는 무대에 출연하였고 나는 나의 특별석에 앉아 있었어. 나는 마음속으로 이렇게 생각했지. 오늘 한번 그를 끝까지 잘 지켜봐야지. 그를 감싼다든지 용서한다든지 할 생각은 추호도 없어.—볼프는 연기했지. 나는 쉬지 않고 날카로운 눈길로 그를 주시했어. 그러나 그는 얼마나 훌륭한 연기를 해 보였던가!—흔들리지 않는, 실로 대단한 안정감이었어!—내가 그에게 가르친 원칙에 어긋나는 것은 한 군데에서도 찾아볼 수 없었지. 그래서 나는 새삼스럽게 다시 그에게 호의를 가지지 않을 수 없게 되어 버렸다네."

1828년 10월 20일 월요일

본의 광산 사무국 의원인 뇌게라트*[29]가 베를린의 자연과학자 회합에서 집으로 돌아가는 길에 오늘 괴테의 식탁 진객이 되었다. 따라서 식사 중의 화제는 단연 광물학이었다.

이 귀한 손님은 특히 본 부근에서 볼 수 있는 광물학상의 존재와 상황에 대해 근본적인 정보를 전해 주었다.

식사가 끝난 뒤에 우리는 유노의 큰 흉상이 있는 방으로 갔다. 괴테는 손님들에게 피갈리아 사원의 대상장식 윤곽이 스케치되어 있는 길고 가느다란 종이의 두루마리를 보여주었다. 사람들은 이것을 보고, 그리스인들은 동물을 묘

---

*29 뇌게라트(1788~1877). 본 대학의 광물학 교수이다.

사할 때 자연에 입각해서라기보다는 오히려 일종의 관례에 따라 행했다고 이야기를 나눴다. 그들은 그리스인들이 이런 종류의 묘사에 있어서는 자연에 뒤진다는 것이었다. 또한 얇은 부조에서 보이는 수컷 양과 희생양 그리고 말들은 가끔 아주 뻣뻣하고 볼품이 없고 불완전한 모양이라고도 하였다.

"그 점에 대해서 논쟁하고 싶지는 않지만" 하고 괴테는 말했다. 무엇보다도 구별을 짓지 않으면 안 되는 것은, 이런 작품들이 어떤 시대에 또 어떤 미술가의 손으로 만들어졌는가 하는 것이지. 그렇게 하면 그리스 미술의 동물 묘사가 자연의 영역에 도달해 있다는 것을 알 수 있을 걸세. 또 그뿐만 아니라, 그것을 능가하는 영역에까지 도달한 수 없이 많은 걸작들을 발견할 수 있을 거야. 현재 세계에서 가장 말에 정통한 영국인들까지도, 고대에 만들어진 말의 머리*30 두 개가 그 형식에 있어서 현존하는 어떠한 것도 따라갈 수 없을 만큼 완전하다고 고백하고 있을 정도이지. 이 말의 머리는 그리스의 황금시대에 제작된 것이야. 이런 작품이 탄생할 수 있었던 것은 그 당시 그리스의 미술가가 현대의 미술가보다 더 완전한 자연을 모범으로 하고 있었기 때문이 아니야. 그보다는 오히려 시대와 미술이 진보함에 따라 그들 자신이 위대해졌고 그 개성의 위대함을 가지고 자연과 마주했기 때문이지. 우린 그리스 미술을 감상할 때 이런 점을 생각해야 하네."

이 말을 하고 있는 동안 나는 어떤 부인하고 함께 테이블 옆에 서서 동판화를 감상하고 있었기 때문에, 괴테의 말을 무심결에 듣고 있었다. 그러나 듣고 보니 그 말 한마디 한마디가 내 마음에 깊이 새겨졌다.

모임의 사람들은 점차 집으로 돌아갔고 나와 괴테 단둘만이 남았다. 나는 난로를 향해 있는 그에게 가까이 다가갔다.

"각하께서는" 하고 나는 말했다. "바로 전에 그리스인들은 개성의 위대함을 가지고 자연과 마주한다고 말씀하셨습니다. 훌륭한 말이라고 생각합니다. 그 말을 듣고 깊은 감명을 받지 않는 사람은 아마도 없을 것입니다."

"그렇겠지" 하고 괴테는 말했다. "모든 것이 여기에 달려 있네. 한 몫을 하려면 우리는 뛰어난 사람이 되어야 해. 단테의 모습은 우리에게 위대하게 나타나

---

*30 고대 그리스 아테네의 파르테논 신전의 말들을 말한다. 영국 대영박물관이 소장하고 있다.

지. 그러나 그는 수백 년 문화의 배경을 등에 짊어지고 있어. 로스차일드 일가는 부자이지. 그러나 그만한 재보는 일대에 쌓아 올린 것은 아니야. 이런 것에는 인간으로서는 상상할 수 없는 깊은 의미가 있지. 고대 독일파를 모방하는 우리 착한 미술가들은 이런 것을 전혀 알지 못하고 있어. 그들은 인간적인 박약과 예술가적인 무능력으로 자연을 모방하고, 그것만으로도 자기가 어엿한 인물이라고 생각하고 있지. 그들은 자연 이하의 수준이네. 그러나 위대한 것을 행하려고 하면 우선 자기 교양을 높이고 그리스인들처럼 평범한, 있는 그대로의 자연을 자신의 정신의 높이까지 끌어올려려 해. 그리고 나서 자연 현상 속에서는 내면적인 박약이나 외부적인 방해 때문에 단지 의향으로만 머물러 있던 것을 현실로 만들어 내야 하는 거야."

1828년 10월 22일 수요일

오늘 식사 때에 여성에 대한 말이 나왔다. 이에 대해 괴테는 아주 기발한 말을 했다. "여성은 은 접시이지. 여기에 황금의 사과를 놓는 것은 남자들이야. 여성에 대한 나의 이 이념은 실제의 현상에서 생긴 것이 아니라 내가 태어나면서부터 갖추고 있었던 것이야. 아니면 저절로 내가 품게 된 생각인 것이지. 그래서 내가 작품 중에 그린 여성의 성격도 모두 성공하고 있어. 그녀들은 모두 현실에서 볼 수 있는 그러한 여성들보다 한층 더 멋지지."

1828년 11월 18일 화요일

괴테는 〈에든버러 평론〉의 새로운 호에 대해 말했다. "영국의 비평가들이" 하고 말했다. "오늘날 얼마나 높은 수준에 도달했고 얼마나 훌륭한 재능을 갖추고 있는지 알게 되어 기쁘네. 이전의 현학적인 경향은 이제는 추호도 찾아볼 수 없고, 이를 대신하여 위대한 독자성이 나타나고 있지. 이 최근호에는 독일문학에 관한 논문이 실렸는데, 그 가운데에 자네도 알고 있듯이 이런 문구*31가 실려 있어. '시인들 중에는 다른 사람들이 즐겨 잊어버리고 싶어하는 사건에 즐겨 관여해 보려고 하는 속성의 사람들이 있다.' 자네는 이 말을 어떻게 생각하

---

*31 칼라일이 익명으로 쓴 논문의 일부이다.

기원전 350년경 마우솔로스 왕의 묘비를 위해 만들어진 대리석 말의 상반신. 대영박물관 소장

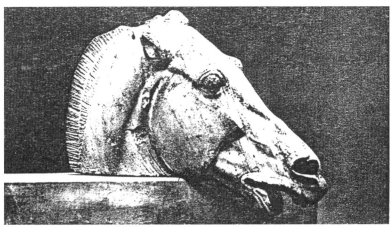

기원전 5세기 피디아스가 만든 파르테논 신전 말머리 조각상. 대영박물관 소장

나? 이로써 우리의 현상이 일목요연해지고 있지. 이 관점에 서면 우리 현대문학인의 대다수가 어디에 소속되어 있는지 분류할 수 있어."

1828년 12월 16일 화요일

나는 오늘 괴테와 단둘이서 그의 서재에서 식사를 했다. 우리는 여러 가지 문학적 문제에 대해 논의했다.

"독일인들은 속물근성에서 탈피하지 못하고 있지. 그들은 지금도 실러와 나의 작품 중에서 갖가지 2행시*³²를 찾아내고는, 어느 것이 정말로 실러가 쓴 것이고 또 어느 것이 내가 쓴 것인가 하고 야단스럽게 논한다네. 그것을 확실하게 알아내는 것이 중대사인 것처럼 생각하고 있는 거야. 마치 그렇게 하는 것이 큰일이고 뭔가 이득이 있는 일이라서 작품 그 자체만으로는 만족할 수 없다는 식이지.

실러와 나와의 우정은 오랫동안에 걸쳐 이루어진 거야. 흥미도 같은 데다가 매일같이 접촉하면서 서로의 의견을 교환했기 때문에, 우리 우정은 서로의 생활 깊은 곳까지 파고들었네. 우리 두 사람의 개개 사상을 들추어내어 이것은 이 사람의 것, 저것은 저 사람의 것이라고 말하며 구분하는 것은 전혀 불가능한 일이야. 우리는 많은 2행시를 공동으로 만들었지. 때로는 내가 시상을 꺼냈고 실러가 시구를 만들었어. 어떤 때에는 실러가 시의 제1구를 만들고 내가 다음을 계속했네. 그런데 이런 경우 어떻게 나의 것, 너의 것을 구별할 수 있을까! 누군가 조금이라도 이러한 의문을 해결하는 것이 중대한 사항이라고 생각한다면, 그 사람은 사실 속물 근성에 깊이 빠져들어 헤어나올 수 없는 사람이야."

"이것과 비슷한 현상을" 하고 나는 말했다. "문학계에서는 가끔 볼 수 있습니다. 가령 이 사람 저 사람의 유명 작가에게 그 독창성에 대한 의심의 눈초리를 보내면서, 그가 자신의 교양을 어디에서 갖추었는가 그 출처를 찾아내려고 하는 것 말입니다."

"그건 정말로 우습기 짝이 없네" 하고 괴테는 말했다. "이것은 마치 통통하게

---

*32 괴테는 〈4계절〉지에, 실러는 〈봉납〉지에 2행시를 각각 썼다.

살이 찐 사람을 보고 무엇을 먹고 그렇게 살이 쪘는가? 소인가, 양인가, 돼지인가 하고 묻는 것과도 같은 것이야. 우리들은 아마 이 세상에 갖가지 소질을 가지고 태어났을 것이야. 그러나 우리가 성장해 가는 것은 이 세상의 수없이 많은 영향에 힘입은 바가 큰 것이지. 우리는 거기에서 각자의 능력에 맞는 것, 우리에게 상응하는 것을 제것으로 만드는 것이야. 나는 그리스인과 프랑스인에게 힘입은 바가 아주 크지. 셰익스피어와 스턴, 그리고 골드스미스에게서도 무한한 은혜를 입고 있어. 그러나 이것만으로 나의 교양의 원천이 규명된 것은 아니지. 일일이 셈을 해 본다고 해도 한이 없을 것이고 그럴 필요도 없어. 가장 중요한 것은 진실을 사랑하고 그것을 발견하여 섭취할 수 있게 항상 유의하는 일이네."

괴테는 계속 말했다. "이 세상은 이제 아주 나이를 먹었어. 수천 년을 거쳐 가는 동안 많은 위대한 인물들이 나타나 사색해 왔지. 그래서 이제는 그렇게 쉽게 새로운 것을 발견하거나 논하거나 할 수 없네. 나의 〈색채론〉만 하더라도 완전히 새로운 것은 아니야. 플라톤과 레오나르도 다 빈치, 그 외 많은 탁월한 인사들이 개개의 점에 있어서는 나보다 먼저 이와 똑같은 것을 발견하고 언급하고 있네. 그러나 나 역시 이것을 발견하고 다시 언급해서, 혼란한 세계 속에 진리가 들어갈 수 있는 입구를 만들려고 노력했지. 이것이 나의 공적이야.

게다가 진리라는 것은 쉽지 않고 다시 거론될 필요가 있어. 왜냐하면 오류 역시 신문에서, 백과사전에서, 대중에 의해서 설교되고 있기 때문이야. 그러면서 그쪽에선 자기편을 들어주는 사람들이 대다수 있다고 느끼고 마음 편해하고 있지.

또 이따금 진리와 오류를 동시에 가르치면서 후자 쪽을 편드는 일이 있지. 며칠 전에 나는 영국의 백과사전에서 청색이 생기는 원인에 대한 학설을 읽었어. 처음에는 레오나르도 다 빈치의 옳은 학설이 실려 있었지. 그러나 바로 그 뒤에 뉴턴의 그릇된 학설이 태연하게 실려 있었는데, 거기엔 그것이 일반적으로 인정되고 있는 학설이기 때문에 그것을 타당한 학설로 받아들이지 않으면 안 된다는 주(註)까지 붙어 있었다네."

나는 이 말을 듣고 놀랐다. 웃지 않을 수 없었다. 나는 말했다. "양초의 불빛을 보더라도, 배후가 좀 컴컴한 부엌에서 양지로 나가는 연기를 보더라도, 그 늘진 장소의 전방에 있는 아침 안개를 보더라도, 언제나 나는 청색이 발생하는 이유에 대한 확신을 가지게 됩니다. 그리고 그것으로 하늘의 청색도 이해할 수 있지요. 그러나 뉴턴파의 사람들은 공기는 일체의 색채를 흡수하고 오로지 청색만을 반사하는 특성이 있다고 생각하고 있습니다. 그러나 이것은 나에게는 전혀 이해할 수 없는 말입니다. 이런 학설이 무슨 도움이 되며 어떤 기쁨을 제공한다는 것인지 모르겠습니다."

"그렇지" 하고 괴테는 말했다. "이런 사람들은 사상이나 직관 같은 것에는 전혀 관심이 없지. 그들은 자기 마음대로 사용할 수 있는 말을 알면 그것으로 만족하네. 나의 메피스토펠레스도 이것을 분별하여 재미있는 말을 하고 있지."

> 흔히 말을 존중하는 게 좋지
> 그러면 안전한 문을 지나
> 확신의 전당으로 들어갈 수 있네
> 왜냐하면 개념이 없는 그 자리에는
> 말이 알맞게 나타나기 때문이지[33]

괴테는 웃으면서 이 시를 암송했다. 그는 줄곧 기분이 좋아 보였다. "마침 잘 됐어" 하고 그는 말했다. "모든 원고의 인쇄가 다 끝나고 있지. 이제부터라도 이런 식으로 그릇된 학설과 그런 것을 퍼뜨리는 자에 대해 말하고 싶을 때가 있으면 이것을 계속 인쇄에 부치면 되는 것이야."

"탁월한 사람들이" 하고 괴테는 잠시 쉬었다가 말을 계속했다. "이제는 자연과학계에 진출하였지. 그러므로 나는 그들을 기쁜 마음으로 주목하고 있어. 그런데 그중 일부는 처음에는 잘 하다가 도중에 그만두고 말지. 주관이 너무 강하기 때문에 오류에 빠지고 마는 거야. 또 다른 사람들은 너무 사실에 집착해 무한정 사실만을 수집하기도 한다네. 하지만 거기에서는 아무것도 증명이 되지 않지. 전체적으로 볼 때 근본 현상을 꿰뚫고 들어가 개개 현상을 지배할

---

*33 〈파우스트〉 제1부 〈서재〉 장면 1990~1996. 에커만은 이것을 정확하지 않게 인용했다.

메피스토펠레 바흐만의 그림

수 있는 학구적인 정신이 결여되어 있어."

잠깐 찾아온 사람이 있어서 담화는 중단되었지만, 다시 두 사람만 있게 되자 화제는 문학으로 옮겨졌다. 나는 괴테에게 그의 짧은 시를 다시 읽었는데 특히 두 개의 작품이 인상에 남았다고 말했다. 그것은 어린아이들과 노인을 노래한 담시*34와 행복한 부부*35였다.

"이 두 개의 시에는 나도 상당한 자신이 있지" 하고 괴테는 말했다. "그런데도 지금까지 독일 독자들은 그것을 중요하게 생각해 주지 않는다네."

내가 말했다. "이 담시 속에는 아주 풍부한 주제가 모든 시적 형식과 기교로써 표현되어 빽빽이 들어차 있습니다. 그중에서 내가 특히 높이 평가하고 싶은 것은 노인이 어린아이들에게 들려주던 과거의 이야기가 어떤 지점에 오면 현재로 옮겨져, 그 다음부터 우리의 눈앞에서 전개되는 방식입니다."

"이 담시는 오랫동안 다듬고 또 다듬은 끝에 써 내려간 것이야. 그러므로 그 속에는 오랜 세월 동안의 사색이 담겨 있어. 그리고 그것이 지금 보는 것과 같은 모양으로 완성되기까지 서너 번 개작을 거쳤다네."

"〈행복한 부부〉라는 시도" 하고 나는 계속했다. "마찬가지로 모티브가 대단히 풍부합니다. 시 전체에 퍼져 있는 아늑한 봄 하늘의 햇빛이 그 가운데의 풍경과 인간 생활을 따뜻하게 비쳐 주고 있는 것 같습니다."

"나는 언제나 그 시를 좋아했지" 하고 괴테는 말했다. "그런데 자네가 그 시에 대해서 각별한 관심을 가져주니 기쁘군. 그 시에서 나는 멋을 한번 부려서 마지막에 두 어린아이, 즉 아들과 손자가 동시에 세례를 받는 것으로 끝맺음을 했다네."

이어 우리는 화제를 〈시민장군〉으로 옮겼다. 나는 어느 영국인과 함께 요얼마 전에 이 명랑한 작품을 읽었으며, 두 사람 모두 이것이 무대에 올려지는 것을 간절히 희망하고 있다고 말했다. "내용면에서도 그 가운데에 진부한 점은 하나도 없고, 극적 전개 하나하나의 장면에 있어서도 무대 상연에 합당하지 않은 곳이 단 한 줄도 없습니다."

"그 당시에는 크게 성공한 작품이었지" 하고 괴테는 말했다. "그 덕분에 우리도 어지간히 유쾌한 밤을 보낼 수 있었지. 물론 배역도 아주 좋았고 예비연습도 충분했어. 그리고 대화도 막힘없이 진행됐고 생동감이 넘쳐났지. 말콜미가 메르텐역을 맡았었는데, 그처럼 완벽한 연기는 두 번 다시 볼 수 없었지."

---

*34 〈추방 당했다가 다시 고향으로 돌아온 백작〉(1813~1816)을 말하는 것이다.
*35 〈행복한 부부〉는 1804년에 처음으로 인쇄되었다.

아드리안 판 오스타데의 〈행복한 부부〉

"슈납스의 배역은 누구든 맡을 수만 있으면" 하고 나는 말했다. "상당히 고마워할 것이라고 생각합니다. 레퍼터리 배역 중에서 이것만큼 이익을 보는 역도 그렇게 많지 않을 겁니다. 이 인물은 희곡 전체를 통해 극장으로서는 더 이상 바랄 것이 없을 만큼 누구에게나 잘 알려져 있고, 또 그럴 만하니까요. 그가 배낭을 갖고 나타나 물건들을 차례로 꺼내 메르텐에게 코밑 수염을 붙여주고, 자기는 붉은 혁명 모자와 군복 그리고 칼을 착용하는 장면은 정말로 일품입니다."

괴테가 말했다. "옛날 우리 극장에서 그 장면은 언제나 훌륭하게 연출됐지.

게다가 이런 물건을 넣은 배낭은 실제로 역사적인 것이었어. 내가 혁명 당시 프랑스 국경 지역을 여행하면서 발견했던 것이라네. 마침 망명자들이 도망가면서 잊어버렸거나 버리고 간 가방이었지. 그 속에는 저 연극에 나오는 물건들이 그냥 그대로 갖추어져 있었어. 나는 그것을 사용하여 그 장면을 썼고, 상연될 때마다 그 배낭과 부속품들을 가져와서 배우들을 적잖이 기쁘게 해 주었네."

우리는 지금 상연하더라도 〈시민장군〉이 관심을 끌고 유익할 것인가 하는 것을 한동안 이야기했다.

이어 괴테는 나의 프랑스문학 공부가 진척이 있는지 물었다. 나는 지금도 가끔 볼테르를 읽으면서 이 작가의 위대한 재능에 접하고 이를 데 없는 행복감을 느끼고 있다고 말했다. "내가 그에 대해서 알고 있는 것은 아직 아주 조금일 뿐입니다"라고 나는 말했다. "나는 지금도 그가 사람들에게 보낸 작은 시를 읽고 있는데, 계속 이것만 읽게 되어 이것을 놓을 수가 없습니다."

"사실 볼테르처럼 위대한 인물이 남긴 것은 모든 것이 훌륭하네. 설사 그의 불손한 점은 용서될 수 없는 것일지라도 말이야. 그러니 자네가 그의 작은 시들을 오랫동안 연구하고 있는 것도 그릇된 것은 아니야. 그 시들은 의심할 바 없이 그가 쓴 것 중에서 가장 사랑스러운 작품들이네. 그 모든 행이 재기에 넘치고 투철함과 명랑함 그리고 우아함을 가득 담고 있지."

"그 작은 시 속에서" 하고 나는 말했다. "이 지상의 모든 인물과 권력자에 대한 그의 관계가 나타나고 있습니다. 그리고 저는 볼테르가 이들에게 취한 고귀한 태도를 보고는 기쁨을 금할 수가 없습니다. 그는 자신을 어떠한 최고의 사람과도 동등하다고 느끼고 있는 것 같습니다. 어떠한 군주 앞에서도 자신의 자유정신을 한 순간이나마 굽혔던 흔적을 찾아볼 수가 없으니까요."

"그렇지" 하고 괴테는 말했다. "그는 고귀한 사람이었네. 그는 자유분방했음에도 불구하고 언제나 예절의 한계를 알고 있었어. 이것은 마음에 새겨둘 일이야. 이런 것의 증거로서 내가 곧잘 인용하는 예(例)는 오스트리아의 황후*³⁶가

＊36 오스트리아의 황제 프란츠의 두 번째 부인인 마리아 루도비카 베아트릭스(1787~1816)를 말하는 것으로, 괴테는 그녀에게 〈카를스바트의 헌시〉를 바쳤다.

나에게 여러 번 되풀이하셨던 말씀이야. 왕후께서는 볼테르가 자신에게 보낸 시에서 관습의 한계를 뛰어넘는 점은 전혀 찾아볼 수 없다고 하셨지."

"각하는 기억하고 계십니까?" 하고 나는 말했다. "그는 그의 시를 통해 나중에 스웨덴의 황후가 되신 프러시아의 왕녀*37에게 상냥한 사랑의 고백을 한 적이 있습니다. 그는 꿈속에서 왕의 지위에 올랐다고 말했지요."

"그것은 그의 가장 걸출한 작품 중 하나이지." 괴테는 프랑스어로 원시를 읊조렸다.

> 왕녀여, 나는 사랑하고 있었다고 감히 말하였노라
> 꿈에서 깨어났을 때 신들은 나의 모든 것을
> 빼앗아 가지는 못했나니
> 나는 오직 왕국만을 잃었을 뿐이지요

"그렇지. 이것은 사랑스러운 시이지" 하고 그는 계속했다. "볼테르처럼 자신의 재능을 언제나 자유롭게 발휘할 수 있었던 시인은 아마 없을 것이야. 나는 어떤 일화를 기억하고 있네. 그가 친구인 듀 샤틀레 부인을 방문하고 한동안 머물러 있다가 떠날 시간이 되었을 때였어. 벌써 마차가 집 앞에 와 있었는데 근처의 수도원에 있는 젊은 아가씨들에게서 한 통의 편지를 받게 된 거야. 그녀들은 수도원장의 생일에 〈줄리어스 시저의 죽음〉을 상연하려고 하니, 그 연극을 위해 서곡을 하나 써달라는 것이었네. 그들의 부탁이 너무나 천진난만했기 때문에 볼테르도 거절할 수가 없었지. 그는 곧 펜과 종이를 가져오게 해서 난로 가장 자리에 선 채 원하는 대로 써 주었지. 그것은 20행 정도의 시였지만 매우 짜임새가 있어서 정말이지 주문에 알맞았고, 또 최고의 걸작이라고 할 수 있었지." 나는 그것을 꼭 읽고 싶다고 말했다. 그러자 괴테가 대답했다. "아마 없을 것이라네. 이 일화도 얼마 전에 비로소 듣게 된 것이야. 또 어쩌면 그가 이런 시를 수백 개나 만들었고, 그중 상당수가 여기저기 개인 소장품으로

---

*37 루이제 울뢰케(1720~1782)는 프리드리히 대왕의 누이동생으로 1744년 스웨덴의 황태자와 결혼했다.

숨겨져 있을는지 모르지."

"최근 바이런 경의 작품을 보다가 그 또한 볼테르를 아주 높이 존경하고 있었다는 것을 알고 기뻤습니다. 그것으로 바이런 경도 볼테르를 깊이 읽고 연구하고, 활용했다는 것을 알 수 있었습니다." 괴테가 말했다. "바이런은 무엇을 배울 것인가를 아주 잘 알고 있었네. 그렇게 총명한 사람이 이처럼 널리 비치는 광명의 샘물을 두고 뭘 해야 할지 몰랐을 리가 없지."

이후 우리의 이야기는 완전히 바이런으로 옮겨져 그의 작품 하나하나로 진척되어 갔다. 이때에도 괴테는 지금까지 되풀이하여 왔던 것처럼, 새삼 이 위대한 재능에 대해 칭찬과 경탄의 언사를 아끼지 않았다.

"바이런에 대해 각하께서 말씀하시는 모든 것에 진심으로 동감합니다. 그러나 이 시인의 재능이 아무리 중요하고 위대하다고 해도, 그의 작품에서 순수한 인간형성을 위한 결정적인 이득을 얻어 낼 수 있을지는 아주 의심스럽습니다."

"그러한 자네의 생각에는 반대하지 않을 수 없네" 하고 괴테는 말했다. "바이런의 대담성, 용감성 그리고 웅대함, 이런 모든 것이 어째서 교양을 위해서 도움이 안 된다는 말인가?—언제나 오직 순수한 것, 도덕적인 것만을 고집하는 것도 조심해야 할 일이야.—모든 위대한 것은 우리가 그것을 알아차리기만 하면 인간형성, 즉 교양에 도움이 되는 법이라네."

1829년

1829년 2월 4일 수요일

"나는 계속 슈바르트*¹를 읽고 있어" 하고 괴테는 말했다. "확실히 그는 훌륭한 인물이야. 그의 말을 우리 자신의 말과 바꿔 놓아도 정말로 탁월한 데가많지. 그의 책이 가진 주요 취지는 이 세상에는 철학 이외에도 하나의 입장, 다시 말해 건전한 상식의 입장이 있다는 거야. 또 그는 예술과 학문은 철학과는달리 자연스러운 인간의 힘이 자유롭게 발휘되었을 때 언제나 최대한의 번영을 이룩했다고 말하고 있다네. 이것은 참으로 지당한 견해이지. 철학에 관한한, 나 자신은 그것에 얽매인 적이 없다고 해도 좋아. 그리고 여기서 말하는 건전한 인간 상식의 입장은 또한 나의 입장이었지. 그러므로 슈바르트는 내가 일생 동안 말하고 실천하여 온 것을 확증해 주고 있는 것이라네.

"그러나 그에게 전적으로 찬성할 수는 없는데, 그것은 그가 어떤 종류의 문제에는 손을 대지 않고 있기 때문이야. 또 헤겔*² 과 마찬가지로 그도 그리스도교를 철학에 끌어들이고 있어. 하지만 그것은 철학과는 아무 관련이 없는것이야. 그리스도교는 그 자체만으로도 강력한 존재이지. 그것에 의해 인류는되풀이되는 침몰과 고난에서 다시금 일어설 수 있었네. 우리가 그리스도교의이 작용을 시인한다면, 그리스도교는 모든 철학을 초월하고 철학의 힘을 빌릴필요가 없는 것이야. 이와 마찬가지로 철학도 어떤 학설, 가령 영혼불멸설과같은 것을 증명하기 위해 종교상의 견해에 의지하지 않아도 되네. 인간은 영

---

*1 슈바르트(1739~1791). 질풍노도시대의 대표자 중 한 사람으로, 특히 같은 슈바벤주 출신인
   젊은 실러에게 큰 영향을 끼친 국민적 민중시인이다.
*2 헤겔(1770~1831). 관념론 철학의 대표자인 그는 예나대학에 있을 때부터 괴테와 가깝게 지
   냈고 괴테의 세계관에 깊은 이해를 표시했다. 괴테의 색채론에 대해서도 큰 관심을 가져,
   1817년 이후부터는 뉴턴의 입장에 반대하고 괴테의 입장을 옹호했다.

생을 믿어야 하지. 이것은 인간의 권리이기도 하고 인간의 본성에 맞는 것이기도 해. 그래서 인간은 종교상의 약속을 신뢰해야 하는 것이지. 그러나 철학자가 우리의 영혼 불멸을 증명하기 위해 전설에서 끌어들이려는 것은 아주 어리석고 무의미한 짓일세. 우리 영생의 신념은 활동의 개념에서 생겨난 것이지. 왜냐하면 내가 이 생명이 다할 때까지 활동을 하여 지금의 존재 형식이 나의 정신을 이 이상 더 지탱해 내지 못하게 되었을 때, 자연은 나에게 다른 존재형식을 부여할 의무가 있기 때문이야."

이 말을 듣고 나의 마음은 경탄과 사랑으로 요동쳤다. 우리를 숭고한 행동으로 이끄는 이 이상의 가르침은 없을 것 같았다. 영생의 보증을 얻을 수 있다면 사람은 누구나 죽을 때까지 꾸준히 활동을 하려고 생각할 것이기 때문이다.

괴테는 스케치와 동판화가 들어 있는 화첩을 가져오게 했다. 그는 두세 가지 그림을 조용히 들여다보다가 나에게 오스타데*³가 그린 아름다운 동판화 하나를 넘겨주었다. "이것은 예의 〈선량한 남편과 선량한 아내〉*⁴에 어울리는 정경이지." 나는 이 그림을 대단한 기쁨을 느끼면서 바라보았다. 농부의 집 내부가 그려져 있었다. 부엌과 거실 그리고 침실 모두가 함께 합쳐진 하나뿐인 방이었다. 한 부부가 서로 가까이 마주보고 앉아 있는데, 아내는 실을 잦고 남편은 실을 감고 있었다. 그들의 발 밑에는 갓난아기가 있다. 배경에는 침대 하나가 보인다. 그리고 어디를 보나 아주 허술한 필수적인 가구뿐이다. 집 입구는 곧장 야외로 통한다. 집은 비좁은 느낌을 주지만 이 그림의 구석구석에서는 행복한 부부의 개념이 넘쳐나고 있다. 서로를 마주보고 있는 남편과 아내의 얼굴에는, 부부 사이의 애정을 마음속 깊이 느끼는 데서 오는 만족감과 희열 그리고 일종의 도취감이 넘쳐 흐르고 있다. 내가 말했다. "나는 이 그림을 보면 볼수록 흐뭇한 기분이 됩니다. 여기엔 뭐라고 말할 수 없는 독특한 매력이 있습니다." 이에 괴테가 설명했다. "그것은 구상성에서 오는 매력이지. 구상

---

*3 오스타데(1610~1685). 네덜란드의 화가로 주로 농부들의 생활을 많이 그렸다.
*4 고대 스코틀랜드의 시이다. 괴테는 이것을 읽고 더 자유롭게 번역하여 1828년 〈예술과 고대〉 제4권 제2호에 같은 제목으로 발표했다.

성이란 어떤 예술에서도 없어서는 안 되
는 것이야. 특히나 이런 종류의 주제에서
는 그것을 듬뿍 나타내야 하네. 이와는
반대로 예술가가 한층 더 높은 곳을 향
해 붓을 들어 관념적인 것으로 들어가게
되면 대상에 어울리는 구상성을 보유하
기가 어렵네. 무미건조해지기 쉽지. 이때
는 미술가가 젊은 사람인가 아니면 노인
인가 하는 것에 그림의 성패가 달려 있
기 때문에, 예술가는 자신의 연령을 고
려하고 주제를 선택하지 않으면 안 되네.
나의 〈이피게니에〉와 〈타소〉가 성공한
것도 그 당시 내가 아주 젊었기 때문이

헤겔(1770~1831)

었네. 그 덕분에 그 소재로 일관된 이념을 구상화하여 생기 넘치게 만들어 낼
수 있었지. 지금의 나처럼 늙은 나이에는 그와 같은 이상적인 소재가 어울리
지 않아. 그래서 차라리 처음부터 주제에 일종의 구상성을 띠고 있는 것을 다
루고 싶다네. 만약 게나스트 부부*5가 지금도 이곳에 있다면 나는 두 개의 각
본을 쓰겠네. 두 개 모두 1막물인 산문극으로 말이야. 그중 하나는 아주 명랑
한 것으로 혼인으로 끝내고, 다른 하나는 처참하고 몸서리치는 것으로 시체
두 구가 남는 것으로 마무리를 할 거야. 이 두 번째 것은 아직 실러가 살아 있
을 때부터 내 마음속에 품고 있었던 것인데, 그가 나에게 조르기도 했기 때
문에 그중의 한 장면은 완성했지. 이 두 개의 주제는 하도 오랫동안 깊이 생각
한 것이라 그 장면 장면이 완전히 눈앞에 떠오를 지경이라네. 그러므로 쓰기
시작하면 〈시민장군〉 때처럼 두 개 다 각각 1주일 정도밖에 소요되지 않을 것
이야."

*5 남편인 에두아르드(1797~1866)는 괴테의 꾸준한 훈련과 지도를 받아, 1829년부터 1860년까
　지 근 30년 간 훌륭한 배우로서 바이마르 극장에서 일했다. 부인인 카롤리네 역시 바이마르
　극장의 여배우였으며, 1829년부터 1860년까지 자기 역할을 다했기에 이들 부부는 무대감독
　을 맡았던 괴테의 마음을 늘 흐뭇하게 해주었다.

이에 내가 말했다. "제발 써 주십시오. 그 두 개의 희곡을 꼭 보고 싶습니다. 그것은 〈편력시대〉를 끝내고 난 뒤의 청량제가 될 것이며, 잠깐 갔다오는 여행과 같은 효과를 낼 것입니다. 게다가 이제 당신이 극장을 위해 진력하시는 것을 볼 일은 없을 것이라고 단념하고 있었던 세상 사람들에게, 그것은 정말로 큰 기쁨이 될 것입니다."

"지금 말한 대로" 하고 괴테는 계속했다. "게나스트 부부가 지금 여기에서 함께 지내고 있다면 틀림없이 쓸 것이야. 그러나 그럴 가망이 없으면 쓸 기분이 나지 않지. 왜냐하면 읽기 위한 각본을 쓴다는 것은 아무 의미가 없기 때문이야. 시인은 자기가 무엇을 사용하여 성과를 올리려고 하는가를 알고 있어야 하네. 또한 배역을 쓸 때에는 그것을 연기해 줄 배우에게 맞게 하지 않으면 안돼. 그러므로 먼저 확실히 게나스트와 그의 부인을 기대할 수 있어야 하고, 이외에도 라 로슈*⁶와 빈터베르거*⁷ 그리고 자이델 부인*⁸을 추가할 수 있다면 좋겠지. 그러면 내가 하는 일이 확실해지고 내 계획의 실행에도 확신을 가질 수 있을 거라네."

괴테는 말을 계속했다. "극장을 위해 쓴다는 것은 독특한 것이야. 이것을 잘 분별하지 못하면 차라리 그만두는 것이 낫지. 누구나 흥미있는 사건이면 무대에서 관람해도 재미있을 것이라고 생각하지. 그러나 절대로 그렇지가 않아!—읽어서 정말로 재미있고 생각만 해도 멋진 것들이 있지. 그러나 정작 이것을 무대에 올려보면 전혀 다른 결과를 가져오네. 책으로 나와서 우리를 황홀하게 만든 이야기도 무대에서 상연하면 냉대받기도 한다네. 나의 〈헤르만과 도로테아〉를 책으로 읽은 사람은 그것이 극장에서 상연되었으면 좋겠다고 생각한다네. 사실 퇴퍼*⁹도 그것을 상연하고 싶은 유혹에 빠진 일이 있었지. 그러나 특

*6 라 로슈(1794~1884). 1822년부터 1832년까지 바이마르 극장에서 활약하다가 나중에 오스트리아의 빈으로 옮겨간 배우이다.
*7 빈터베르거(1804~1860). 역시 바이마르 극장의 무대 위를 누비던 배우이다.
*8 자이델 부인. 그녀도 배우인 남편과 함께 1823년 이래로 바이마르 극장을 풍요롭게 해주었던 여배우이다.
*9 퇴퍼(1792~1871). 독일의 희곡작가이다. 그는 괴테의 〈헤르만과 도로테아〉를 4막의 목가적 가정극으로 고쳐 썼으며, 이 작품은 1820년에 오스트리아의 빈에서, 1824년에는 바이마르에서 상연되었다.

1775년, 그때 26세의 괴테 그 다음해부터 그는 바이마르의 국정에 적극 참여하게 된다.

별히 출중한 연기를 보여줄 수 있다면 몰라도, 그렇지 않은 경우 이것은 의미도 없고 아무런 효과도 없네. 그리고 또 이것은 어떤 점으로 보나 대본으로는 좋은 작품이라고 말할 수 없지.—극장을 위해서 쓴다는 것은 하나의 전문기술이야. 익숙하여 통달하지 않고는 불가능하며, 또 필수적인 재능을 갖고 있지 않으면 안 되지. 이 기술과 재능의 두 가지 부분을 모두 구비하는 경우는 드물다네. 그러나 이 두 부분이 결합되지 않는 한 훌륭한 작품을 만드는 것은 어지간히 어려운 일이지."

1829년 2월 9일 월요일

괴테는 〈친화력〉에 대해 많은 것을 이야기했다. 특히 독자가 지금까지 만난 일도 본 일도 없는 미틀러라는 인물은 자기를 말하는 것이라고 했다. "이런 인물은" 하고 그는 말했다. "그러니까 틀림없이 어느 정도 진실된 데가 있고, 또 틀림없이 이 세상에 한두 번이 아닌 여러 차례 실존한 것일세. 요컨대 〈친화력〉 속에 있는 단 한 줄도 내가 스스로 체험하지 않았던 것은 없어. 그러므로 그 속에는 독자가 단지 한 번만 읽어서는 이해할 수 없는 더 깊은 것이 담겨 있지."

1829년 2월 10일 화요일

내가 괴테를 방문했을 때 그는 브레멘 항만 축조 공사에 관한 지도와 설계도에 둘러싸여 있었다. 이 대규모의 계획에 대해 그는 각별한 흥미를 보이고 있었다.

이어 메르크에 대해 여러 가지 이야기가 나왔다. 괴테는 메르크가 1776년에 빌란트에게 보낸, 시 형식으로 된 서간문을 읽어 주었다. 그것은 아주 기지에 차 있는 것이기는 하지만 어딘지 좀 거친 크니텔페르스, 다시 말해 한 줄에 4강음을 지닌 시행으로 된 운문이었다. 그 내용은 아주 명랑했는데, 특히 야코비를 공격하고 있었다. 빌란트가 〈메르쿠르〉 잡지에 기고한 논문에서 야코비를 지나치게 치켜세우는 글을 썼기 때문에, 메르크는 그것을 묵과할 수 없었던 것이다.

괴테는 그 당시 문학상황에 대해 설명하면서, 소위 '질풍노도 시기'를 빠져나와 한층 더 높은 교양을 쟁취하려는 노력이 얼마나 어려웠는가를 말해 주었다.

이어 그는 바이마르로의 이주 이후의 몇 년간에 대해 이야기를 했다. 그 시절 그의 시인으로서의 재능은 새로운 현실을 만나 갈등을 겪었다고 한다. 이 새로운 현실이란 괴테가 궁정에서 새로운 지위를 얻어 대소에 걸친 각종 국정업무를 필연적으로 도맡아 관장하게 되었던 것을 일컫는다. 그런 일은 그 나름대로 그에게 상당히 높은 이득을 안겨 주었다고 한다. 하지만 그 업무 때문에 바이마르로 옮겨 온 뒤 처음 10년 동안 그는 이렇다 할 문학적 작품을 하나도 쓸 수 없었다고 하였다. 그 사이 단편(斷片)들을 창작하기도 했고 연애사건으로 우울해진 일도 있었는데, 그러는 와중에도 그의 아버지는 아들의 궁정생활을 못마땅하게 여겨 계속 반대했다고 한다.

그는 거처를 바꾸지 않았던 것은 아주 잘한 일이었다고 하면서, 그 덕분으로 같은 경험을 두 번씩이나 되풀이할 필요가 없었다고 말했다.

괴테는 자신이 이탈리아로 도피한 것은 문학적인 창작력을 다시 회복하기 위해서였다고 하였다. 그런데 이것이 누군가에게 알려지면 아무 소용없는 일이 될 것 같은 미신적인 생각이 들어,

안나 아말리에 대공비

그 사실을 끝까지 비밀에 부쳤다고 한다. 그는 로마에 가서야 비로소 군주에게 자신의 외국 유학을 알리는 편지를 썼다. 그리고 2년 후 그는 자기 자신에 대한 새로운 큰 요구를 갖고 귀국하게 되었다고 했다.

그리고 대공비인 아말리에*10에 대한 이야기도 나왔다. 이분은 대공비로서 완벽했고 인간적인 정신도 더할 나위 없이 좋아 기꺼이 인생을 즐기는 소양을 가지고 있었다고 한다. 그뿐만 아니라 무엇보다도 괴테의 어머니를 유달리 총애하여, 그녀를 바이마르로 모셔와 살게 하려고 했지만 괴테가 이것을 반대했다는 것이다.

"〈파우스트〉에 처음으로 손을 댄 것은 〈베르테르〉를 썼던 시기와 같지. 나는 1775년도에 바이마르로 올 때 그 초고도 함께 가지고 왔네. 그것은 편지지에 쓴 것인데 한 줄도 지운 흔적이 없어. 그건 내가 한 줄이라도 하찮은 글을 쓰지 않으려고 신중을 기했기 때문이라네."

1829년 2월 11일 수요일

토목국장인 쿠드레이와 함께 괴테 댁에서 식사를 했다. 여자 실업학교와 고

---

*10 대공비 아말리에(1739~1807). 카를 아우구스트 대공의 모당으로 본래 브라운슈바이크의 왕녀이다.

아원에 대한 여러 가지 이야기가 있었는데, 우리는 그것들은 이 나라가 갖추고 있는 이런 종류의 설비 중에서 가장 훌륭한 것이라고 말했다. 전자는 대공비에 의해, 후자는 카를 아우구스트 대공에 의해 설립된 것이다. 극장의 무대장식과 도로공사에 관한 여러 가지 이야기도 나왔다. 쿠드레이는 괴테에게 군주를 위한 예배당의 설계도를 보여주었다. 군주가 앉을 의자의 위치가 논의되었고, 괴테가 이의를 제기하자 쿠드레이는 이것을 받아들였다. 식사 후 소레가 나타났다. 이날 괴테는 다시금 우리에게 폰 로이테른 씨*[11]의 그림을 보여주었다.

1829년 2월 12일 목요일

괴테가 지금 막 완성한 이를 데 없이 멋진 시를 읽어 주었다.—그것은 '어떤 존재도 무(無) 속으로 붕괴되지 않는다.'*[12]로 시작하는 것이었다. "나는 이 시를 '왜냐하면 만약 존재 속에 집착하면 모든 것은 무 속으로 붕괴해 버리기 때문이다'라는 시구에 반대하여 썼다네. 그건 좋지 않은 시야. 베를린에 있는 나의 친구가 자연과학자 회의 때 그것을 금문자로 써서 전시해서 내가 화를 낸 적도 있어."

또 괴테는 위대한 수학자인 라그랑주*[13]에 대해, 특히 그 탁월한 성격을 극찬했다. "그는 선량한 인간이었어. 또한 바로 그러했기 때문에 위대했지. 왜냐하면 미술가이든 자연과학자이든 시인이든, 그 어떤 사람이든 선량한 사람은 재능을 가지고 있으면 윤리적인 행동을 통해서 언제나 세상을 정화시키기 때

---

*11 폰 로이테른(1794~1865). 리프랜드의 장교이자 화가인 그는 1814년에 괴테를 방문했고, 두 사람은 훗날 하이델베르크와 바이마르에서 다시 만났다.

*12 베를린에서 열린 자연과학자 회의에 참석한 괴테의 한 친구는 괴테의 시 〈하나와 모든 것〉(1821년) 중에서 마지막 2행 '왜냐하면 만약 우리가 존재 속에서만 남아 있으려고 고집한다면, 모든 것은 무 속으로 붕괴되어 버리고 말 것이기 때문이다.'만을 발췌해 회의장의 표어로 써서 붙였다. 이에 괴테는 막 완성한 시인 〈유언〉의 첫머리 '어떤 존재도 무 속으로 붕괴되지 않는다.'를 인용하여 에커만에게 자신의 생각을 피력하고 있다. 그는 우리 인간은 유한한 존재이기에 죽음을 수긍하고 다시 생성하라고 외치고 있다.

*13 라그랑주(1736~1813). 프랑스의 수학자인 그는 1766년 프리드리히2세(나중에 프리드리히 대왕으로 불리는)에 의해 스위스의 수학자 레온하르트 오일러(1707~1783)의 후임자로서 베를린 아카데미로 초빙되었다.

문이야."

괴테는 계속했다. "자네가 어제 쿠드레이와 한층 더 친해져서 기쁘네. 그는 집회같은 곳에서는 말수가 적지만, 우리가 모이는 자리에서 사적으로 만나보면 탁월한 정신의 소유자라는 것을 알 수 있는 사람이지. 처음에 그는 여러 가지 모순 때문에 괴로워했지만, 지금에 와서는 이것을 완전히 극복하고 궁정의 은총과 신뢰를 받고 있어. 쿠드레이는 현재 일류의 기능을 갖춘 건축가 중의 한 사람이지. 그는 나에게 의지하고 있고 나도 그에게 의지하고 있네. 그리고 그것이 우리 두 사람에게는 큰 도움이 되고 있지. 이 친구를 50년 전부터 알고 지냈으면 얼마나 좋았을까 하는 생각이 들 정도야."

나는 괴테가 건축학상에 조예가 깊은 것에 대해, 그것은 이탈리아에서 얻은 바가 큰 것임에 틀림없을 것이라고 말했다. "그럴지도 모르지만 나는 그것을 조금도 실용화할 수가 없었네. 그 분야에 대한 지식은 무엇보다도 바이마르 성의 건축 사업에서 많이 얻을 수 있었지. 나도 함께 일을 해야 했고 또 몇몇 배치도를 그려야 할 때도 있었다네. 왜냐하면 그것만큼은 내가 전문가들보다는 더 뛰어났기 때문이지."

대화는 첼터로 옮겨졌다. "그에게서 한 통의 편지를 받았네" 하고 괴테는 말했다. 거기에는 헨델의 〈구세주〉의 상연에서 그의 여생도 가운데 하나가 독창을 너무나 연약하고 감상적으로 불렀기 때문에 공연이 실패로 끝나고 말았다고 쓰여 있었다고 한다. "연약함이라는 것이 금세기의 특징이지. 나의 추측인데, 우리나라가 프랑스인들의 영향으로부터 초조하게 빨리 탈피하려고 했던 결과로 이것이 나타난 것 같네. 화가, 자연과학자, 조각가, 음악가 그리고 시인 모두가 소수의 예외를 제외하고는 모두가 연약하네. 그리고 일반 대중들도 별반 다를 것이 없지."

"그렇지만 나는 〈파우스트〉를 위해 적당한 음악이 탄생할 것이라는 희망을 버리지 않고 있습니다."

"아니야, 그것은 전혀 불가능한 일이지" 하고 괴테는 말했다. "〈파우스트〉에는 여기저기 역겹고 꺼림칙하고 어딘지 무서운 데가 있어. 그것은 시대에 어울리지 못 해. 〈파우스트〉의 음악은 〈돈 환〉과 같은 특색을 가지지 않으면 안 되네. 모차르트 같으면 틀림없이 〈파우스트〉를 작곡해 낼 수 있을 것이야. 아마 마이어베어 같아도 할 수 있겠지. 그러나 이탈리아 연극 쪽이 너무나 분주하기 때문에 그는 우리 것에는 손을 대지 못할 것이야."

이어 전후 관계는 잊어버렸지만 괴테는 다음과 같이 아주 중요한 것을 말했다.

"모든 위대한 것과 총명한 것은 소수에만 존재한다네. 국민과 국왕의 반대에 부딪치면서도 자신의 위대한 계획을 홀로 관철시킨 장관들이 있었어. 이성이 통속화한다는 것은 생각할 수 없는 일일세. 정열과 감정은 통속화될 수는 있겠지만, 이성은 언제나 오직 저마다 걸출한 사람들의 소유물에 지나지 않는 것이야."

1829년 2월 13일 금요일

괴테와 단둘이서 식사를 했다. "〈편력시대〉가 끝나면" 하고 그는 말했다. "다시 식물학으로 옮겨 소레와 함께 번역을 계속할 것이야. 그러나 또 다시 너무 깊이 빠져들어 넋을 잃지 않을까 걱정이 되기도 해. 또 아직 숨겨진 채 그대로 있는 큰 비밀이 있네. 여기에 대해 나는 어느 정도는 알고 있고 예상할 수 있는 것도 많지. 자네에게 뭔가를 좀 털어놓을 터인데 이상하게 들릴 것이야.

식물은 줄기의 마디에서 마디로 성장하여 드디어 꽃을 피우고 열매를 맺고 끝을 맞이하지. 동물 세계도 이와 다를 바 없어. 애벌레나 촌충도 줄기의 마디에서 마디로 성장하여 마지막으로 머리가 형성되지. 고등동물이나 인간도 척추 뼈가 점차로 접합하여 마지막으로 머리가 생기고 거기에 힘이 집중된다네.

이렇게 개체에게 일어나는 현상은 큰 집단에서도 볼 수 있어. 개개의 집합체인 꿀벌들을 보아도 서로 결합되어 전체를 산출하게 되는데, 이 최종적인 것은 또 이 전체의 우두머리로 간주되는 꿀벌의 여왕을 탄생시키게 되지. 어떻게 해서 이런 일이 일어나는 것인지는 불가사의하고 말로 표현하기 어려워. 그러나 여기에 내 나름대로의 생각을 가지고 있기는 하네.

이와 마찬가지로 하나의 민족은 그들의 영웅을 만들어 내지. 이 영웅은 말하자면 마치 그들의 신처럼 선두에 서서 그 민족을 수호하고 그들이 안정을 누리도록 하는 거라네. 이것은 프랑스인들의 여러 가지 문학적 힘이 볼테르에게 집중된 것과 같은 것이야. 한 민족에게 있어서 이와 같은 우두머리는 그 활동을 계속하고 있는 시대에는 위대하지. 물론 그런 영향을 후세에 이르기까지 한동안 지속한 사람도 있네. 그러나 대부분은 다른 우두머리의 출현으로 교체되고 다음 시대에는 잊히고 말아."

이와 같은 중대한 사상에 접할 수 있어 나는 매우 기뻤다. 이어 괴테는 자연과학자 중에서 오직 자신의 학설을 실증하는 것에만 신경을 쓰는 사람에 대해서 말했다.

"폰 부흐 씨는 새로운 저서를 출판했지만, 그 표제에는 벌써 가설이 들어가 있지. 이 저서는 출처도 확실치 않으면서 여기저기에 산재해 있는 화강암의 덩어리에 대해 논하고 있어. 폰 부흐 씨는 처음부터 그러한 화강암은 내부에서 외부로 작용하는 어떤 거대한 힘에 의해 분쇄된 것이라는 가설을 내세우고 있다네. 그리고 이것을 재빨리 표제에서 암시하고 있기 때문에, 이미 거기에서 산재해 있는 화강암 덩어리에 대해 말하고 있는 것과 마찬가지야. 그래서 그 다음 산재까지의 경과는 아주 간단하게 설명되어 있어서 정직한 독자들은 자기도 모르는 사이에 오류의 함정으로 빠지게 되는 것이라네.

이러한 모든 것에 숙달하려면 나이를 먹지 않으면 안 되지. 여기에다 그 경험을 자신의 것으로 만들기 위해서는 돈을 충분히 가지고 있지 않으면 안 되네. 내가 입밖에 던지는 농담 하나하나가 지갑에 들어 있던 금화를 지불하여 얻은 대가(代價)이지. 현재 내가 몸에 지니고 있는 것을 배워 획득하기 위해서 내 손을 거쳐 소비된 사재가 50만이야. 아버지에게서 물려받은 재산뿐만이 아니라 나의 봉급도, 그리고 50년 이상에 걸쳐 받은 상당한 액수의 문필 수입도 여기에 들어갔지. 그 외에 나하고 밀접한 관련이 있거나, 내가 일의 진척 그리고 성공과 실패에 관여하고 있었던 큰 목적을 위해, 공작 집안 사람들이 150만이라는 금액을 지출한 것을 나는 이 눈으로 보았네.

인간은 재능이 있는 것만으로는 충분하지 않아. 우리가 영리해지려면 그 이상의 것을 필요로 하지. 더 위대한 사회환경 속에서 생활을 해 보아야 하며, 당대 일류인사들의 카드놀이를 보면서 자기도 도박판의 승부에 동참해 볼 필요가 있네.

자연과학에 부지런히 종사하지 않았더라면 나는 도저히 인간의 진상을 알지 못했을 것이야. 다른 어떤 것을 시도해 봐도 자연과학의 연구를 할 때처럼 순수한 직관과 사고를 획득할 수 없었고, 감성과 지성의 오류라든지 성격의 강하고 약함을 찾아 낼 수 없었지. 다시 말해 모든 것은 다소 차이는 있지만 구부리기 쉽고 흔들리기 쉽고, 그리고 마음대로 다룰 수 있네. 그러나 자연계에는 농담이란 있을 수 없어. 자연은 언제나 진실되고 언제나 엄숙하다네. 그리고 언제나 준엄하지. 자연은 언제나 옳고 과실과 오류는 언제나 인간이 만들어 내는 것이야. 자연은 어중간한 인간을 멸시하고 오직 충실한 사람, 진실되고 순수한 사람에게만 몸을 맡기고 자신의 비밀을 털어놓지.

오성만으로는 자연에 도달할 수가 없어. 신성(神性)에 맞닿으려면 인간은 자신을 지고의 이성으로까지 드높일 수 있는 능력을 갖추지 않으면 안 되네. 신성은 자연적인 것에서 벗어나지 않고, 윤리적인 것에서도 어긋나지 않는 근원현상의 모습을 취하고 나타나지. 신성은 근원현상 배후에 숨어 있고 근원현상은 신성에서 흘러나온다네.

그리고 이 신성은 살아 있는 것 속에서는 작동하고 있지만, 죽어 있는 것 속에서는 작동하지 않네. 신성은 오직 성장하고 변화하는 것 속에 있을 뿐 성장을 끝낸 것, 굳어져 버린 것 속에는 존재하지 않지. 그러므로 신성에 접근하려고 하는 이성은 오로지 성장을 계속하고 있는 것, 살아 있는 것하고만 관련을 맺게 되네. 하지만 오성이 대상으로 하는 것은 성장을 끝내고 굳어져버린 것에 머물고 말지.

그러므로 광물학은 다시 말해 실생활을 위한 학문이야. 그건 더 이상의 성장을 중지한 죽은 것을 대상으로 하기 때문에, 그 경우에 종합은 생각할 수 없어. 그러나 기상학의 대상은 살아 있는 것으로, 우리도 매일같이 활동과 생산을 눈으로 보고 있기 때문에 종합을 전제로 할 수 있네. 그러나 그것에 수반하는 복잡한 부수 현상으로 인해 인간은 애석하게도 무익한 관찰과 탐구 사이에서 곤혹스러워할 뿐이지. 이럴 경우 우리는 가정이라는 상상의 여러 섬들을 향해 배를 저어가 보지만, 아마 참된 종합은 발견되지 않는 육지로 계속

남을 것이야. 식물이나 색채와 같이 극히 단순한 것에 있어서도 어떠한 종합에 도달한다는 것이 얼마나 어려운 것인가를 상기한다면, 그것도 별로 이상하게 생각할 것이 못되네."

1829년 2월 15일 일요일

나를 반갑게 맞이한 괴테는 내가 〈편력시대〉를 위해 박물학적인 잠언을 발췌하여 편집한 것을 칭찬해 주었다. "자연을 연구해 보도록 하게" 하고 그는 말했다. "자네는 이 방면에 재능이 있어. 우선 〈색채론〉의 요강을 써 보게." 우리는 이 문제에 대해 여러 가지 이야기를 나눴다.

라인 하류지방에서 하나의 궤짝을 보내왔다. 거기에는 발굴된 고대의 용기, 광석, 대성당의 작은 그림, 그리고 사육제의 시(詩)가 들어 있었다. 우리는 식사 뒤 그 포장을 풀어 그것들을 모두 꺼내 보았다.

1829년 2월 17일 화요일

우리는 〈대사기꾼〉에 대해 이야기를 했다. 괴테가 말했다. "라바터*14는 카리오스트로*15와 그의 기적을 믿고 있었지. 사기꾼이라는 그의 정체가 탄로났을 때에도, 라바터는 이 카리오스트로는 다른 사람이라고 주장하면서 기적을 행하는 카리오스트로는 성인이라고 말했네.

라바터는 참으로 선량한 인간이었지. 그러나 그는 깊은 망상에 사로잡혀 있었어. 준엄한 진리에 투철해야 한다는 것은 그의 소관이 아니었지. 그는 자신을 속였고 다른 사람들도 속였어. 그러므로 그와 나 사이의 교제도 완전히 끊어지고 말았지. 마지막으로 그를 본 것은 취리히에서였지만, 그는 나를 알아보지 못했네. 나는 변장을 하고 가로수 길을 걸어가고 있었는데, 그가 내쪽으로

---

*14 라바터(1741~1801). 스위스 취리히의 신교목사이다. 그는 1774년에는 프랑크푸르트에 있는 괴테를 찾아가기도 하면서 괴테와 가깝게 지냈다. 괴테도 1775년과 1779년에는 스위스 취리히에서 사는 그를 찾아가, 관상학에 관한 그의 단편들을 보았다. 그러나 1780년 이후 라파터가 그리스도교의 예언자적인 광신에 빠져버리자 괴테는 완전히 그에게서 멀어졌다.

*15 카리오스트로(1743~1795). 자기를 백작이라고 사칭하여 전국을 돌아다니면서 사기 행각을 일삼았다. 괴테의 희극인 〈대사기꾼〉은 그를 모델로 삼은 것이다.

다가오고 있는 것을 보고는 샛길로 빠져나갔지. 그는 내 옆을 스쳐지나갔지만 나를 알아보지 못했어. 그가 걷는 모습은 일종의 학과 같아서 마치 브로켄 산의 학을 보는 듯했지."

나는 괴테에게 라바터가 쓴 관상학으로 추측해 보면 그는 자연을 편애한 것 같다고 말했다. "절대로 그렇지는 않았어" 하고 괴테는 대답했다. "오로지 윤리적인 것, 종교적인 것을 지향한 것이지. 라바터가 쓴 관상학 중에서 동물 두개골에 관한 조항은 나에게서 빌려간 것이야."

화제는 프랑스인들, 특히 기조,*16 빌르망*17 그리고 쿠쟁*18 이야기로 넘어갔다. 괴테는 이분들의 입각점에 깊은 존경심을 표시했다. 그는 그들은 모든 것을 자유롭고 새로운 측면에서 관찰하며 쉬지 않고 한 줄기의 목표를 향해 진행하고 있다고 말했다. 괴테는 말했다. "이때까지 모두 돌아서 가는 길이나 꾸불꾸불 길게 이어진 길을 지나가야만 정원으로 들어갈 수 있었는데, 이 사람들이 대담하고 자유롭게도 거기에 있는 장벽을 허물고 곧장 정원으로 가는 출입구를 설치한 식이야."

이야기는 쿠쟁에서 인도 철학으로 옮겨졌다. "영국인의 보고*19가 사실이라면" 하고 괴테는 말했다. "이 철학은 전혀 낯선 것이 아니지. 우리들 모두가 경과하는 시대가 여기서 되풀이되고 있네. 우리들은 유년시대에는 감각주의자였지. 하지만 우리들이 사랑을 하고, 사랑하는 대상 속에서 현실에는 존재하지 않는 성질을 보게 되면 이상주의자가 되지. 나머지 여생은 무관심해져서 될 대로 되라는 식이야. 그래서 급기야는 인도철학자들처럼 정적주의가 되어 버린다네.

독일철학은 아직도 두 개의 큰 과제를 완수하지 않으면 안 되지. 칸트는 〈순

---

*16 기조(1787~1874). 프랑스의 역사가이자 정치가인 그는 1828년에서 1830년에 걸쳐 〈근대사 강의〉를 출판했다.

*17 빌르망(1790~1870). 프랑스의 작가이자 소르본 대학 교수인 그는 1828년부터 분책으로 〈프랑스 문학강의〉를 출판했다.

*18 쿠쟁(1792~1867). 프랑스의 철학자인 그는 독일의 관념론, 특히 헤겔과 셸링의 영향을 받았다. 그의 〈근대 철학사 강의〉는 1828년에 나왔다.

*19 헨리 토마스 콜부르크(1765~1837)가 쓴 〈힌두의 철학에 관하여〉를 말하고 있다.

수이성비판〉을 썼고, 이 성과는 대단한 것이었어. 그러나 이 영역의 작업이 완결된 것은 아니야. 이제 탁월하고 능력이 있는 사람이 나와 감성비판과 오성비판을 쓰지 않으면 안 되네. 이것이 앞서 언급한 저서와 마찬가지로 훌륭하게 완성되면, 우리들은 독일철학에 대해 많은 것을 소망할 필요가 없을 것이야."

괴테는 말을 이어갔다. "헤겔이 〈베를린 연감〉에서 하만에 관해 평론을 쓴 것을 읽었고, 얼마 전에 다시 한 번 읽어 봤지만 참으로 훌륭했어. 비평가로서 헤겔이 내리는 판단은 언제나 출중한 것이지.

빌르망도 비평문을 쓰면 이것과 마찬가지로 훌륭해. 프랑스인들 중에서는 재능면에 있어서 볼테르를 따를 사람이 없지만, 빌르망만큼은 그의 정신적인 관점에 있어서 볼테르를 능가한다고 말할 수 있을 것이야. 이런 이유 때문에 그가 볼테르의 장점과 단점을 비판할 수 있다고 말할 수 있지."

1829년 2월 18일 수요일

우리는 〈색채론〉에 대해서 이야기했다. 그 중에서도 특히 유리잔 위에 흐린 형태가 빛을 받으면 황색으로 보이고, 어두운 쪽으로 돌리면 청색으로 보이는 현상이 화제의 중심이었다. 괴테는 여기서 하나의 근원현상을 관찰할 수 있다고 말했다. 그는 이 기회에 말을 꺼냈다.

"인간이 도달할 수 있는 최고의 것은 놀라워하는 것이야. 만약 인간이 근원현상에 접하여 놀라워한다면 그것으로 만족해야 하지. 인간에게 이 이상은 허용되어 있지 않아. 그리고 더 깊이 찾아보아서는 안 되네. 이것이 우리의 한계점이기 때문이야. 그러나 인간은 이 근원현상을 본 것만으로는 좀처럼 만족하지 않고 계속 더 앞으로 나아가려고 하지. 그런데 이것은 어린아이들이 거울을 들여다보고 곧 그 뒤쪽에는 무엇이 있을까 하고 뒤집어 보려고 하는 것과 마찬가지야."

화제는 메르크로 바뀌었다. 그래서 나는 메르크도 자연연구에 열을 올렸는지 물었다. "오, 그랬지" 하고 괴테는 말했다. "그뿐만이 아니라 그는 박물학에 관한 중요한 수집물을 가지고 있었어. 메르크는 실제로 정말로 다방면에 걸친 인물이었어. 또 그는 미술을 무척 사랑했는데 이것이 좀 도를 지나쳤지. 좋은 작품이 그 가치를 제대로 알지 못한다고 생각되는 속물인간의 손에 들어간 것을 보면, 무슨 수를 써서라도 이것을 자기 수집품에 넣으려고 했네. 그는 이런 일로 절대로 양심의 가책을 받지 않았지. 어떠한 수단도 그에게는 정당한 것이었어. 그래서 달리 도리가 없다고 생각하면 일종의 대규모 사기를 치는 것도 사양하지 않았다네." 괴테는 이런 종류의 두세 가지 흥미 있는 예를 이야기해 주었다.

"메르크 같은 인간은" 하고 그는 계속했다. "이제는 결코 태어나지 않을 것이야. 설사 태어난다고 하더라도 이 세상은 이런 사나이를 다른 인물로 만들어 버릴 테지. 나나 메르크가 젊었을 때에는 일반적으로 좋은 시대였지. 독일문학은 아직도 깨끗한 화판(畵板)과 같은 상태였고, 우리는 기꺼이 거기에다 뭔가 좋은 것을 많이 그려 넣으려는 희망을 가지고 있었어. 오늘날 이 화판 위는 많은 것이 쓰여져 있고 또 빈틈없이 칠해져 있어서 그것을 보면 전혀 기쁘지가 않아. 그래서 설사 현명한 사람이 보더라도 아직 그려 넣을 여지가 어디에 있는 건지 알 수가 없게 되었다네."

1829년 2월 19일 목요일

괴테의 서재에서 그와 단둘이 식사를 했다. 그는 아주 쾌활했는데, 오늘은 여러 가지로 좋은 일이 있었다고 말하면서 아르타리아*20와 궁정과의 거래협상도 무사히 잘 마무리되었다고 말했다.

이어 〈에그몬트〉에 대해 여러 가지 이야기를 했다. 실러가 손수 이 작품을 개작한 것이 어젯밤에 상연되었던 것이다. 그리고 이야기가 진전되어 이 희곡은 이러한 편집 때문에 애처로운 결과를 초래하게 되었다는 말을 나눴다.

"섭정의 역을 뺀 것은 여러 가지 점에서 잘못된 것입니다. 그녀는 이 희곡에 절대적으로 필요합니다. 왜냐하면 이 연극 전체가 섭정인 이 왕녀에 의해 한층 더 높고 품위 있는 성격을 띨 수 있을 뿐만 아니라, 마키아벨리와 그녀와의 대화를 통해 정치 정세, 특히 스페인 왕조와의 관계가 한층 더 순수하고도 확실

---

*20 만하임에 있는 미술상인으로, 바이마르 궁정은 카를 아우구스트 대공이 서거한 후에도 그에게서 계속 납품을 받기로 했다.

하게 나타나기 때문입니다."

"전적으로 자네와 동감이야." 괴테가 말했다. "여기에다 에그몬트가 왕녀의 총애를 받고 있다는 것만으로도 그의 중요성을 한층 더 드러낼 수 있어. 크레르헨도 왕녀들을 제치고 에그몬트의 애정을 독점하고 있다는 것을 보여주면 새삼 훌륭하게 보이지. 이런 모든 것은 미묘한 작용을 하기 때문에 조금이라도 손을 잘못 대게 되면 연극 전체에 타격을 주게 되는 걸세."

"게다가 또 여러 명의 당당한 남성 중에서 오직 한 사람의 여성인 크레르헨의 모습을 보게 되면 너무 연약하여 어딘지 그녀가 압도당하는 기분입니다. 그러나 섭정이 등장하면 화면 전체가 한층 더 균형이 잡힙니다. 따라서 연극 중에서 그녀에 대한 언급이 나오지만 이것은 별로 의미가 없다고 봅니다. 섭정 스스로 무대 위에 나타나지 않으면 감명을 주지 못하니까요."

"자네는 그와 같은 사정을 아주 정확하게 파악하고 있군" 하고 괴테는 말했다. "나는 이 연극을 쓰면서 자네가 생각하고 있는 것처럼 모든 것을 꼼꼼히 고려했다네. 그러므로 한 사람의 중요인물을 빠뜨리기만 해도 전체가 쉽게 무너져 내리는 게 당연해. 그 섭정의 인물은 전체를 생각하고 작성한 것이고, 전체도 이 인물로써 성립되어 있는 것이야. 실러의 성질에는 어딘지 심한 억지를 부리는 게 있지. 그는 사상이 이를 데 없이 앞서가기 때문에 취급할 당면 대상을 충분히 고려하지 않았어."

"당신이 그가 하는 대로 그냥 놔두고," 하고 나는 말했다. "이처럼 중대한 일에서까지 이런 무조건적인 자유를 준 것을 세상 사람들은 비난할 것입니다."

"사람들은 때때로 예상외로 무관심할 때가 있네" 괴테는 대답했다. "게다가 그 당시 나는 다른 일로 어수선했기 때문에 〈에그몬트〉나 극장 일에는 거의 흥미가 없었지. 그래서 그가 하는 대로 그냥 내버려 뒀어. 지금에 와서 그나마 위로가 되는 것은, 내가 쓴 저 연극을 충분히 이해하고 원문을 고치거나 삭제하지 않고 그대로 상연하고 있는 극단이 있다는 사실이야."

이어 괴테는 내게 〈색채론〉의 요강을 써 달라고 한 그의 제의를 생각해 봤는지 물었다. 나는 그에게 지금 어떤 상태에 있는지 말했다. 그런데 우리는 뜻밖에도 두 사람의 의견이 서로 다르다는 것을 알았고, 이것은 중대한 문제이기 때문에 그것을 여기에서 보고하려고 한다.

이러한 것을 관찰해 본 사람이면 기억할 수 있을 것이다. 쾌청한 겨울날 햇빛을 받아 눈 위에 비치는 그림자[21]는 이따금 푸르게 보인다. 이 현상을 괴테는 〈색채론〉 속에서 주관적인 현상이라고 다루고 있다. 그는 이러한 근본원리에 입각하여, 햇빛은 높은 산꼭대기에 살고 있지 않은 사람에게는 반드시 백색으로 보이지 않는다고 설명한다. 즉 수분을 머금은 대기를 통과하여 다소차이는 있지만 일종의 황색을 띠고 내려온다는 것이다. 그러므로 햇빛을 받은 눈(雪)의 표면은 전적으로 흰색이 아니라 일종의 황색을 띠고 있지만, 우리의 눈이 그것을 거부하고 청색을 불러일으키는 쪽으로 움직인다는 것이다. 이에 의하면 눈 위에서 볼 수 있는 청색 그림자는 요구된 색이다. 괴테는 이러한 표제하에 이 현상을 취급하고, 이와 관련하여 소쉬르가 몽블랑에서 행한 관찰을 아주 결정적인 것으로 처리했다.

최근 나는 〈색채론〉의 제 1장을 다시 조사해 보았다. 괴테의 우정어린 요청에 응해 그 요강을 정리하는 일이 잘될 것인가를 음미해 보기 위함이었다. 때마침 눈이 쌓여 있었고 그 위로 햇빛이 비치고 있었기 때문에, 문제의 푸른 그림자 현상을 한층 더 가까이에서 목격할 수 있었다. 그러나 나는 그때 적잖게 놀랐는데, 그것은 괴테의 추론이 오류 위에 성립되어 있다는 것을 발견했기 때문이다. 내가 어떻게 해서 이런 발견을 할 수 있었는가를 말해 보기로 한다.

내가 지내는 거실의 유리창은 남쪽 뜰로 향해 나 있다. 이 정원은 이 건물에만 한정되어 있는 것이다. 그리고 겨울이 되면 태양의 위치가 낮아지기 때문에, 이 건물의 큰 그림자는 정원의 절반을 덮어 버린다.

나는 며칠 동안 하늘 전체가 완전히 푸르고 햇빛이 반짝이는 날, 눈의 표면에 비친 그림자를 보게 되었는데 그 그림자가 구석구석까지 완전히 푸르게 보여 놀라지 않을 수 없었다. 이것은 요구된 색채라고 할 수 없는 것 같았다. 왜

---

*21 괴테는 에커만에게 그가 쓴 〈색채론〉을 주면서, 그 책 내용의 요강을 정리하여 넘겨 달라고 부탁했다. 이리하여 에커만은 괴테가 언급한 것을 확인하기 위해 실제로 바깥에서 독립하여 존재하는 자연현상, 특히 색채 변화를 여러 주일에 걸쳐 자세히 관찰했고, 그 결과 괴테의 추론에도 부분적으로 오류가 있다는 것을 발견했다. 그렇지만 에커만은 괴테는 오류를 발견하면 진리에 순응하려고 하는 사람이라는 것을 알고 있다.

냐하면 나의 눈은 햇빛에 비춰진 눈의 표면에는 전혀 접촉되어 있지 않아서, 그 반대되는 색채를 일으킬 수 없었기 때문이다. 따라서 나에게는 그림자를 만들고 있는 푸른색 외에는 아무것도 보이지 않았다. 그러나 분명히 확인하기 위해 이웃집 지붕에서 비춰오는 눈부신 햇살이 나의 눈에 접촉하는 것을 막고, 한 장의 전지를 둥글게 말아서 그 구멍을 통해 그림자를 이룬 표면을 보았다. 그런데도 이 그림자의 색은 여전히 청색으로 남아 있었다.

그러므로 이 푸른색은 결코 주관의 소산은 아닐 것이었고, 여기에 대해서는 의심할 여지가 없었다. 이 색채는 나의 바깥에서 독립하여 존재하고 있어 나의 주관은 이것에 아무런 영향력을 갖고 있지 않았다. 그렇다면 그것은 무엇이란 말인가? 그리고 좌우간 이 색깔이 현재 존재한다고 한다면 왜 이런 색깔이 생기는 것일까?

나는 다시 한 번 그쪽을 보고 주위를 둘러보았다. 그러자 이 수수께끼를 확실하게 풀 수 있을 것 같았다. 나는 우선 나 자신에게 이렇게 질문해 보았다. 이것은 그림자에 가까이 끌어당겨지고 또 스스로 그림자 속으로 옮겨가는 경향을 갖고 있는 푸른 하늘의 반사에 지나지 않는 것이 아닐까? 왜냐하면 색깔은 그림자와 친화력을 갖고 있고, 기꺼이 그림자와 결합하여 기회 있을 때마다 그림자 속에, 또는 그림자를 통해 나타난다고 쓰여져 있기 때문이다.

다음 날 나에게 이 가정을 확인할 수 있는 기회가 찾아왔다. 나는 들판 위를 걷고 있었다. 푸른 하늘은 어디에서도 볼 수 없었고, 햇빛은 아지랑이와 비슷한 안개를 뚫고 나타나 눈 위에 완전히 누런 빛깔을 뿌리고 있었다. 그 빛깔은 선명한 그림자를 던질 만큼 충분히 강한 작용을 하고 있었다. 이럴 경우 괴테의 학설에 의하면 가장 산뜻한 청색이 나타나야 했다. 그러나 그 그림자는 여전히 회색이었다. 또 다음 날에는 오전 중에 하늘이 흐려 있었지만, 햇빛이 가끔 얼굴을 내비쳐 눈 위에 확실한 그림자를 던지고 있었다. 그러나 그 그림자도 역시 푸르지 않고 회색이었다. 양쪽의 경우 모두 푸른 하늘의 반사가 없었기 때문에 그 그림자에는 아무런 색채가 나타나지 않았던 것이다.

이로 말미암아 지금까지 여러 가지로 고찰된 자연현상에 관한 괴테의 추론은 진실로서 증명될 수 없는 것이며, 〈색채론〉 중에서 이 문제를 취급한 부분만은 조속히 정정이 필요하다는 충분한 확신을 가질 수 있었다.

이것과 마찬가지로 이른 아침 날이 샐 때라든지 저녁때 어두워지는 시각에 양초의 불빛을 사용하면, 이 색깔이 달린 이중의 그림자를 특히 아름답게 볼 수 있다. 그리고 이때에 그림자, 다시 말해 양초의 불빛에 비춰진 황색의 그림자는 객관적이며 흐린 중개물의 학설에 속하는 대상인 것이다. 괴테는 이렇게 단언하고 있지는 않았지만 사실은 그러했다. 한편 그는 약한 햇빛이나 달빛을 받아 그림자가 청색 내지 청록색을 띠고 있을 때, 그것을 주관적인 색, 다시 말해 흰 종이 위에 펼쳐진 양초의 누런 불빛 때문에 눈에 의해 요구된 색이라고 설명하고 있다.

그런데 내가 이 현상을 아주 면밀하게 관찰한 결과, 이 학설도 이제 전처럼 절대적으로 확실하다고 말할 수 없다는 것을 알았다. 나에게는 오히려 외부에서 들어오는 약한 햇빛 혹은 달빛에 의해 그 그림자의 색조가 원래 청색인 것처럼 생각되었던 것이다. 그리고 이 색조의 일부는 그림자 자체 때문에, 또 다른 일부는 양초의 불빛 때문에 강화되고 있으므로, 이 경우에도 객관적인 원인이 있고 그것이 고려되어야 한다고 생각되었다. 날이 밝으려고 먼동이 틀 때의 햇빛은 달빛과 마찬가지로 창백하다. 이것은 잘 알려진 사실이다. 새벽이나 달빛 속에서 보는 인간의 얼굴이 창백하다는 것도 우리의 충분한 경험을 통해 확증되고 있다. 셰익스피어도 이것을 알고 있었던 모양으로, 로미오가 새벽녘에 애인과 헤어지려고 줄사다리를 타고 밖으로 내려오자 위에서 줄리엣이 갑자기 그의 안색이 심하게 창백하게 보인다고 말하는 장면[22]을 쓴 적이 있다. 이 대목은 틀림없이 이와 같은 관찰을 토대로 한 것이리라. 그처럼 빛이 사물을 창백하게 보이게 만드는 작용은, 빛 자체가 녹색 혹은 청색을 갖추고 있음에 틀림없다는 충분한 암시이다. 이런 빛은 청색과 녹색의 유리로 만들어진 거울과 같은 작용을 하고 있는 것이다. 그건 그렇고 나는 이것을 거듭 증명하기 위해 다음 것을 말하고 싶다.

---

[22] 셰익스피어의 〈로미오와 줄리엣〉 제3막 제5장에 나오는 장면. 여기서 줄리엣은 새벽에 줄사다리를 타고 떠나가는 로미오를 보고 '아, 왜 이렇게 마음이 설렐까! 아래에 계신 당신의 얼굴이 무덤 속 시체 같이만 보이네요. 제 눈이 약해서 그런지, 당신 안색이 창백해서 그런지'라고 말한다.

마음의 눈으로 보는 빛은 완전히 백색이라고 생각할는지 모른다. 그러나 육안을 통해 인지되는 빛은 그처럼 순수하게 보이지 않는다. 그것은 오히려 안개 또는 기타에 의해 변화되어, 플러스 아니면 마이너스로 기울어짐에 따라 황색 또는 청색을 띠고 나타나는 것이다. 이때 직사일광은 반드시 플러스 쪽, 즉 황색이 걸린 색조를 띠는 경향이 있고, 이러한 것은 양초의 빛도 마찬가지이다. 그러나 달빛은 아침과 저녁의 희미한 일광과 마찬가지로 직접적인 것이 아니라 반사적인 빛이며, 또한 황혼과 밤에 의해 변화되어 마이너스 쪽으로 기울어진다. 그러므로 이런 빛은 우리의 눈에 청색을 띠고 나타나게 되는 것이다.

황혼이나 달밤에 한 장의 흰 전지를 놓고 그 절반을 일광 또는 달빛 쪽으로 향하게 하고, 다른 절반을 촛불이 있는 쪽으로 놓아 보라. 그러면 그 절반은 청색을 띠고 다른 절반은 황색을 나타낸다. 또한 양쪽의 빛은 그림자가 가해지지 않고 주관적인 색깔이 더 진해지지 않더라도, 처음부터 완연하게 능동과 수동의 어느 한쪽에 나타난다.

이와 같은 관찰 결과로 인해 색채의 이중 그림자에 관한 괴테의 학설은 충분히 타당한 것이라고 말할 수 없게 되었다. 이 현상에는 그가 관찰한 것 이상으로 훨씬 객관적인 요인이 작용하고 있는 것이며, 따라서 주관적으로 색채가 요구된다는 법칙은 단지 이차적인 것으로 간주되어야 하는 것이다.

만약 인간의 눈이 어떤 경우에도 아주 예민하고 다감하여 어떤 종류의 색깔에 조금만 접촉하더라도 즉시로 그 반대의 색깔을 불러일으킨다면, 눈은 쉬지 않고 이 색 저 색을 보게 될 것이며 그 결과 아주 불유쾌한 혼합색의 잔상이 남게 될 것이다.

그러나 다행히도 이런 일은 일어나지 않았으며, 오히려 건전한 눈은 요구된 색깔을 전혀 알아차라지 못하든가, 또는 알아차렸다고 하더라도 노력하지 않으면 그것을 만들 수 없게 되어 있다. 또한 여기에 더하여 이러한 작용은 상당한 훈련을 쌓고 숙련을 거친 후 좋은 조건 아래 있어야 비로소 성공할 수 있을 것이다.

이런 주관적 현상의 본래 특색, 즉 눈에 색깔을 불러일으키는 성질은 어느 정도 강력한 자극을 필요로 또 이렇게 해서 요구된 색깔이 생긴다고 하더라도 이것은 불안정한 것이며, 순간적으로 곧 없어져버리는 것이다. 이러한 점은 눈 속의 푸른 그림자나 이중의 그림자에서도 볼 수 있는 것이지만, 괴테는 이것을 전혀 무시하고 있다. 왜냐하면 괴테는 이 두 개의 경우 이러한 것을 거의 알아낼 수 없을 정도의 색깔을 띠고 있는 표면을 관찰하고 있는데, 그 표면에서는 요구된 색깔이 언뜻 보아도 곧 확실하게 나타나기 때문이다.

그러나 괴테는 자신이 한번 인정한 원칙을 고집하고 더 나아가 그것에 기초해 감춰진 깃을 예견하는 것을 그의 신조로 하고 있기 때문에, 아주 쉽게 유혹에 빠져 버린다. 이리하여 종합을 너무도 넓은 범위에 이르기까지 행하게 되어 전혀 다른 법칙이 작동하고 있는 곳에도 그가 애착을 가진 원칙을 적용하려고 하는 것이다.

그가 오늘 화제를 〈색채론〉으로 돌리면서 전에 약속한 요강 작성은 어떻게 되어가고 있는가를 물었을 때, 나는 위에 서술한 것과 같은 여러 점들을 새삼 개진하고 싶지는 않았다. 있는 그대로를 말하게 되면 그에게 마음의 상처를 주지 않을 수 없을 것이므로 나는 상당한 당혹감을 느꼈던 것이다.

그렇기는 하지만 이 요강 작성 작업은 나에게는 정말로 진지한 것이었다. 그러므로 이 계획을 착실하게 진행시키기 전에 우선 그 오류를 말끔히 제거하고, 서로 간의 토의로 모든 오해를 해결하지 않으면 안 되었다.

따라서 나는 정성을 다해 그에게 진실을 말하는 수밖에 없었다. 즉 나는 면밀하게 관찰한 결과 눈 위에 생기는 청색 그림자에 대한 그의 추론과 색채의 이중 그림자에 관한 그의 학설이 충분히 확증된 것이라고 생각할 수 없기 때문에, 두세 점에서 그의 의견과 엇갈린다는 것을 말하기로 했다.

나는 내가 관찰하고 생각한 바를 말했다. 그러나 이런 문제들을 구두로 확실하고도 자세하게 진술한다는 것은 불가능했기 때문에, 할 수 없이 단지 이 인식에 도달하게 된 결론만을 보고하는 데에 그치고 자세한 설명은 나중에 서면으로 제출하기로 했다.

그러나 내가 입을 열자마자 그때까지 숭고하고 밝았던 괴테의 표정은 어두워지기 시작했고, 나의 반론에 찬성할 수 없다는 것을 너무나도 명백하게 나타냈다.

내가 말했다. "물론 각하에게 반론을 제기하고 자기 주장을 고집하기 위해서는 비상한 노력이 필요합니다. 그러나 어른이 너무 급히 서둘러 일이 잘되지 않을 때 간혹 어린이가 옳은 길을 발견할 수도 있는 법입니다."

"자네는 마치 그것을 발견한 것처럼 믿고 있지만" 하고 괴테는 비꼬는 듯 놀려대면서 대답했다. "색깔이 달린 빛에 대한 자네의 생각은 14세기의 것이야. 그리고 자네는 심한 변증법에 빠져 있어. 자네에게 좋은 점이 있다면 오직 한 가지, 자네는 자네가 생각하는 그대로를 솔직하게 말했다는 것이야. 그것은 적어도 정직하다고 할 수 있지."

이제 그는 어느 정도 밝고 부드럽게 말을 계속했다. "나의 색채론은 마치 그리스도교와 같은 것이야. 독실한 신자들이 있는 것 같지만, 그들은 어느 사이에 이탈해 버려 새로운 종파를 만들지. 자네도 다른 친구들과 마찬가지로 이단자일세. 그리고 나에게서 이탈해 나간 것이 자네가 처음은 아니야. 나는 〈색채론〉 중의 여러 가지 점을 두고 논쟁을 벌인 끝에 가장 훌륭한 사람들하고도 헤어졌네. ***하고는—일 때문에 그랬고 ***[23]하고는—때문에 그랬지." 여기서 그는 두세 명의 유명인을 거론했다.

그러는 사이 식사는 끝났고, 우리는 둘 다 침묵을 지켰다. 괴테는 일어나 창가로 가서 앉았다. 나는 그에게로 가서 그 손을 잡았다. 이 문제에 관한 한 내 쪽이 옳았고 그가 패했다고 느꼈기 때문이다.

이어 얼마 안 있어 우리는 다시 두서없는 일을 이야기했고, 또 농담도 교환했다. 그러나 헤어질 무렵에 나는 그에게 나의 반론을 더 자세히 조사 받기 위해 서면으로 보내드리고 싶다고 하면서, 그가 나의 주장을 시인하지 않는 것은 오로지 나의 전달 방법이 서툴렀기 때문이라고 말했다. 그러자 그는 문 옆에 서서 웃는지 비웃는지 모를 얼굴로 이단자니 사교(邪敎)니 하는 말을 퍼붓는 것으로 작별 인사를 대신하였다.

괴테는 자신의 문학작품을 비판하는 경우에는 언제나 아주 관대했고, 또 어떠한 반대에 접하더라도 거기에 근거가 있으면 감사하는 마음으로 받아들

*23 젊은 쇼펜하우어와 본의 생리학자인 요하네스 뮐러를 말한다.

였다. 그런데 이런 그가 〈색채론〉에 있어서는 설령 훌륭한 것이라고 하더라도 반론을 용납하지 않는 것은 좀 이상하게 여겨질 것이다. 그러나 이 수수께끼도 다음과 같이 생각하면 쉽게 풀린다. 그는 시인으로서는 외부로부터 더할 나위 없는 보상을 받아왔지만, 그의 모든 저작 중에서 가장 위대하면서도 동시에 가장 난해한 이 〈색채론〉에 있어서만은 비난과 불찬성 이외의 어떤 것도 얻지 못했다. 이는 반평생을 통해 모든 방면으로부터 무분별한 반론만이 그를 향해 울려왔다. 그러므로 그가 쉬지 않고 일종의 자극적인 전시 상태에 몸을 두고, 언제라도 격정적인 반격 태세를 갖추고 있었던 것은 당연한 일이었을 것이다.

그는 〈색채론〉에 관한 한 출중한 아이를 출산해 키우고 있는 착한 어머니와도 같았다. 다른 사람들이 이 아이를 인정하지 않으려고 하면 할수록, 자신의 자식에 대한 애정은 더해갈 뿐이었다.

그는 언제나 되풀이하여 다음과 같이 말하곤 했다. "시인으로서 내가 이룩한 모든 것에 나는 조금도 자만하고 있지 않아. 훌륭한 시인들이 나와 같은 시대에 살았지. 나의 시대 이전에는 한층 더 훌륭한 시인들이 있었고, 또한 금후에도 그런 인물은 탄생할 것이야. 그러나 금세기 중에 난해한 학문인 〈색채론〉에 있어서만은, 내가 그것을 올바르게 알고 있는 유일한 사람이라는 점에서 나는 스스로가 적잖이 자랑스러워. 그리고 이런 이유 때문에 나는 많은 사람들을 앞지르고 있다는 생각을 가지고 있다네."

1829년 2월 20일 금요일

나는 괴테와 함께 식사를 했다. 그는 〈편력시대〉를 끝낸 것을 기뻐하면서 그것을 내일 발송할 것이라고 말했다. 그리고 〈색채론〉에 관해서는 눈 속의 푸른 그림자에 대한 나의 의견을 조금 언급하였다. 그는 〈이탈리아 기행〉에 대해 말하면서, 다시 이것에 착수할 것이라고 말했다.

"이것은 우리가 흔히 여자들에게서 볼 수 있는 일일세" 하고 그는 말했다. "그녀들은 아기를 낳으면 앞으로는 두 번 다시 남편과 동침하지 않을 것이라고 맹세하지만, 자기도 모르는 사이에 또다시 임신해 버리는 거야."

그는 〈자서전〉의 제 4권에 대해 말하면서, 이것을 어떻게 취급할 것인가를 얘기했다. 또 이 작업에는 1824년에 완성한 부분과 줄거리와 관련해 내가 작성한 목록이 아주 크게 도움이 되었다고 하였다.

그는 나에게 괴틀링의 일기를 읽어 들려주었는데, 그 가운데에는 이제는 고인이 된 예나의 펜싱 사범에 대해 각별한 애정을 갖고 쓴 내용이 있었다. 괴테는 괴틀링의 여러 가지 훌륭한 점을 칭찬했다.

1829년 3월 23일 월요일

"나의 여러 가지 원고 중에서" 하고 괴테는 오늘 나에게 말했다. "건축을 응고된 음악이라고 쓴 것[24]을 발견했어. 그리고 이것은 실제로 그럴듯한 말이야. 건축에서 발생하는 분위기는 음악이 가져다주는 효과와 비슷한 면이 있지.

화려한 건물이나 방들은 군주들과 부자들의 것이라네. 그런 것 속에서 살면 안심하고 만족하게 되어 그 이상의 것은 아무것도 원하지 않게 되지.

나의 성질에는 이런 것은 전혀 맞지 않아. 내가 카를스바트에 있는 것과 같은 화려한 집에 살고 있으면, 곧 나태해져 아무 일도 하지 않게 될 걸세. 이와는 반대로 지금 우리가 있는 이 방은 어수선하고 주거처로는 초라한 곳이야. 질서가 없는 것 같은 속에도 어딘지 질서가 있고, 집시풍으로 보이기도 하지만 이것이 나에게는 알맞다네. 여기에 있으면 내 마음은 정말로 자유롭게 움직여 창작에 전념할 기분이 들어."

우리는 실러의 편지와 두 사람이 서로 가깝게 지냈던 생활에 대해, 또 그들이 매일 어떻게 서로 일을 부추기고 격려했는가에 대해 이야기했다. 〈파우스트〉에 대해서" 하고 나는 말했다. "실러는 비상한 관심을 가지고 있었던 것으로 보입니다. 그가 당신을 북돋우는 모습은 자못 아름다운 것이기도 하고요. 게다가 그가 자신의 이념에 유혹되어 스스로도 〈파우스트〉의 속편을 쓰려고 생각했었다는 것은 참으로 호감이 가는 일이라고 생각합니다. 이런 점으로 봤을 때 그는 상당히 성급한 사람이었던 것 같기도 하지만요."

---

*24 괴테는 젊었을 때나 마찬가지로 만년에도 건축예술과 음악의 예술적 친근성을 느끼고 있었다.

"자네가 말하는 대로야" 하고 괴테는 말했다. "이 세상에는 너무나 이념적으로만 사물을 생각하는 사람들이 많이 있는데, 그도 그러했지. 자네도 〈빌헬름 마이스터〉에 관한 그의 편지를 읽어 알 수 있듯이, 그는 언제나 마음이 차분하지 못했고 또 결말을 내리지 못했어. 어떤 때는 이렇게 하는 것이 좋겠다고 하고 또 다른 때는 저렇게 하는 것이 좋겠다고 했지. 그래서 나는 쉬지 않고 오직 나의 입장을 확고하게 지키며, 나의 일이나 그의 일이 이러한 영향을 받지 않도록 감싸고 보호하여 왔다네."

"오늘 아침 나는 그의 〈나도베시아인의 만가(挽歌)〉를 읽었습니다. 그리고 이 시가 매우 훌륭한 것을 발견하고 아주 기뻤습니다."

"실러가 얼마나 위대한 예술가였는지 이제 알겠군" 괴테는 대답했다. "그는 전설이 눈앞에 나타나면 이것을 창작하여 객관화하는 방법을 알고 있었네. 확실히 〈나도베시아인의 만가〉는 그의 시 가운데서 최상급의 것에 속하지. 그리고 원컨대 그가 이런 종류의 시를 한 열댓 개쯤 더 만들어 주었으면 했어. 그런데도 그의 친한 친구들은 이 시에는 그의 이상주의가 충분히 담겨져 있지 않다고 그를 비난하였다네.—훔볼트까지도 나의 도로테아가 병사들의 습격에 용감하게 무기를 들고 이들을 물리치는 부분은 부자연스럽다고 비난했지. 그러나 그것은 저 보기 드문 아가씨의 특색인 것이며, 그 시대와 그 환경에 꼭 들어맞는 것이야. 이 장면이 없었더라면 그 작품은 정말로 무의미해졌을 것이고, 그녀도 평범하기 그지없는 다른 아가씨들의 범주에 끼어 들어가게 되었을 것이야.—자네도 앞으로 살아가면서 확고한 입장에 자신의 몸을 두고 올바른 것을 말할 수 있는 인간이 실제로는 얼마나 소수에 불과한지 점점 더 잘 알게 될 것이야. 사람들은 모두가 예외 없이 자기들의 마음에 드는 것만을 칭찬하고 또 그런 것만을 만들어 줄 것을 원하고 있지. 일류이고 최고의 사람들까지도 그렇다네. 그런데 하물며 일반 군중의 여론은 어떤 것이었겠는가. 그걸 생각해 보면 이런 세태 속에서 우리들이 소외된 채로 얼마나 외롭게 살아야 했는지 짐작할 수 있을 것일세.

나도 조형미술과 자연 연구에 기반을 가지고 있지 않았더라면, 이렇게 나쁜 시대로부터 매일같이 영향을 받으면서 몸을 지탱해 나갈 수 없었을 것이네. 그러나 또한 이런 기반이 있었기 때문에 나는 내 몸을 떠받칠 수 있었고, 또한 이런 입장에서 실러에게 도움을 줄 수도 있었지."

1829년 3월 24일 화요일

"인간은 높이 올라가면 올라갈수록" 하고 괴테는 말했다. "점점 더 마력적인 정신*25의 영향을 받게 되는 것이네. 그러므로 쉬지 않고 심신을 엄하게 다잡고 자기의 주체적인 의지가 샛길로 빠져들지 않도록 주의를 기울이지 않으면 안 되지.

그렇지. 내가 실러와 친교를 맺게 된 것도 사실은 그 마력적인 정신이 작동했던 것이었네. 우리 두 사람은 그 이전이나 이후에도 만날 수 있었을는지 모르지. 하지만 내가 막 이탈리아 여행을 끝마쳤을 때 실러는 철학적인 사색에 싫증을 느끼기 시작하고 있었고, 이러한 시기에 우리가 서로를 만났다는 것은 큰 의의가 있었다네. 우리 두 사람에게 대단한 큰 성과가 있었지."

1829년 4월 2일 목요일

"자네에게 정치상의 비밀을 가르쳐주지" 하고 괴테는 오늘 식탁에서 말했다. "이것은 조만간 세상에 드러날 것이지만, 카포디스트리아스는 그리스 정치의 중심 지위를 더 오래는 지켜내지 못할 것이야. 왜냐하면 그에게는 그 지위에 있는 사람에게는 없어서는 안 될 한 가지 자격이 없기 때문이야. 다시 말해 그는 군인이 아니라는 것이네. 내각의 각료가 혁명정부를 조직하고 군대와 장군들을 지휘한 선례는 이때까지 한 번도 없었네. 손에 칼을 쥐고 군대의 선두에 서야만 명령을 내릴 수 있고 법을 제정할 수 있고, 확실하게 민심을 장악할 수도 있지. 그러나 이런 것들을 이룩하지 못하면 성공은 어렵네. 나폴레옹도 군인이 아니었더라면 최고의 권좌를 차지하지 못했을 것이야. 그러므로 카포디스트리아스는 최고의 지위를 오래 유지할 수 없을 것이고, 그도 이제 곧 제2인자의 역할을 하게 될 것이야. 나는 자네에게 이것을 예언할 수 있지. 반드시

---

*25 괴테는 〈시와 진실〉의 제4권 제20장에서는 근본현상, 즉 포착하기 어려운 것을 데몬이라고 규정하고, 그 마력적인 힘을 인정하고 외경할 것을 권하고 있다.

그렇게 되네. 이것이 사물의 자연적인 귀결이며 이렇게 되는 길밖에는 다른 도리가 없어."

이어 괴테는 프랑스인들, 특히 쿠쟁, 빌르망 그리고 기조에 대해 많은 것을 이야기했다. "그 인물들의 견식, 달관 그리고 통찰은 실로 위대한 것이지. 그들은 과거를 완전히 인식하고 있고 또 19세기의 정신과도 결합하고 있네. 이것은 정말로 놀랄 일이야."

이어 화제는 근대 프랑스 시인 그리고 고전주의와 낭만주의의 의미로 흘러갔다. "이 양자를 설명하는 것으로 나쁘지 않다고 생각되는 표현이 문득 떠올랐네" 하고 괴테는 말했다. "나는 고전적인 것을 건전한 것이라고 부르고, 낭만적인 것을 병적인 것이라고 부르고 싶어. 〈니벨룽겐〉이나 호메로스의 작품은 고전적이야. 이것들은 양자 모두 건전하고 발랄하기 때문이지. 근대의 것 대부분은 낭만적이네. 그것은 새롭기 때문이 아니라 약하고 병적이고 허약하기 때문에 그렇게 부르는 것일세. 역시 고대의 것은 오래됐기 때문에 고전적인 것이 아니고, 힘차고 신선하고 즐겁고 건전하기 때문에 그런 거야. 이러한 특색을 근거로 하여 볼 때 고전적인 것과 낭만적인 것의 구별은 일목요연하게 드러나지."

대화는 베랑제가 감금되어 있다는 것에 이르렀다. "그에게 이런 일이 생긴 것은 지극히 당연한 일이야" 하고 괴테는 말했다. "그가 쓴 최근의 시들은 규범도 없고 질서도 없네. 그런 그는 국왕과 국가, 더 나아가 평화로운 시민정신을 거역하여 철저하게 벌을 받은 게지. 반면 그의 초기작들은 명랑하고 천진하여 행복한 사람들에게 단란한 모임을 만들어 주는 데 딱 들어맞는 일을 해주었네. 그리고 이것들은 그의 가요들 중에서 가장 최고의 걸작에 속하는 것이라고 할 수 있지."

"그의 주위 환경이" 하고 나는 말했다. "그에게 나쁜 영향을 주었다고 생각합니다. 그는 자신과 가까운 혁명적인 인사들로부터 환심을 얻기 위해 전혀 마음에도 없는 것을 함부로 말하게 되었으니까요. 원컨대 각하가 계획을 진행할 때 영향에 관한 독립된 장(章)을 쓰시기 바랍니다. 이 문제는 생각하면 할수록 중요하고 광범위한 것인 듯합니다."

"사실 이 문제는 너무나 광범위한 것이지" 하고 괴테는 말했다. "왜냐하면 우리가 다른 사람에게 주는 영향을 제외하면, 모든 것은 궁극적으로 우리가 외부로부터 받는 영향에서 비롯되기 때문이야.”

“한 가지 우리가 주의해야 할 것은” 하고 나는 말했다. “어떤 영향이 방해되는 것인가, 유용한 것인가, 즉 우리의 성질에 적합하고 도움이 되는 것인가, 아니면 이와는 반대되는 것인가 하는 점입니다.”

“물론 그렇지” 하고 괴테는 말했다. “그것이 문제일세. 그러나 또한 우리의 더 좋은 본성을 힘있게 지켜가면서 마력적인 것이 부당하게 우격다짐을 부리지 못하게 한다는 것은 어려운 일이야.”

식사 후에 괴테는 꽃을 피우고 있는 월계수와 일본의 식물을 식탁 위에 갖다 놓았다. 나는 이 두 가지 식물에서 서로 다른 정취가 흘러나오는 것을 알아차렸다. 월계수는 보기에도 밝고 경쾌하고 따뜻하고 고요했지만, 이와는 반대로 일본의 식물은 야만적이고 멜랑콜리한 인상을 주었다.

“자네 말이 맞네” 하고 괴테는 말했다. “그러므로 각 지방의 풀이나 나무가 그 지방 주민의 정서에 영향을 끼친다고 할 수 있을 것이야. 그리고 또 이것은 확실한 사실이기도 해! 일생 동안을 높고 엄숙한 큰 떡갈나무에 둘러 싸여 지내는 사람들이, 명랑한 자작나무 밑을 유유히 산책하며 즐기는 인간들하고 전혀 다른 인물이 되는 것은 당연한 것이지. 그러나 이때 일반적으로 사람들은 우리와 비교하여 그다지 감수적이지는 않다는 것을 잊어서는 안 되네. 그들은 대체로 각자의 생각대로 힘차게 살아가고 있어서 별로 외계의 영향을 받지 않지. 따라서 한 민족의 성격을 완성하기 위해서는 종족의 본래의 성질을 고려하는 것이 더할 나위 없이 중요하네. 그럼에도 확실히 토지와 기후 그리고 식물과 일상적인 영위 같은 것을 무시할 수 없는 것이지. 또한 태고의 종족들은 대체로 그들에게 적합한 토지를 선택했다고 생각할 수 있네. 그러므로 그 토지와 그 인간은 태어나면서부터 성격의 조화를 이루고 있다는 것이지.”

“잠깐 뒤를 돌아다 봐 주기 바라네.”

“이 푸른 봉투 말입니까?” 하고 나는 말했다. “그렇지” 하고 괴테는 말했다. “어때, 자네는 이 필적을 어떻게 생각하는가? 이 사람이 이 주소 성명을 썼을 때의 심정은 위대하고 자유롭지 않았을까? 이 필적을 누구의 것이라고 생각하는가?"

나는 이 종이를 주의 깊게 바라보았다. 그 필적의 솜씨는 매우 자유롭고 장중한 것이었다. "메르크가 쓴 것이 아니겠습니까?" 하고 나는 말했다. "아니야" 하고 괴테는 말했다. "메르크는 이만한 숭고함과 확실성이 없었어. 이것은 첼터가 쓴 것이야.—이 봉투에 들어 있는 종이와 펜은 다행히도 좋은 것이었어. 그러므로 그 필적에 그의 위대한 성격이 남김없이 나타날 수 있었지. 나는 이것을 나의 필적 수집에 추가해 넣을 생각이야."

1829년 4월 3일 금요일

토목국장인 쿠드레이와 함께 괴테 댁에서 식사를 했다. 쿠드레이는 벨베데레에 있는 대공의 궁전 계단에 관해 이야기를 했다. 이것은 수년 이래로 그 모양새가 아주 좋지 않은 상태여서, 늙은 대공은 이 계단의 개축은 도저히 불가능한 것으로 생각하고 있었다고 한다. 그러던 차에 이번에 젊은 군주의 시대가 되자 그 개축 공사가 순조롭게 완성을 보았다는 것이었다.

그리고 여러 가지 도로 공사의 진척에 관한 보고도 있었다. 불랑켄하인을 향해 산을 넘어가는 길은 1루테마다 2피트 정도의 높은 비탈이 있기 때문에, 두세 곳에서 1루테에 대해 18인치 정도의 곳을 길을 돌아서 가지 않으면 안 되었다. 그런데 그렇게 해도 어떤 곳에서는 1루테에 대해 18인치의 비탈도 있다고 했다.

나는 쿠드레이에게 산지에 도로를 만들려면 적당한 표준은 몇 인치로 정해야 하는지 물었다. "1루테에 대해서 10인치 정도면" 하고 그는 대답했다. "꼭 알맞지요."

"그렇지만" 하고 나는 말했다. "바이마르에서 동서남북으로 난 어떤 길을 가더라도 도로가 1루테에 10인치 이상 올라가는 곳은 드물 텐데요."

"거리가 짧은 것은 문제가 되지 않습니다" 하고 쿠드레이는 대답했다. "장소에 따라서는 말을 교대할 때 받는 얼마간의 수입을 유지하기 위해 고의로 그 근방에 도로를 만드는 일이 가끔 있지요." 우리는 그의 이 그럴듯한 발상을 듣고 웃지 않을 수 없었다. "게다가 실제로" 하고 쿠드레이는 계속했다. "이것은 별로 대단한 일이 아닙니다. 교대마차는 이런 장소를 쉽게 넘어갈 수 있고 또 마부들도 어느 정도의 노고에는 이골이 나 있습니다. 그리고 이런 말 교대는 여관에서 행해지기 때문에 짐을 나르는 사람들에게는 으레히 술값을 얻는 기회가 주어지는 것입니다. 이런 사람들의 즐거움을 없애 버리게 되면 원망을 사게 될 것입니다."

"어떤가" 하고 괴테는 말했다. "아주 평탄한 지방에도 곧은 도로의 군데군데를 끊어서 여기저기에 다소 고저(高低)가 생기게 하는 것이 좋지 않겠는가. 그정도라면 교통의 편리를 방해하는 것도 아닐 것이고, 빗물의 유출을 더 좋게 하고 통로의 건조에도 유리할 테니 말이야."

"그것은 아주 필요한 일이지요" 하고 쿠드레이는 대답했다.

이어 쿠드레이는 한 권의 서류를 꺼냈다. 어떤 젊은 건축가에 대한 훈련 초안으로, 토목국 본청은 연수 목적으로 그를 파리로 파견하려는 것이었다. 그는 이 훈령을 읽었다. 괴테는 그것으로 됐다고 하면서 승낙을 했다. 이것은 괴테가 당국으로부터 그를 위해 필요한 원조의 약속을 얻어내는 데 진력하고 있던 중 거두게 된 성공이었기 때문에 우리는 모두 기뻐했다. 이어 연수에 앞서 취해야 할 대비책에 대해 이야기했다. 이 청년에게 필요한 돈을 마련할 것, 또 1년 동안 이것으로 부족함이 없이 지낼 수 있게 해 주는 것 등이 논의되었다. 그리고 그가 귀국할 때에는 신설 실업학교의 교사로 취임시키고, 이 재능 있는 청년이 때를 놓치지 않고 적당한 활동을 할 수 있도록 길을 열어줄 계획이었다. 이런 모든 것이 순조롭게 진행되고 있었기 때문에 나도 마음속으로 축복을 해 주었다.

이어 우리는 성켈*26이 목공들을 위해 만든 건축 설계도와 본보기를 보았다. 쿠드레이는 그 중요성에 대해 설명해 주면서, 그 설계도들은 장차 실업학교에서 사용하는 데에는 이를 데 없이 좋은 것이라고 말했다.

우리는 건축물 안에서의 음향과 반향에 대해 이야기를 나눴다. 그리고 화제는 가톨릭의 예수회의 건축물이 아주 견고하다는 것에 미쳤다. 괴테가 말했다.

---

*26 성켈(1781~1841). 독일 고전주의 건축의 거장이다. 그는 1816년과 1820년에 괴테를 방문한 바 있는데, 괴테는 그의 고대 그리스주의적인 방향을 높이 평가했다.

"메시나에서 지진이 났을 때 모든 건물이 붕괴되었지만 예수회의 성당과 수도원만은 아무 일 없이 그 전날 그대로였다 하네. 지진은 그 건물들에게 아무런 피해의 흔적도 남길 수 없었다는 것이야."

예수회와 그들의 재산에 대한 이야기에서 가톨릭과 아일랜드인들의 해방*27으로 말이 옮겨졌다.

쿠드레이가 말했다. "틀림없이 해방은 승인될 것입니다. 그러나 국회는 이 사건에 제한을 가해, 이 조치가 영국에 위기를 초래하는 일은 없도록 하겠지요."

"가톨릭에 대해서는" 하고 괴테는 말했다. "어떤 예방책도 소용이 없지. 로마 교황은 우리로서는 상상조차 할 수 없을 정도의 힘을 가지고 있는 자리일세. 그리고 그 세력을 남몰래 발휘하는 방법도 있어. 그것도 우리에게는 전혀 상상할 수 없는 것이야. 만약 내가 지금 국회에 의석을 가지고 있다고 한다면, 나 또한 이 해방에 방해되는 일은 하지 않겠지. 그러나 중요한 프로테스탄트 수장의 목이 가톨릭 신자의 한 표로 떨어져 나갈 때에는, 내가 한 말이 다시 생각날 것이야. 나는 이렇게 말을 해도 아무에게도 거리낄 것이 없다네."

화제는 최근의 프랑스 문학으로 바뀌었다. 괴테는 되풀이하여 쿠쟁, 빌르망 그리고 기조의 강의에 높은 찬사를 보냈다. "그들에게는 볼테르처럼 경쾌하고 표면적인 것은 없지만, 우리가 지금까지 독일인들 사이에서만 찾을 수 있었던 그런 학식이 있지. 게다가 자신들의 대상에 그 만큼이나 육박하여 그 대상을 짜내는 정신은 정말로 훌륭해. 그들은 마치 압착기를 눌러 포도액을 짜내는 사람들 같아. 세 사람 모두 다 훌륭하지. 그러나 그 중에서도 기조 씨가 가장 뛰어난 존재일세. 그는 나에게 가장 호감이 가는 인물이야."

이어 우리는 세계사 문제를 이야기했다. 그리고 괴테는 통치자에 대해 다음과 같이 말했다.

"위대한 통치자가 민심을 획득하는 데에는 그 위대함 이외에는 다른 수단이 필요하지 않지. 국가의 안으로는 번영을 이루고 밖으로는 존경을 받을 수 있도록 노력하고 활동하면 되는 것일세. 그러면 그가 가지고 있는 모든 훈장을 몸에 걸치고 국가에서 제공하는 최고급 마차를 타고 위세를 부리고 다니든, 아

---

*27 가톨릭의 동등화와 아일랜드 선거법의 개정이 4월에 법제화되었다.

니면 곰가죽을 몸에 두르고 시가를 입에 문 채 허름한 전세 마차를 타고 다니든 사람들은 전혀 상관하지 않지. 그는 변함없이 국민들의 애정을 얻고 똑같은 존경을 받게 될 것이야. 그러나 한 군주에게 인격적인 위대함이 결여되어 있어서, 선행을 베풀고 자기 국민의 사랑을 얻는 방법을 분별하지 못한다면 다른 결합수단을 고려하지 않으면 안 되네. 그것을 위해 무엇보다도 효과가 있는 것은 종교와 그 의식을 함께 즐기고 행하는 것이지. 일요일마다 교회로 찾아가 신자들을 내려다보며 한동안 그들에게 자기의 모습을 보이는 것이 민심을 얻는 상책이야. 이것은 모든 젊은 통치자에게 권하고 싶은 방법이네. 또한 이 방법이야말로 모든 점으로 보아 위대했던 나폴레옹까지도 무시하지 않았던 것이었지."

대화는 다시 한 번 가톨릭으로 바뀌어 표면으로 나타나지는 않지만 성직자들의 세력과 영향력이 얼마나 지대한 것인가 하는 점이 언급되었다. 우리는 하나우에 있는 어떤 젊은 작가에 대해 이야기를 했다. 이 젊은 작가는 얼마 전에 자기가 발행하고 있는 잡지에 로사리오에 대해 다소 비웃는 듯한 글을 썼다. 그러자마자 이 잡지는 폐간되었다. 이것은 각 교구에 있는 성직자들의 세력에 의한 일이었던 것이다.

괴테가 말했다. "나의 〈베르테르〉가 출판되자, 밀라노에서 재빨리 이탈리아어 번역본이 나왔다네. 그러나 얼마 안 있어 모든 장소에서 〈베르테르〉는 단한 권도 보이지 않게 되어 버렸지. 주교가 밀라노 교구의 성직자들에게 이 책을 모조리 사들이도록 했기 때문이야. 나는 이 사실을 알았지만 분격해하지는 않았지. 오히려 나는 시기를 놓치지 않고 〈베르테르〉가 가톨릭 신도에게는 악서임을 꿰뚫어 본 그의 현명함에 몹시 유쾌했지. 그래서 즉시 가장 유효한 수단을 써서 남몰래 이 책을 세상 사람들의 눈이 전혀 닿지 않는 곳에 매장해 버린 그를 나는 칭찬하지 않을 수 없었네."

1829년 4월 5일 일요일

괴테는 식사 전에 벨베데레까지 마차를 몰고 가 쿠드레이가 만든 성내의 새로운 계단을 보고왔다. 그는 내게 그것이 정말로 훌륭한 것이었다고 말해주었다. 또 거대한 통나무의 화석이 도착했으니 나에게 그것을 보여 주겠다고 했다. "이런 화석이 돼 버린 통나무는 위도 51도 쯤에 있는 지역에서 가져온 것인데, 마치 지구의 띠처럼 아메리카까지 한번 뺑 돈 지대에서 발견되었다는 것이야. 정말 생각할수록 놀라지 않을 수 없는 현상이네! 지구의 태초의 구조에 대해서는 아무도 아는 사람이 없지. 그러므로 폰 부흐 씨가 사람들에게 설교를 하여 자기 가설의 입지를 넓힌다고 하여도, 그러면 안 된다고 말할 수는 없네. 이 사람도 거기에 대해서 아무것도 모르지만, 그렇다고 해서 달리 아는 사람이 있는 것도 아니니까 말이야. 그러므로 결국 어느 정도의 진실성을 갖추고 있는 것에 지나지 않는다는 점에서 모두 똑같아."

괴테는 첼터가 나에게 인사를 전해 달라고 했다고 하였다. 나는 그 말을 듣고 기뻤다. 이어 우리는 〈이탈리아 기행〉에 대해 이야기했다. 그는 이탈리아에서 보냈던 편지*28 속에서 가요 한 편을 발견했으니 그것을 보여 주겠다고 하였다. 괴테는 내 맞은편에 있는 작은 책상 위에서 한 꾸러미의 문서를 집어 달라고 했다. 나는 그것을 넘겨주었다. 이것은 이탈리아에서 보낸 그의 편지였다. 그는 그 시를 찾아 읽었다.

큐피드, 장난꾸러기에다 제멋대로인 사내아이*29
두세 시간만 쉴 자리를 원했지만
벌써 며칠 몇 날 밤을 지내고는
이제는 이 집 주인 행세까지 하고 있네

나는 넓은 쉼터에서 쫓겨나
이제 땅바닥에서 지내는 신세이니 밤은 괴롭기만 하다
겨울 땔감도 마구 써 버리니
비축분도 거덜나는 처량한 신세

---

*28 괴테가 로마에서 보낸 1788년 1월 10일자 편지를 말한다.
*29 이 시는 괴테의 〈이탈리아 기행〉 중 1788년 1월분 내용이 시작하는 첫 부분에 실려 있다.

너는 나의 가구를 마구 옮겨 뒤틀리게 해 놓아
나는 눈먼 사람처럼 찾아 나서 헤매지
너는 무엄하게 떠들어 대 나는 정신이 빠져버려
이제 너에게서 도망쳐 집을 비우고 싶은 심정이라네.

나는 이 시를 듣고 아주 기뻤다. 이것은 나에게 정말로 새로운 작품처럼 생각되었기 때문이다. 하지만 괴테는 내가 이 작품을 모를 리가 없다고 말했다. "왜냐하면 이것은 〈클라우디네 폰 빌라 벨라〉 속에 있기 때문이야. 루간티노가 노래를 불렀지. 그러나 그 속에선 이 시를 떼어내서 노래하고 있기 때문에 관객은 아무도 그 의미를 알아차리지 못하네. 그러나 나는 매우 좋은 시라고 생각하지. 그 상태를 사랑스럽게 표현하고 있어. 동시에 아름다운 비유로 되어 있지. 이것은 아나크레온 풍의 시라네. 원래 나는 이 가요나 이와 비슷한 것을 오페라에서 빼내어, 새삼 인쇄에 부쳐 시집으로 만들고 싶었네. 그렇게 하면 작곡가는 가요를 함께 모아 둘 수 있을 것이야." 나는 이것을 좋은 기획이며 타당한 것이라고 생각했다. 그래서 장래를 위해서 여기에 적어 놓는 바이다.

괴테는 이 시를 아주 멋지게 읽었다. 그것은 나의 마음에서 쉽게 사라지지 않았고, 또 그의 뇌리에도 오래 남아 있는 것 같았다.

'너는 무엄하게 떠들어 대 나는 정신이 빠져버려
이제 너에게서 도망쳐 집을 비우고 싶은 심정이라네.'

특히 괴테는 가끔 이 마지막 시구를 꿈꾸듯 혼잣말로 되뇌었다.
그는 이어 나폴레옹에 관한 신간서적에 대해 이야기했다. 그것은 이 영웅의 청년기 친구가 쓴 것인데 그 안에 희귀한 설명이 들어 있다는 것이었다. "그 책은 아주 냉정하고, 그 필치는 조금도 영광의 흔적을 띠고 있지 않지만, 진실은 이야기하는 사람과 관계없이 위대한 특색을 가지고 있다는 것을 보여 주네."
괴테는 또 어떤 젊은 시인이 쓴 비극에 대해 "이것은 병적인 작품이야"라고 말했다. "필요 없는 부분에 액즙이 너무 많이 넘쳐 흘러, 정작 필요한 데에서는 부족한 실정이지. 주제는 좋네. 아주 좋아. 그러나 내가 기대한 장면은 그려져 있지 않고, 기대하지 않았던 장면이 정성스럽게 취급되고 있네. 이것은 나의 생각에 따라 병적이라고 부르든지, 아니면 우리의 새로운 이론에 따라 낭만적이라고 할 수 있을 것이야." 이어서 우리는 한동안 즐겁게 무릎을 맞대고 앉아 이야기를 하였다. 그리고 나중에 괴테가 많은 꿀과 함께 대추야자 열매 두세 개를 선물로 주어서 나는 이것을 가지고 집으로 돌아왔다.

1829년 4월 6일 월요일

괴테가 나에게 에곤 에버르트[*30]의 편지를 보여 주었다. 나는 이것을 읽고 기쁨을 느꼈다. 우리는 에곤 에버르트와 보헤미아에 관해 여러 가지로 칭찬을 했고, 또 차우퍼 교수에 대해 애정을 담아 이야기를 했다.

"보헤미아는 독특한 나라이지" 하고 괴테는 말했다. "그곳이라면 나는 언제라도 기꺼이 가고 싶네. 그곳에는 아직 문학자들의 교양 속에 순수함이 남아 있어. 이런 순수성은 북독(北獨)에서는 이미 보기 드문 것이 되기 시작했지. 이곳에서는 어중이떠중이 모두 다 글을 쓰고, 도덕적인 기초나 고매한 식견 같은 건 어디에서도 찾아볼 수 없어."

이어 괴테는 에곤 에버르트가 최근에 쓴 서사시[*31]에 대해 얘기하면서, 고대 보헤미아의 여성 제일주의와 여장부 전설의 유래 등을 설명해 주었다.

여기에서 화제는 다른 어떤 시인의 서사시에 이르렀다. 그 시인은 자신의 저작이 일반 신문잡지에서 호평을 얻게 하려고 지나친 노력을 아끼지 않았다고 했다. "그리고 그의 의도대로" 하고 괴테는 말했다. "여기저기에서 그 시에 대한 호평을 볼 수 있었지. 그렇지만 〈할레 문예신문〉은 사태의 진상을 간파하고, 그 시에 대한 진정한 의견을 기탄없이 공표해 버렸네. 그러자 기타의 신문잡지에 나타났던 모든 호의적인 말주변은 수포로 돌아가 버렸지. 오늘날 정도를 걷

---

*30 1828년 10월 3일 에커만은 에버르트의 시를 읽기 시작했다고 말한 바 있다.
*31 괴테는 에커만에게 에버르트가 1829년, 다시 말해 그해에 출간한 보헤미아의 국민적 영웅 서사시의 내용을 이야기하면서 보헤미아는 전설이 풍부한 나라라는 것을 설명해 주었다.

지 않으면 곧장 모든 것이 폭로되고 마네. 이제 대중을 우롱하고 갈피를 못 잡게 하는 시대는 지났어."

"나로서는" 하고 나는 말했다. "사람들이 얼마 안되는 명성을 위해 심한 고통을 감수하면서, 부정수단에 호소하기까지 하는 것은 이해할 수 없는 일입니다."

"하지만 정말이지" 하고 괴테는 말했다. "명성은 대단한 것이라네. 나폴레옹은 위대한 이름을 얻기 위해 거의 세계의 절반을 석권하지 않았던가!"

대화는 잠시 끊어졌지만 괴테는 계속하여 나에게 나폴레옹에 관한 새 저서에 대해 이것저것 말했다. "진실의 위력은 참으로 위대하지. 신문 기자나 역사가, 그리고 시인들이 나폴레옹의 머리 위에 씌운 모든 후광과 환상은 이 책의 무서운 진실성 앞에서 완전히 사라져 버리고 말아. 그렇지만 이 영웅은 그로 인해 더 작아지지 않고, 오히려 그 진실에 비례하여 더 위대해졌어."

나는 말했다. "그는 그 인격 속에 독자적인 매력을 가지고 있었음에 틀림없습니다. 사람들이 그를 만나면 곧 무릎을 꿇고 우군이 되어 그의 지도에 따랐던 것도 그 때문일 겁니다."

"물론이지" 하고 괴테는 말했다. "그의 인격에는 뛰어난 데가 있었지. 그러나 중요한 것은, 사람들이 그를 따르면 자기들의 목적을 달성할 수 있다고 확신했다는 것이야. 그들이 그에게 무릎을 꿇었던 것은 그 때문일세. 사람들은 그러한 신념을 주는 누구에게도 그렇게 하는 법이야. 새로 온 신인 무대감독이 자기에게 좋은 배역을 줄 것 같으면 배우들은 기꺼이 그 사람을 따르게 되네. 그것이 옛날이나 지금이나 변치 않고 되풀이되는 짜임새야. 인간이란 것은 결국 이렇게 만들어져 있지.—이 세상에 무조건적으로 다른 사람에게 봉사하는 사람은 없네. 자기에게 이득이 있다는 것을 알게 되면 스스로 그렇게 하는 것이지. 나폴레옹은 이런 인간성을 속속들이 알고 있었기 때문에, 인간의 약점을 마음껏 이용할 수가 있었지."

화제는 첼터에게로 옮겨졌다. "자네도 알겠지만" 하고 괴테는 말했다. "첼터는 프러시아의 훈장을 받았네. 그렇지만 그에게는 아직 문장이 없어. 그러나 자녀분들이 많으니 앞으로 오래도록 일가가 존속할 테지. 그래서 영예의 기호가 될 수 있는 문장을 반드시 필요로 한다네. 그래서 나는 그에게 그것을 하나 만들어 주려고 마음먹었지. 그 의향을 써서 보냈더니 그는 아주 마음에 들어했어. 말이 들어 있는 것이 필요하다고 했기 때문에—알았다고 대답하고는 말은 말이지만 날개가 달린 말을 그리려고 했지—그걸 그려 넣었다네. 자, 한 번 뒤를 봐. 자네 뒤에 있는 종이 말이야. 그것은 연필로 그린 초벌 그림이네."

나는 그 종이를 집어 스케치를 바라보았다. 그 문장은 아주 당당했고, 그 구성에 탄복하지 않을 수 없었다. 그 밑바탕에는 한 도시 외벽의 첨탑이 그려져 있었다. 이것은 첼터가 젊었을 때 믿음직스러운 미장이였음을 나타내기 위함이었다. 그 배후에서는 하늘 높이 올라가려고 하는 날개 달린 말이 있었는데, 이것은 그의 천재와 높이 향하는 그의 비약을 분명히 하고 있었다. 문장의 방패 위에는 7현금이 딸려 있었고, 그것 너머로는 별이 반짝이고 있었다. 이것은 그의 예술을 상징하고 있는 것으로, 이 훌륭한 친구는 이 행복한 별의 힘과 보호에 의해 영예를 얻고 있었다. 아래쪽 문장 언저리에는 훈장이 걸려 있었는데, 이것은 국왕이 그의 위대한 공적에 대한 감사의 표시로서 하사한 것이었다.

"나는 파치우스에게 이 조각을 하게 했네" 하고 괴테는 말했다. "자네에게 그 모형을 보여 주지. 친구를 위해 문장을 만들어 주고, 말하자면 그것으로 흡사 귀족 대열에 오르게 한다는 것은 얼마나 멋진 일인가?" 우리는 이런 즐거운 착상을 하며 흥겨워했다. 그리고 괴테는 파치우스에게 사람을 보내 모형을 가져오게 했다.

우리는 계속 식탁에 앉아 오래 된 라인의 포도주를 마시면서 비스켓을 먹었다. 괴테는 알아들을 수 없을 정도의 낮은 목소리로 뭔가 혼잣말을 하고 있었다. 나는 어제의 시가 다시금 머리에 떠올라 혼자 읊조렸다.

'너는 나의 가구를 마구 옮겨 뒤틀리게 해 놓아
나는 눈먼 사람처럼 찾아 나서 헤매지.'

"이 시가 머릿속에서 사라지지 않습니다" 하고 나는 말했다. "이것은 정말로 독특한 시입니다. 사랑으로 말미암아 우리의 생활 속에서 야기되는 난맥상을 유감없이 표현하고 있어요."

"이것은 어떤 우울한 상태를 여실히 우리 눈앞에 나타내지" 하고 괴테는 말했다. "마치 한 장의 그림을 보고 있는 것 같습니다. 네덜란드풍의 그림 말입니다." 이에 괴테가 "진작부터 〈착한 남편과 착한 아내〉와 같은 그림 말이지." 내가 말했다. "진작부터 스코틀랜드풍의 가요도 생각났습니다. 그리고 오스타데의 그림도 눈앞에 떠올랐고요." 그러자 괴테가 말했다. "그렇지만 이상하게도 이들의 시는 양쪽 모두 그림은 될 수 없어. 다만 그림의 인상을 주고 있을 뿐이야. 그림과 비슷한 분위기이긴 하지만 결코 그림이 될 수는 없지."

나는 말했다. "이것은 문학이 본래의 영역을 떠나지 않고 가능한 한 그림에 접근한 좋은 예인 듯합니다. 나는 이러한 시를 가장 좋아하는데, 그것은 이런 시는 그 심상이 생생하게 펼쳐지는 동시에 감정을 잃지 않기 때문입니다. 당신이 어떻게 해서 이런 기분이 되었는지는 알 수 없지만, 이것은 마치 다른 시대, 다른 세계의 시 같습니다."

"나는 이러한 시를 두 번 다시는 창작하지 못할 것이야" 하고 괴테는 말했다. "그리고 어떻게 해서 이렇게 되었는지는 나로서도 아직 말할 수 없어. 이러한 일이 가끔 일어나기는 하지만 말이야."

나는 말했다. "이 시에는 또 어딘지 모르게 독특한 데가 있습니다. 쉬지 않고 운(韻)을 맞추고 있는 것 같지만, 사실은 결코 그렇지 않기 때문입니다. 왜 이런 것입니까?"

"운율 때문에 그렇지" 하고 괴테는 말했다. "이 시구는 엑센트가 없는 전철로 시작하여 트로케우스, 즉 강약조 시형으로 진행되다가 마지막으로 닥틸루스, 즉 강약약조가 되지. 그래서 독특한 감정을 자아내 급기야는 애처로운 탄식조의 성격을 띠게 된다네." 괴테는 연필을 쥐고 다음과 같이 설명해 주었다.

Von | meinem | breiten | Lager | bin ich ver | trieben.

(나의 넓은 쉼터에서 나는 쫓겨나.)

우리는 운율 일반에 대해서 이야기했고, 이러한 사항에 관해서는 어떤 단정을 내리기가 어렵다는 결론의 일치를 보았다. "박자는" 하고 괴테는 말했다. "시적 기분에서 생기는 것이야. 무의식적으로 말이야. 시를 쓸 때에 그런 것을 생각하면 혼란에 빠져 좋은 것을 만들 수 없지."

나는 문장의 모형에 대한 말이 나오기를 기다리고 있었다. 괴테는 기조에 대해 이야기하기 시작했다. "나는 그의 강의를 계속 읽고 있지. 그는 변치 않고 당당해. 금년분은 약 8세기까지 이르고 있네. 그는 어떤 역사가도 이만큼은 위대하다고 할 수 없을 만큼 날카로운 인식과 투철한 안목을 갖추고 있지. 그의 눈은 보통 사람들은 도저히 생각할 수 없는 것을 포착하네. 그러면 그것이 중요한 사건의 근원이 되고 이를 데 없이 심대한 의의를 띠게 되지. 가령 어떤 종교적 의견의 우세가 역사에 어떤 영향을 끼쳤는가, 또 원죄나 은총 그리고 선행같은 교의가 각 시대에 따라 여러 가지 형태를 취한 것은 무엇 때문인가 하는 문제가 그에 의해 확실하게 해명되고 입증되고 있는 거야. 또한 로마법은 때로 모습을 감추는 일이 있어도 완전히 없어지지 않고 언제나 다시 원기 왕성하게 솟아오르는 호수 위의 오리처럼, 긴 생명력을 가진 것으로서 상당히 잘 취급되고 있지. 이때에 우리는 훌륭한 자비니*32에 대해서도 절대적인 찬사를 드리게 되네.

기조는 고대 프랑스인인 갈리아인들이 다른 민족에게서 받은 영향을 논의하고 있는데, 특히 우리의 눈길을 끄는 것은 그가 독일인의 영향을 논하고 있는 대목이야. 그는 이렇게 말하고 있네. '게르만인들은 개인의 자유라는 이념을 우리에게 가져다 주었다. 이것이야말로 무엇보다도 이 국민이 가지고 있던 고유한 것이었다.' 이 말은 얼마나 함축성이 있는 말인가. 이것은 완전하다고 할 만큼 타당한 평이야. 그리고 이 이념은 오늘에 이르기까지 계속 우리들 사이에 작용하고 있는 것이 아닌가?—종교 개혁도 그렇고 바르트부르크의 학생 봉기도 그렇고, 현명한 것이나 어리석은 것들 모두가 여기에서 발생한 것이지. 우리나라 문학의 다채로운 것도 그것에서 연유하였고, 우리 시인들이 독

---

*32 자비니(1799~1861). 법률학에서 역사학파의 창시자로 평가 받는 그는 〈중세에 있어서의 로마법의 역사〉 6권(1815~1831)을 출간했다.

창성을 추구하여 너나 나나 할 것 없이 새로운 길을 개척하려 하는 것도 역시 마찬가지야. 또 우리 학자들이 분리, 고립하여 자기 입장을 지키고, 그 입장에서 본원적인 활동을 하고 있는 것도 모두 여기에서 나온 것이지. 이와는 반대로 프랑스인이나 영국인들은 서로 굳게 단결하여 방향을 함께 하고 있네. 복장과 태도에도 일치된 것이 있네. 그들은 서로 불화를 일으키는 것을 두려워하여, 눈에 띄어 웃음거리가 되는 것을 극히 삼가네. 그러나 독일인들은 각자 자기가 생각하는 대로 추구하여 자기 자신을 만족시키려고 하지. 다시 말해 독일인은 다른 사람의 것을 문제 삼으려고 하지 않네. 이것은 기조가 올바르게 간파하고 있듯이 개성의 자유라는 이념이 작용하고 있기 때문이야. 그리고 독일인의 이런 점으로 인해 탁월한 것들이 많이 나타나기도 하지만 어이없는 것들 또한 많이 나타나는 것이지."

1829년 4월 7일 화요일

내가 방으로 들어가자 한동안 건강이 좋지 않았던 궁중 고문관인 마이어가 괴테와 함께 식탁에 앉아 있었다. 그가 이 정도까지 건강을 회복한 것을 보고 나는 기뻤다. 두 사람은 이탈리아와 미술품에 대해 이야기하고 있었다. 그는 필*[33]이 클로드 로랭*[34]의 작품 한 폭을 4천 파운드나 주고 샀다는 것에 특별히 호감을 표시했다.*[35] 그 동안 신문이 배달되었다. 우리는 이것을 대강 훑어보면서 수프가 나오는 것을 기다렸다.

시국 문제로서 곧 아일랜드인들의 해방이 논의되었다. 괴테가 말했다. "이 문제에 있어서 우리는 배우는 것이 많아. 이번 일로 아무도 생각할 수 없었던 그런 것들, 즉 이런 계기가 아니었더라면 화제에조차 오르지 않았을 그런 일

---

*33 필(1788~1850). 영국정치가인 그는 미술품 수집가이기도 했다.

*34 클로드 로랭(1600~1682). 프랑스의 화가인 그는 푸생과 함께 이상적 풍경화의 대표적인 화가이다. 로랭의 작품을 철저하게 연구한 괴테는 이렇게 말하고 있다. '클로드 로랭은 현실 세계의 여러 구석을 보지 않고 말할 수 있을 정도로 잘 알고 있었다. 그리고 그는 그것을 자신의 아름다운 영혼세계를 표현하기 위한 수단으로 사용했다.'

*35 마이어는 로랭의 작품이 얼마나 훌륭한가를 알고 있었기 때문에 영국의 정치가 필의 행동을 칭찬하지 않을 수 없었던 것이다.

들이 백일하에 드러난 셈이야. 그러나 우리는 아일랜드의 상황에 관해서는 전혀 모르고 있네. 왜냐하면 이것은 너무나 얽히고 설킨 문제이기 때문이지. 많은 사람들이 인정하고 있듯이, 이 나라는 아무리 손을 쓰더라도 어찌할 수 없는 재앙에 시달리고 있고, 이것을 어떻게 하면 해결할 것인가조차 알 수 없는 상황이야. 이때까지 이 재앙을 아일랜드 혼자서 짊어져야 했던 것은 불행한 일이었지만, 이제 영국 본국까지 거기에 관여하게 된 것은 더욱 유감스러운 일인 동시에 중대사이기도 하다네. 게다가 가톨릭 교도는 전혀 믿을 바가 못 되지. 지금까지 아일랜드의 200만 신교도가 500만이나 되어 수적으로 우세한 가톨릭 교도들 때문에 얼마나 비참한 상태에 있었는가는 세상이 다 알고 있는 바일세. 가령 가난한 신교도 소작인들이 이웃에 사는 가톨릭 교도들에게 에워싸여 얼마나 많은 압박을 받고 괴로움을 당하고 고난을 겪어 왔는가. 가톨릭 교도들은 서로가 화합하지 않고 지내다가도 일단 신교도에 대항하게 되면 언제나 일치단결하지. 마치 서로 물어뜯다가도 사슴이 나타나기만 하면 금세 한 덩어리가 되어 돌진하는 사냥개의 무리처럼 말일세."

화제는 아일랜드인들로부터 터키 분쟁으로 옮겨졌다. 러시아인들이 막강한 병력을 가지고 있었음에도 불구하고 전년의 원정에서 이렇다 할 성적을 올리지 못한 것을 우리 모두 이상하게 생각했다. "실상은" 하고 괴테는 말했다. "물자가 태부족한 상태에서 개개인들에게 너무나 과도한 희생을 강요했던 것이지. 그러므로 개인의 위대한 업적과 희생은 있었지만, 이것을 제외하고 볼 때 전체적으로 전과는 별로 올리지 못했어."

"이 지방은 어쩐지 저주받은 곳 같습니다" 하고 마이어는 말했다. "아주 오랜 옛날 도나우 강을 건너 북방의 산맥지대를 침입하려고 했던 적은, 언제나 이 근방에서 도전을 받고 집요한 저항을 만나 거의 한 발짝도 앞으로 나갈 수가 없었지요. 만약 러시아인들이 차라리 바다쪽만 장악하고 거기에서 양식을 공급받을 수 있었더라면 좋았을 테지요!" "그랬으면 좋았을 테지." 괴테도 동의했다.

"나는 지금 〈나폴레옹의 이집트 원정기〉를 읽고 있네. 이것은 이 영웅을 늘 따라다녔던 부리엔이 쓴 것으로, 여러 가지 모험적인 것은 제거하고 사실을 있는 그대로 그려서 숭고한 진실을 보여주고 있지. 이 책을 읽으면 나폴레옹이 이 원정을 계획한 것은 단지 프랑스에서 자기가 주동자가 되어 할 수 있는 일이 전혀 없었던 한 시기를 메꾸기 위해서였다는 것을 알 수 있네. 그는 처음에는 무엇을 할 것인가 하고 주저하고 있었어. 그래서 대서양의 연안을 내려가 프랑스의 모든 항구를 보고 다니면서 선박 상태를 조사하여, 영국 원정이 가능한지 어떤지를 확인해 보았다네. 그리고 이것이 불리하다는 것을 깨닫자 그는 이집트 원정을 결심했다는 것이야."

"나는 말했다. 내가 놀라지 않을 수 없었던 것은 나폴레옹이 그처럼 젊은 나이로 세계의 대사건을 아주 쉽게, 그리고 확고하게 해치웠다는 것입니다. 마치 다년간 실제 훈련과 체험을 쌓은 사람과도 같이 말입니다."

"그렇지" 하고 괴테는 말했다. "그것은 그가 위대한 인물이 세상에 태어날 때 부여받는 그런 자질을 가지고 있었기 때문이야. 훔멜이 피아노를 제 마음껏 익숙하게 다뤘듯이, 나폴레옹은 이 세계를 마음껏 쥐고 흔들어 댔네. 양쪽 모두 우리에게는 이상하게 보이지. 우리로서는 그 어느 쪽도 거의 이해할 수가 없어. 그러나 이것은 사실이며 우리의 눈앞에서 일어난 일이지. 특히 나폴레옹이 위대했던 것은 그가 어떠한 경우에도 변치 않았다는 점 때문이야. 전쟁 전, 전쟁이 한창일 때, 또 승리를 거두거나 패배한 후에도 그는 언제나 확고한 태도를 보였고, 무엇을 할 것인가에 대해서도 항상 명료하고 단호했지. 그는 언제나 자기 세계를 지켰고 어떤 상태에도 적응했네. 이것은 마치 훔멜에게는 아다지오이든 알레그로이든, 저음이든 고음이든 모두 똑같은 것과 같아. 이것이 참된 재능이 있는 사람에게서 언제나 볼 수 있는 원숙함인 것이지. 이것은 평화의 예술이나 전쟁의 전술에 있어서나, 그리고 피아노 앞에서나 대포의 뒤에서나 마찬가지로 발휘되는 것일세."

"그런데 이 책을 보면" 하고 괴테는 말을 계속했다. "그의 이집트 원정에 관한 너무나 많은 이야기가 날조되어 왔다는 것을 알 수 있네. 그런 이야기들은 긍정이 가는 것도 있지만, 전혀 동감할 수 없는 것도 수없이 많았지. 그리고 그 대부분은 실제하고 다르네.

그가 800명의 터키 포로들을 총살에 처했다는 것은 진실이지. 그러나 이것은 오랜 시간에 걸쳐 군법회의를 열어 위원회의 토의를 거친 끝에 나온 결과였어. 모든 사정을 고려한 후에도 그들을 살려낼 수단은 전혀 없었던 것이야.

그가 피라미드 안으로 들어갔다는 것은 꾸며낸 이야기라네. 그는 얌전하게 바깥에 서 있다가 안에 들어 갔던 사람들에게서 말을 전해 들었을 뿐이지.

게다가 그가 동양의 의상을 입었다는 전설도 사실과는 다른 것이야. 딱 한 번 집에서 가장을 하고 그대로 가족들 앞에 나타나 그것이 그에게 어울리는지 어떤지 봐 달라고 했네. 그러나 그에게 머리에 두르는 터번은 어울리지 않았지. 이것은 대체로 머리가 긴 사람에게는 어울리지 않으니까 말이야. 그 후로 그는 그런 의상을 두 번 다시 입지 않았어.

그러나 그가 흑사병 환자를 위문했다는 것은 사실이었지. 이것은 공포심을 극복하기만 하면 흑사병도 두려워할 필요가 없다는 것을 보여 주기 위한 것이었네. 그리고 그가 행한 행동은 옳은 것이었어!—나 자신의 일생에서도 이러한 실례가 있었지. 전염병의 부패열에 어쩔 수 없이 몸을 맡기지 않으면 안 되었던 일이 있었는데, 나는 오직 확고한 정신의 의지력에 의해서 이 병으로부터 스스로를 지켜 낼 수 있었어. 이런 경우 윤리적인 의지력이 얼마나 위대한 일을 해낼 수 있는가 하는 것은 도저히 믿어지지 않을 정도지! 말하자면 이 윤리적인 의지력이 육체 전체에 퍼져서 그 육체를 적극적인 상태로 만들어, 그것이 유해한 영향을 모두 뒤엎게 하는 것이야. 이와는 반대로 공포심은 나른하고 무기력한 데다 매사에 감염되기 쉬운 상태를 만들기 때문에, 어떤 종류의 적에게도 쉽게 손을 들게 한다네. 이것을 나폴레옹은 너무나도 잘 알고 있었어. 그러므로 그는 이 한 가지 중요한 실례를 보여줌으로써 아주 손쉽게 그의 군대를 감동시킬 수 있었던 거지."

"그러나" 하고 괴테는 쾌활하게 농지거리를 하듯 말을 계속했다. "우리 모두 주목해야 할 것이 있어. 나폴레옹의 야전문고 중에 어떤 책이 있었는지 아는가?—나의 〈베르테르〉였어!"

"그가 이 책을 깊은 감동으로 읽었다는 것은" 하고 나는 말했다. "〈에르프르트 회견기〉 속에 나와 있습니다."

괴테는 말했다. "그는 이것을 형사 담당판사가 소송 서류를 조사할 때처럼 연구했지. 그가 나와 〈베르테르〉에 관해 이야기했던 것도 이런 배경이 있었기 때문이었네.

부리엔 씨의 책 속에는 나폴레옹이 이집트로 가지고 간 책들의 목록이 들어 있지. 그 가운데에는 〈베르테르〉도 있어. 그러나 이 목록에서 주목해야 할 것은 그 책들이 여러 가지 표지 아래에서 어떻게 분류되어 있는가 하는 것이지. 가령 '정치적'이라는 표제에는 〈구약성서〉, 〈신약성서〉 그리고 회교의 경전인 〈코란〉이 있지. 이것으로 나폴레옹이 종교를 어떤 관점에서 보고 있었는가를 알 수 있네."

괴테는 또한 현재 읽고 있는 그 책 가운데 흥미있는 점들을 여러 가지로 말했다. 그 중에서도 나폴레옹이 군대를 이끌고 홍해 바다의 첨단에 이르렀을 때의 이야기는 가장 인상 깊은 것이었다. 그때 그의 부대는 썰물 때 바닥을 드러낸 홍해를 건너고 있었는데 그 도중에 바닷물이 다시 밀물로 바뀌어, 최후의 부대는 팔 아래까지 물에 잠기면서 건너지 않으면 안 되었다고 한다. 그러니까 이 모험도 하마터면 파라오*36와 같은 종말을 맞을 뻔한 것이었다. 이 이야기에 곁들여 괴테는 바닷물이 만조가 될 때 일어나는 여러 가지 새로운 현상에 대해 들려 주었다. 그는 그것을 구름과 비교했다. 그리고 구름은 먼 거리에서 오는 것이 아니고 도처에서 동시에 발생하여, 모든 방면으로 널리 고르게 퍼진다고 이야기해 주었다.

1829년 4월 8일 수요일

내가 들어갔을 때 괴테는 벌써 준비된 식탁에 앉아 있었다. 그는 나를 아주 명랑하게 맞아 주었다. "편지를 한 통 받았다네." 그는 말했다. "어디에서 왔다고 생각하는가?—로마에서 왔지! 누구에게서 온 것이라고 생각하는가?—바이에른의 왕으로부터 온 것이네."

"나도 기쁘게 생각합니다." 나는 말했다. "그런데 나는 한 시간 동안 산책을 하면서 줄곧 바이에른 왕에 대해 생각하고 있었습니다. 그런데 마침 지금 이

---

*36 구약성서 출애굽기 제14장. 모세가 이끄는 이스라엘 백성을 추격하여 가던 파라오와 이집트군대들은 홍해 바다에서 빠져죽고 만다.

유쾌한 보고를 접하니까 좀 신기한 생각이 듭니다."

"우리들의 마음에는 곧잘 그런 예고라는 것이 작용하지" 하고 괴테는 말했다. "저기에 편지가 있어. 가지고 와서 읽어 봐요."

나는 그 편지를 집었다. 괴테는 신문을 손에 잡았다. 이리하여 나는 아주 침착한 마음으로 왕의 말을 읽었다. 편지에는 '1829년 3월 26일 로마에서'라고 쓰여 있었는데, 그 필적은 매우 장중하고 명료했다. 왕은 로마에서 저택 한 채를 사들인 소식을 전하고 있었다. 그것은 로마 서북단의 언덕 위에 위치한 빌라 디 말타 저택과 이에 딸린 정원으로, 그 부근에는 루도비지가 있다고 했다. 또 그 위치상의 이점으로 그곳에서는 로마시 전체가 한눈에 들어와, 바티칸에 있는 성 베드로 성당도 충분히 내려다볼 수 있다고 알려주고 있었다. 왕은 '사람들은 이 전망을 맛보려고 멀리에서 찾아오고 있지만 나는 이것을 내 집 창가에서 하루종일 마음껏 즐기고 있다'고 쓰고 있었다. 그는 이에 계속하여 '지금 나는 로마에 이처럼 아름다운 주거지를 마련하고 지낼 수 있는 것을 찬양하지 않을 수 없다. 나는 로마를 지난 12년 동안 보지 못했는데, 그 동안 이 도시를 그리운 연인처럼 연모하고 있었다. 그러나 지금부터는 사랑하는 연인을 만나러 가는 평온한 심정으로 돌아갈 수 있을 것이다'라고 쓰고 있다. 이어 그는 귀중한 미술품과 건축에 대한 자신의 전문적인 의견을 열심히 말하고 있었다. 이분은 진정한 아름다움과 그에 필요한 요구를 가슴에 꼭 담아 두고, 좋은 취미에 역행하는 모든 것을 날카롭게 제외시키고 있는 것 같았다. 이 편지는 구석구석에 이르기까지 아름답고 인간적인 감정과 표현이 넘쳐나고 있었는데, 이러한 풍모는 이처럼 높은 지위의 인물 중에서는 좀처럼 볼 수 없는 것이었다. 내가 여기서 느낀 기쁨을 괴테에게 표시하자 그가 말했다.

"자네도 알 수 있듯이 이분은 왕자의 위엄을 갖추고 있으면서도, 타고나면서부터 가지고 있는 인간성을 잃지 않고 있는 군주이지. 이런 현상은 드물게 보이는 것이네. 또 그럴수록 점점 더 이분에게 호감이 가지." 나는 이 편지를 읽고 새삼스레 멋진 부분을 여러 군데 발견했다. '이곳 로마의 땅으로 와서 왕좌에 올라 있을 때 겪어야 하는 여러 가지 번거로운 일로부터 벗어날 수 있다. 미술과 자연이 나의 일상 생활의 기쁨으로 변했고, 미술가들이 나의 식탁 친구들이다.' 그는 또 괴테가 살고 있었던 집 근처를 자주 지나가면서, 그럴 때마다 그를 생각한다고도 했다. 그러고 나서 〈로마의 비가〉의 두세 군데를 인용하고 있었는데, 이것으로 왕이 이것을 잘 기억하고 있어서 이따금 그곳 로마에서 되풀이하여 떠올리고 있음을 알 수 있었다.

"그렇지" 하고 괴테는 말했다. "그분은 이 비가를 유달리 사랑하였네. 그는 여기에 있을 때에도, 그 시를 만들게 된 사건을 가르쳐 달라고 하면서 나를 무던히도 괴롭혔지. 왜냐하면 사실 이 시는 아주 우아하게 생각되고 마치 뭔가 실제로 있었던 일을 기초로 하고 있는 것처럼 보이기 때문에, 그 사실이 무엇이었는지 궁금하셨던 거야. 그러나 시인이란 대체로 얼마 안되는 동기를 가지고도 어엿한 걸작품을 창출해 내곤 하는데, 사람들은 이것을 말해도 좀처럼 믿으려고 하지 않지."

"차라리" 하고 괴테는 말을 계속했다. "왕이 자기가 쓴 시를 여기 이 편지 속에 적어 보냈더라면 좋았을 것이라고 생각하네. 그렇게 하면 답장을 보낼 때에 나는 그 시에 대한 의견을 개진할 수 있지. 내가 읽은 그의 작품은 아주 적지만, 그것들로만 판단해도 그의 시는 좋은 것이야. 형식이나 취급 방법이 다분히 실러의 영향을 받고 있는데, 만약 그가 그러한 훌륭한 용기(容器)를 사용하여 높은 심정의 내용을 담는다고 한다면 많은 탁월한 작품을 기대할 수 있을 거야.

좌우간 왕께서 로마에 이처럼 아름다운 집을 샀다는 것은 기쁜 일이야. 나는 그 별장을 알고 있어. 그 위치가 아주 좋은 곳이지. 그 근방에는 여러 독일 미술가들이 살고 있네."

하인이 그릇을 바꿨다. 괴테는 이 사나이에게 천장의 방에 있는 로마의 큰 동판화를 바닥에 펼쳐 놓으라고 했다. "왕이 얼마나 멋진 집을 샀는지 자네에게 보여 주기로 하지. 이것을 보면 자네는 이 일대를 자유롭게 상상할 수 있을 걸세." 나는 괴테의 이 말에 깊은 고마움을 느꼈다.

내가 말했다. "어제 저녁에 〈클라우디네 폰 빌라 벨라〉를 읽고 대단히 감동했습니다. 각색이 아주 확고한데다 사건의 움직임이 아주 대담하고 자유분방하더군요. 자연히 이 작품이 무대에 올려지는 것을 보고 싶다는 절실한 욕망을 느꼈습니다."

"이것을 잘만 연출한다면" 하고 괴테는 말했다. "결코 나쁘지는 않을 것이야." 나는 말했다. "나는 벌써부터 이 연극을 머릿속으로 구상하고 있습니다. 배역도 정해놓고 있지요. 게나스트 씨가 루간티노 역을 맡아야 합니다. 이 배역은 그를 위해 만들어진 것이나 다름없습니다. 프랑케 씨는 돈 페드로 역을 해야 할 것입니다. 그는 게나스트 씨와 비슷한 몸매를 하고 있지요. 저는 아무래도 형제역을 맡는 두 사람의 배우가 다소라도 비슷한 것이 좋다고 생각합니다. 라 로슈 씨는 바스코 역을 하는 것이 좋겠습니다. 그는 멋진 분장과 기술로 이 연극에 필요한 야성적인 외관을 보여줄 것입니다."

"에버바인 부인은 아주 훌륭하게 루친데 역을 해낼 것이고, 슈미트 양은 클라우디나 역에 들어맞을 것이야." 괴테가 말했다. "알론초 역에는 당당한 인물이 아니면 안 됩니다. 이 배역에는 성악가보다는 오히려 연기를 잘하는 배우가 좋을 것이고, 욀 씨 아니면 그라프 씨가 적당하다고 생각됩니다. 그건 그렇고 누구에게 가극을 작곡하라고 하실 겁니까? 그리고 음악은 어떻게 할 것입니까?" 내가 물었다.

"라이히아르트*³⁷에게 맡기면 되지" 하고 괴테는 대답했다. "그러나 음악이 아무리 멋지더라도 단지 기악 연주로는 고대의 취미를 잘 표현할 수 없을 거야. 이번에는 이 점에 다소 수정을 가해 기악 연주를 한층 더 강렬하게, 한층 더 풍부하게 하지 않으면 안 되지. 나의 가곡 〈큐피트, 장난꾸러기에다 제멋대로인 사내아이〉도 이 작곡가 덕분으로 일대 성공을 거두었네."

"이 노래에는 아주 독특한 것이 있습니다. 혼자 흥얼거리면 쾌적하고 꿈꾸는

---

*37 라이하르트(1752~1814). 그 당시 매우 높은 교양을 가진 것으로 알려져 있던 음악가인 그는 약관 24세 때에 프리드리히 2세에 의해 포츠담 궁정 악단의 단장이 되었다. 이탈리아 여행에서 돌아온 괴테는 창작에 몰두하게 되는데, 1789년 라이하르트를 알게 된 이후로는 음악에 관한 일들을 주로 라이하르트와 상담하게 되었다. 이에 라이하르트는 1789년과 1790년에 괴테의 경가극 〈클라우디네 폰 빌라 벨라〉와 〈에르빈과 엘미레〉를 작곡하였고, 그뿐만 아니라 괴테의 시 16편에도 곡을 붙였다. 그러나 정치적인 견해 차이로 두 사람의 사이는 멀어졌다. 그들은 훗날 다시 화해했지만, 1802년 2월 첼터를 만나게 된 괴테는 그 이후부터 음악분야에 관한 모든 조언과 협력을 첼터에게서 구했다. 이러한 첼터와의 관계에서 괴테는 독일 가곡과 창조적인 관계를 맺기 시작했던 것이다.

듯한 기분이 되니까요."

"이 노래는 그러한 기분에서 생겨난 것이네" 하고 괴테가 말했다. "그러므로 그 효과도 그러한 것이 당연하지."

우리는 식사를 끝마쳤다. 프리드리히가 로마의 동판화를 천장의 방에 펼쳐 놓았다고 알려 왔다. 우리는 이것을 관람하려고 갔다.

이 세계적인 도시의 위대한 모습이 우리의 앞에 있었다. 괴테는 곧바로 빌라 루도비지와 그 가까이에 있는 왕의 새로운 주거지인 빌라 디 말타를 발견했다. "잘 봐요" 하고 괴테는 말했다. "얼마나 멋진 장소인가!―로마 전체가 자네의 눈앞에 펼쳐져 있지 않은가. 언덕이 높기 때문에 남쪽과 동쪽으로도 도시를 굽어볼 수 있지. 나는 가끔 이 별장에서 창문을 통해 밖의 전망을 즐기곤 했네. 티버 강 저쪽 기슭에 도시가 동북쪽을 향해 늘어지듯 자리하고 있어. 성 베드로 성당은 여기에 있고, 또 그 가까이에 바티칸 교황청이 있지. 봐요, 왕은 그의 별장의 창문으로 강 너머 이들 건물의 전망을 마음대로 즐길 수 있어. 여기에 있는 길고 긴 도로는 북쪽에서 도시로 들어오는 길인데, 독일에서부터 계속되고 있는 것이야. 이것이 포르타 델 포폴로일세. 나는 이 문을 지나면 처음 나오는 거리의 모퉁이 집에 살고 있었지. 세상 사람들은 요즘 다른 건물을 가리키면서 내가 살았던 곳이라고 말하고 있지만 그것은 옳지 않은 일이네. 그러나 그런 것은 하찮은 것이야. 결국 아무래도 좋은 것이지. 사람들의 구설수에 맡겨 버리면 되는 것이니까 말이야."

우리는 다시 먼저의 방으로 돌아왔다.―"법무장관에게" 하고 나는 말했다. "왕의 편지를 보여드리면 기뻐하실 것입니다."

"그래, 그에게도 보여 주도록 해야지" 하고 괴테는 말했다.

"파리의 신문에 나와 있는 국회의 연설이나 토론을 읽을 때마다" 하고 괴테는 말을 계속했다. "나는 항상 우리의 법무장관을 생각하지 않을 수 없네. 그는 그런 곳에 가서도 자기 본래의 특색을 발휘하여 제자리를 차지할 것이야. 그런 지위에는 총명한 머리뿐만 아니라 연설을 위한 충동과 기쁨도 함께 필요한 법이지. 그런데 우리의 법무장관은 이 두 가지 모두를 확고하게 갖추고 있어. 나폴레옹도 이런 연설 충동을 느끼고 있었지. 그는 연설을 할 수 없을 때에는 할 수 없이 글로 쓰거나 구술을 했어. 블뤼허의 경우에도 연설을 좋아했네. 그는 연설을 잘했을 뿐만 아니라, 힘이 배어 있는 연설을 했지. 그는 이 재능은 극장의 칸막이 관람석에서 연극을 구경하며 연마한 것이야. 우리의 대공도 말수가 적은 편이었지만 연설을 좋아했고, 연설을 할 수 없을 때에는 펜을 들었네. 그분은 많은 논문과 법률을 기초했고 대부분 훌륭한 것이었지. 하지만 군주는 그 모든 것을 구석구석까지 파헤칠 시간과 여유가 없어. 그래서 대공이 만년에 만든 그림 수복에 관한 지출 규정 같은 것은 정말로 재미있는 것이었어. 왜냐하면 그분은 자못 군주답게 수리비의 판정을 수량에 의거하여 수학적으로 정했기 때문이야. 그 규정에 따르면 그림의 복구에 드는 비용은 1피트당 얼마로 계산하여 지급해야 하는 것이었네. 그래서 만약 그림이 12제곱 피트라면 12탈러를 지급하고, 또 4제곱 피트의 경우에는 4탈러를 지불하면 되는 것이야. 이것은 군주다운 방식이기는 하지만 예술적인 것은 아니지. 왜냐하면 12제곱의 그림이라고 하더라도 단지 하루의 노역으로 수복할 수 있는 경우도 있고, 4제곱 피트라고 해도 그 수복에 꼬박 일주일이 걸리는 경우가 있기 때문이야. 그러나 군주들은 군인들과 마찬가지로 수학적인 규정을 좋아하고, 수량에 준해 사업을 대규모로 추진하곤 하지." 나는 이 일화를 아주 흥미있게 들었다. 이어 우리는 계속 미술에 대해, 그리고 이와 유사한 문제에 관해 이야기했다.

"나는" 하고 괴테는 말했다. "라파엘로와 도메니키노*38 그림의 모사품을 가지고 있네. 이것에 대해 마이어가 한 주목할 만한 논평을 말해 주지.

마이어는 이렇게 말하고 있네. '이 소묘에는 좀 미숙한 데가 있지만, 이것을 그린 화가는 분명 그의 앞에 있던 그림에 대해 섬세하고 옳은 감정을 갖추고 있었을 것이다. 이 소묘에는 그런 감정이 넘쳐나고 있어 우리 마음속에는 그 원그림이 아주 충실하게 떠오른다. 만약 오늘날 미술가가 저 그림을 모사한다면 그 사람은 모든 것을 더 잘 그릴 것이고, 아마 또한 더 정확하게 그릴 것이다. 그러나 틀림없이 그 사람에게는 원그림을 관통하는 성실한 감정이 없을 것이다. 따라서 그 소묘는 훨씬 더 잘 그려진다고 하더라도, 우리에게 라파엘로

_____
*38 도메니키노(1581~1641). 이탈리아의 화가로 성화를 많이 그렸다.

나 도메니키노에게서 볼 수 있는 순수하고 완전한 개념을 전달하는 점에서는 훨씬 뒤떨어진 것이 될 것으로 예상된다.' 이것은 정말로 아주 미묘한 사항이라고 할 수 있지 않겠는가?" 하고 괴테는 말했다. "번역의 경우에도 이것과 비슷한 일이 일어나지. 가령 포스가 호메로스를 가장 정확하고 멋지게 번역했네. 그렇지만 누군가 원작에 더 소박하면서도 더 진실된 감정을 품고 있는 사람이 있다면, 전체적으로 포스처럼 아주 훌륭한 번역을 해낼 수는 없더라도, 그 원작의 느낌을 더욱 잘 살려서 새롭게 다시 번역해 낼 수 있을 것이야."

나는 이 모든 것이 아주 훌륭하고 핵심을 찌르는 이야기라고 생각하고 전적으로 공감했다. 이를 데 없이 좋은 날씨였고, 태양은 아직 중천에 높이 떠 있었기 때문에 우리는 잠깐 뜰 밖으로 나갔다. 괴테는 곧 두세 개의 나뭇가지가 길가에 너무 낮게 드리워져 있는 것을 발견하고는 이것을 높게 묶어 매도록 일렀다.

누런 샤프란이 아주 발랄하게 꽃을 피우고 있었다. 우리는 그 꽃들을 쳐다본 다음 시선을 길 위로 옮겼는데, 거기에는 완전한 자색의 영상이 나타났다. "요전에 자네가 말했지" 하고 괴테는 말했다. "녹색과 적색은 황색과 청색보다는 한층 더 잘 우세하게 서로를 불러들이고 있네. 그 이유는 전의 두 색은 나중의 두 색보다 한층 더 높은 단계에 있어서 한층 더 완전하고 농후하고 힘에 차 있기 때문이라고. 나로서는 그것을 긍정할 수가 없네. 색은 그것이 무엇이든, 우리 눈앞에 확연하게 나타나자마자 요구된 색을 불러내기 위해 같은 힘으로 작용하는 것이야. 다만 여기서 문제되는 것은 우리의 눈의 상태가 조절되어 있어야 한다는 것, 너무 밝은 햇빛에 방해받지 않아야 한다는 것, 지면이 강요된 상을 비치는 데 좋은 상황이어야 한다는 것이지. 어떤 경우에도 우리는 색을 미세하게 식별하고 규정하는 것을 삼가야 하네. 그것을 주의하지 않으면 우리는 아주 쉽게 본질적인 것에서 비본질적인 것으로, 즉 진실에서 오류로 빠지는 위험에 몸을 내맡기게 되니까 말일세."

나는 그의 말을 나의 연구에 있어서의 금과옥조로 내 마음에 새겨두었다. 이럭저럭하는 사이에 연극 상연 시간이 다가왔다. 그러므로 나는 떠날 준비를 했다. "조심을 해야지" 하고 괴테는 작별할 때 웃으면서 말했다. "오늘은 〈어느 도박꾼의 생애로부터의 30년)*³⁹의 공포를 잘 정복해야 해."

1829년 4월 10일 금요일

"수프가 올 때까지 자네의 눈을 즐겁게 해 주지." 이렇게 다정스러운 말과 함께 괴테는 클로드 로랭의 풍경화집 한 권을 내 앞에 내놓았다.

나로서는 이 위대한 거장의 작품을 보는 것이 그때가 처음이었다. 그 첫인상은 비상한 것이었다. 한 장 한 장 화집의 페이지를 넘길 때마다 나의 놀람과 기쁨은 높아져 가기만 했다. 그림의 여기저기에서 볼 수 있는 그림자 덩어리의 위력은 박진감에 넘쳐 있고, 하늘에서 쏟아져 물 위에 반사하는 강렬한 햇빛은 모든 그림에서 한결같이 명료하고도 확실한 인상을 드러내고 있었다. 나는 이것이 이 위대한 대가가 되풀이하여 사용하는 예술의 원리라는 것을 느꼈다. 여기에 더하여 나는 더욱 기쁘게 감탄할 수밖에 없었다. 왜냐하면 그의 그림은 그 어떤 것도 그 자체로서 철저하게 하나의 작은 세계를 형성하고 있었기 때문이다. 그의 작품은 그 지배적 분위기에 적합하지 않은 것이나, 그러한 이질적인 것을 조장하는 것은 아무것도 담고 있지 않았다. 조용히 쉬고 있는 어선들이 늘어서 있는 항구 그림에서는 분주하게 움직이고 있는 어부들과, 바닷가의 화려한 건물들이 조화를 이루고 있었으며, 그림자를 드리우고 있는 한그루의 나무 아래에서 쉬고 있는 목동이 갈대피리를 불고 있는 그림에서는 외롭고 초라한 구릉지대에서 풀을 뜯고 있는 염소들과 작은 시냇물, 그리고 그 위에 놓여진 다리와 우거진 작은 수풀들이 어우러져 있었다. 움푹 내려 앉은 물웅덩이가 있는 그림에서는 그곳에 고인 물이 여름의 폭염 아래 한 잔의 청량제를 제공해 주는 느낌이었다. 모든 그림들이 철저하게 하나의 통일성을 이루고 있어 그 분위기에 맞지 않는 이질적인 흔적은 어디에서도 찾아볼 수 없었다.

"어떤가? 자네는 이 그림에서 하나의 완벽한 인간을 보고 있지. 이 화가의 마음속에 있는 이러한 세계는 우리 현실 속에서는 쉽게 만날 수 없는 것이네.

---

*39 테오도르 헬(1775~1856)의 희곡 작품으로 1830년 처음 인쇄되었을 때에는 〈3일간〉이라는 제목으로 나왔다.

클로드 로랭의 그림

클로드 로랭의 그림

이 그림들 속에는 최고의 진실이 존재하고 있는데도, 현실의 흔적은 어디에서도 찾아볼 수 없네. 클로드 로랭은 현실세계의 구석구석까지 자기의 것으로 소유하고, 이것을 그의 아름다운 마음의 세계를 표현하는 수단으로 사용하고 있어. 그리고 이것이야말로 참된 이상성이라고 하는 것이야. 그가 그리는 것이 현실에 있었던 것으로 믿게 만드는 것이지."

"그것은" 하고 나는 말했다. "가장 적절한 말씀이라고 생각합니다. 또 그것은 로랭의 그림뿐 아니라 당신의 말씀은 문학에도, 그리고 조형미술에도 그대로 꼭 들어맞는 설명 같습니다."

"물론이지" 하고 괴테는 말했다.

"그렇지만" 하고 괴테는 계속했다. "클로드의 멋진 점들을 계속 즐기는 것은 식사가 끝난 뒤에 하기로 하지. 이 그림들은 실제로는 너무나 훌륭하기 때문에 한꺼번에 많은 것을 연거푸 보는 것은 과분한 일이야."

"나도 그렇게 생각합니다" 하고 나는 말했다. "다음 그림으로 책장을 넘기려고 하면 나도 모르게 마음에 일종의 전율이 이는 것을 느낍니다. 이러한 아름다움에 접할 때의 전율은 독특한 것입니다. 좋은 책을 읽고 있다가 계속적으로 귀중한 부분을 만나게 되면, 할 수 없이 책을 덮어 버리고 계속 더 앞으로 읽어 나가는 데 일종의 망설임을 느끼게 됩니다. 이것은 바로 그와 같은 것입니다."

괴테는 잠시 간격을 두었다가 말했다. "바이에른 왕에게 답장을 써서 보냈어. 자네에게 그 편지를 보여 주지."

"그것은 나에게도 도움이 될 것입니다. 기꺼이 보고 싶습니다" 하고 나는 말했다. "그건 그렇고 이 〈알게마이네 차이퉁〉 신문에는 왕에게 바치는 시 하나가 실려 있어. 법무장관이 어제 나에게 그 시를 읽어 주었는데, 자네도 한번 읽어 보도록 해야지." 괴테가 나에게 그 신문을 넘겨주어서 나는 조용히 그 시를 읽었다.

"그래, 어떻게 생각하나?" 하고 괴테는 말했다.

"그 느낌은 딜레탕트적입니다" 하고 나는 말했다. "이 사람에게 있는 것은 재능이라기보다는 오히려 선량한 의욕 쪽입니다. 이 작가는 자기의 실력으로 말하고 있는 것으로 믿고 있지만, 사실은 고도로 발달한 문학으로 인해 여기저기에 널려 있는 이미 이루어진 말들이 그를 대신하여 그럴듯한 가락과 운율을 낸 것일 뿐입니다."

"정말로 자네가 말하는 그대로야" 하고 괴테는 말했다. "나 또한 이 시를 아주 연약한 것이라고 생각하고 있네. 외적인 직관의 흔적은 전혀 볼 수 없지. 다만 정신적이라고 말할 수는 있겠지만 이렇다할 의미가 없어."

"훌륭한 시를 지으려면" 하고 나는 말했다. "자기가 취급하고자 하는 사물에 관한 깊은 견식이 필요하다는 것은 이미 알려진 사실입니다. 클로드 로랭처럼 전 세계를 자기 뜻대로 만들어 낼 수 없다면, 아무리 그 이상적인 방향이 최선의 것이었다고 하더라도 좀처럼 훌륭한 작품을 만들어 내지는 못한다는 것입니다."

"그리고 불가사의한 것은" 하고 괴테는 말했다. "오직 천부적인 재능이 있는 사람만이 처음부터 문제의 핵심을 알고 있고, 다소의 차이는 있지만 그 이외의 다른 사람들은 모두 미로에 빠져버리고 만다는 것이야."

"미학자들의 경우가 그 증거입니다" 하고 나는 말했다. "이 사람들은 거의 모두가 무엇을 가르쳐야 하는지를 모르고 있습니다. 따라서 젊은 시인들을 완전히 혼란에 빠뜨리고 있어요. 그들은 현실적인 것을 망각하고 이상적인 것을 취급하고 있습니다. 그래서 젊은 시인들에게 결여되어 있는 것을 가르쳐 주는 대신, 그들이 갖고 있는 것을 교란시키고 있습니다. 가령 태어날 때 다소의 기지와 유머를 갖추고 있는 사람은 자기 스스로 이런 천부적인 소질을 거의 의식하고 있지 않을 때 그 힘을 최고조로 발휘할 수 있습니다. 그러나 이런 고상한 특성을 칭찬한 논문이 마음에 걸리게 되면 그때부터 곧 이 힘을 천진난만하게 사용하는 데 방해를 받지요. 그리고 더 나아가 그것을 의식하게 되면 이 힘은 마비를 일으켜 결국 그는 기대된 촉진 대신 말로는 다할 수 없는 쓰라림을 맛보게 되는 것입니다."

"자네의 말이 전적으로 옳아" 하고 그는 대답했다. "이 문제에 관해서는 여러 모로 논할 것이 많네."

"이번에" 하고 그는 말을 계속했다. "에곤 에버르트의 새로운 서사시를 읽었어. 자네도 그것을 읽어 보도록 해야지. 나는 가능하면 이 점에서 그를 조금이라도 도와주고 싶네. 사실 그는 참으로 호감이 가는 재능의 소유자야. 그러나 이 새로운 시에는 본질적인 시적 기초, 다시 말해 현실적인 기초가 없지. 풍경이나 해돋이 그리고 일몰 등 그의 장점인 외적 세계를 묘사하고 있을 때에는 참으로 훌륭하네. 그때엔 누구도 그의 솜씨를 따라잡을 수 없어. 그러나 다른 부분, 즉 과거의 세계로 거슬러 올라간다든지 전설에 속하는 것을 다룬다든지 하는 경우에는 충분한 진실성을 찾아 볼 수 없어. 거기에는 독자적인 중심이 결여되어 있네. 여걸들이나 그 생활과 행동은 이제 일반적인 것이 되어, 젊은 사람들이 시적이고 낭만적이라고 생각하는 것이라든지 미학계에서 흔히 통용되고 있는 것하고 조금도 다른 것이 없지."

"이것은" 하고 나는 말했다. "지금의 문학 전체에 걸친 결점입니다. 누구나 시적이지 못하다는 말을 듣는 것을 두려워하여 특수한 진실을 추구하는 것을 피하고 있습니다. 그리고 이 때문에 오히려 평범한 대열로 전락해 버리고 마는 것입니다."

"에곤 에버르트가" 하고 괴테는 말했다. "연대기가 전하는 것을 그대로 지켰다면 좋았을 텐데. 그렇게 하면 그의 시도 어느 정도 괜찮은 것이 되었을 것이야. 실러는 얼마나 열심히 전설을 연구했던가. 그는 〈텔〉을 쓸 때 스위스 연구에 무진 애를 썼지. 또 셰익스피어도 연대기의 문구 하나하나를 자기 각본의 적당한 부분에 그대로 받아들였어. 이런 것을 볼 때, 나는 오늘날 우리 젊은 시인들도 이와 똑같은 노력을 해야 한다고 생각하네. 나의 〈클라비고〉 속에는 보마르셰의 회고록에서 문구를 그대로 따온 것도 있네."

"그러나 그것은 개작이 되어 있어서" 하고 나는 말했다. "아무도 그것을 알아차리지 못할 정도입니다. 전혀 취재의 흔적을 남기고 있지 않으니까요."

"그것이 그렇게 되어 있다면 고마운 일이기는 하네" 하고 괴테는 말했다.

이어 괴테는 보마르셰의 특징적인 면모를 두세 가지 이야기해 주었다. "그는 좀 별난 사람이었지" 하고 그는 말했다. "재판 소송을 좋아하는 것이 천성인 것 같았어. 그는 재판 소송에 관여하고 있으면 기분이 좋았네. 소송을 할 때 그가 한 변호 연설은 지금도 남아 있는데, 그건 현존하고 있는 변론중에서 가장 희귀하다고 할 만한 것이야. 그는 지극히 재기 발랄하고 아주 대담하다네. 그런데 어느 날 보마르셰는 유명한 소송건에서 패하고 말았어. 그러고 나서 법정 계단을 내려오고 있을 때, 마침 올라오고 있는 국무총리를 만났지. 보마르셰는 그에게 길을 양보해야만 했지. 그렇지만 그는 이것을 거절하고 각자가 각각 절반씩 장소를 양보해야 한다고 주장했네. 국무총리는 자신의 위엄에 도전을 받았기 때문에 수행자에게 명령을 내려 보마르셰를 옆으로 밀어냈지. 그러자 보마르셰는 또다시 법정으로 되돌아가 국무총리에게 소송을 제기하였고, 이 재판에서는 승소했다네."

정말로 재미있는 일화였다. 우리는 식사 중 식탁에서 즐거운 이야기를 계속했다.

"나는 또다시 〈2차 로마 체류기〉에 손을 대고 있네" 하고 괴테는 말했다. "이것을 다 끝낸 뒤에 다른 일에 착수하려고 생각하고 있지. 이미 출판된 〈이탈리아 기행〉은 자네도 알고 있듯이 편지 형식으로 편집되어 있어. 그러나 내가 두 번째 로마 체류 기간 중에 쓴 편지들은 특별히 이런 것에 사용될 수 있는 종류가 못되네. 나의 집안일에 관계된 것과 바이마르 교섭건에 관련된 서신이 너무도 많아, 나의 이탈리아 생활은 거의 나와 있지 않지. 그러나 여기에는 나의 당시 내면 상태를 나타내고 있는 많은 말들이 들어 있어. 그래서 이런 부분들을 골라내어 나의 이야기에 삽입해 일종의 색조와 분위기를 내 볼 계획을 세웠다네." 나는 이것은 아주 좋은 계획이라고 생각하고 그에게 이것을 추진할 것을 권했다.

"어떤 시대에도" 하고 괴테는 말을 계속했다. "자기 자신을 알라는 말이 되풀이 되고 있지. 그러나 이 요구는 기묘한 것이야. 지금까지 이것을 만족하게 수행한 사람은 단 한 사람도 없었고, 또 사실 이것을 수행할 수 있다는 것은 거의 불가능한 일일세. 인간은 그 일체의 감성과 노력을 다하여 오직 외적인 것, 즉 주위의 세계에 의존하고 있는 것일 뿐이야. 그래서 자기의 목적에 필요한 범위에 한하여 그 세계를 알고 자신에게 유용하게 쓰도록 되어 있지. 사람들이 자기 자신에 대해서 알고 있는 것은 즐기고 있을 때라든지 괴로워할 때뿐이야. 또한 인간은 괴로움과 즐거움을 통해서만 자기가 무엇을 원하며, 무엇을 피해야만 하는가를 알게 되지. 그러나 그렇다 하더라도 인간의 본질은 확실치 않으며, 인간이 어디에서 왔으며 어디로 돌아가는 것인지도 알지 못하고 있네. 인간은 세계에 관해서 거의 아는 것이 없으며, 하물며 자기 자신에 관해서도 제대로 알지 못하고 있어. 나도 아직 나 자신을 잘 알지 못하고 있지. 그리고 이점에 있어서 나는 오직 신의 가호를 빌 뿐이야.

그런데 내가 말하고 싶었던 것은 나도 40대에 들어서서 이탈리아에 가서야 겨우 나에게는 조형미술에 대한 재능이 없다는 것, 따라서 이 방향을 계속 추구하는 것은 잘못된 경향이라는 것을 깨닫게 되었다는 사실이지. 무엇보다도 나에게는 구상적인 것에 대한 충분한 충동이 결여되어 있었어. 나는 종종 대상물들에게 압도당해 버리는 것이 아닐까 하는 일종의 의구심을 가지곤 했지. 어느 쪽인가 하면, 훨씬 힘이 들지 않는 온화한 것이 나의 취미에 맞았어. 풍경을 그릴 때도 힘을 필요로 하지 않는 원경에서 중앙부로 붓이 나아가게 되면, 앞의 풍경에 필요한 충분한 힘을 기울이는 것이 언제나 두려웠네. 그래서 나의 그림은 성공하지 못했지. 게다가 또 연습도 하지 않았기 때문에 진보할 수도 없었어. 한동안 중지했던 뒤에는 처음부터 되풀이하여 다시 시작하지 않으면 안 되었네. 그렇다 하더라도 나에게 전혀 재능이 없었던 것은 아니야. 특히 풍경화에 있어서는 그러했지. 하케르트는 '만약 당신이 1년 반 동안 나하고 함께 지낼 수 있다면, 당신은 자신과 다른 사람들에게 기쁨을 줄 만한 것을 만들어 낼 수 있을 것입니다'라고 말했지."

나는 이 말을 아주 흥미 있게 듣다가 물었다. "그런데 어떤 사람에게 조형미술의 참된 재능이 있는가, 없는가 하는 것은 어떻게 분간할 수 있습니까?"

"참으로 재능이 있는 사람은" 하고 괴테는 말했다. "형상이나 배치 그리고 색채에 대한 타고난 감각을 구비하고 있고, 조금만 지도를 받으면 이런 모든 것을 아주 빨리 반듯하게 표현해 낸다네. 특히 그런 사람들은 형체에 대한 감각을 구비해서, 그것을 명암에 의해 두드러지게 하려는 충동이 있지. 게다가 또 이것은 연습을 하고 있지 않는 동안에도 진보하고 내부 성장을 이룩하지. 이런 재능을 분간하는 것은 그다지 어려운 일이 아닐세. 이러한 식별을 가장 잘 할 수 있는 것은 역시 대가이겠지만 말이야."

"오늘 아침, 나는 궁전을 다녀왔는데" 하고 괴테는 아주 밝게 말을 계속했다. "대공비의 방들은 아주 아치가 풍부하게 가꾸어져 있었어. 쿠드레이는 그가 이끄는 이탈리아인들과 함께 위대한 능력을 마음껏 발휘하여 새로운 시도를 성공시켰지. 아직도 화가들이 벽화 그리기에 몰두하고 있네. 그들은 이탈리아의 밀라노 사람들이었어. 나는 곧 이탈리아어로 그들에게 말을 걸었지. 나의 이탈리아어가 아직 쓸만하게 살아 있다는 것을 확인할 수 있었네. 그들의 말에 따르면 이곳에 오기 전에 뷔르템베르크 왕의 성에서 작업을 했고, 그 후에 고타에 고용되었지만 서로간의 의견이 엇갈리는 일이 생기게 되었다고 하네. 그때 마침 바이마르에서 그 사정을 듣고 대공비 방의 장식을 위해 그들을 초빙하였던 것이야. 나는 다시금 이탈리아어를 듣고 말할 수 있게 되어 기뻤지. 뭐니뭐니해도 언어는 그 나라의 분위기를 함께 담아 오는 것이야. 이 착한 사람들은 이탈리아를 떠난 지 3년이 지났다네. 그 일이 끝나면 폰 슈피겔 씨의 위촉을 받아 이곳 바이마르 극장의 장식 그림을 그린 뒤에 집으로 돌아갈 거라고 하더군. 자네도 그 그림을 보게 되면 마음이 흐뭇해질 것이야. 그들은 상당히 기량이 좋은 사람들이지. 그 중 한 사람은 밀라노 일류 장식화가의 제자라는 것이야. 그러므로 훌륭한 장식 그림을 기대해 볼 만도 하지."

프리드리히가 식탁을 치운 뒤에 괴테는 그에게 로마의 작은 지도를 펼치게 했다. "우리 이방인들은" 하고 그는 말했다. "로마에 오랫동안 머무를 수 없지. 거기에 이주하여 살려면 결혼을 해서 가톨릭 교도가 되지 않으면 안 되네. 그렇게 하지 않으면 참을 수가 없고 생활도 재미가 없지. 하케르트는 신교도로서 그곳에서 상당히 오래 머물러 있는 것을 적지 않게 자랑으로 생각하고 있었어."

이어 괴테는 그 약도에서 중요한 건물과 장소의 소재를 짚어 주었다. "이것이 파르네제 정원이야." 내가 말했다. "그곳은 당신이 〈파우스트〉 중 마녀의 장면을 쓴 장소가 아닙니까?"

"아니지" 하고 그는 말했다. "그것은 보르게제 정원이었네."

나는 클로드 로랭의 풍경화를 보고 즐거운 기분이 되어 이 위대한 거장에 대해 이것저것 이야기를 나눴다. "오늘날의 젊은 화가들도" 하고 나는 말했다.

"그를 모범으로 삼아 그림을 그리면 좋을 텐데요."

이에 괴테가 말했다. "클로드 로랭과 비슷한 심정을 가진 사람이 그를 모범으로 삼으면 틀림없이 아주 훌륭한 경지에 이르게 될 것이야. 그러나 선천적으로 그와 똑같은 재능과 정신을 부여받지 못한 사람은 기껏해야 이 거장의 어느 부분만을 본받아서 그것을 단순한 형식으로 이용하는 것으로 그치고 말겠지."

1829년 4월 11일 토요일

오늘은 길고 넓은 방에 많은 사람들을 위한 식탁이 준비되어 있었다. 괴테와 젊은 괴테 부인이 나를 정답게 맞아주었다. 사람들이 줄을 지어 들어왔다. 쇼펜하우어 부인,*40 프랑스 공사인 젊은 백작 라인하르트, 그의 처남으로서 러시아 근무를 위해 곧 터키로 갈 폰 D씨, 울리케 양 그리고 마지막으로 공중 고문관인 포겔이었다.

괴테는 유달리 명랑한 기분이었다. 그는 식탁으로 가서 앉기 전에 프랑크푸르트에 관련된 이야기를 꺼내 사람들을 즐겁게 해 주었다. 특히 로스차일드*41와 베트만*42이 서로 투기 방해를 한 이야기는 아주 재미있었다.

라인하르트 백작은 궁정으로 갔다. 우리 일동은 식탁에 가서 앉았다. 담화는 기분 좋게 활기에 차 있었다. 여행 이야기와 온천 이야기가 나왔다. 쇼펜하우어 부인은 특히 라인 강가의 논넨베르트 섬 근처에 있는 새 별장의 설비에 대해 아주 흥미롭게 이야기를 했다.

디저트를 나눌 때에 라인하르트 백작이 다시 나타났다. 그는 그 짧은 시간 내에 궁정에서 식사를 했을 뿐만 아니라, 두 번씩이나 옷을 갈아 입고 하여 그의 민첩한 행동에 모두 놀라워했다.

그가 가져온 보고에 의하면 새로운 로마 교황이 선출되었는데 그의 이름은

---

*40 쇼펜하우어 부인(1766~1838). 유명한 철학자인 아루투르 쇼펜하우어의 어머니이자 여류시인인 그녀는 1806년 이래로 바이마르에서 살면서 문학서클의 중심적 역할을 하고 있었다. 그녀는 괴테하고도 가깝게 지냈던 것으로 알려져 있다.

*41 로스차일드(1773~1815). 프랑크푸르트 출신으로서 이름난 유태계 국제적 금융업자이다.

*42 베트만(1768~1826). 역시 프랑크푸르트에서 알려진 은행가이다.

카스티리오네*⁴³였다. 괴테는 사람들에게 교황이 선출될 때에 지켜지는 관습적인 의식에 대해 이야기해 주었다.

겨울을 파리에서 보낸 라인하르트 백작은 유명한 정치가와 문학자 그리고 시인들에 관해 여러 가지 재미있는 이야기를 들려주었다. 이어 샤토브리앙, 기조, 살반디,*⁴⁴ 베랑제, 메리메 그리고 기타 사람들에 관한 이야기가 화제에 올랐다.

식사가 끝나 모두 돌아가자 괴테는 나를 서재로 데리고 왔다. 그는 그곳에서 아주 귀중한 두 개의 편지를 보여 주었는데, 그것은 나를 아주 기쁘게 해 주었다. 그것은 괴테가 젊었을 때 보낸 두 통의 편지로, 1770년에 슈트라스부르크에서 프랑크푸르트의 친구인 호른 박사*⁴⁵에게 보낸 것이었다. 하나는 7월의 것이고, 다른 하나는 12월 일자가 적혀 있었다. 이 두 개의 편지 속에서 자기 자신을 피력하고 있는 젊은 사람, 그 사람은 앞으로 위대한 작업을 성취하려는 예감에 가득 차 있다. 나중의 편지 속에서는 이미 〈베르테르〉의 징조가 나타난다. 제젠하임과의 관계도 이미 시작되고 있다. 그리고 이 행복한 젊은이는 이를 데 없이 감미로운 생각에 취해 하루종일 꿈속을 헤매며 돌아다니고 있다. 편지의 필적은 침착하고 맑고, 그리고 청아하다. 이 편지들에서는 괴테 만년의 필적을 관통하고 있는 특색이 이미 확실하게 드러나고 있었다. 나는 이 사랑스러운 편지를 되풀이하여 읽는 것을 멈출 수 없었다. 그리고 이루 말할 수 없는 행복감을 느끼고 감사하는 마음으로 괴테와 헤어졌다.

1829년 4월 12일 일요일

괴테는 나에게 바이에른 왕에게 보내는 답장을 읽어 주었다. 그것은 친히 별장의 계단으로 올라가 왕의 바로 가까이에서 직접 말씀을 드리는 분위기를 띠고 있었다. 내가 말했다. "이런 경우 우리가 어떤 태도를 취하는 것이 양자의 관계에서 가장 올바른 것인지를 가늠하기는 정말로 어려운 일 같습니다."

---

*43 카스티리오네(1761~1830). 1829년 3월 31일 로마 교황으로 선출되어 피우스 8세가 되었다.

*44 살반디(1795~1856). 프랑스의 정치가이자 작가이다. 괴테는 그의 소설을 〈예술과 고대〉 제5권 제1호에서 높이 평가했다.

*45 호른 박사(1750~1806). 괴테의 청년시절 친구이다. 〈시와 진실〉 제15장과 제16장에 나온다.

"나처럼" 하고 괴테는 대답했다. "일생을 통해 고귀한 분들과 어울려 온 사람에게 그런 것은 그다지 어려운 일이 아니야. 이럴 때 지켜야 하는 유일한 규칙은 지나치게 격식을 무시하는 행동을 해서는 안 된다는 것이지. 오히려 관례의 한계를 넘지 않도록 조심하여야 한다네."

이어 괴테는 지금 착수하고 있는 〈제 2차 로마 체류기〉의 편찬에 대해 이야기했다.

"그 당시에 쓴 편지를 읽어 보고" 하고 그는 말했다. "확실해진 것이 있지. 그것은 일생 중의 어떤 시기든 그 전후의 연대와 비교해 볼 때에 일장일단이 있다는 것이야. 그렇지, 40대의 나는 두셋 사항에 있어서는 나무랄 데 없이 투철했네. 지금보다 훨씬 현명했고 여러 가지 점에 있어서 훨씬 나았지. 그렇긴 하지만 80세대인 지금도 그 당시와는 바꿀 수 없는 그런 좋은 점이 있다네."

내가 말했다. "당신의 말을 듣고 보니 머릿속에 '식물의 변태'가 떠오릅니다. 이제 사람은 누구나 개화기에서 푸른 잎사귀의 시기로, 또 열매를 맺는 시기에서 개화기로 돌아가는 것을 원하지 않는다고 하는 말의 의미를 잘 알 수 있을 것 같습니다."

"자네의 그 비유는" 하고 괴테는 말했다. "내가 말하고자 하는 것을 완전하게 표현하고 있네. 톱니이빨 모양을 한 잎사귀를 한번 생각해 보세" 하고 그는 웃으면서 말을 계속했다. "그것이 자유롭게 무럭무럭 뻗어 나가는 상태에서 음울하고 거북한 작은 잎사귀로 돌아가고 싶겠는가? 사실 최고 연령의 상징으로 볼 수 있는 어느 식물이 만발과 결실의 시기를 지나 그 이상 아무 것도 생산하지 않지만, 계속 원기 왕성하게 성장해 가고 있다고 하는 것은 기쁜 일이지."

괴테는 말을 계속했다. "우리는 일생 동안 수없이 많은 그릇된 경향 때문에 방해를 받고 있지. 그러면서도 거기에서 빠져나오기 전까지는 그게 그릇된 것이라는 것을 알아차리지 못하고 있네. 그건 정말 안타까운 일이지."

"그렇지만" 하고 나는 말했다. "그 경향이 그릇된 것이라는 것을 알려면 어떻게 해야 하는 것입니까?"

괴테는 대답했다. "그릇된 경향은 비생산적이지. 경향이 그릇되어 있다면 거기에서 초래되는 것은 아무런 가치도 없어. 다른 사람의 그릇됨을 인식하는 일은 그렇게 어렵지 않지. 그러나 그릇된 경향이 자기 자신 속에 있는 경우 그걸 깨닫는 것은 어지간히 어려운 일이야. 거기에는 위대한 정신의 자유가 필요하네. 또 그것을 알고 있다는 것이 반드시 도움이 되지 않을 때도 많아. 망설이고 의심을 하다 보면 결심이 서지 않기 때문이네. 이것은 마치 애인이 충실치 못하다는 증거가 벌써 여러 번 드러났는데도 좀처럼 헤어지지 못하는 것과 같다네. 이렇게 말하는 것도 조형미술로 향한 나의 경향이 잘못된 것이었다고 깨달을 때까지 내가 얼마나 많은 세월을 보내야 했던가를 생각하기 때문이지. 그리고 그것을 알고 난 뒤에도, 그것으로부터 벗어나기까지 또 많은 세월이 지나야 했네."

"그렇지만" 하고 나는 말했다. "그 경향은 그릇된 것이라고 이름 붙일 수 없을 정도로 당신에게는 아주 많은 이익을 가져다 주었습니다."

"그것이 감식의 안목을 배양하는 데 도움을 주긴 했지" 하고 괴테는 말했다. "이렇게 생각하고 나는 스스로를 위로하고 있네. 우리가 모든 그릇된 경향으로부터 끌어낼 수 있는 이익은 바로 이것이야. 불충분한 재능으로는 음악에 전념한다고 하더라도 결코 대가가 될 수 없지. 그러나 이 경우에 이 사람은 거장이 창작한 것을 분간할 수 있게 되고, 평가를 내리는 것을 배울 수 있네. 나는 모든 노력을 다했더라도 결코 미술가는 될 수 없었을 것이야. 그러나 나는 미술의 구석구석까지 추구하였기 때문에, 선의 하나하나를 설명하고 그 아름다움과 추함을 판별하는 것을 배웠어. 그 이득은 결코 사소한 것이 아니지. 그러므로 그릇된 경향이라고 하더라도 대체로 이득을 동반하는 법이야. 가령 성지 해방을 위한 십자군은 분명히 그릇된 경향이었네. 그러나 바로 이것으로 말미암아 터키인들이 점점 쇠약해지고, 유럽에서 군림하는 데에 지장을 받게 되었지. 이러한 것은 그 경향에서 비롯된 좋은 산물이라고 할 수 있어."

우리는 여러 가지 사항에 대해 이야기를 나눴다. 이어 괴테는 세귀르[46]가 쓴 페터 대왕에 대한 책 이야기를 꺼냈다. 이것이 그의 흥미를 끌었고 그에게

---

*46 세귀르(1780~1873). 프랑스의 장군이자 외교관인 그는 1829년 〈러시아 및 페터 대왕의 역사〉라는 책을 출판했다.

많은 계시를 주었던 것이다. "페테르부르크의 지세는 정말로 구제불능이네. 도시 주변의 지형이 높으니, 항구만이라도 저지대로 남겨두었더라면 좋았을 것이야. 이런 점을 생각하면 더더욱 아쉽지. 황제가 조금만 높은 곳으로 도시를 옮겼더라면, 그곳은 그 모든 수해로부터 안전할 수 있었을 것이네. 어떤 노련한 뱃사람은 그에게 항의하면서 이 도시의 주민은 70년마다 물속 깊이 사라질 것이라고 예언을 했네. 거기에는 갖가지 홍수의 흔적을 지닌 한 그루의 오래된 나무가 서 있었는데, 이것도 아무런 도움을 주지 못했어. 황제가 아집에 사로 잡혀 자기 눈에 가시와도 같은 이 나무를 베도록 명령을 내렸던 것이야.

그처럼 위대한 인물이 이런 조치를 취했다니, 아무래도 이해할 수 없다고 생각하겠지. 그렇지만 나는 이것을 이렇게 설명하고 싶네. 사람은 누구나 청년기의 인상으로부터 떠날 수가 없지. 그런 시기에 늘 보아서 익숙해진 것은, 아무리 결점이 있다고 하더라도 행복한 그날을 보낸 환경인 것이야. 그리고 그것은 시간이 지나면 지날수록 그립고 귀중한 것이 된다네. 그래서 마침내 그 사람에게는 눈이 부실 정도로 소중하게 느껴져 거기에 있는 결점도 눈에 띄지 않게 되어 버리지. 그러므로 페터 대왕도 그 청년기를 지냈던 사랑하는 암스테르담을 자신의 영토 안 네바강 어귀에 재현하고 싶었던 것이야. 이것은 네덜란드인들이 아무리 멀리 떨어진 식민지에서도 언제나 새로운 암스테르담을 건설하려고 시도하는 것과 같은 것일세."

1829년 4월 13일 월요일

오늘 식사 중 괴테는 나에게 여러 가지 유익한 이야기를 해 주었다. 식사가 끝나고 나는 기분좋게도 또다시 클로드 로랭의 풍경화를 볼 수 있었다. "이 화집은" 하고 괴테는 말했다. "〈진리의 서〉라는 표제를 가지고 있지만, 더 정확하게는 〈자연과 예술의 서〉라고 할 수 있네. 여기에서는 자연과 예술이 이를 데 없는 높이와 아름다움으로 결합되어 있지."

나는 괴테에게 클로드 로랭의 출생과 그가 속한 학파에 대해 물었다.

"그에게 가장 가까웠던 대가는 아고스티노 탓씨*[47]였네. 이 사람은 폴 부

---

*47 탓씨(1566~1642). 이탈리아의 화가로, 클로드 로랭의 스승이다.

릴*48의 제자였어. 그러므로 로랭의 근본적 기초를 만들어 준 것은 이 파와 그 원리인 것이지. 말하자면 이것이 그의 속에서 꽃을 피웠던 것이야. 이 파의 대가들 사이에서 아주 엄숙하게 나타난 것이 클로드 로랭에게서는 명랑 단아하게, 또한 이를 데 없이 부드럽게 뻗어 번영하고 있지. 그러므로 아무도 클로드 로랭보다 한 걸음도 더 앞으로 나갈 수 없었어.

그렇다고 하더라도 정말로 눈부신 시대와 환경 속에 태어난 이와 같은 천재가 누구한테서 배웠는가 하는 것은 정확하게 말할 수 없는 문제라네. 주위를 돌아보고 마음의 양식이 되는 것을 발견하면, 로랭은 이것을 모두 자기의 것으로 만들어 버렸으니까. 그가 자신과 가까운 유명한 대가들과 함께 카라치파*49의 영향을 받았다는 것은 의문의 여지가 없지만 말일세.

이 세상은 지울리오 로마노*50가 라파엘로의 제자였다고 말하네. 그러나 그는 틀림없이 그 세기의 제자였다고 말할 수 있을 것이야. 다만 구이도 레니*51만은 한 사람의 제자를 가지고 있었지. 그 제자는 스승의 정신, 그 심정과 기술을 자기 속에 받아들여, 거의 자기 스승과 똑같이 되어 똑같은 작품을 만들었네. 그러나 이것은 특별한 예일 뿐이고 좀처럼 드문 일이야. 카라치파는 이와는 반대로 해방적이어서, 이 파의 사람들은 각기 태어난 그대로의 방향으로 발전하여 서로 다른 성격의 거장이 되었지. 카라치 일가의 사람들은 모두 미술의 스승이 되기 위해 이 세상에 태어난 것과 같아. 그들은 모든 방면에 걸쳐 이미 가장 우수한 것이 성취된 시대를 만났던 것이야. 그러므로 그들은 그 제자들에게 각 부문에 관한 최선의 전형을 전달할 수 있었지. 그들은 위대한 미술가였고 위대한 스승이었어. 하지만 그들의 작품은 본래의 의미에 있어서 재기 발랄하다고 볼 수는 없는 것이었지. 이렇게 말하면 좀 대담하게 들릴지는

---

*48 폴 부릴(1554~1626). 플랑드르의 화가로 약 1582년 이래로 로마에서 활동하고 있었고, 푸생과 로랭에게 영향을 주었다.

*49 16세기와 17세기의 이탈리아의 볼로냐 출신 화가 가문으로, 이 가문에서 구이도 레니, 알바니 그리고 도메니키노가 배출됐다. 괴테는 볼로냐에서 생산된 그들의 작품을 잘 알고 있어서 그것들에 관해 '고대와 현대'라는 논문에서 논평을 한 바 있다.

*50 지울리오 로마노(1492~1546). 라파엘로가 로마에 체류할 때 제자이자 조교로 있었다.

*51 구이도 레니(1575~1642). 17세기 이탈리아 신고전주의의 대표적인 화가이다.

모르겠지만 나에게는 그렇게 생각되네."

나는 계속하여 클로드 로랭의 풍경화를 몇 점 감상한 뒤에, 미술가 사전을 펼쳐보고 이 위대한 거장에 대해 언급한 부분을 읽었다. 거기에는 '그의 중요한 공적은 팔레트에 있는 것이다'라고 적혀 있었다. 우리는 서로를 쳐다보고 웃었다. "이제 알겠지?" 하고 괴테는 말했다. "우리가 책에 의지하여 거기에 씌어져 있는 것만을 배워 익힌다면 얼마나 제한된 것만을 얻게 되는지 말이야."

1829년 4월 14일 화요일

오늘 정오에 괴테의 집을 방문하자 그는 벌써 마이어 궁중고문관과 식탁에 둘러앉아 이탈리아와 미술품에 대해 이야기를 나누고 있었다. 괴테는 클로드 로랭의 책 한 권을 가져오게 했다. 그러자 마이어는 그 그림―필이 4천 파운드로 사들였다고 신문 보도된 그 풍경화―을 찾아내 보여 주었다. 그것은 훌륭한 것이었기 때문에, 우리는 모두 그 구매가 현명한 것이었다고 인정하지 않을 수 없었다. 그 그림의 오른쪽을 보았더니 한 무리의 사람들이 서기도 하고 앉아 있기도 했다. 목동 하나가 소녀 쪽으로 허리를 구부리고 있다. 그녀에게 갈대피리 부는 법을 가르치고 있는 것 같았다. 한가운데에 햇빛으로 빛나는 호수가 보이고, 그림의 왼쪽 덤불 그늘에서는 풀을 뜯는 가축이 보였다. 양쪽 군상의 균형도 잘 잡혀 있었다. 그리고 명암의 매력이 강한 작용을 하고 있는 것도 이 거장의 낯익은 솜씨였다. 대화는 이 원화가 지금까지 어디에 있었는가, 그리고 마이어가 이것을 이탈리아에서 보았을 때 그 소유자는 누구였는가 하는 것으로 흘렀다.

이어 화제는 바뀌어 로마에 있는 바이에른 왕의 새로운 별장에 대한 이야기로 나아갔다. "나는 저 별장을 실제로 보아서 잘 알고 있습니다" 하고 마이어는 말했다.

"가끔 그곳에 갔었지요. 저 아름다운 장소를 생각하기만 해도 기분이 좋습니다. 그것은 저 왕에게 꼭 어울리는 성입니다. 자기 취미대로 장식을 하며 아주 우아하게 만들어 놓았더군요. 내가 갔을 때에는 아말리에 대공비가 살고

라파엘로의 〈아테네학당〉 인문·자연과학의 창시자들(소크라테스, 유클리드 등)이 제자들과 함께
인문학적 교양이 얼마나 중요한가를 논의하고 있는 가운데, 플라톤은 이데아를 상징하는 하늘
을, 아리스토텔레스는 현실세계를 강조하듯 대지를 가리키면서 나란히 중심부에 서 있다.

있었고, 그 옆 건물에 헤르더가 있었습니다. 나중에는 사섹스 공작*[52]과 뮌스
터 백작*[53]이 살았지요. 그 별장은 건강에 좋고 특히 전망이 아주 좋은 곳이었
기 때문에 언제나 외국의 고귀한 군주들이 매우 마음에 들어했습니다."

나는 마이어 궁중고문관에게 빌라 디 말타에서 바티칸 교황청까지는 거리
가 얼마나 되는지 물었다. "우리 미술가들이 살고 있었던 트리니타 디 몬티
는 그 별장 근방에 있지만, 거기에서 바티칸 교황청까지 충분히 반시간은 걸
렸습니다. 우리는 매일 여러 번 이 길을 걸어갔었지요." 나는 "다리를 지나 이

＊52 사섹스 공작(1773~1843). 영국 조지 3세의 여섯째 아들이다.
＊53 뮌스터 백작(1766~1839). 하노버의 정치가이다.

길을 가는 것은 좀 돌아서 가는 것 같이 보입니다. 배를 타고 티버 강을 지나 들판을 가로지르면 훨씬 가까울 텐데요"라고 말했다. 그러자 다시 마이어가 얘기했다. "그렇지 않습니다. 우리 또한 그렇게 생각하고 여러 번 배를 타고 건너가 보았거든요. 아, 그러고 보니 기억나는 일이 하나 있습니다. 어느 날 밤 바티칸 교황청에서 돌아오는 길에 나루터에서 있었던 일이지요. 그때 나는 부리*⁵⁴와 히르트,*⁵⁵ 그리고 리프스*⁵⁶와 함께였습니다. 그날도 늘 그랬듯이 라파엘로와 미켈란젤로 중에서 어느 쪽이 더 위대한가 하는 논쟁이 시작되었습니다. 우리는 배를 타고 저쪽 기슭에 이르렀지만 논쟁은 아직 끝나지 않았지요. 확실히 부리라고 생각합니다만, 어떤 익살꾼이 논쟁이 완전히 매듭지어져 양쪽이 의견의 일치를 보기까지는 상륙하지 말자는 제안을 했습니다. 이 제안은 받아들여졌고, 그래서 뱃사공은 다시 강 안으로 돌아가야 했습니다. 그러고 나서 두 번째로 강기슭에 도달했을 때에 다시 논쟁이 활기를 띠게 되어, 우리는 또 강 안으로 돌아가야 했습니다. 논쟁은 좀처럼 결론이 나지 않았지요. 이렇게 하여 우리는 여러 시간을 강 위에서 맴돌았습니다. 돈을 번 것은 다름 아닌 뱃사공뿐이었지요. 한번 날라다 줄 때마다 돈은 불어났으니까요. 뱃사공은 조수로 12살 먹은 자기 아들을 데리고 있었는데, 그 애가 드디어 상황이 좀 이상하다고 생각했던 모양입니다. 그 애가 '아빠, 도대체 이 사람들은 어째서 우리가 육지로 날라다 주면 다시 강물로 되돌아가려고만 하는 거죠?' 하고 물었거든요. 그러자 뱃사공이 '애야, 나도 모르겠구나. 이 사람들은 아무래도 머리가 좀 돈 것 같아' 하고 대답했습니다. 우리는 그렇게 한밤중에 한참을 왔다갔다하다가 간신히 합의를 이루고 상륙했던 것입니다."

---

*54 부리(1763~1835). 초상화가이자 역사화가인 그는 로마에서 티슈바인, 괴테와 친하게 지냈다.

*55 히르트(1759~1837). 독일 고고학자이자 미술학자인 그는 1782년 이래로 이탈리아, 특히 로마에서 여행 가이드로 지내고 있다. 그는 괴테와 함께 안나 아말리에 대공비를 모신 일도 있었으며, 1796년 이후에는 베를린에서 미술품 수집 사무의 책임을 맡았다.

*56 리프스(1758~1817). 스위스의 화가이다. 취리히에 살고 있는 라파터의 관상학 책에 들어갈 삽화를 그리면서 괴테를 알게 되었다. 괴테는 이탈리아에서 그를 다시 만나 바이마르 미술학교 교수로 초빙했고, 그는 그 제의를 받아들여 1789년부터 1794년까지 학교에서 젊은 미술학도들을 가르쳤다.

미켈란젤로의 〈최후의 심판〉 로마 바티칸 교황청 시스티나 성당

우리는 이렇게 미술가다운 탈선에 관한 유쾌한 일화를 듣고 즐거워하면서 웃었다. 마이어 궁중고문관은 기분이 좋아 연방 로마 이야기를 계속했다. 그리고 괴테와 나는 즐겁게 이것을 듣고 있었다.

"라파엘로와 미켈란젤로에 관한 논쟁은 관례처럼 매일 하게 되는 것이었지요. 양쪽으로 갈라질 만한 숫자의 미술가들이 모이는 데에서는 여지없이 논쟁이 벌어졌습니다. 술이 싸고 맛있는 선술집은 그런 논쟁이 벌어지는 단골 장소였습니다. 논쟁은 그림을 인용하면서 각각의 세세한 부분에 걸쳐 진행되고, 양쪽은 맞서면서 피차 양보를 하지 않지요. 그러면 그 그림을 직접 보고 싶어 참을 수 없게 되어 서로 앞을 다투어 곧장 시스티나 성당*57으로 달려갑니다. 성당의 열쇠는 거기에 있던 구둣방이 보관하고 있었는데, 4그로셴을 내면 문을 열어 주었습니다. 여기로 들어가 이번에는 그림 앞에 서서 실물을 보면서 토론을 벌입니다. 그리고 충분히 했다 싶으면 다시 선술집으로 돌아와서 한 병의 포도주를 마시고는 화해를 하고 모든 논쟁을 잊어버립니다. 이런 일이 매일 일어났으니 시스티나 성당의 구둣방은 꽤 돈을 벌었을 것입니다."

마이어는 이것과는 다른 구둣방의 이야기도 해 주었다. 그것은 언제나 고대 대리석상의 머리 위에다가 가죽을 두들기던 구두수선공에 관한 것이었다. "그것은 어느 로마 황제의 초상이었습니다"라고 마이어는 말했다. "그 고대의 조각은 구둣방의 문앞에 놓여 있어서 우리들이 그 옆을 지나갈 때 이 사나이가 자기 일에 열중하고 있는 것을 보고 감탄을 하곤 했지요."

1829년 4월 15일 수요일

우리는 재능도 없으면서 창작에 종사하는 사람들에 대해서, 그리고 사물을 이해하지도 못하면서 글을 쓰려고 하는 사람들에 대해서 이야기했다.

"젊은 사람들은" 하고 괴테는 말했다. "이 점에서 현혹되기 더 쉽지. 우리가 생활하고 있는 이 시대는 참으로 많은 문화가 유포되어 있어. 이것은 말하자면 공기처럼 퍼지고 있지. 젊은 사람들은 이 속에서 호흡하고 있어. 젊은 사람

---

*57 교황 식스투스 4세가 1473~1481년에 세운 바티칸 교황청 안에 있는 성당으로, 천장과 벽에는 미켈란젤로가 그린 유명한 천지창조와 최후의 심판 등이 있다.

들은 마음속에 시나 철학에 대한 생각이 꿈틀거리기 시작하면, 이것을 주위의 시대 공기와 함께 흡수하지. 그런데 그는 이것이 자기만의 독자적인 것이라고 믿고 그렇게 진술해 버린다네. 하지만 이것은 시대에서 받아들인 것이니 다시 시대에 반납해 버리면 그만이니 가련하기 그지없는 노릇이지. 그들은 마치 분수와도 같이 들어온 물을 한동안은 뿜어내지만, 인공적으로 모아온 그 물이 말라버리면 한 방울의 물도 내뿜을 수 없게 된다네."

1829년 9월 1일 화요일

나는 괴테에게 신의 존재의 증명에 관한 헤겔의 강의를 듣고 온 어떤 여행자에 대해 말했다. 괴테는 이런 강연은 이제 시대에 뒤떨어진 것이라는 나의 의견에 찬동했다.

"회의의 시대는 이제 지나갔지. 지금은 아무도 신에 대해서, 그리고 자기 자신에 대해서 회의를 품지 않네. 여기에 더하여 신의 본성이며 우리 심령의 본체인 불멸성, 그리고 이것과 육체의 관계[58]는 영원한 수수께끼인 것이야. 철학자들도 이 이상을 넘어가는 것은 불가능하네. 최근 프랑스의 어떤 철학자는 그 논문의 시작을 참으로 대담하게 다음과 같은 문구로 시작하고 있어.

'인간이 육체와 영혼의 양쪽으로 성립되어 있다는 것은 자명한 것이다. 그러므로 우리는 논술을 육체에서 시작하고 다음에 영혼으로 옮기기로 한다.' 그러나 피히테[59]의 논술법은 이미 이것보다 한 걸음 더 나간 것이었지. 그는

---

[58] 그 사이에 유명한 학자가 된 바그너는 '어째서 육체와 영혼은 서로 상대방을 헐뜯고만 있는가?'라고 하면서 이원론을 비웃고 있다. 괴테도 결코 이원론을 인정하지 않았는데, 그에게 있어서 육체와 영혼은 부부관계처럼 뗄 수 없이 하나로 결합되어 있는 것이었다.

[59] 피히테(1762~1814). 그는 1794년 예나 대학 철학 교수로 부임한 이후부터 괴테와 가깝게 지냈다. 1799년 무신론 논쟁으로 그가 예나를 떠난 이후에도 그와 괴테와의 존경은 그대로 유지되었다. 1803년 괴테가 쓴 〈사생아〉가 베를린에서 처녀상연되었을 때에도 피히테는 괴테의 편을 들어주기도 했다. 1806년 프러시아 군대는 나폴레옹 군대에 의해 격파되어, 베를린도 프랑스 군대의 지배하에 들어가게 된다. 이러한 사태에 직면하자 피히테는 자기몸의 위험을 무릅쓰고 1807년 12월부터 그 이듬해 3월까지 베를린 학술원에서 '독일 국민에게 고함'이라는 연속 공개강연을 열었다. 그는 이를 통해 열렬한 애국심을 토로하여 도덕적 향상을 촉구하여 독일국민에게 깊은 감명을 주었다. 이후 1810년 베를린 대학이 창설되었을 때, 철학교수였던 그는 초대총장으로 선출되었다.

피히테

다소 현명하게 다음과 같은 말로 문제를 피하고 있네. '우리는 육체로서의 인간을 취급하고, 그것에서 더 나아가 영혼으로서의 인간을 관찰하자.' 그는 이 양쪽이 아주 밀접하게 결합하고 있어 전체로서 떨어질 수 없다는 것을 잘 알고 있었던 것이야. 이런 문제에 있어서 칸트의 공적이 가장 컸다는 것은 이론의 여지가 없네. 그는 인간의 정신으로 도달할 수 있는 한계를 알고 있었지. 그래서 풀 수 없는 문제는 불문에 붙인 거야. 우리는 지금까지 영혼불멸에 관해 할 수 있는 모든 힘을 바쳐 철학을 해 왔네! 그러나 그렇게 해서 우리가 얼마나 앞서 갈 수 있었나! 나는 우리의 영생에 대해서는 의문을 제기하지 않아. 왜냐하면 자연은 엔텔레키,*60 다시 말해 불멸의 활동을 멈출 수 없기 때문이야. 그러나 우리가 모두 똑같이 영생을 얻는다고 말할 수는 없네. 미래의 자신을 위대한 엔텔레키라고 선언하기 위해서는 현재에도 불멸의 활동을 하지 않으면 안 되는 것이지.

그러나 독일인들이 철학적인 문제 해결에 괴로워하고 있는 동안 실천적인 분별력이 풍부한 영국인들은 우리를 비웃으면서 세계를 정복하고 있어. 그들이 노예매매 반대 연설을 이것 들어보라는 듯이 하고 있다는 것은 누구나 다 알고 있는 사실이야. 그리고 그들은 이러한 행동이 인도주의적인 원리에서 나온 것이라고 믿게 만들려고 하고 있지만, 이제 모든 것이 폭로되고 말았지. 그 참된 동기는 현실적인 목적이 있었던 것이야. 우리가 다 알고 있듯이 이런 목적이 없다면 영국인들은 결코 아무 일도 하지 않아. 아프리카 서해안의 방대

---

*60 괴테가 만년에 즐겨 사용한 용어로, 절대로 분리되지 않고 일정한 방향으로 향하는 살아 있는 힘을 말한다. 〈파우스트〉 제2부 제5막 11936~11937행의 마지막 장면에서 나오는 천사들의 말 '끊임없이 애쓰고 노력하는 자를/우리는 구원할 수 있습니다'와도 통한다.

한 영지에서 그들은 문제의 흑인 노예들을 사용하고 있어. 그러므로 이들이 거기에서 다른 곳으로 수출되어 나가면 그들에게는 이익이 되지 않게 되네. 그들은 미국에 대대적인 흑인 식민지를 형성했고, 거기에서 매우 생산적이게도 흑인들의 힘으로 매년 막대한 수입을 올리고 있지. 또 그들은 이 흑인들로 북미의 수요도를 잘 채우고 있네. 이런 식으로 아주 유리한 거래를 하고 있기 때문에, 외지로부터의 흑인 수입은 그들의 상업상의 이익에 큰 지장을 초래하게 되지. 그러므로 그들이 비인도적인 매매를 반대한다고 외쳐 대는 것도 이런 속셈에서 나온 것이야. 빈 회의에서도 영국공사는 열변을 토하면서 반대를 했지. 그러나 포르투갈 사절은 아주 침착하고도 현명하게 '나는 우리가 여기에 모인 것이 보편적인 최후의 심판을 열기 위해서, 그리고 도덕의 근본원칙을 확정하기 위해서라고 생각하지는 않습니다' 하고 대답했네. 그는 영국의 목적을 확실하게 꿰뚫어 보고 있었고, 스스로도 역시 자기나라의 목적을 가지고 있었지. 그는 이것을 완수하기 위해서 어떻게 말을 해야 하는지 잘 알고 있었던 거야."

1829년 12월 6일 일요일

오늘 식사 후에 괴테는 〈파우스트〉 제2부의 제2막 1장을 읽어 주었다. 나는 깊은 감명을 받고 이루 말할 수 없는 행복감에 빠져 들었다. 우리는 다시 파우스트의 서재 장면으로 갔다. 메피스토펠레스는 자신이 그곳을 떠났을 때와 모든 것이 마찬가지인 것을 알게 된다. 그는 파우스트가 서재에서 입는 가죽옷을 갈고리에서 걸어 내자 수천 마리의 좀과 곤충들이 튀어나온다. 메피스토펠레스는 이것들이 다시 행방을 감추는 모습을 이야기하는데, 그런 그의 말로 주위의 정경이 선명하게 우리 눈앞에 떠오른다. 파우스트가 모기장의 배후에서 마비 상태로 누워 있는 동안 그는 가죽옷을 몸에 걸치고 다시 주인 행세를 해 보려고 한다. 그는 초인종의 끈을 잡아당긴다. 초인종이 쓸쓸하고 오래된 수도원의 홀을 요란하게 울려, 문이 거세게 열리고 벽이 진동한다. 조수가 달려와 파우스트의 의자에 앉아 있는 메피스토펠레스를 본다. 그는 앞에 앉은 사람이 누구인지 알아보지 못하고 공손히 인사를 드린다. 조수는 문는 대로 바그너에 관한 보고를 한다. 바그너는 어느 사이에 유명한 인물이 되어 버렸지만 옛날 주인의 귀환을 기다리고 있었다는 것이다. 듣는 바에 의하면, 그는 이 순간 실험실에서 호문클루스(작은 인조인간)의 제조에 힘껏 몰두하고 있었다. 조수를 퇴장시킨다. 학사가 등장한다. 수년 전에 메피스토펠레스가 파우스트의 윗도리를 입고 마음껏 놀려댔던 수줍은 젊은 학생이다. 어느 사이에 그는 어른으로 성장하여 아주 교만해졌고, 이제 메피스토펠레스까지도 그것을 어찌할 도리가 없어 의자를 점점 후퇴시켜 급기야는 일층 쪽으로 돌아서 버리고 만다.

괴테는 이 장면을 마지막까지 읽었다. 나는 젊음의 창작력과 시종일관 아주 간결하게 진행된 마무리를 보고 기뻤다.

"이 구상은 아주 오래전부터 돼 있었네" 하고 괴테는 말했다. "그리고 나는 50년 동안*61 이것에 대해 골똘히 생각을 해 왔어. 그래서 내 마음속에 쌓여 있었던 재료가 아주 많아서, 이번에 이것을 취사선택한다는 것은 어려운 작업이었지. 제2부 전체의 구상은 지금 말한 대로 정말로 오래된 것이지.

그러나 내가 세상 물정에 대해 여러 가지로 명료하게 알게 된 지금에 이르러 이것을 썼다는 것은 이 작업에 도움이 되었을 것이야. 이것은 젊었을 때 은전과 동전 같은 작은 돈들을 엄청나게 많이 손에 넣었던 사람이, 일생 동안 쉬지 않고 이것들을 더 가치 있는 것과 환전하여 마지막에는 그 돈을 순금의 화폐로 만들어 보인 것과 같은 것이야."

우리는 학사의 인물에 대해 이야기했다. "이 인물 속에" 하고 나는 말했다. "일종의 관념적인 철학자를 나타내려고 했던 것은 아니었습니까?" 괴테는 말했다. "그렇지 않아. 그것은 젊은 사람 특유의 자부심을 의인화한 것이지. 이것은 저 해방전쟁 직후 처음 몇 해 동안 두드러지게 나타났던 경향이야. 누구나 젊었을 때에는 세계가 자기와 함께 시작하고, 모든 것이 자기 혼자만을 위해서 존재한다고 믿고 있네. 실제로 동양에서는 매일 아침 주위에 부하들을 모아 놓고, 태양을 쳐다보며 떠오르라고 명령을 내리고 나서야 비로소 그들에게

---

*61 괴테는 이것을 정확하게는 1832년 3월 17일 빌헬름 폰 훔볼트에게 보낸 편지에서 말하고 있다.

파우스트를 잠자리에 눕힌 메피스토가 실험실에서 인조인간 완성에 열중하고
있는 바그너를 바라보고 있다.

일을 시키던 사나이가 있었다고 하네. 그런데 이 사나이는 상당히 현명했기
때문에 해가 자연적으로 떠오를 때를 잘 맞춰서 명령을 내렸다지."

우리는 계속하여 〈파우스트〉와 그 구성 그리고 그것과 연관된 사항에 대
해 이야기했다. 괴테는 한동안 조용히 생각에 잠겼다가 다음과 같이 말하기
시작했다.

"우리는 나이를 먹게 되면 세상 물정에 대해 젊었을 때와 다르게 생각하게
되지. 그래서 나는 다음과 같은 것을 생각하지 않을 수 없게 되었네. 마력적인

정신은 인류를 조롱하고 집적거리기 위해, 누구나 갈구하지만 아무도 도달할 수 없을 정도의 매력있고 위대한 인물들을 출현시킨다고 말이야. 그리하여 마력적인 정신은 라파엘로를 출현시켰네. 그는 사고도 행위도 완전했지. 소수의 훌륭한 후계자들이 그의 가까이까지 접근하긴 했지만 아무도 그를 따라붙지는 못했네. 이와 마찬가지로 음악에서는 모차르트를 도저히 아무도 따라잡을 수 없는 존재로서 출현시켰지. 또한 문학에서는 셰익스피어가 그러했어. 이에 대해 자네는 이의를 제기할는지 모르겠네. 그러나 나는 이 세상에 태어날 때부터 인물인 사람들과 위대한 천부적 재능의 소유자를 말하는 것이야. 이것을 기준으로 한다면 나폴레옹도 도달 불가능한 존재일세. 러시아인들이 자제하고 콘스탄티노플에 침입하지 않았던 것은 좌우간 참으로 잘한 일이지. 그런데 나폴레옹에게서도 이러한 점을 발견할 수 있어. 그도 자제하고 로마까지는 가지 않았으니까."

이런 풍부한 화제에 관련하여 많은 비슷한 이야기들이 나왔다. 그러나 나는 혼자서 괴테 또한 이러한 의미에서 마력적인 정신이 출현시키려고 했던 인간이라고 생각했다. 왜냐하면 그 역시 너무나 큰 매력을 가지고 있고, 아무리 뒤쫓으려고 해도 도달하기에는 너무나 위대한 인물이기 때문이다.

1829년 12월 16일 수요일

오늘 식사 후에 괴테는 나에게 〈파우스트〉 제2부의 제2막 2장을 읽어 주었다. 메피스토펠레스가 화학기술을 이용하여 인간을 만들어 보려고 하는 바그너한테로 가는 장면이다. 이 작업은 성공을 거두고, 호문클루스는 시험관 속에서 빛을 발하는 물체로 나타나 그 즉시 활동하기 시작한다. 바그너가 이해할 수 없는 것에 대해 질문을 던지지만, 호문클루스는 그 말에 귀를 기울이지 않는다. 이유를 대고 억지를 부리는 것은 그에게 맞지 않는다. 호문클루스는 행동하기를 원한다. 그러므로 그에게 가장 가까운 사람은 우리의 주인공인 파우스트인 것이다. 그러나 파우스트는 지금 마비상태에 있기 때문에 한 단계 더 높은 조력을 필요로 하고 있다. 호문클루스는 현실의 밑바닥을 너무나 투명

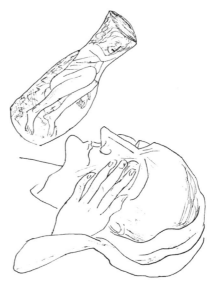

실험으로 탄생한 호문클루스가 바그너한테
인사하는 그림 파우스트 제2부 제2막
6880행.

호문클루스가 아버지뻘인 바그너를 내버려 두고 모
험의 길로 나서자, 그는 서러워 울어 버린다 6988
~7000행

하게 들여다볼 수 있기 때문에, 자고 있는 파우스트의 마음속까지 알고 있다. 파우스트는 우아한 장소에서 목욕을 하고 있는 레다*62에게 백조들이 찾아오는 아름다운 꿈을 꾸고 있다. 이 꿈을 이야기하는 호문클루스의 말에 의해 우리의 뇌리에는 이를 데 없이 매력에 찬 한 폭의 그림이 떠오른다. 그러나 메피스토펠레스에게는 이런 것이 전혀 보이지 않는다. 그러므로 호문클루스는 그의 북방적인 천성*63을 경멸한다.

괴테가 말했다. "대체로 메피스토펠레스가 호문클루스보다 불리한 입장에

---

*62 그녀가 호수가에서 목욕을 하다가 백조로 변한 제우스와 관계하여 낳은 자식 가운데 하나가 헬레나이다.

*63 〈파우스트〉 제2부 제2막에서 바그너의 화학적인 실험에 의해 만들어진 인조인간인 호문클루스는 아직 육체는 가지고 있지 않지만 정신은 왕성하게 발달된 상태이다. 그래서 그는 혼수 상태에 빠져 있는 파우스트의 꿈속에서 전개되는 레다와 백조로 변한 주신 제우스 사이에서 벌어지는 정사를 볼 수 있다. 그러나 북방 중세 기사 시대의 산물인 메피스토펠레스는 고대 그리스의 이교도적인 광경은 인지할 수 없기 때문에 호문클루스의 멸시를 받는다.

있다는 것을 자네는 알 수 있을 것이야. 다시 말해 사물을 꿰뚫어 보는 정신은 비슷하지만, 아름다움이나 유익한 활동으로 향하는 경향을 비교하면 메피스토펠레스는 훨씬 뒤떨어지고 있지. 그건 그렇고 호문클루스는 그를 '사촌 형씨!'라고 부르고 있네. 왜냐하면 호문클루스처럼 영적인 존재는 완전히 인간화되어 있기는 하지만, 그 때문에 우울해한다든지 속박을 받는다든지 하지 않는다는 점에서 마력적인 정신 대열에 들어가 있다고 할 수 있기 때문이지. 그런 점에서 양자 사이에는 일종의 혈연관계가 있다고 할 수 있네."

"확실히" 하고 나는 말했다. "메피스토펠레스는 여기서는 한 단계 낮은 차원에 서 있는 것으로 보입니다. 그러나 우리가 그의 지금까지의 행동을 통해 알고 있듯이 그는 헬레나 장면에 있어서도 암암리에 활동하는 존재로서 등장했습니다. 그렇기 때문에 나는 그가 호문클루스의 출생에도 남몰래 작용했을 것이라는 생각을 떨쳐버릴 수 없습니다. 그렇게 그가 전체적으로 높은 곳에 홀로 서 있다는 우월감을 가지고 있었기 때문에, 세세한 점을 침착하고 너그럽게 바라볼 수 있는 것 같다는 말씀입니다."

"자네는 이들의 관계를 잘 파악한 것이야" 하고 괴테는 말했다. "바로 그거라네. 나는 전에 메피스토펠레스를 바그너한테로 가도록 해서 호문클루스가 막 탄생하려고 할 때 두세 가지 시구를 읊조리게 하는 것이 어떨까 하고 생각했었지. 그렇게 하면 메피스토펠레스의 협력상황을 나타내고, 독자에게도 그것을 확실하게 보여줄 수 있을 테니까 말일세."

"그런 장면도 나쁘지 않았을 것입니다" 하고 나는 말했다. "그러나 그것은 이미 암시되어 있습니다. 이 장면을 맺고 있는 저 메피스토펠레스의 다음과 같은 문구에서 말입니다."

> 결국 우리는 우리가 만든 인간에게
> 끌려 다니게 되는군.[64]

---

[64] 아직 육체를 가지고 있지 않는 호문클루스가 넓은 세상으로 나가 경험을 쌓아 비로소 육체를 얻게 될 것임을 암시한다. 그렇게 되면 그는 완전한 인조인간으로 탄생하게 된다.

"자네 말이 맞아" 하고 괴테는 말했다. "알아차릴 수 있는 사람에게는 이것으로 충분하지. 그건 그렇네만 나는 또 두세 가지 시구를 생각해 보겠어."

나는 말했다. "하지만 저 끝맺음 말은 우리가 그렇게 쉽게 생각해 낼 수 없을 만큼 멋진 것입니다."

"그렇지" 하고 괴테는 말했다. "이것은 한동안 사람들에게 생각할 거리를 던져 주게 될 것이야. 여섯 명의 아이를 가진 아버지는 아무리 발버둥을 쳐봐도 이제는 끝장이지. 많은 사람들을 높은 자리에 등용시킨 왕이나 재상들도 그들의 경험을 통해 마음에 집히는 데가 있을 것이야."

레다에 관한 파우스트의 꿈*65이 다시 나의 머리에 떠올랐다. 나는 마음속으로 이것이 구상 중 가장 중요한 부분이라고 생각했다.

"이런 작품에서" 하고 나는 말했다. "각 부분이 서로 연관을 맺고 서로 영향을 주고 서로 보충을 하여, 결국 클라이막스에 이르는 것이 정말로 감탄스럽습니다. 제2막의 이 부분에 레다의 꿈이 있기 때문에 나중에 헬레나가 등장하는 본래의 기초가 성립되는 것입니다. 헬레나의 장면에서는 쉬지 않고 백조들과 백조가 낳은 아이의 이야기가 나오지만, 여기서는 그 행위 자체가 나타나고 있습니다. 그래서 우리가 이러한 장면의 관능적인 인상을 받은 뒤에 헬레나의 등장을 맞이하게 되면, 모든 것이 한층 더 확실하고 완전하게 나타납니다."

괴테는 나의 말에 동의했다. 그는 내가 이것을 알아낸 것에 기뻐하는 것 같았다.

"여기에다 또 이 앞의 막에서는 시종 고전적인 것*66과 낭만적인 것이 울려 퍼지고 화제에 올라, 마치 경사가 급한 언덕길을 올라가듯이 헬레나로 이르게 되지. 그래서 이 두 개의 시형이 선명하게 떠올라와 일종의 균형을 형성*67할 수 있는 거라네."

---

*65 〈파우스트〉 제2부 제2막 6904행 이하와 제3막 9095행 이하를 참고하라.
*66 〈파우스트〉 제1부 3835~4223행의 낭만적인 〈발푸르기스의 밤〉과 〈파우스트〉 제2부 7005~8488행의 〈고전적 발푸르기스의 밤〉을 가리킨다.
*67 이 생각은 괴테가 이미 1827년에 발표한 〈헬레나, 고전적인 낭만적 환상, 파우스트의 중간곡〉에서 암시되고 있다.

괴테는 말을 이었다. "프랑스인들도 이제는 이 관계를 올바르게 생각하기 시작했지. 그들은 말한다네. '고전적인 것이든 낭만적인 것이든 간에 모두 좋은 것이야. 다만 문제되는 것은 이러한 형식을 이해하고 이용하여 훌륭한 것을 만들어 낼 수 있을 것인가이지. 두 쪽을 다 사용해도 가치 없는 것이 만들어질 수 있으며, 그럴 때에는 그 어느 쪽도 아무런 도움이 되지 못해.' 이것은 타당하고 훌륭한 말이라고 생각하네. 누구나 당분간은 이 정도로 납득할 수 있을 것이야."

1829년 12월 20일 일요일

괴테와 함께 식사를 했다. 법무장관 이야기가 나왔다. 나는 괴테에게 그가 이탈리아에서 만초니에 관한 정보를 가지고 왔는지를 물었다. "그에 관해서는 편지를 보내 왔었어" 하고 괴테는 말했다. "법무장관은 만초니를 방문했지. 그는 밀라노 근교에 있는 그의 저택에서 생활을 하고 있네. 그리고 안된 말이지만 여전히 앓고 있어."

"이상한 일이지만 탁월한 재능을 가진 사람들, 특히 시인들 중에는 몸이 약한 사람들이 많은 것 같습니다."

"이러한 사람들이 해내는 비범한 일은" 하고 괴테는 말했다. "아주 섬세한 생리구조를 전제로 하고 있지. 그러므로 그들은 드문 감수성을 가지고 있어 천상의 목소리도 잘 알아듣고 이해하네. 그런데 이런 체질은 세계나 우주 사이에서 일어나는 갈등에 의해 쉽게 교란을 당하고 상처를 받게 되지. 그러므로 볼테르처럼 위대한 감수성과 비상한 끈기를 함께 갖추고 있지 않으면 쉬지 않고 병마에 습격을 받게 되네. 실러 또한 늘 병을 앓았지. 내가 그와 처음으로 알게 되었을 때 그는 1개월 이상은 생명을 유지할 수 없을 것이라고 생각됐어. 그러나 그는 일종의 끈기를 가지고 있었네. 그는 계속 오랜 세월을 버텨갔지. 만약 그가 한층 더 건강한 생활에 신경을 썼더라면 더욱더 오래 살 수 있었을 것이야."

화제는 연극으로 옮겨졌고, 어떤 상연물에 관해 이것이 어느 정도까지 성공을 거두었는가 하는 것을 이야기했다.

"운첼만*68이 이 배역을 연기하는 것을 관람한 일이 있었네" 하고 괴테는 말했다. "이 배역은 그에게 언제나 잘 어울렸어. 관객들은 항상 그의 연기를 좋아했지. 이것은 사소한 일에 크게 신경을 쓰지 않는 그의 연기가 관객들에게 호소력 있게 전해졌기 때문이야. 연극예술도 모든 다른 예술과 마찬가지야. 예술가의 일거일동으로 우리는 그가 그때 느끼는 기분 속에 흠뻑 젖어들게 되는 것이지. 그 예술가의 정신이 자유로우면 우리도 자유로운 기분이 되는 것이야. 이와는 반대로 그가 불안한 기분이 되면 우리도 불안해지고 말지. 예술가의 이러한 자유라는 것은 보통 그가 자기의 일을 충분히 연마하고 있는 경우에만 발생하는 것이야. 네덜란드파의 그림을 보면 마음이 흐뭇해지는데, 그것은 이 화가들이 자신들이 완전히 숙달해 있는 가장 가까운 생활을 그렸기 때문이야. 그러므로 그들의 붓놀림은 자유로웠지. 배우의 경우에도 관객들로 하여금 구애 받지 않는 정신을 느끼게 하려면, 연구를 쌓고 공상과 천부의 손길로 자신의 배역을 완전히 소화하지 않으면 안 되네. 어떤 육체적인 동작도 자유자재로 구사해야 하며 또한 일종의 젊은 정력이 그를 뒷받침해 주어야 하지. 연구를 쌓는 것만으로는 충분하지 않기 때문에 상상력이 결여되어서도 안 되네. 그리고 상상력을 갖추고 있다고 하더라도 천부의 혜택이 없으면 완전하지 못하지. 여성 배우들은 상상력과 천성에 의해 대부분의 일을 한다네. 볼프 부인*69은 이 점에 있어서는 아주 탁월했지."

우리는 계속하여 이 화제에 대해 이야기를 나눴다. 이 기회에 바이마르 극장의 명배우들이 화제에 올랐고, 많은 개개인의 배역을 칭찬하며 이야기를 나눴다.

이럭저럭하는 사이에 〈파우스트〉가 다시 나의 머릿속에 떠올랐다. 나는 호문클루스라는 인물을 무대 위에서 확실하게 보이기 위해서는 어떻게 하면 좋을까 생각하다가 말했다. "비록 이 소인 자체의 모습을 보일 수는 없다고 하더라도 시험관 속에서 빛을 발하고 있는 것을 보이지 않으면 안 됩니다. 또한 이

---

*68 운첼만(1786~1843). 1802년부터 1843년까지 바이마르 극장에서 활동했던 배우로서 그는 괴테의 특별한 지도와 훈련을 받았다.
*69 볼프 부인(1783~1851). 바이마르 극장에 출연하던 여배우이다. 그녀가 보여 준 〈로미오와 줄리엣〉에서의 줄리엣 연기는 유일무이한 것이었다고 한다.

소인이 말해야 하는 중요한 대사는 어린아이로서는 도저히 해낼 수 없을 정도로 낭독을 잘해야 할 것입니다."

그러자 괴테가 말했다. "바그너는 시험관에서 손을 놓아서는 안 되네. 이 배역은 복화술을 할 줄 아는 사람이 맡아서 하는 것이 좋을 것일세. 나는 복화술을 들어본 적이 있는데, 그것을 할 수 있는 사람이라면 틀림없이 이 배역을 잘 해낼 수 있을 것이야."

이어 우리는 대사육제*⁷⁰에 대해 언급했고, 또 그것을 어느 정도까지 무대에 올릴 수 있을 것인가에 대해서 이야기를 나눴다.

"그것은 아무래도" 하고 나는 말했다. "나폴리의 시장을 무대에 올리는 것보다 더 규모가 큰 것이 될 것입니다." 이에 괴테가 말했다. "그것은 아주 큰 극장을 필요로 하게 될 것이야. 지금으로서는 거의 생각할 수 없는 일이지." 내가 대답했다. "그렇더라도 나는 그것을 실제로 볼 수 있는 날을 기대하고 있습니다. 특히 코끼리에 대한 기대가 큽니다. 등 위에는 승리의 여신을 태우고, 양쪽에 공포와 희망을 쇠사슬로 매고서 현명함에 의해 인도되는 그 모습 말입니다. 정말 아무도 이 이상 더 좋은 비유를 생각해 낼 수 없을 것입니다."

"코끼리가 무대에 등장하는 것이 이것이 처음은 아닐 것이야" 하고 괴테는 말했다. "파리에서는 코끼리 한 마리가 등장하여 훌륭한 연기를 해 보이고 있지. 그는 국민당의 편을 들고 있는데, 한 왕에게서 왕관을 벗겨서 다른 왕에게 씌우지. 이것은 정말로 장엄한 착상임에 틀림없네. 이 연극의 마지막에 코끼리를 불러내는데, 그러면 코끼리는 혼자 등장하여 절을 하고 다시 물러가지. 그러므로 우리 사육제의 경우에도 코끼리를 사용해 봐도 괜찮을 것일세. 그러나 전체의 규모가 크기 때문에 적당한 무대감독을 찾아내기란 상당히 어려울 것이야."

"그러나 이것은 이를 데 없이 현란한 인상을 주기 때문에" 하고 나는 말했다. "어떤 극장에서도 이것을 놓치려고 하지 않을 것입니다. 정말이지 짜임새가 대단합니다. 시시각각으로 흥미를 더해갑니다! 처음에는 아름다운 청춘 남녀의 정원사들이 나와 무대를 장식하고 동시에 한 무리를 이룹니다. 그러

*70 〈파우스트〉 제2부 제1막 5065행 이하의 가장 무도회를 말한다.

나 점점 북적거리기 시작합니다. 이 광경을 에워싸는 구경꾼들이 나타납니다. 다음으로 코끼리의 뒤로, 마차를 끄는 네 마리의 용들이 무대의 하늘을 가로질러 사람들의 머리 위로 나타납니다. 이어 위대한 목축의 신 판이 나타나지요. 그리고 마지막으로 모든 것이 가짜로 꾸민 불 속에서 타버리다가, 축축한 안개가 덩어리가 되어 다가와 덮치면 불이 싹 없어져 버립니다!—이러한 모든 것이 당신 뜻대로 상연된다면 관객들은 놀라 당황해서, 이 풍부한 장면들을 어떻게 해석해야 좋을지 몰라 눈앞이 아찔해질 뿐이라고 말할 것입니다."

"관객들 이야기는 그만해 줘" 하고 괴테는 말했다. "중요한 것은 이제는 다 써서 끝냈다는 것이야. 다만 세상 사람들이 이것을 가능한 한 좋게 대해 주고, 그들의 힘이 닿는 대로 이용해 주기를 바랄 뿐이야."

이어 우리는 〈소년 마부〉*71에 대해 이야기했다. "파우스트는 부(富)의 신 플루토스의 가면을 쓰고 있고, 메피스토펠레스는 마른 남자의 가면을 쓰고 있다는 것을 자네는 알 수 있을 것이야. 그러면 소년 마부는 누구이겠는가?"

나는 주저하면서 대답하지 못했다. 그러자 괴테가 말했다. "그것은 오이포리온이야!"

"그렇지만 이 사람은" 하고 나는 말했다. "제3막에 가서야 비로소 이 세상에 태어나는데 어떻게 벌써 이 〈사육제〉에 나타날 수 있습니까?"

괴테는 대답했다. "이 오이포리온은 인간이 아니라 단지 우화적인 존재이지. 그는 시간, 공간 그리고 인간성에도 속박 받지 않는 시의 화신인 것이야. 그 정령과 같은 존재는 나중에는 오이포리온이 되어 독자를 기쁘게 해 주고, 지금 여기에서는 소년 마부로 나타나고 있지. 그것은 도처에 존재하고 수시로 나타나는 점에서 유령과 같다네."

---

*71 〈파우스트〉 제2부 제1막 5573행 이하에 등장하는 인물을 지칭한다. 괴테의 설명에 따르면 제3막에서 오이포리온으로 탄생하는 영(靈)이, 여기서는 마부로 나타나게 된다. 즉 이것은 '시'의 알레고리로서 시간과 장소 그리고 일정한 인물로 국한받지 않는 시적 정신의 구현인 것이다. 따라서 이것은 '씨를 뿌리는 역할'이며 마음의 보물을 뿌려 자기를 완성하는 것이다.

1829년 12월 27일 일요일

오늘 식후에 괴테는 나에게 〈지폐의 장면〉*72을 읽어 주었다. "자네는 기억하고 있을 것이야" 하고 괴테는 말했다. "어전 회의 장면은 메피스토펠레스가 거덜난 국고에 자금을 조달해 보겠다고 약속하며 부르는 노래로 끝나고 있지. 이 문제는 가장무도회 중에도 계속되네.*73 메피스토펠레스는 계략을 꾸며, 위대한 목축의 신 판으로 가장한 황제에게 한 장의 종이를 건네 서명하도록 하지. 그리고 그 서명 덕분으로 그 종이는 화폐와 동등한 가치를 가지게 되는데, 메피스토펠레스는 이것을 수천 장 복사하여 뿌려대는 거야.

이 장면*74에서는 자기가 무슨 일을 한 것인지를 아직 분별하지 못하고 있는 황제 앞에서 이것이 화제에 오르게 된다네. 재무장관은 이 은행지폐를 건네면서 그 상황을 자세히 설명해 주지. 황제는 처음에는 성을 냈지만, 그것이 이익을 가져온다는 것을 깨닫고는 대단히 기뻐하네. 그리고 그의 주위에 있는 사람들에게 새 지폐를 기분 좋게 나눠주면서, 퇴장할 때에는 2,3천 크로네를 떨어뜨리고 가지. 그러면 뚱뚱한 바보가 이것을 긁어모아 토지와 바꾸려고 총총히 그 자리를 뜬다네."

괴테가 이 멋진 장면을 읽고 있는 동안 나는 그가 메피스토펠레스를 이용하여 화폐를 이끌어 내고, 그 당시의 중대한 관심사를 의미 있게 결부시켜 불멸의 것으로 만들어 놓은 절묘한 수법에 기쁨을 느꼈다.

이 장면을 다 읽고 나서 이에 대해 말을 하려고 할 때, 괴테의 아들이 아래로 내려와 우리의 식탁에 함께 앉았다. 그는 우리에게 그가 읽은 쿠퍼*75의 최근 소설에 대해 이야기를 했다. 그는 자못 그것을 눈앞에 떠올려 볼 수 있게 설명해 주었다. 그런데 우리가 방금 전에 읽은 장면에 대한 사항은 조금도 입

---

*72 황제가 자기는 서명을 한 일이 없는데 어떻게 지폐가 나왔는가 하고 노발대발하는 장면이다.

*73 재무장관이 황제가 가장 무도회장에서 위대한 판으로 변장했을 때에 직접 서명을 했다고 설명한다.

*74 이 〈지폐의 장면〉을 말한다.

*75 쿠퍼(1789~1851). 미국의 소설가를 지칭한다. 당시 그의 최신작은 1828년에 출판된 〈붉은 해적〉으로 해양모험을 그린 장편소설이다.

파리스와 헬레나의 등장 〈파우스트〉 제2부 제1막 6453~6565행

밖에 내지 않았음에도 그는 스스로 곧장 프러시아의 국고증권에 관해 말을 꺼내기 시작했다. 그것이 본래의 가치 이상으로 지불되고 있다는 것이었다. 그래서 나는 젊은 괴테가 말을 하고 있는 동안 그의 아버지를 향해 잠깐 미소를 보냈다. 그러자 괴테도 마찬가지로 나에게 미소로 답해 주었다. 우리는 우리의 당면 화제가 약속이나 한 듯이 괴테 아들의 이야기와 때를 같이하고 있다는 것을 깨닫고 서로 수긍했던 것이다.

1829년 12월 30일 수요일

오늘 식사 후에 괴테는 나에게 다음 장면을 읽어 주었다. "이제 그들은 황제의 궁정에서 돈을 받았기 때문에 한번 즐겨 보고 싶어한다네. 황제는 파리스와 헬레나*⁷⁶를 직접 보고 싶다고 하지. 마술을 써서 이들을 확실하게 인간의 모습으로 보여달라는 것이야. 그렇지만 메피스토펠레스는 고대 그리스와는 아무런 관련이 없고, 이러한 인물들을 지배할 힘도 없어. 그 때문에 이 일을 파우스트가 떠맡게 되었는데, 그는 이것을 완전하게 성취해 낸다네. 그런데 파우스트가 이 두 사람의 출현을 가능하게 하려면 그에 필요한 계획을 세우지 않으면 안 되지. 하지만 나는 아직 그 계획 전부를 완전히 끝내지 못했어. 그러니 그것은 다음에 읽어 주기로 하지. 오늘은 자네에게 파리스와 헬레나의 출현 부분만을 들려 주기로 하겠네."

나는 어떤 내용이 전개될 것인가 기대하여 가슴이 두근거렸다. 괴테는 읽기 시작했다. "오래된 기사의 홀에는 이 연극을 관람하려는 황제와 정신들이 들어오고 있다. 막이 오르자 우리의 눈앞에는 그리스 신전이 나타난다. 메피스토펠레스는 프롬프터 상자*⁷⁷ 속에, 그리고 천문학자는 무대 앞 한쪽에 앉아 있다. 파우스트가 삼발 향로를 갖고 다른 한쪽으로 올라오고 있다. 그가 필요한 문구를 외우자 접시 위의 자욱히 긴 향연(香煙) 속에서 파리스가 나타난다. 이 아름다운 청년이 상쾌한 음악에 맞추어 움직이는 모습이 묘사된다. 그는 앉고 옆으로 기대고 팔을 머리 위로 돌린다. 이 모든 자태가 고대 조각에서 보는 것과 똑같은 모습이다. 그는 부인들의 마음을 사로잡는다. 그의 남성적인 아름다움이 부인들의 입에 오르내린다. 그러나 파리스는 관람하러 온 사나이들의 미움을 산다. 남성들은 증오와 질투에 불타 적극적으로 그를 헐뜯는다. 파리스

---

*76 트로이의 왕자인 파리스는 평소에 미(美)의 여신인 아프로디테의 특별한 보호를 받고 있는 미남이지만 말썽꾸러기다. 이웃나라 그리스의 스파르타로 찾아가 극진한 대접을 받았지만, 스파르타 왕비 헬레나의 뛰어난 미모에 반해 그녀를 유혹하여 트로이로 데리고 온다. 이 일로 그리스의 모든 국가는 총궐기하여 트로야로 원정길에 오르고, 10년이 지나서야 트로이를 함락하여 헬레나를 데리고 귀향한다. 호메로스의 국민 서사시인 〈일리아스〉는 이 대장정의 이야기를 담은 것이다.

*77 어느 극장이고 무대 앞쪽 한 가운데에는 프롬프터 상자가 있다. 만약에 배우가 대사를 잘 외우지 못할 때에는, 여기서 낮은 목소리로 대사를 읽어 준다.

는 푹 잠이 들어 버린다. 그러자 헬레나가 나타난다. 그녀는 잠들어 있는 사나이를 향해 가서 그의 입술에 입을 맞춘다. 그리고 그에게서 떠나가다가 방향을 돌려 뒤를 돌아본다. 그녀가 뒤돌아보는 모습이 특히 매혹적이다. 그녀는 파리스가 여성들의 마음을 사로잡았던 것처럼 남성들의 마음을 휘어잡는다. 남성들은 그녀에 대한 사랑과 찬미에 열을 올리지만, 부인들은 질투와 증오심에 불타 비난하기에 여념이 없다. 파우스트는 미칠 듯이 기뻐 자기가 불러낸 이 아름다움에 넋을 잃고, 시간과 장소 그리고 자기의 처지를 잊고 만다. 이에 메피스토펠레스는 파우스트가 그의 역할을 잊어서는 안 된다고 쉬지 않고 주의를 준다. 그 사이 파리스와 헬레나 사이의 애정과 친밀감은 점점 깊어진다. 젊은 남자와 여자는 서로 껴안고 함께 떠나려고 한다. 이때 파우스트가 그녀를 빼앗으려고 파리스에게 열쇠를 갖다대는 순간, 유령들은 심한 폭발을 일으키면서 연기가 되어 사라지고 파우스트는 마비된 채 지상으로 쓰러진다."

곽복록(郭福祿)

일본 조치(上智) 대학교 독문학과 수학. 서울대학교 독문학과 졸업. 미국 시카고 대학교 대학원 독문학과 졸업(석사). 독일 뷔르츠부르크 대학교 독문학과 졸업(독문학 박사). 서울대학교·서강대학교 독문학과 교수 역임. 한국독어독문학회 회장. 한국괴테학회 초대회장. 서강대학교 명예교수 역임. 지은책 《독일문학의 사상과 배경》 옮긴책 프리덴탈 《괴테 생애와 시대》 요한 볼프강 괴테 《파우스트》 《젊은 베르테르의 슬픔》 《빌헬름 마이스터의 수업시대·편력시대》 《친화력》 《헤르만과 도로테아》 《이탈리아 기행》 《시와 진실》 《괴테시집》 《괴테전집(12권)》 토마스 만 《마의 산》 카를 힐티 《잠 못 이루는 밤을 위하여》 니체 《차라투스트라는 이렇게 말했다》 《비극의 탄생》 《즐거운 지식》 《권력에의 의지》 안데르센 《안데르센 동화전집》 등이 있다.

세계사상전집067
Johann Peter Eckermann
GESPRÄCHE MIT GOETHE
괴테와의 대화 I
요한 페터 에커만/곽복록 옮김
동서문화창업60주년특별출판
1판 1쇄 발행/2016. 11. 30
1판 2쇄 발행/2024. 10. 15
발행인 고윤주
발행처 동서문화사
창업 1956. 12. 12. 등록 16-3799
서울 중구 마른내로 144 동서빌딩 3층
☎ 546-0331~2 Fax. 545-0331
www.dongsuhbook.com
잘못된 책은 구입하신 곳에서 바꾸어드립니다.
＊
이 책의 출판권은 동서문화사가 소유합니다.
의장권 제호권 편집권은 저작권법에 의해 보호를 받는 출판물이므로
무단전재와 무단복제를 금합니다.
사업자등록번호 211-87-75330
ISBN 978-89-497-1582-7 04080
ISBN 978-89-497-1514-8 (세트)